臺灣史與海洋史 05

殖民地的邊區

東臺灣的政治經濟發展

林玉茹◆著

財團法人曹永和文教基金會◆策劃

遠流出版公司◆出版

【臺灣史與海洋史】系列叢書緣起

財團法人曹永和文教基金會

　　財團法人曹永和文教基金會成立於一九九九年七月，其宗旨主要在與相關學術機關或文教單位合作，提倡並促進臺灣史與海洋史相關之學術研究，並且將研究成果推廣、普及。因此，有關臺灣史或海洋史之學術著作、國際著作的譯述及史料編纂等相關書籍的出版，皆是本基金會的重要業務。

　　曹永和文教基金會成立以來，本於前述宗旨，多次補助出版與臺灣史或海洋史相關的學術著作、史料的編纂或外文學術著作的翻譯。接受補助出版或由基金會出版的書籍，有不少作品已廣為學術界引用。諸如，二○○○年起多次補助「東臺灣研究會文化藝術基金會」出版《東臺灣叢刊》，二○○○年補助播種者文化有限公司出版《臺灣重層近代化論文集》，二○○四年再度補助出版《臺灣重層近代化論文集》之續集《跨界的臺灣史研究——與東亞史的交錯》；二○○一年補助樂學書局出版《曹永和先生八十壽慶論文集》，二○○二年起補助出版荷蘭萊登大學與中國廈門大學合作編輯之海外華人檔案資料《公案簿》第一輯、第二輯與第四輯；二○○三年補助南天書局出版荷蘭萊登大學包樂史教授（Leonard Blusse）主編之《Around and about Formosa》，二○○四年補助南天書局出版韓家寶先生（Pol

Heyns）與鄭維中先生之《荷蘭時代臺灣相關史料——告令集、婚姻與洗禮登錄簿》。本會也贊助相關的學會活動、邀請外國著名學者作系列演講，提供研究者交流的場域。諸如，一九九九年十一月與中央研究院合辦「東亞海洋史與臺灣島史座談會」，二〇〇〇年三月於臺灣大學舉辦日本東京大學東洋文化研究所濱下武志教授演講「談論從海洋與陸地看亞洲」，二〇〇〇年十月與中央研究院與行政院文建會合辦「近代早期東亞史與臺灣島史國際學術研討會」。此外，為了培養臺灣史及海洋史研究的人才，本會與中央研究院臺灣史研究所合辦「臺灣總督府公文類纂研讀班」之推廣活動。

　　為了使相關學術論述能更為普及，以便能有更多讀者分享臺灣史和海洋史的研究成果，本基金會決定借重遠流出版公司專業的編輯、發行能力，雙方共同合作，出版【臺灣史與海洋史】系列書籍。每年度暫訂出版符合基金會宗旨之著作二至三冊。本系列書籍以新竹師範學院社會科教育系助理教授許佩賢女士之《殖民地臺灣的近代學校》，與中央研究院歷史語言研究所研究員陳國棟教授之《臺灣的山海經驗》、《東亞海域一千年》為首；之後除了國內的學術研究成果之外，也計劃翻譯出版外文學術著作或相關史料，例如由 Emory 大學歷史系教授歐陽泰所著的《福爾摩沙如何變成臺灣府？》，就是本基金會所支持翻譯出版的外文學術著作。

　　冀盼【臺灣史與海洋史】系列書籍之出版，得以促使臺灣史與海洋史的研究更加蓬勃發展，並能借重遠流出版公司將此類研究成果推廣普及，豐富大眾的歷史認識。

拓墾學術邊地，構築臺灣全貌

夏黎明

　　二十年前，隨著臺灣意識勃興，臺灣研究也逐步崛起，從北到南，蔚為風潮。其中，臺灣史更是整個臺灣研究的中心和基石。幾乎，所有回首凝視這塊土地，思索其對自己生命存在意義的人士，都會自覺地展書研讀臺灣史，咀嚼屬於這個社會與空間的命和運。二十年間，臺灣史研究取得了巨大的社會能量，學術成果更是日益精進，轉眼之間，木已成林。

　　只是，上述的學術進程，卻不是放眼臺灣皆然。主題上的研究，例如臺灣文化史的相關論著，至今不盛，區域史上的研究，例如花蓮臺東的「後山」研究，就明顯缺漏不足。這些堪稱學術邊地的領域，無法同步取得社會關注，也無法吸引學界的投入，而得有相稱的研究成果。

　　在這樣的前提下，一群研究者彷彿當年的移民，招兵買馬，合股集資，自備工本的墾荒邊地，戮力於東部臺灣的學術研究。其中，畢業於臺東師專的林玉茹博士，即在此一地緣關係下，逐步投入東臺灣的政治與經濟史研究工作。從史料的解讀，研究史的回顧，國家政策的釐清，林玉茹逐步深入邊地，也逐步練就一身拓荒本領，表現在後期逐漸集中火力，深究在日本殖民體制下，國家與企業共同型構東臺

灣邊區的經營治理與社會型態的議題上，並且取得了相當的進展，堪稱十年有成，果實累累。本論文集完整地呈現從探索到收割的研究歷程。更難得的是，林玉茹博士鍥而不捨，繼續追問與深耕殖民邊區的企業與發展課題，獲得完整詳實的突破性進展，對於了解日本殖民帝國如何經略邊區，實有極大的貢獻，而這些成果，預定以專書形式，隨後另行出版。這兩本論著，一前一後，對應著拓墾學術邊地的風險與辛勞，恰如其所研究的東臺灣邊區歷史一斑，回首十年，並無僥倖。

　　身為東臺灣研究會的負責人，特別感懷曹永和文教基金會的長期支持，以及學界及地方諸多友朋的參與和鼓勵。翻閱本書，竟彷彿同時翻閱東臺灣研究社群，共同墾荒邊地的純真年代。我們何其有幸，在一生當中，能夠為構築東臺灣研究的學術想像，互勉互礪，共同散發著研究者的光和熱。

　　十年一渡東臺灣。林玉茹博士的這本論文文集，伴隨著你我共同展讀，也共同咀嚼屬於這個社會與空間的命和運。

　　　　　　　　　　　　2007 孟夏／臺東／一個太平洋濱的小型都市

自序：重返東臺灣

本書題獻給 1981 年至 1986 年在台東師專的同窗和師友

林玉茹

　　1980 年代初，臺灣史研究剛萌芽之際，我因為家庭因素，赴笈當時號稱是臺東最高學府的臺東師專（今國立臺東大學）就讀。此後五年的師資培育中，過著幾近「與世隔絕」的軍旅訓練生活，除了一心想要畢業後分發到臺北、繼續上大學之外，完全沒有想過未來生涯可能的轉變。這是年少時單純的心情吧！然而，在東部求學的經歷，卻是 1997 年我進入中央研究院臺灣史研究所工作後，轉向進行東部研究的源頭。

　　早期進行東部研究者，多少與該地有些淵源。在臺東有過求學經歷的我，可說也有些相似的關連。不過，東部研究更積極的發動機，應該是夏黎明老師一手經營的「東臺灣研究會」。回顧十年來，我個人有關東臺灣的相關研究，或是在該研究會舉辦的研討會發表，或是刊登在該會的雜誌《東臺灣研究》。因為歷史學的東部區域研究實在相當有限，在東臺灣研究會舉行的幾次大、小規模的研討會、討論會以及講論會中，我經常以歷史學者的身分參與。在這個跨學科的學術社群中，很慶幸地我有機會遇到人類學、地理學、考古學、社會學、語言學以及自然科學等學科的學者和在地的文史工作者，他們對於我在東部的研究，給予相當多的啟發和幫助。更重要的是，在每次學術

饗宴中，各學科之間的互相激盪，更是有趣和有意義，例如「蛋糕論」的提出。這是我轉戰東部研究中意外的收穫，也是作為一位學術研究者極幸運的遭逢。

回顧 1996 年至今，我的東部研究成果，可以說是進入學術殿堂之後的訓練之作，雖然不成熟之處尚多，但是數量卻讓我自己也嚇了一跳。十年間，除了原先在一本專書構想之下、多年期研究的「臺灣拓殖株式會社在東臺灣的經營」等三篇論文之外，尚有期刊論文、史料介紹以及書評十餘篇。本次收錄成書的即是這些散佈在各期刊的專論和史料介紹等文，以論文集的形式刊行。至於「臺拓」一書，則尚待最後一篇章移民事業的完成，才能集整成專書出版。

本書得以集結出版，必須特別感謝曹永和老師的鼓勵和積極促成。2005 年 6 月，我在赴美進修一年之前，曹老師即邀請本人將東部研究整理出版。當時，因出國在即，只好暫時延擱下來。隔年 8 月返臺後，遇到曹老師，他仍一本初衷，再度提起出版一事，才讓我下定決心重溫舊時研究，並做一些增補和修改。本書由遠流出版公司出版，也是在曹永和文教基金會的協助之下，才得以付梓。

此外，十年來本人東部學術研究的成長過程中，必須特別感謝東臺灣研究會會長夏黎明老師和其他成員，如李玉芬、黃宣衛、陳文德、陳玉美、趙川明、西村一之……等人以及黃富三老師、臺大同學黃朝進、李文良、曾品滄、鄭博文對於拙作提供的諸多具體意見。尤其是趙川明先生熱心地提供訪談相關資訊，助益甚大。進行地方調查時，地方耆老如成功王河盛先生、漁業移民的吳文貴和吳文隊兄弟，給予很多幫助。蒐集史料過程中，東部的戶政事務所、地政事務所、國有財產局、東部開發處等單位，提供相當親切和便利的服務。十年來的助理，邵雅玲、黃蘭絮、曾新容、黃照明、曾廣維、包瑋稜、蕭明禮等協助蒐集相關文獻和建檔以及林聖蓉繪製地圖；此次出版事宜

則有賴遠流出版社周惠玲副總編和翁淑靜小姐的熱心安排，王建鈞、
邵偉達、何雅婷及蔡宜璇等先生小姐協助校稿，中央研究院臺灣史研
究所古文書室提供相關照片，以及中央研究院計算中心提供圖層，謹
此致謝。

2007 年 6 月於中研院臺史所

目錄

圖目錄

附表目錄

導言：殖民地的邊區

　　年鑑史學大師布勞岱（Fernand Braudel）曾經指出，歷史學家必須優先考慮空間因素，並提出「地理的歷史」的研究取徑❶。布勞岱很明顯地較關懷地域和空間的特質。這種以地理空間為出發點的研究取向，卻是歷史學傳統中較少重視的。事實上，不同區域由於地理環境和天然資源的差異，使得發生於自然界和歷史上的事件對於各區域的影響不一❷。區域差異及其形構的動態過程，是饒富趣味的課題。過去本人有關東部的諸多研究，即以東臺灣地區此一特定地理空間及其歷史遭遇的獨特性作為研究對象，試圖釐清該地域的特色與內涵以及其在臺灣史研究上的意義。

　　臺灣的花蓮與臺東兩地，受中央山脈阻隔，位於山後，向來被視為後山❸，日治時期則專以「東臺灣」指稱。該區域由於中央山脈和海岸山脈的隔離，以及特殊的自然環境和人文條件作用，形成東部孤

---

❶ 賴建誠譯，《年鑑學派管窺》第一冊（臺北：麥田，1996），頁70、154。

❷ Paul A. Cohen（柯保安）著，李榮泰等譯，《美國的中國近代史研究：回顧與前瞻》（*Discovering History in China: American Historical Writing on the Recent Chinese Past*）（臺北：聯經，1991），頁191-193。

❸ 清代「後山」一詞指涉的地理空間範圍並非一成不變。後山大概指涉今日的花蓮、臺東兩地乃於清末形成。康培德，〈清代「後山」地理空間的論述與想像〉，《臺大文史哲學報》61（2004年11月），頁301-318。

立的歷史地理特徵，可以作爲獨立的學術研究空間❹。

　　除了地理的實質空間可以視東臺灣爲一個單獨的研究區域之外，該地在臺灣整體政治與經濟發展體系上幾乎始終位於邊區（frontier）的位置，卻是另一個值得注意的區域特徵。雖然，如黃應貴所指出，從各族群社會文化形構的過程，邊陲社會結構和概念不一定能適用於東臺灣，但是他也不否認在現代國家政治體系或資本主義經濟體系下邊陲結構在東臺灣研究的有效性和支配性❺。

　　邊區從空間上來定義，意指相對於中心位於邊緣、邊境的區域（fringe or outer boundary）。一個地區之所以被指稱爲邊區的理由是多元的。由外在因素來看，包括氣候、土壤、地形、移民時間（time of settlement）及定居者的族群背景；內在因素則包括經濟發展、土地所有權、人口異動、政治制度以及生活形態等❻。邊區的特質往往具有孤立性，與中心缺乏聯繫，區域低度發展（underdevelopment）、人口稀少，甚至位於野蠻與文明的交界，有由「野蠻化」向文明化的過程❼。

　　東臺灣直至日治時期仍被稱爲蠻荒未開之地❽，不但有廣大的未

---

❹ 施添福，〈臺灣東部的區域性：一個歷史地理學的觀點〉，收於夏黎明、呂理政主編，《族群、歷史與空間：東臺灣社會與文化的區域研就研討會》（臺東：國立臺灣史前文化博物館籌備處，2000）頁 1-8。

❺ 黃應貴，〈進出東臺灣：區域研究的省思〉，收於夏黎明主編，《戰後東臺灣研究的回顧與展望》（臺東：東臺灣研究會，2005），頁 123-124。

❻ John C. Hudson, "Theory and Methodology in Comparative Frontier Studies," In David Harry and Jerome O. Steffen eds., *The Frontier: Comparative Studies*（Oklahoma: the University of Oklahoma press, 1977）, pp. 12-14.

❼ Brian S. Osborne, "Frontier Settlement in Eastern Ontario in the Nineteenth Century: A Study in Changing Perceptions of Land and Opportunity," ibid, pp. 201-203。

❽ 臺灣總督府，《臺灣總督府官營移民事業報告書》（臺北：臺灣總督府，1919），頁 54。

墾地，人口稀少、產業低度發展、「與文明世界隔離」，並位於行政系統的邊緣❾，採行有別西部的特殊化區域政策。即使從自然條件和資源而言，也被認爲政治與經濟價值甚低。❿東臺灣的邊區特質顯然非常顯著。

在自然環境和人文條件的限制之下，東臺灣的邊陲性也使得國家政策與治理形態對該地政治和經濟的發展具有強大的支配性。自 17 世紀至今，臺灣歷經荷西、鄭氏、清朝、日本以及中華民國各政權的統治。這些政權是否可以直接等同於國家，在 2000 年東臺灣研究會舉辦的「國家與東臺灣發展史研討會之構想與目的」討論會已有許多論辯⓫。不過，各個政權有各自的統治基礎和目的，對臺灣島上各地域也有不同的認知和政策⓬。本書即透過國家對東部行政空間的規劃、賦稅制度的施行、漁業移民的移入以及近代化企業的改造等實證研究，論證不同形態的國家治理對於東部政治、經濟發展上的影響。特別著力於日本殖民統治時期，殖民帝國如何面對殖民地的邊區，亦即如何制定位於政治、經濟版圖邊緣的東臺灣的發展策略及其演變。

本書收錄 1996 年至 2004 年本人發表於各期刊雜誌的九篇有關東

---

❾昭和 4 年（1929）臺灣總督川村巡視東部時，指出東部交通不便、人口稀少及與文明世界隔離的現狀，且東部行政系統與西部相懸隔。昭和 13 年（1938），臺東街長赤松二三仍說東臺灣「古來人煙稀少，有不耕之土地」。鍾石若，《躍進東臺灣》（1938 年原刊，臺北：成文出版社，1984，中國方志叢書，臺灣地區第 309 號，以下稱成文本），頁 3、5、26。
❿赤木猛市，〈國策上より觀たる東部開發問題〉，《臺灣農事報》273 號（昭和 4 年 9 月），頁 606。
⓫此討論會的活動記錄，參見：《東臺灣研究》5（2000 年 12 月），頁 153-192。
⓬夏黎明，〈國家作為理解東臺灣的一個角度〉，《東臺灣研究》5，頁 156。

臺灣研究的論文❸。按照這些論文的內容和性質，區分成國家與東臺灣、清賦與東臺灣、殖民與產業以及史料與史學四部分。

　　第一部分，「國家與東臺灣」收錄兩篇論文。〈國家與行政空間的形構：以臺東縣行政區劃的演變為例〉，乃 1997 年參與施添福教授主持的「臺東縣史」編纂計畫之作，原刊載於《臺東縣史地理篇》「沿革」（臺東：臺東縣政府，1999，頁 11-51）。本文已小幅修改，並新增前言和結論，主要探討荷蘭時代至戰後臺東縣行政沿革的變遷。透過本文可知，臺灣東部的發展向來晚於西部，即使在行政區劃上亦然，充分展現其邊陲性格。東部行政區劃不但往往遲於西部，日治時期殖民政府對東部採取特殊化區域政策，與西部的差異更大。其次，在政權轉換的過程中，新政權初成立時，通常因襲舊政權的行政區劃，直至政權穩固、統治力滲入東部時，才產生一套新式的行政區劃制度。不過，由於各個政權因應其治臺目的的差異，而有不同的國家治理形態，並具體表現在行政區劃上，展現不同模式的行政空間規劃。

　　〈國家在東臺灣歷史上的角色〉一文，於 2000 年 9 月中央研究院臺灣史研究所籌備處與東臺灣研究會合辦的「國家與東臺灣發展史研討會」會前討論會宣讀，後刊於《東臺灣研究》5（2000 年 12 月，頁 153-161）。本文原為引言稿無註釋，現增補註釋，並增修部分內容。該文事實上根據現有研究成果，從貫時性、宏觀的角度，分析 17 世紀以降至 20 世紀歷代政權在東臺灣的政策和作為。很明顯地，各政權領臺初期，因認識不足或是急於穩固西部臺灣的統治，對東部

---

❸ 至於臺灣拓殖株式會社的相關研究，由於是在專書架構下進行，未來將另行出版。又本人曾於 1998 年 5 月的「1998 年海峽兩岸檔案學術交流會」發表〈臺東直隸州文量八筐冊的史料價值：兼論一手史料的編輯整理問題〉一文，因內容與第三篇重複甚多，因此未收入本書。

採取忽視或棄而不顧的態度。隨後基於不同的統治目的，國家在東部的角色與政策大有差別。荷治時期是以資源掠奪的象徵式統治爲主；清治時期是由初期消極的封山劃界到後期積極的開山撫番政策，並以武力移墾來開發東部；日治時期是由初期的內地化東臺規劃至戰時國家與企業同構的全面性開發；戰後中華民國時期則由邊疆棄地，逐漸轉爲臺灣的後花園。

第二部分，「清賦與東臺灣」，收錄一篇論文。〈由魚鱗圖冊看清末後山的清賦事業與地權分配型態〉，原刊於《東臺灣研究》2（1997年12月，頁131-168），現已重新微幅刪改。本文透過現存最完整的清末清賦事業魚鱗圖冊「臺東直隸州丈量八筐冊」，分析該事業的進行以及東部各族群土地分配狀況。該文指出，清末劉銘傳在後山進行清賦事業的同時，透過清丈進行東部全面性的編鄉堡立村庄運動。編鄉堡除了徵稅需要之外，更具有實質的地方行政區劃與自治組織的功能。各鄉堡清丈圖冊的準確與否，反映了清廷對於該地區的熟悉程度和統治實力。立庄則除了爲徵稅方便將村庄一再分割之外，也進行改社爲庄的工作。後山經過此次清丈之後，今日縱谷平原與海岸平原的重要村庄大多已經出現。其次，劉銘傳清賦事業乃以小租戶爲土地業主，清丈遂重新確立後山地權分配型態，原來的土地所有者大租戶番社因而喪失利權。番、漢以及平埔族主要以個人名義取得土地所有權。

第三部分，「殖民與產業」收錄三篇論文。〈戰時經濟體制下東部水產業的統制整合：東臺灣水產會社的成立〉一文，1999年9月，於中央研究院歷史語言研究所主辦的「臺灣漁業史學術會議」宣讀，後刊於《臺灣史研究》，6（1）（2000年9月，頁59-92）。該文從東臺灣水產會社的成立背景和事業經營內容，探討東臺灣水產業近代化的過程。東臺灣水產會社資本規模相當大，有別於過去東部以各港爲

單位成立的小資本水產會社。同時，該社一方面超越地方利益，橫向聯結基隆港、蘇澳港、花蓮港、新港等四港漁業資源；另一方面則縱向整合漁獲的生產、加工製造以及販賣輸出，採取垂直整合的經營策略。透過該會社的設立與經營可以發現，日治末期東部水產業的近代化，事實上是配合戰時水產資源統制目的，在殖民政府的運作下，依賴日系內地大企業而展開。因此，日治時期東部水產業的近代化，事實上是因應戰爭時期資源的取得而出現，日本國內大企業則扮演著逐步併吞東臺灣漁業企業的重要角色。

〈殖民與產業改造：日治時期東臺灣的漁業移民〉，於 2000 年 10 月東臺灣研究會和國立臺東師範學院合辦的「東臺灣鄉土文化學術研討會」宣讀，後刊於《臺灣史研究》7（2）（2001 年 12 月，頁 551-93）。本文從殖民主義與產業改造的觀點，從政策面分析 1900 年代與 1920 年代以降前後兩期官營漁業移民事業的成效得失，特別著重於後期東臺灣漁業移民的討論。由該文可知，日本漁業移民要成功地移入臺灣，除了政府諸多的補助和輔導措施之外，更重要的是引入近代化的動力漁船、捕撈技術以及漁業文化，才能夠達到目的。另一方面，東臺灣漁業移民事業的施行，充分展現了殖民政府企圖引進日本移民以達到東部產業改造的目的。東部漁業不但成功由沿岸漁業轉型為近海漁業、甚至發展遠洋漁業，產業結構獲得改變；而且日本移民也引進日本漁業文化和新式的漁業技術，對於東部三港的發展有相當大的影響。

〈殖民地邊區的企業：日治時期東臺灣的會社及其企業家〉一文，於 2003 年 10 月國立臺東大學主辦的「邊陲社會及其主體性學術研討會」宣讀，後刊於《臺大歷史學報》33 期（2004 年 6 月，頁 315-363）。該文整合個人多年來在東部的研究成果，以企業為例來討論東臺灣產業發展的整體圖像和特色。由該文可見，過去全稱性的日

治時期臺灣殖民經濟史的諸多討論，常常忽略了區域差異或是區域不平衡發展問題。日治時期的東臺灣由於開發較爲遲緩以及自然條件的限制，使得東部的漢人並未像西部一般形成廣大的社會經濟基礎，加上殖民政府的內地化（日本化）東臺政策，促使 1930 年代以前東臺灣的企業是由在地的日本企業家所主導，而較少出現西臺灣財閥或家族壟斷的狀態。直至中日戰爭時期，東部產業發展始有巨大變化。基於戰時局勢以及東部建設大致完成，日本財閥乃長驅直入，甚至因爲花蓮擁有發展重化工業的有利條件，而出現在日本帝國內數一數二的新興重化工業。殖民地邊區的東臺灣，在戰爭時期反而成爲新興企業的中心之一。

第四部分，「史料與史學」收錄三篇文章。〈白川夜州「臺東舊記」譯註與史料價值評介〉一文，是本人東部研究之濫觴。其先於 1996 年 6 月東臺灣研究會主辦的「東臺灣研究與南島文化研討會」發表，後刊於《東臺灣研究》創刊號（1996 年 12 月，頁 117-140）。該文僅作微幅修改，主要翻譯和校註明治 33 年（1898）發表於《臺灣經濟雜誌》的〈臺東舊紀〉，並與胡傳的《臺東州采訪冊》、陳英的〈臺東誌〉作比較，指出該史料的價值。〈臺東舊紀〉敘述卑南王時代至日清接收時期後山的概況，對清朝在該地的統治、文武官及勇營制度有相當詳細的記載，史料價值頗高。

〈「東臺灣世界」的研究史及史料評估〉一文，於 1997 年 10 月東臺灣研究會和中央研究院臺灣史研究所籌備處合辦的「從地中海到東臺灣：兩個歷史空間在方法論上的對話」小型研討會發表，後刊於《東臺灣研究》2（1997 年 12 月，頁 17-30）。在研討會的安排下，該文是以夏黎明發表的〈東臺灣及其生活世界的構成〉爲對話藍本，分別從自然環境、海洋東亞與臺灣的歷史、國家、移民、網絡、日常生活及變遷等六個項目，介紹相關的研究和可利用的史料。事隔十年，

有關東臺灣地區的研究成果和史料之出版已經漸多。特別是荷蘭時代史料大量翻譯出版❶，應有利於進一步重建荷治時期東臺灣的樣貌。儘管如此，該文是受到布勞岱名著《地中海與菲力普二世時期的地中海世界》的啟發，試圖反省和提出「東臺灣生活世界」有意義的研究課題。文中所提的部分新議題，即使至今研究仍相當有限，現微幅修改後收錄於本書，以茲參考。

〈歷史學與區域研究：以東臺灣研究為中心〉一文，於 2002 年 6 月東臺灣研究會主辦「區域研究與學科發展：以東臺灣研究為中心」研討會宣讀，後刊於《東臺灣研究》7（2002 年 12 月，頁 1-29）。該文分別反省歷史學的區域研究傳統、臺灣歷史學界對區域史研究的看法，以及臺灣史的區域史研究發展脈絡，並以東臺灣地區為例，檢討戰後以來東部區域史研究的成果和發展趨勢。本文指出臺灣歷史學界有意識地主張區域史研究，以 1970 年代初中央研究院近史所推行的「中國現代化的區域研究計畫」為嚆矢，並首度進行方法論的反省。臺灣史研究則受到時代政治環境的影響，一開始即以「中國地方史」的面貌出現，直至 1970 年代後期，臺灣區域史研究才萌芽。1990 年代受到本土化運動的影響，地域主義逐漸興起，各地方志的編修更促使臺灣區域史研究蔚為風氣。東臺灣研究則呈現另一種類型，主要在東臺灣研究會的大力推動下，才跳脫過去東部人研究東部的格局。

整體而言，臺灣東部在自然環境、族群以及歷史經驗與發展上，與西部有相當大的差異。從區域發展觀點來看，可以視為一個邊區。透過上述東部一系列的實證研究，大概可以一窺不同政權對於邊區的

---

❶ 如江樹生翻譯的《熱蘭遮城日記》已經出版三冊（臺南：臺南市政府，2000、2003、2004）、程紹剛譯，《荷蘭人在福爾摩沙》（臺北：聯經，2000）以及西班牙臺灣史料的陸續翻譯出版。

政策及其演變，特別是日本殖民統治時期東臺灣政治經濟發展的位置與軌跡。第二次大戰時期，是殖民地邊區發展的一個重要契機。東臺灣的行政制度終與西部同軌，並成為戰時新興軍需重化工業的基地之一，東部的產業位置才浮現在日本帝國的架構內，區域發展受到相當大的影響。另一方面，就「殖民帝國與殖民地邊區」這個角度而言，東部的發展模式顯示，國家對於邊區發展顯然具有決定性的作用。

其次，邊區東臺灣的研究明顯地展現區域發展不平衡和區域差異的現象。大部分全稱性的臺灣史研究都不能檢驗東部。不論從國家或是地域社會的角度，東部邊陲性格極為明顯，自成一套。殖民帝國面對東部邊區的特質必須採取不同的殖民策略，例如主要在西部進行的舊慣調查、土地調查，在東部卻顯得不太重要；反而東部基礎建設不足、勞動力不足以及理蕃政策的迫切性，均顯現邊區特別的殖民經驗。企業在東部的發展亦然，展現著不同於臺灣西部發展的軌跡，長期由在地的日本企業家執牛耳。日治時期東臺灣的邊區性格與殖民經驗，未來應可以與其他同處於帝國殖民地邊區的區域做比較研究。

第一部
國家與東臺灣

國家與行政空間的形構：

以臺東縣行政區劃的演變為例（1624-1995）

一、前言

　　臺東縣位於臺灣本島之東南部，包括蘭嶼和綠島兩島。東臨太平洋，北接花蓮縣，西、南以中央山脈與高雄縣、屏東縣為界。臺東縣轄境範圍則介於東經 120 度 44 分至 121 度 37 分；北緯自 21 度 56 分至 23 度 26 分之間。其極東和極南是蘭嶼鄉小蘭嶼，極西是金峰鄉南大武山，極北則是長濱鄉大金石❶。臺東縣全縣總面積 3616.2526 平方公里，幾佔全臺面積之十分之一，為本島第三大縣❷。

　　今日所見臺東縣這樣一個行政空間的形成，深受歷代政權的調整與建構。自西元 1624 年以降至今，臺灣曾歷經荷西（荷蘭與西班牙）、鄭氏王朝、清朝、日本以及戰後中華民國等五個政權之統治。對於臺東縣而言，除了鄭氏王朝統治範圍未曾履及之外，歷經四個政

---

❶ 石再添，《臺灣省行政區劃概況地圖集》（臺中：臺灣省政府民政廳，1992），頁124。
❷ 臺東縣政府主計室編，《臺東縣統計要覽》（臺東：臺東縣政府，1995），頁 1。

圖 1-1：境界之霧（龍門峽）
資料來源：毛利之俊，《東臺灣展望》，臺東：東臺灣曉聲會，1933。

權之統治。不同的政權，國家意志迥異，對於東部政策乃不盡相同，所形構出的統轄區域與行政空間也有所差別。本文基本上透過歷代政權對於臺東縣的行政區劃，探討國家如何形塑該地的行政空間及其演變。以下分成荷治時期、清治時期、日治時期以及戰後中華民國時期等四個階段來說明。

二、荷治時期的行政區劃（1624-1662）

西元 1624 年荷蘭人在臺南建立政權，至 1662 年被鄭成功驅離臺灣止，即所謂的荷治時期。不過，荷蘭政權事實上是透過執行國家意志的荷蘭東印度公司進行統治，以符合該公司最高的政治與經濟利益為原則，並非完整的殖民帝國❸。1630 年代中葉以前，其乃主要以臺灣為據點進行對中國、日本的轉口貿易，因此初期統治範圍僅限於大員（今臺南市附近），以後始逐漸向南部、中部、北部以及東部擴展❹。

荷蘭人開始經營東部，始於 1630 年代後期。1636 年 5 月，荷蘭人自漢人和瑯喬社處得知，後山的卑南村社擁有大量黃金，而引起荷蘭當局之注意❺。1637 年 2 月起，遂先後派遣多位將領與東印度公司的商務員經水路或陸路前往卑南覓（今臺東），調查和招撫東部各社❻。1638 年 1 月，荷蘭探金隊順利抵達卑南，下席商務員衛瑟林

---

❸ 湯錦臺，《大航海時代的臺灣》（臺北：貓頭鷹，2001），頁 106。
❹ 楊彥杰，《荷據時代臺灣史》（南昌：江西人民出版社，1992），頁 72。
❺ 江樹生譯，《熱蘭遮城日誌》第一冊（臺南：臺南市政府，1999），頁 238-239。
❻ 郭輝譯，《巴達維亞城日記》第二冊（臺北：臺灣省文獻會，1970），頁 211-212、246、314；江樹生譯，《熱蘭遮城日誌》第一冊，頁 290-291、309-310；楊彥杰，《荷據時代臺灣史》，頁 78。

（Marten Wesselingh）並駐紮於卑南，繼續探金事宜❼。同年 8 月，在衛瑟琳的引導之下，卑南村社長老正式至大員城與荷蘭人締結盟約❽。此後，直至 1641 年 9 月衛瑟琳被殺爲止，荷蘭人在東部的活動乃由衛瑟琳主導，以卑南爲中心，以探金事業爲主要目的。衛瑟林又繼續探查與征伐中北部村社，最遠曾至花蓮秀姑巒（Supara）一帶，並與該地村社締結和約❾。

1642 年與 1645 年，爲了尋找金礦與懲罰殺害荷蘭官員的「番族」，荷蘭人曾經兩度大舉出征東部❿。1642 年 2 月，臺灣長官 Traude Nius 親征東部番族之後，正式派駐荷人分別駐紮於卑南、泗波蘭（Supera）、馬太鞍（vadaan）、大港口，而稍具統治雛型⓫。其後，荷蘭人曾經多次派遣探金遠征隊到花東各地勘查，間或招撫原住民村社，一度擴張至紅頭嶼以及花蓮部分村社⓬。至 1646 年 12 月，荷蘭東印度公司以東部探金多年並無實際成效而停止其活動。

荷蘭人對臺灣原住民的統治，於 1641 年逐漸發展出地方會議制度（Landdagh）⓭。地方會議制或譯爲地方集會制，是指每年一度由歸順的各番社派代表至赤崁（今臺南）或其他地方集會，一方面令其傳達東印度公司的命令，另一方面則報告其村社實況，以確立荷蘭之

❼江樹生譯，《熱蘭遮城日誌》第一冊，頁 380-381。

❽同上註，頁 384、404-405。

❾同上註，頁 462、473。程紹剛譯，《荷蘭人在福爾摩沙》（臺北：聯經，2000 年），頁 232。郭輝譯，《巴達維亞城日誌》第二冊，頁 299-300、314-315。

❿郭輝譯，《巴達維亞城日記》第二冊，頁 370-1、425、449。

⓫同上註，頁 373、376；楊彥杰，《荷據時代臺灣史》，頁 79。

⓬郭輝譯，《巴達維亞城日記》第二冊，頁 382、390。程紹剛譯，《荷蘭人在福爾摩沙》，頁 280。

⓭楊彥杰，《荷據時代臺灣史》，頁 88；中村孝志著，吳密察、許賢瑤譯，〈荷蘭時代的臺灣番社戶口表〉，《臺灣風物》44（1）（1994），頁 197-234。

統治實態❹。1644 年 8 月，荷蘭長官 Francois Caron 上任之後即極力確立此制度❺。透過地方會議制度，荷人將全島分成北部地方會議區（臺南以北）、南部地方會議區（臺南以南）、卑南地方會議區（臺東）以及淡水地方會議區（北部臺灣）等四個會議區❻，臺東縣即屬於卑南會議區。1644 年 4 月，東部地方會議首次於赤崁召開，此時尚未稱爲卑南地方會議，當時參與的村落僅有十餘個，並不十分踴躍，但是卻正式宣告臺東劃入荷人之統治範圍。

　　東部地方會議於卑南召開，始於 1652 年。其後，每年均舉行，至 1656 年共於卑南召開五次地方會議，此時亦是荷蘭統治東部的巔峰期。1657 年原擬再度舉辦，卻因天花流行而撤消，此後因鄭成功來襲的威脅與不安，未再召開❼。

　　荷人統治臺灣時期，爲了確立統治，自 1647 年至 1656 年，也曾進行多次的番社戶口調查。卑南地方會議區調查範圍，分成卑南近傍（即卑南 8 社）、卑南北部同盟、太麻里峽谷內（即太麻里溪流域地域）、Tarewatty 峽谷內、Tarewatty 峽谷以南與海岸（指虷崙溪上游及虷崙溪至大高溪海岸地帶）、卑南以北未歸順、卑南以南未歸順、Bacanan 峽谷未歸順村（即內本鹿）等八個分區❽。其調查範圍大致包含今臺東與花蓮兩縣，但是真正取得戶口資料的以卑南鄰近地區（今臺東縣內）爲主。1650 年調查村數達到最高，亦不過是 61 個，

---

❹ 中村孝志，〈1655 年の臺灣東部地方集會〉，《南方文化》19（1992），頁 129。

❺ 同上註。

❻ 楊彥杰，《荷據時代臺灣史》，頁 88-9；中村孝志著，吳密察、許賢瑤譯，〈荷蘭時代的臺灣番社戶口表〉，頁 233-4。

❼ 中村孝志，〈1655 年の臺灣東部地方集會〉，頁 130。

❽ 中村孝志著，吳密察、許賢瑤譯，〈荷蘭時代的臺灣番社戶口表〉，頁 198-205、234。

即使實際參與地方會議的村社數最高也僅是 1655 年的 43 個[19]。因此，實際統治範圍事實上是以卑南爲中心，北至玉里（今花蓮縣玉里鎮）附近，南至大竹高溪（今臺東縣大武鄉大溪）[20]。（圖 1-1）

整體而言，荷人對於東部的實際統治時間不長，影響力也相當有限。1638 年之後，陸續派駐幾位商務員駐紮東部兩、三個地點，乃以探金爲目的，仍屬於偵察階段。直至 1644 年左右，荷蘭政權將東部劃入地方會議區之後，始確立對東部的統治。荷蘭人探金遠征隊雖然曾經遠至花蓮立霧溪附近，但是實際管轄範圍大概北至玉里，南至大竹高溪。由於荷蘭在臺政權，事實上以東印度公司執行國家意志、以追求商業利益爲最高準則，因此東部統治目的乃基於探金，並無積極的治理方針與規劃，實際統治力量也不強。行政區劃亦甚爲消極，最多僅是派員駐紮，即使是作爲戶口調查的地理區劃，權宜性質較高，並未影響到以後的行政區分。不過，荷蘭東印度公司政權卻奠定臺東卑南作爲後山行政管轄中心的基礎，直至日治時期才再度改變。

三、清治時期的行政區劃（1683-1895）

1662 年建立的鄭氏王朝，統治範圍僅及於臺灣西部，至於東部，雖然曾經一度派兵調查後山金礦來源[21]，卻始終採取忽視態度，遑論設官治理。康熙 22 年（1683），鄭氏政權覆亡，臺灣劃入清廷版圖，政令僅及於前山南部的鳳山、臺灣以及諸羅三縣，後山的臺灣東部地

---

[19] 同上註。

[20] 中村孝志，〈1655 年の臺灣東部地方集會〉，頁 130-1。

[21] 鄭經時期，上淡水通事李滄曾率宣毅鎮兵至卑南覓附近查探金礦，因受原住民劫擊，而不了了之。陳培桂，《淡水廳志》（1871 年原刊，臺北：臺灣銀行經濟研究室，1960，臺灣文獻叢刊第 172 種，以下簡稱文叢本）頁 307-308。

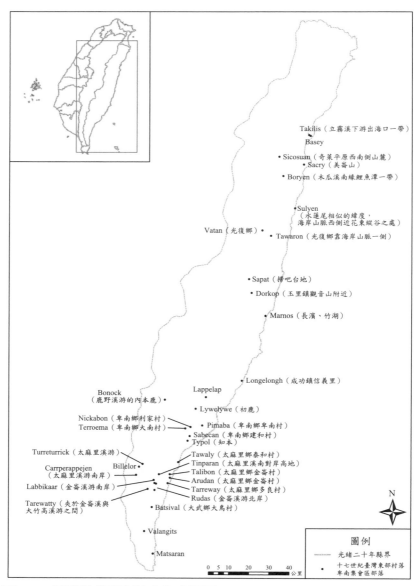

圖 1-2：荷蘭時代東部地方集會區圖
資料來源：中村孝志，〈1655 年の臺灣東部地方集會〉，《南方文化》19（1992）。

區仍屬化外之地。至康熙 34 年（1895），大雞籠通事賴科、潘冬等始招攬後山崇爻 9 社（今花蓮縣境）歸化，並附阿里山諸社輸餉於諸羅縣❷。

　　康熙 61 年（1722）朱一貴事變之後，清廷惟恐漢番勾結危害政權，實施劃界封山之政策❸，禁止漢人私越，自此後山被封禁達 150 餘年。清廷雖然嚴禁漢人到後山，但是仍允許後山番社歸化輸餉。雍正 2 年（1725）12 月，後山南路的卑南覓 72 社（今臺東境內）即派遣土官，造具戶口名冊歸化，輸餉於鳳山縣❷。當時清廷對於後山歸化各番社的態度是：賞給鹽、布等物，並准許一年一度的璞社貿易❷。大抵上，清廷對於後山歸化生番，僅要求其輸納番餉，而不要求其薙髮、供勞役以及改衣冠❷，並無積極統治後山的意圖。乾隆 20 年（1755），進一步禁止商漁船到後山地區「販賣番貨」，原來社丁繳納之番餉，改由通事自陸路輸納❷。乾隆中葉以降，或許因陸路交通不

---

❷ 賴科招攬崇爻番社當時共有 9 社，（周鍾瑄，《諸羅縣志》（1719），文叢第 141 種，頁 31。）但是康熙末年藍鼎元撰寫《東征集》（1721，文叢第 12 種）時，水輦社已經因疾疫廢社，剩下 8 社（頁 90）。此 9 社包括位於秀姑巒的崇爻、芝舞蘭（泗波蘭）、芝密（奇密）、貓丹（馬太鞍）等四社，奇萊平原的筠椰椰（巾老耶）、多難（荳蘭）、薄薄、竹腳宣（七腳川）以及水輦（水連）等。范咸，《重修臺灣府志》（1747），文叢第 105 種，頁 197。

❸ 黃叔璥，《臺海使槎錄》（1722），文叢第 4 種，頁 167-168。

❷ 《雍正硃批奏摺選輯》，文叢第 300 種，頁 23。當時後山歸化番社最初稱 65 社，至雍正 3 年（1726）3 月 19 日閩浙總督覺羅滿保則稱山後有 74 社生番輸誠歸化。張本政，《清實錄臺灣史資料專輯》（福州：福建人民出版社，1993），頁 99。

❷ 藍鼎元，《東征集》，頁 90。

❷ 張永楨，〈清代臺灣後山開發之研究〉（臺中：東海大學碩士論文，1986），頁 61-62。

❷ 余文儀，《續修臺灣府志》（1762），文叢第 121 種，頁 456。

便，後山各社輸餉與歸化似乎不了了之，形同具文❷。此後，清朝官方記錄對於後山的瞭解也更加生疏，有所謂「人跡罕至，難計里程」❷。

　　清中葉，漢人雖偶有偷越後山者，封山政策卻無形之中延遲了該地開發。嘉慶、道光年間，臺灣西部開墾大致完成，少數漢人也開始轉移目標至後山交通較方便、平原開闊之地拓墾，但是大多失敗，棄地而去。咸豐、同治年間，漢人入墾漸多，後山的卑南（今臺東縣卑南鄉、臺東市）、火燒嶼（今綠島）、成廣澳（今臺東縣成功鎮）、璞石閣（今花蓮玉里鎮）、新城（花蓮新城）等地漸形成零星的漢人聚落❸。然而，清政府對於後山的重視，卻要到同治末年牡丹社事件爆發之後。

　　同治13年（1874），牡丹社事件爆發，突顯後山開發之必要性。奉命來臺調處的福建船政大臣沈葆禎為杜絕外人之覬覦，奏請解除長達150餘年的封山禁令❸，積極進行開山撫番政策，後山開發漸趨積極。光緒元年（1875）6月，沈葆禎依臺灣道夏獻綸之議，以「內山開闢日廣，番民交涉事件日多，舊治殊苦鞭長莫及」，奏請將原設於臺灣府（今臺南）南路理番同知移紮卑南。凡民番詞訟俱歸該同知審訊，又稱作「卑南廳」❸，是為清廷在後山正式設治之嚆矢。卑南廳

---

❷牡丹社事件之後，清廷派候補同知袁聞柝搭乘輪船到後山卑南地區召撫卑南、呂家望等社，並帶「番目」陳安生回臺南，表明歸化之意。由此可見，清初後山各社的歸化與輸餉，顯然早已形同具文。直到清末才重新招撫。胡傳，《臺東州采訪冊》（1894），文叢第81種，頁65。

❷余文儀，《續修臺灣府志》，頁307。

❸張永楨，〈清代臺灣後山開發之研究〉，頁70-76；臺灣慣習研究會，〈臺東移民史〉，《臺灣慣習記事》第四輯上（臺中：臺灣省文獻委員會，1984），頁3-6。

❸沈葆禎，《福建臺灣奏摺》，文叢第29種，頁12-13。

❸同上註，頁60。同年12月，設置卑南廳。《清德宗實錄選輯》，文叢第193種，頁19-20；《清會典臺灣事例》，文叢第226種，頁36。

所管轄範圍，大致上爲當時後山，亦即北至蘇澳南至八瑤灣（屏東縣滿州鄉）地區[33]，但實際上政令所及並不包含山地地區。

與西部前山先有移民再由官隨後設治的情形不同，後山是在官方強力推動並以勇營作爲開墾前哨之下，移民始進入拓墾。因此，設治之初，地曠人稀，並未進一步作行政區劃，僅粗分成南路卑南、中路秀姑巒以及北路岐萊，並於卑南、璞石閣以及花蓮港等北、中、南三地設立招撫局[34]。光緒3年（1877），福建巡撫丁日昌一改沈葆楨以「開路」爲重心的後山政策，轉而積極招徠移民開墾縱谷平原[35]。清廷乃將東部分成三個墾務重心，其中縱谷中段自大巴塱（今花蓮縣光復鄉）至大坡（或作大陂，今臺東縣池上鄉）爲中路；中路以南地區則爲南路，以卑南爲重心；中路以北爲北路，稱奇萊[36]。

光緒10年（1884），中法戰爭促使清廷再度重視臺灣，次年臺灣建省，13年（1887）8月臺灣省正式運作。首任巡撫劉銘傳以「轄境太廣，則耳目難周；控制太寬，則聲氣多阻」，建議重劃臺灣郡縣，於後山水尾（今花蓮瑞穗鄉）設直隸知州一員，稱臺東直隸州，原卑南廳舊治設州同一員，花蓮港（今花蓮市）添設州判一員[37]。12月，後山地區裁撤原駐紮卑南之南路撫民理番同知，正式設立臺東直隸州[38]。直隸州治原擬設於水尾，嗣因光緒14年（1888）觀音山平埔番

---

[33] 夏獻綸，《臺灣輿圖》（1880），文叢第45種，後山總圖；吳贊誠，《吳光祿使閩奏稿選錄》，文叢第231種，頁25。

[34] 張永楨，〈清代臺灣後山開發之研究〉，頁197。

[35] 李文良，《臺東縣史政事篇》（臺東：臺東縣政府，2001），頁114-115。

[36] 林聖欽，〈花東縱谷中段的土地開發與聚落發展（1800–1945）〉（臺北：臺灣師大地理學研究所碩士論文，1995），頁64。

[37] 劉銘傳，《劉銘傳撫臺前後檔案》，文叢第276種，頁124-125。

[38] 有關臺東直隸州設立經過的詳細考證，參見：李文良，《臺東縣史政事篇》，頁123-125。

（平埔族）結合阿眉番（阿美族）叛亂，水尾被燬，居民死亡殆盡，仍暫寄治於卑南❸。臺東直隸州所管轄區域，名義上是北起東澳溪南至八瑤灣之後山地區❹，但實際上官方政令所及區域時有變動，清末僅北至加里宛，南至阿郎壹溪（安朔溪）❹。

　　光緒 12 年（1886）在劉銘傳強力推動開山撫番政策之下，東部設卑南（卑南八社至巴塱衛一帶）與水尾兩個撫墾局❷。光緒 14 年（1888），又將水尾撫墾局分成秀姑巒撫墾分局（自新開園至水尾）與花蓮港（水尾北至新城）撫墾分局❸，仍形成北中南三段的區域分劃。自光緒元年以來，後山的統治始終是以北中南三段的區域分劃爲主，這種區劃事實上是初墾之際以漢人拓墾事業與撫番爲中心的考量而產生。

　　直至光緒 15 年（1889）12 月，由於清丈的進行，以及後山經過多年經營亦有不少拓墾成果，正式將後山劃分成五鄉九堡❹。五鄉是：南鄉、廣鄉、新鄉、奉鄉以及蓮鄉。所謂南鄉即指卑南地方（今臺東縣南半部），下轄卑南堡；廣鄉是以成廣澳庄（今臺東成功鎮小

---

❸ 胡傳，《臺東州采訪冊》（1894），文叢第 81 種，頁 1、13；林玉茹，〈白川夜州「臺東舊記」譯注與史料價值評介〉，《東臺灣研究》創刊號（1996），頁 126-127。

❹《臺灣地輿全圖》（1888），文叢第 185 種，頁 72-73；《臺東直隸州丈量八筐冊》，州圖，現藏於中央圖書館臺灣分館。

❹ 胡傳，《臺東州采訪冊》，頁 1。田代安定則認爲臺東直隸州州界，北及新城南至巴塱衛溪（今大武溪）。田代安定，《臺東殖民地豫察報文》（臺北：臺灣總督府民政部殖產課，1900），頁 26。

❷ 李文良，《臺東縣史政事篇》，頁 25；胡傳，《臺東州采訪冊》，頁 85。

❸ 胡傳，《臺東州采訪冊》，頁 85；臺灣省總督府，《臺灣總督府公文類纂》，明治 29 年乙種永久，6 卷 4 門，文書，〈撫墾局概略〉，現藏於南投國史館臺灣文獻館。

❹ 林玉茹，〈由魚鱗圖冊看清末後山的清賦事業與地權分配形態〉，《東臺灣研究》2（1997），頁 131-168。

港）為中點，包含卑南大溪北岸至大港口（花蓮縣豐濱鄉港口村）海岸路線各庄，下轄成廣澳堡；新鄉是以新開園（池上鄉錦園村）為中點，包括秀姑巒溪以南各庄，下轄新開園堡與璞石閣堡；奉鄉則以拔仔庄（花蓮瑞穗鄉富源、富民、富興村）為中點，秀姑巒溪以北至奇萊界（花蓮市），下轄水尾堡、新福堡、萬安堡以及復興堡等四堡；蓮鄉則以花蓮港為起點，包括奇萊、新城各庄，下轄花蓮港堡❹❺。（圖1-2）

　　五鄉九堡雖然主要作為地租徵稅區，光緒20年（1894）並於各鄉置冊書掌理一鄉之稅務錢糧❹❻，但是另一方面也可視為一種行政區劃。五鄉九堡大概是一鄉設立一位都總管，或是兩鄉（新鄉和奉鄉）合設一位都總管，各鄉再分設一位副都總管來徵收租稅與管理民番事務。各鄉又設置鄉長一至二位，如奉鄉有南路鄉長與北路鄉長之分。鄉之下則或一大庄或數庄設一總理，較大村庄甚至增設副總理一名，較小村庄則僅設甲長一名❹❼。都總管與鄉長皆由官給口糧，為有給職，必須與總理同心協力辦理鄉內大小事務，「以期民番輯睦，荒土漸闢」❹❽。由此可見，五鄉九堡並非只是徵稅區的劃分，也具有行政區域的實質功能❹❾。九堡之下則下轄若干街、庄、社。各鄉或等於一堡，或下轄二至四堡。換言之，清末後山的行政區劃為「直隸州—鄉—堡—街、庄、社」制。至於其管轄情形，可由光緒15年左右完

❹❺ 田代安定，《臺東殖民地豫察報文》，頁26。
❹❻ 臺灣總督府，《臺灣總督府公文類纂》，明治29年乙種永久，6卷4門，文書，〈撫墾局概略〉。
❹❼ 田代安定，《臺東殖民地豫察報文》，頁246-297。
❹❽ 同上註，頁103。
❹❾ 林玉茹，〈由魚鱗圖冊看清末後山的清賦事業與地權分配形態〉，頁145。

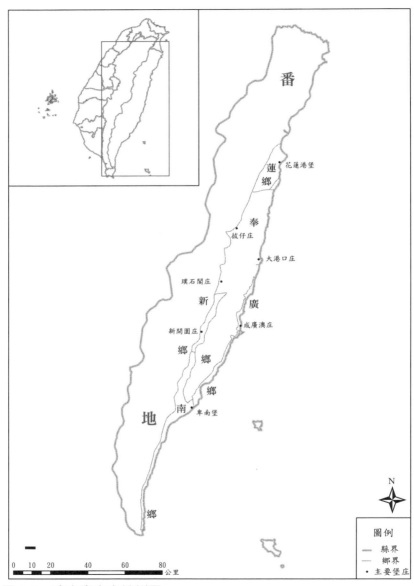

圖 1-3：清末臺東直隸州圖

成的〈臺東直隸州丈量八筐冊〉略窺一斑❺⓪。（表 1-1）

　　總之，雖然清初後山不少番社已自願歸化輸餉，但是由於康熙 61 年（1722）清政府實行封山劃界政策，導致後山開發的延緩。清中葉後山漸有漢人入墾，但大多徒勞而返，成效不彰。直到清末在國際外力催逼之下，清廷解除長時期的「空間隔離」治邊政策❺❶，積極進行開山撫番措施。在軍隊開先峰、移民隨後進入開墾的武裝移民策略下，後山逐漸開發，漢人聚落漸形成。光緒元年（1875），清廷首先於卑南設治，稱卑南廳，東部的行政中心仍以卑南為重心。然而，由於後山之開禁只是清廷面對外國勢力壓迫之下的權宜之策，並非著眼於該地的經濟利益或是政治版圖的擴大，因此初期於行政區劃並無太大擘劃，僅區分成北中南三路。光緒 12 年（1886）為了開墾與撫番之便，又設立卑南和水尾南北兩個撫墾局，將偌大的後山地區分成兩大區域治理。光緒 13 年（1887）再進一步改廳設立臺東直隸州，統轄後山。直隸州之設，與西部府、縣、廳制迥異，乃臺灣行政制度之特例。14 年，又分水尾撫墾局為二，仍形成北中南三段區劃。至光緒 15 年，因清賦事業，後山置五鄉九堡分管各街庄社，雖然作為徵稅區，卻具有行政區劃的實質意義，並沿用至日治初期。

---

❺⓪ 光緒 15 年完成的〈臺東直隸州丈量八筐冊〉即俗稱的魚鱗圖冊，現藏於臺灣分館，該圖冊共 16 本，現存 15 本，大致完整包含清末臺東直隸州下各鄉、堡、街庄田園丈量情形，對於釐清清末臺灣東部拓墾實況有一定程度的助益。值得注意的是各鄉、堡所涵蓋街庄與胡傳《臺東州采訪冊》以及日治 1905 年完成的《臺灣堡圖》有相當出入，請參見：林玉茹，〈由魚鱗圖冊看清末後山的清賦事業與地權分配型態〉一文。

❺❶ 施添福，〈開山與築路：晚清臺灣東西部越嶺道路的歷史地理考察〉，《師大地理研究報告》30（1999 年 3 月），頁 95。

表 1-1：清末臺東直隸州的行政區劃

州	鄉	堡	管 轄 街 庄	庄數
臺東直隸州	南鄉	卑南堡	新街、馬蘭坳街、寶桑庄、塱腳庄、南保庄、小里行庄、里溜庄、客人庄、西巴庄、小坡庄、頭人庄、大里行庄、本巒庄、薄社庄、小馬蘭庄、桃仔園庄、萬人庄、馬鞍庄、大馬蘭	19
	廣鄉	成廣澳堡	毛崗庄、溪洲庄、内庄、東涼庄、武勘庄、小通氣庄、武洛庄、鹿山庄、草林庄、阿棉社庄、花蓮庄、烏漏庄、觀音庄、里行外庄、加東東庄、東畔新庄、圍仔内庄、西山埔庄、樹林庄、溪埔庄、成廣澳庄	21
	新鄉	新開園堡	馬加祿庄、萬人埔庄、客人城庄、新庄、下灣庄、大庄、新開園庄、麻志林庄、蛇竹窩庄、大港口庄	10
		璞石閣堡	沙荖庄、打麻園庄、觀音山庄、麻汝庄、烏鴉石庄、牛埔庄、璞石閣庄、城仔埔庄、貓公社庄、螺仔坑庄、針塱庄、迪街庄、新尾園庄、大吧塱庄、加納社庄	15
	奉鄉	水尾堡	剝牛溪庄、猴仔山庄、馬里汪庄、農兵庄、龜力埔庄、里隴庄、大坡庄、都巒社庄、馬武窟庄、加里猛狎庄、八里芒庄、三間屋庄、馬露蘭庄、石牌庄	14
		新福堡	周武洞庄、馬大鞍庄、尾埔庄、新人庄、鍋塱庄、大通氣庄、小巴塱庄、大巴塱庄、東涼庄、水母丁庄、良化社庄、北絲鬮庄、武里洲庄、新福庄、石蓮埔庄、頭人埔庄、烏鴉立庄、鱉溪庄、三仙河庄、巫老曾庄、碉堡庄	21
		萬安堡	打賴庄、加走庄、城仔埔庄、麻老漏庄、膠龜伯庄、滿仔埔庄、金桃庄、藤巴祿庄、俄律社庄、茄栞萊庄、打莫庄、閩里落庄、石梯灣庄、大尖石庄、龜力埔庄、新社庄、葵扇埔庄、小本巒庄、大本巒庄、小掃北庄、石梯頂庄、烏漏庄、坪仔存庄、司管庄、奇效庄、北勢顯庄、萬安庄、大掃北庄、微沙綠庄	29
		復興堡	新港街庄、軍威庄、復興庄、公埔庄、薄薄社庄、佳樂庄、小竹湖庄、竹湖庄、大竹湖庄、澎仔存庄、都力社庄、里行庄、俄力社庄、微沙鹿庄、石涼傘庄、烏石鼻庄	16
	蓮鄉	花蓮港堡	里溜東畔庄、農兵新庄、復興東畔庄、佳樂南畔庄、復興南畔庄、薄薄南畔庄、復興西畔庄、軍威西畔庄、佳樂西畔庄、中肚庄、洞角庄、大佳樂庄、里溜内庄、新港街内庄、三仙河庄、薄薄上庄、薄薄西畔庄、薄薄下庄、薄薄北畔庄、三仙河外庄、農兵内庄、農兵外庄、薄薄東畔庄、佳樂東畔庄、軍威北畔庄、里溜外庄、復興北畔庄、復興内庄、保内庄、保和外庄、碉堡庄、薄薄新港庄、薄薄内庄、薄薄外庄、大佳落庄、鹿山庄	36

資料來源：《臺東直隸州丈量八筐冊》。

四、日本殖民時代的行政區劃（1895-1945）

　　日治時期臺東縣的疆域範圍，乃因應日本帝國勢力的滲透和治理之需而調整，變動相當劇烈。領臺初期，臺東廳所轄區域，大概是清末臺東直隸州轄境，亦即東至紅頭嶼（蘭嶼）、西至卑南主山、南至阿塱壹溪、北至大濁水溪[52]。（圖 1-3）明治 42 年（1909）10 月，劃出原花蓮港支廳和璞石閣支廳兩廳轄區，另設花蓮港廳。臺東廳管轄範圍減少大半，變成北至大尖石庄，行政區域大為縮小，大概相當現今臺東縣轄境。其次，明治 40 年至大正 9 年（1907-1920）之間，行政建置範圍僅及於平地部分，蕃地則另行劃出管理。（圖 1-4）此外，臺東廳行政區域也有小幅變動。明治 42 年追加南鄉バロハイチカソワン（barohaichikasowah）社[53]；大正 9 年（1920）將原高雄州蕃地內本鹿一帶劃歸臺東廳；大正 14 年（1925）9 月，追加大武支廳下蕃地チヤチヤガトアン（chiyachiyagatoan）社[54]；昭和 2 年（1927），又將蕃地阿塱衛社編入臺東廳管轄[55]。

　　日治時期，全臺行政區劃曾歷經多次變遷，處於臺灣邊陲的臺東縣亦然。大致上，臺東縣的行政區劃曾歷經 14 次變遷，依其特色可以分成 4 個階段來說明，以下分述之。

[52] 臺灣總督府官房課，《臺灣總督府統計書》（臺北：作者印行，1900），頁 4，以下簡稱《統計書》。

[53] 臺灣總督府，《臺灣總督府府報》，第 2834 號（1909），以下簡稱《府報》。

[54] 臺東廳，《臺東廳報》，第 537 號（1925）。

[55] 筒井太郎，《東部臺灣案內》（1932 年原刊，臺北：成文出版社，1984，中國方志叢書，臺灣地區，第 308 號，以下簡稱成文本），頁 38-39；臺東廳，《臺東廳案內》（臺北：松浦屋，1929），頁 2。

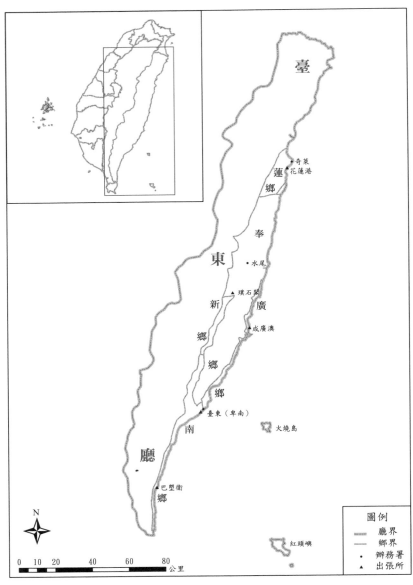

圖1-4：明治28-39年（1895-1906）臺東廳行政區域圖

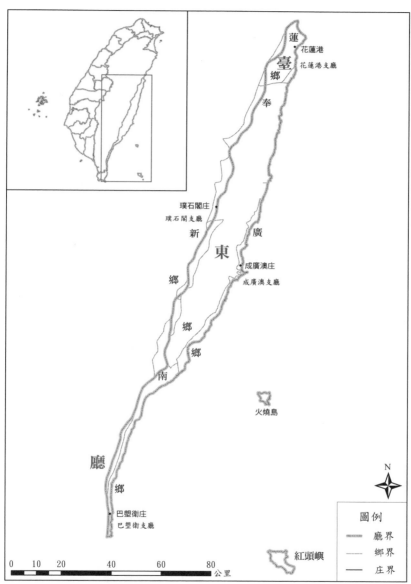

蓮

臺

花蓮港

花蓮港支廳

鄉

奉

璞石閣庄

璞石閣支廳

新

東

廣

鄉

成廣澳庄

成廣澳支廳

鄉

鄉

南

火燒島

廳

鄉

巴塱衛庄

巴塱衛支廳

N

0　10　20　　　　40　　　　60　　　　80
　　　　　　　　　　　　　　　　　　　公里

紅頭嶼

圖例
————　廳　界
--------　鄉　界
————　庄　界

圖 1-5：明治 40-42 年（1907-1909）臺東廳行政區域圖

（一）自明治 28 年至明治 42 年（1895-1909）

明治 28 年 6 月，日本初領臺之際，鑑於時值戰亂，施政方法必須極爲簡單，故儘量沿用舊習，對於地方行政建置一概參酌舊制，僅改府爲縣，於縣下新設支廳。原臺東直隸州乃改設臺東支廳，隸屬於臺南縣❺❻，是爲一支廳時期。

8 月，臺灣總督府因漢人武裝抗日激烈，決定實行軍政。反映在行政區劃上的變革是制定「民政支部及出張所規程」，除原臺北縣及澎湖島廳之外，裁撤尚未實際納入統治的臺灣、臺南兩縣，改設臺灣和臺南兩民政支部❺❼，下置出張所。原臺東支廳即改爲臺東出張所，仍隸屬於臺南民政支部❺❽，是爲一出張所時期。

明治 29 年（1896）3 月，再度改變行政區劃，將全臺分成臺北、臺中、臺南三縣及澎湖一廳，縣下則設支廳。原臺東出張所遂改爲臺東支廳，仍歸臺南縣管轄❺❾，又爲一支廳時期。五月並增設臺東撫墾署，管轄蕃地❻⓪。

明治 29 年 5 月 25 日，日軍始登陸卑南，正式控制東部❻❶，因此之前對於東部的行政規劃，不過是徒具其名，並未確實執行。直至同年 6 月，恆春支廳長兼任臺東廳長之後，日人才實際經理東部❻❷。

明治 30 年（1897）5 月，再度調整地方行政區域。全臺原有 3 縣

---

❺❻ 臺灣總督府，《臺灣總督府公文類纂》，乙種永久，第 4 門，1895。
❺❼ 王世慶，〈日據時期臺灣各縣廳、州、市報概說〉，《臺灣文獻書目解題》公報類一（臺北：中央圖書館臺灣分館，1993），頁 134。
❺❽ 臺灣總督府，《臺灣總督府公文類纂》，甲種永久，第 3 卷，1895。
❺❾ 王世慶，〈日據時期臺灣各縣廳、州、市報概說〉，頁 134。
❻⓪ 橋本白水，《東臺灣》（臺北：南國出版協會，1922），頁下 16。
❻❶ 同上註，頁下 11-12。
❻❷ 孟祥翰，〈臺灣東部之拓墾與發展（1874–1945）〉（臺北：臺灣師範大學歷史所碩士論文，1988），頁 95。

1 廳擴編爲 6 縣 3 廳，並於縣和廳之下設置辦務署，爲其下級行政機關[63]。此時，臺東支廳自臺南縣轄區劃出，升格爲臺東廳，並於廳下設卑南、水尾、奇萊三個辦務署[64]，是爲一廳三辦務署時期。其次，又在辦務署之下設置街庄長，以輔助廳長或支廳長執行行政事務[65]。各辦務署所管轄區域，大致上對應清末於後山實行的鄉制，亦即卑南辦務署管轄南鄉、廣鄉及火燒島，1 街 9 社，共 10 區；水尾辦務署管轄奉鄉和新鄉，9 庄 2 社，共 11 區；奇萊辦務署管轄蓮鄉，1 街 3 庄 5 社，共 9 區。總計臺東廳行政區域內下轄 3 辦務署，分管 2 街 12 庄 16 社，共 30 區[66]。

明治 31 年（1898）6 月，新任總督兒玉源太郎以臺灣原有縣、廳及其下級行政機關構成極爲複雜，冗員過多，乃簡化地方行政制度，將原 6 縣 3 廳縮併爲 3 縣 4 廳，並合併警察署、撫墾署事務於辦務署[67]。臺東廳雖仍設廳，但廢臺東撫墾署，又改辦務署爲出張所，8 月於臺東廳下置花蓮港出張所[68]，是爲一廳一出張所時期。明治 33 年（1900）5 月，臺東廳擴增出張所，除原花蓮港出張所之外，增設卑南出張所、成廣澳出張所以及璞石閣出張所[69]，是爲一廳四出張所時期。34 年（1901）6 月，再增置巴塱衛出張所[70]，成一廳五出張所。

---

[63] 井出季和太著，郭輝譯，《日據下之臺政》（臺灣治績志）（臺中：臺灣省文獻委員會，1977），頁 191；王世慶〈日據時期臺灣各縣廳、州、市報概說〉，頁 135。

[64] 臺灣總督府，《府報》號外，1897 年 6 月。

[65] 井出季和太著，郭輝譯，《日據下之臺政》，頁 291。

[66] 橋本白水，《東臺灣》，頁下 18-19。

[67] 王世慶，〈日據時期臺灣各縣廳、州、市報概說〉，頁 135。

[68] 臺灣總督府，《府報》，第 349 號，1898 年 8 月 16 日。

[69] 同上註，第 742 號，1900。

[70] 同上註，第 975 號，1901。

　　明治34年11月，兒玉總督以地方行政制度為總督府、縣（廳）、辦務署（出張所）三級制，不但所需經費頗鉅，而且在行政事務上有欠靈活，甚至互相推諉塞責，乃撤廢辦務署，改三級制為二級制，原三縣三廳改為二十廳[71]。臺東廳亦撤廢出張所，於廳下置支廳，設巴塱衛支廳、成廣澳支廳、璞石閣支廳以及花蓮港支廳，是為一廳四支廳時期，仍為二級制。之後，一直固定此制，直至昭和12年（1937）改支廳為郡制，才由「廳—支廳」制變成「廳—郡」制。

　　上層行政制度「廳—支廳」的區劃形成後，明治38年（1905）以降下層行政機關「區」制的雛形亦漸完備。事實上，早在明治30年（1897）已出現區，但當時區不過是街、庄、社的統計單位，並未有實際的管轄範圍[72]。明治38年（1905）7月，廳令第8號明定臺東廳分成卑南區等20區[73]，各區有其明確的街、庄、社管轄區域。明治38年，臺東廳轄下區的劃分，大致成定制[74]，區的設置也為大正9年（1920）廢鄉改區預作規劃。不過，此時區的劃分與支廳或鄉制均不相對應、統屬，直至明治42年（1909）10月，「廳—支廳—區」三級制才完全確立。

　　值得注意的是，自領臺以來，臺東廳下除了新設辦務署、出張

---

[71] 同上註，第1054號，1901；井出季和太著，郭輝譯，《日據下之臺政》，頁324-325。

[72] 舉例而言，明治30年（1897）卑南辦務署統轄1街9社，合10區。

[73] 此20區為：卑南區、加路蘭區、火燒島區、鹿寮區、太麻里區、巴塱衛區、都歷區、成廣澳區、加走灣區、大港口區、里壠區、新開園區、公埔區、璞石閣區、觀音山區、水尾區、拔仔區、太巴塱區、花蓮港區、加里宛區。臺東廳，《臺東廳報》96號，1905；明治41年（1908）10月，臺東廳又以廳令第3號公佈「街庄社長管轄區域並管區名」，仍劃分為20區，但廢加路蘭區，增設大庄區。（《臺東廳報》，第14號，明治41年10月20日）

[74] 明治30年至38年（1897–1905）之間，臺東廳內區數歷經幾次變遷，明治30年為30區，31年為25區，至38年為20區。（橋本白水，《東臺灣》，頁下19）

所、支廳以及區之外，始終沿用清末鄉制舊制，全廳設五鄉。換言之，大正9年廢鄉制之前，臺東廳行政區劃，是支廳與鄉制新舊兩套並行，但鄉並未設鄉長，僅是戶口、位置及統計整理上的單元，支廳則為施行民政與番政的行政機構[75]。明治38年7月，總督府民政長官基於臺東廳與臺灣其他廳不同，番社民庄極為錯綜複雜，而制定「關於臺東廳民番雜處地之處理辦法」，規定番社、民庄之命名與戶口統計原則，並確立行政區劃中鄉的範圍為平地番（阿美、卑南族）、太麻里番以及海岸漢人聚落部分[76]。

總之，第一階段正值日本初領臺、兵馬倥傯之際，在疲於面對西部漢人武裝抗日事件頻仍，又對於東部民番雜處、了解不多之下，行政區劃的變革也最為劇烈。特別是明治28年至34年（1895-1901），短短的6年之間，全臺經歷6次行政區劃變革[77]，東部更為激烈，有8次更易。東部的行政區劃，是隨著殖民政府對於該地了解的加深以及控制力的擴張而隨時調整，直至明治42年自臺東廳劃出花蓮港廳之後，行政區劃漸趨於穩定，以後調整的幅度與頻率也較小。

（二）明治42年10月至大正9年9月（1909-1920）

明治42年10月，第五任總督佐久間左馬太考量臺灣統治現狀，再度大幅調整行政區劃。其理由如下：1. 臺灣治安漸安定，地方政務日益繁雜，已非過去一高級行政官員所能負擔；2. 交通建設漸完備，小區域之地方官署已無存在之必要；3. 為了配合產業勃興之需，在政

---

[75] 林聖欽，〈花東縱谷中段的土地開發與聚落發展（1800–1945）〉，頁91-92。
[76] 臺灣總督府警察本署，《理蕃誌稿》卷1，（臺北：臺灣日日新報社，1918），頁394-395；臺灣總督府，《府報》，1783號，1905。
[77] 王世慶，〈日據時期臺灣各縣廳、州、市報概說〉，頁133-135。

策和設施上均需要擴張地方廳之區域，以統制事務❼❽。新的地方行政區劃，乃將全臺 20 廳廢合爲 12 廳。相對於臺灣西部縣廳的裁併，臺東廳則由一廳變成二廳，新成立花蓮港廳❼❾。臺東廳原轄區北部劃出大半成立花蓮港廳之後，除了直轄之外，僅下轄巴塱衛與成廣澳兩支廳❽⓿，是爲一廳兩支廳時期。

明治 42 年（1909）劃出花蓮港廳，爲本階段重要特徵。其次，則是確立了「廳—支廳—區」的行政區劃結構，亦即在支廳之下設立區，10 月並以府令第 68 號明令區長職務❽❶。區爲官治機關，是支廳下之下級行政機構，置有給職委任區長一名❽❷。臺東廳下共轄 10 區，臺東支廳直轄卑南區、里壠區、新開園區、火燒島區及鹿寮區等 5 區，巴塱衛支廳轄巴塱衛區和太麻里區，成廣澳支廳下轄都歷區、成廣澳區及加走灣區。（表 1-2）❽❸

除了劃出花蓮港廳和確立區制之外，第二階段另一項行政區劃的變革是在原有的街、庄、社之外，新增「村」制。明治 43 年（1910），總督府確定於東部實行官營日本人移民政策之後，即在原來區下轄的街、庄、社之外，增設村。臺東廳共設鹿野村、大原村、旭村、池上村、美和村以及富原村等 6 村❽❹。大正 8 年（1919），又增加月野村❽❺，共 7 村。

---

❼❽ 井出季和太著，郭輝譯，《日據下之臺政》，頁 443-444。
❼❾ 臺灣總督府，《府報》，第 2819 號、2824 號、2834 號，1909。
❽⓿ 同上註，第 2819 號、2824 號、2834 號，1909。
❽❶ 同上註，第 2805 號，1909。
❽❷ 西村高兄，〈東部臺灣新設十七庄の第一回總選舉に就て〉，《臺灣時報》1 月號，1939，頁 176；橋本白水，《東臺灣》，頁下 24。
❽❸ 臺灣總督府，《府報》，第 2873 號，1910；臺東廳，《臺東廳報》，51 號，1914。
❽❹ 臺灣總督府官房課，《統計書》（1911），頁 14。
❽❺ 同上註。

表 1-2：日治時期臺東廳行政區劃演變表

時間	特徵	縣／廳	支廳／郡	街、庄、區／街、庄	管轄區域	備註
明治 28 年 6 月（1895.6）	一支廳時期	臺南縣	臺東支廳		南鄉、廣鄉、新鄉、奉鄉、蓮鄉、火燒島、紅頭嶼	
明治 28 年 8 月（1895.8）	一出張所時期	臺南民政支部	臺東出張所		南鄉、廣鄉、新鄉、奉鄉、蓮鄉、火燒島、紅頭嶼	
明治 29 年 3 月（1896.3）	一支廳時期	臺南縣	臺東支廳		南鄉、廣鄉、新鄉、奉鄉、蓮鄉、火燒島、紅頭嶼	
明治 30 年 6 月（1897.6）	一廳三辦務署時期	臺東廳	卑南辦務署 水尾辦務署 奇萊辦務署		南鄉、廣鄉、火燒島、奉鄉、新鄉、蓮鄉	府令 21 號
明治 31 年 8 月（1898.8）	一廳一出張所時期	臺東廳	直轄 花蓮出張所		南鄉、廣鄉、奉鄉、新鄉、蓮鄉	府令 76 號
明治 33 年 5 月（1900.5）	一廳四出張所時期	臺東廳	卑南出張所		南鄉；廣鄉之加路蘭等蕃社、火燒島	府令 42 號；同年 5 月改蓮鄉花蓮港街為新港街
			成廣澳出張所		廣鄉；奉鄉加路蘭社石梯庄、大港口等庄社	
			璞石閣出張所		新鄉；奉鄉內之部分蕃社	
			花蓮港出張所		蓮鄉；奉鄉之鎮平庄、大巴塱庄、良化社等庄社	
明治 34 年 6 月（1901.6）	一廳五出張所時期	臺東廳	卑南出張所		南鄉部份庄社；紅頭嶼；火燒島	府令 39 號
			巴塱衛出張所		南鄉巴塱衛等庄社	
			成廣澳出張所		管轄區域同上欄	
			璞石閣出張所		同上欄	
			花蓮港出張所		同上欄	
明治 34 年 11 月（1901.11）	一廳四支廳時期	臺東廳	巴塱衛支廳 成廣澳支廳 璞石閣支廳 花蓮港支廳		南鄉、廣鄉、火燒島、奉鄉、新鄉、蓮鄉、紅頭嶼（1904 年加小紅頭嶼）	府令 66 號；1908 年馬蘭、卑南街、新街合併成卑南街

明治 42 年 10 月（1909.10）	一廳二支廳十區時期	臺東廳	直轄	卑南區、里壠區、新開園區、火燒島區、鹿寮區麻里、巴塱衛區	南鄉之內卑南街；新鄉之里壠庄、萬安庄、新開園庄、大坡庄、火燒島、紅頭嶼、蕃社	敕 令 282號，分出花蓮廳；1911 年增鹿野村等六村
			巴塱衛支廳	都歷區、成廣澳區、加走灣	南鄉之巴塱衛庄、蕃社	
			成廣澳支廳		廣鄉之成廣澳庄等七庄；奉鄉姑仔律等二庄、蕃社	
大正 4 年 11 月（1915.11）	一廳三支廳十區時期	臺東廳	直轄	卑南區、火燒島區	南鄉之卑南街、美和等三村、火燒島、蕃社	廳令 4 號
			里壠支廳	里壠區、鹿寮區、新開園區	新鄉之里壠庄等庄、池上村、蕃社；南鄉之村社	
			巴塱衛支廳	太麻里、巴塱衛區	南鄉巴塱衛社、太麻里社、大得吉社等蕃社	
			成廣澳支廳	都歷區、成廣澳區、加走灣區	廣鄉之成廣澳等庄、蕃社	
大正 7 年 9 月（1918.9）	一廳四支廳十區時期	臺東廳	直轄	卑南區、火燒島區	南鄉內之卑南街、美和等三村、火燒島、蕃社	廳 令 3 號；1919 年 增加月野村；鹿寮區改稱鹿野區
			里壠支廳	里壠區、鹿寮區、新開園區	新鄉之內里壠庄等庄、池上村、蕃社；南鄉之村社	
			太麻里支廳	太麻里區	南鄉內之太麻里、打腊打蘭社、虷仔崙社等蕃社	
			巴塱衛支廳	巴塱衛區	南鄉內之巴塱衛等蕃社、大得吉庄	
			成廣澳支廳	都歷區、成廣澳區、加走灣區	廣鄉內之成廣澳等庄、蕃社；奉鄉之姑仔律社	

時期	行政區劃	廳	支廳	區	街庄社	備註
大正9年9月（1920.9）	一廳三支廳一街十一區時期	臺東廳	臺東支廳	臺東街	臺東、旭村、加路蘭、猴子山、利基利基、富原村	府令92號；1920年8月設置臺東街；巴塑衛支廳改稱大武支廳；1921年移成廣澳支廳廳治至新港，改稱新港支廳；1921年都歷區改稱新港區；管轄區域中麻荖漏改為新港（廳報號外）
				卑南區	卑南、呂家、檳榔樹格、北絲鬮、知本、美和	
				火燒島區	南寮、中寮、公館	
				里壠區	里壠、雷公火	
				鹿野區	鹿野村、大原村、月野村	
				新開園區	新開園、池上村、萬安	
				蕃地	蕃地	
			大武支廳	太麻里區	太麻里、猴子蘭、鴨子蘭、文里格、羅打結、大武窟、打腊打蘭、虷子崙、蔡腊密	
				大武區	大武、大得吉、大竹高、甘那壁、鴿子籠、獅子獅、大鳥萬、拔子洞	
				蕃地	蕃地	
			新港支廳	成廣澳區	成廣澳、沙汝灣、石寧埔、彭仔存	
				都歷區	麻荖漏、加只來、都歷、小馬武窟	
				都巒區	都巒、八里芒、加里猛甲、大馬武窟、夏唠吧灣	
				加走灣區	加走灣、大掃別、三間屋、馬稼海、姑仔律	
大正12年2月（1923.2）	一廳四支廳一街十一區時期	臺東廳	臺東支廳	臺東街、卑南區、火燒島區、蕃地	各區管轄區域同上大南社、紅頭嶼	廳令2號；府令46號；都巒區或稱大馬武窟區；1932年新港支廳下廢成廣澳區（廳報306號）
			里壠支廳	里壠區、鹿野區、新開園區、蕃地	各區管轄區域同上	
			新港支廳	新港區、成廣澳區、大馬武窟區、加走灣區	各區管轄區域同上	
			大武支廳	太麻里區、大武區、蕃地	各區管轄區域同上	
昭和12年10月（1937.10）	一廳三郡一街十庄時期	臺東廳	臺東郡	臺東街、卑南庄、太麻里庄、大武庄、蕃地	臺東街、卑南庄、太麻里庄、大武庄、火燒島、蕃社	都巒區改稱都蘭庄，加走灣區改稱長濱庄；1938年改稱火燒島庄
			關山郡	關山庄、池上庄、鹿野庄、蕃地	關山庄、池上庄、鹿野庄、蕃社	
			新港郡	新港庄、長濱庄、都蘭庄	新港庄、長濱庄、都蘭庄	

資料來源：臺灣總督府官房課，《臺灣總督府統計書》第1號至45號，明治30年至昭和18年；臺東廳，《臺東廳統計書》，第1號至15號，昭和1年至昭和10年；《臺灣總督府府報》；《臺東廳報》。

此外，又一再分割臺東廳轄區，新增支廳。大正 4 年（1915）11 月，將原臺東廳直轄之里壠區、鹿寮區以及新開園等 3 區劃出，新設里壠支廳❽，是為一廳三支廳時期。大正 7 年（1918）9 月，又將巴塱衛支廳轄下的太麻里區及巴塱衛區的大武窟社、虷仔崙社、打腊打蘭社、察腊密社等劃出，設太麻里支廳，下轄太麻里一區❽，是為一廳四支廳時期。

（三）大正 9 年 9 月至昭和 12 年 10 月（1920-1937）

大正 8 年（1919）首任文官總督田健治郎上任，勵行內地延長主義政策，故分立文武官員，並將普通行政與警察分離，提高地方行政權，推行「地方自治制度」。大正 9 年 7 月，進一步改革地方行政制度，廢廳設州，廢支廳改設郡、市，廢區、堡、鄉、澳改設街、庄，全臺分成五州二廳❽。在這次大變革中，東部的花蓮和臺東兩廳基於總督府財政狀況、居住族群、人民生活樣態以及官營移民制度的考量❽，仍置廳，廳下置支廳，支廳之下設區。換言之，大體上仍維持「廳一支廳一區」三級制，並未與西部同步改革成州市街庄制。

臺東廳下分成臺東支廳、大武支廳以及新港支廳等 3 個支廳❽。臺東支廳下轄臺東街、卑南區、火燒島區、里壠區、新開園區、鹿野

---

❽ 臺東廳，《臺東廳報》，第 75 號，1915。

❽ 同上註，第 146 號，1918。

❽ 王世慶，〈日據時期臺灣各縣廳、州、市報概說〉，頁 137-8；井出季和太著，郭輝譯，《日據下之臺政》，頁 694-695。

❽ 松尾十八公子，〈東臺灣に街庄制度施行は臺灣自治制度改善の先決問題〉，《東臺灣研究叢書》，第 96 編（1920），頁 13-14。

❽ 大正 9 年 11 月，以臺東廳令第 7 號將新港支廳位置由成廣澳（成功鎮小港村）轉移至新港（今成功鎮市區），改成廣澳支廳為新港支廳。臺東廳，《臺東廳報》號外，大正 10 年 11 月 12 日。

圖 1-6：觀光的臺東廳全望圖

資料來源：金子常光，《觀光の臺東廳全望》，1934。

區（原鹿寮區）等 1 街 5 區及蕃地；大武支廳下轄太麻里區、大武區（原巴塱衛區）及蕃地；新港支廳下轄成廣澳區、都巒區、都歷區及加走灣區等四區。（表 1-2）全廳共下轄 1 街 11 區，僅成立臺東街一個街庄自治團體，置一街長❶，是為一廳三支廳 1 街 11 區時期。不過，臺東廳於大正 9 年 12 月正式廢止自領臺以來實行達 25 年的鄉制❷，行政區劃上變成「廳—支廳—街、區—大字—小字」❸，全廳共 1 街 11 區 126 個其他（包含大字、村及蕃地）。（表 1-3）

　　大正 9 年 9 月的改革中，另一項重要的措施是將蕃地置於支廳行政區下。在此之前，支廳的行政範圍主要局限於漢人、平地蕃（阿美族、卑南族）及太麻里蕃等普通行政區。（圖 1-5）❹新制則在 1 街 11 區等普通行政區之外，另立蕃地。蕃地有別於普通行政區，不設街、庄或區，分屬於三支廳管轄❺。

　　與西部相較，大正 9 年東部未同步改成州郡制，事實上也反映總督府對於東部民情與統治能力的理解。基本上，在民情未開、民蕃相雜、產業交通等相對後進的狀況之下，隱含街庄自治的州市街庄制並不能立即施行於東部，而必須沿用原來的「廳—支廳—區」制。支廳

❶臺灣總督府，《府報》，第 2177 號，1920；臺東廳，《臺東廳報》，第 206 號，1920；井出季和太著，郭輝譯，《日據下之臺政》，頁 695。
❷臺東廳，《臺東廳報》，第 219 號，1920。
❸林聖欽，〈花東縱谷中段的土地開發與聚落發展（1800–1945）〉，頁 95。
❹由歷年總督府統計書及其附圖可見，大致上自明治 40 年至大正 9 年（1907-1919）行政區劃僅及於普通行政區。又，大正 3 年（1914 年）東部施行地租規則，對阿美族及卑南族課徵一般地租，東部平地蕃地正式成為普通行政區。鄭全玄，《臺東平原的移民拓墾與聚落》（臺東：東臺灣研究會，1995），頁 47；林聖欽，〈花東縱谷中段的土地開發與聚落發展（1800–1945）〉，頁 96；大正 3 年（1914）8 月同時以臺東廳告示第 28 號將廣鄉麻荖漏等 8 社、新鄉萬暗社以及奉鄉姑仔律社等廢社名，新設土名。臺東廳，《臺東廳報》53 號，大正 3 年 8 月 25 日。
❺臺東廳，《臺東廳要覽》（1931），成文本第 312 之 1 號，頁 14。

表 1-3：日治時期臺東廳歷年行政區劃統計表

時間	支廳	街庄區	堡里等				街庄等					備註
		役場	鄉	嶼	島	計	街	庄	村	社	計	
1905	4	21	5	2	1	8	5	68		118	191	1906–08 年未變化
1909	2	10	4	2	1	7	1	20		70	91	1910 年未變化
1911	〃	〃	〃	〃	〃	〃	〃	〃	6	〃	97	大正元年新設村；1912–13 年未變化
1914	〃	〃	〃	0	1	5	〃	14	6	44	65	
1915	〃	〃	〃	〃	〃	〃	〃	13	6	46	66	
1916	3	〃	〃	〃	〃	〃	〃	〃	〃	〃	〃	1917 年未變化
1918	4	〃	〃	〃	〃	〃	〃	〃	〃	〃	〃	
1919	〃	〃	〃	〃	〃	〃	〃	12	7	39	59	
時間	支廳	街庄役場	區役場	市街	庄等							大正 9 年廢鄉；實行
				街	區	其他	計					新制
1920	3	1	11	1	11	126	138					1921–22 年未變化
1923	4	〃	〃	〃	〃	〃	〃					
1924	〃	〃	〃	〃	〃	1115	127					1925 年未變化
1926	〃	〃	〃	〃	〃	116	128					
1927	〃	〃	〃	〃	〃	117	129					1928 年未變化
1929	〃	〃	〃	〃	〃	116	128					1930–31 年未變化
1932	〃	〃	10	〃	10	80 ※	91					※ 其他改成蕃地；1933–36 年不變
時間	郡	街役場	庄役場	街	庄	蕃地	計					昭和 12 年改新制
1937	3	1	10	1	10	80	91					1939–43 年未變化

說明：《臺灣總督府統計書》自明治 38 年第 9 統計書起，才有街庄行政區劃統計數字。

資料來源：臺灣總督府官房課，《臺灣總督府統計書》，第 9 至 45 統計書，明治 38 年至昭和 18 年。

圖 1-7：明治 42 年至昭和 12 年（1909-1937）臺東廳行政區域圖
資料來源：臺東廳，《臺東廳第十統計書》，昭和 3 年。

長仍由警視或警部擔任[96]，區則與街庄不同，非地方自治團體，不過是廳治的輔助機關[97]，而僅同步改變下轄的村落區劃成大字和小字。

大正 9 年 9 月臺東廳實行新制之後至昭和 12 年之間，行政區劃變遷不大，僅是擴增或合併支廳和區。大正 12 年（1923）2 月，將原臺東支廳轄下的里壠區、新開園區、鹿野區（原鹿寮區）以及部分蕃地劃出，另新設里壠支廳[98]，成為一廳四支廳 1 街 11 區。昭和 7 年（1932）4 月，廢新港支廳下之成廣澳區[99]，全廳遂由 11 區減為 10 區，（表 1-2）臺東廳行政區劃變成 1 廳 4 支廳 1 街 11 區。

（四）昭和 12 年 10 月至昭和 20 年 10 月（1937-1945）

昭和 12 年 10 月，臺東廳地方制度再度進行重大變革。過去，臺灣總督府有鑑於臺灣東部與西部相較之下，無論是文化、交通以及產業等方面之發展均與西部有異，加上居民族群複雜[100]，因此西部早於大正 9 年實行州郡街庄制，臺東廳卻一直維持原制。除臺東街一街為法人自治團體之外，三支廳下轄 11 區，亦即以區代替西部的庄制，區則為官治機構並非地方自治團體。直至昭和 12 年 10 月，臺灣總督府為了積極開發東部資源，以臺東廳成立街庄自治團體時機已成熟，而進行地方行政制度之改易，廢支廳為郡，廢區為庄，正式實施臺灣西部行之已久的街庄制[101]，成為「廳—郡—街、庄」三級制。換言

[96] 井出季和太著，郭輝譯，《日據下之臺政》，頁 695。

[97] 橋本白水，《東臺灣》，頁下 24。

[98] 臺東廳，《臺東廳報》，第 359 號，1923；臺灣總督府，《府報》，第 2931 號，1923。

[99] 同上註，第 306 號，1932。

[100] 西村高兄，〈東部臺灣新設十七庄の第一回總選舉に就て〉，頁 176。

[101] 同上註。

之，郡的管轄範圍相當於過去的支廳，庄的管轄範圍相當於區。於是，臺東廳下，轄臺東郡（原臺東支廳）、關山郡（原里壠支廳）及新港郡（原新港支廳）等3郡，郡下設1街10庄，是為一廳三郡1街10庄時期。（圖1-6）臺東郡轄臺東街、卑南庄、太麻里庄、大武庄、火燒島及蕃社等1街4庄；關山郡下轄關山庄（原里壠區）、池上庄（原新開園區）、鹿野庄等3庄及蕃社；新港郡轄新港庄、長濱庄（原加走灣區）以及都蘭庄（原都巒區）等3庄[102]。（表1-3）

　　自昭和12年臺東廳實行郡街庄制之後直至昭和20年（1945），將近8年，東部行政區劃不再更易。全廳統轄3郡1街10庄80蕃地，（表1-3）是領臺以來臺東廳行政區劃最為穩定的階段。

　　總之，日治時期全臺行政區劃的變遷是由歷任總督隨著當時治安狀況、交通建設以及產業的發展情形作調整，變化也相當大。日人對於處於民蕃雜處狀態下的東部，在行政上將之視為特殊區域，行政區劃也與臺灣西部不盡相同[103]。除了廳制自明治30年（1897）設置臺東廳之後未改變之外，下級行政區劃卻較西部更加複雜。另一方面，明治末年將花蓮港廳獨立劃出之後，乃確立臺東廳轄區直至今日。而隨著臺灣總督府對於東部，特別是蕃地控制力增強、教化加深以及東部資源開發之迫切需要，臺東廳的行政區劃也與西部日益相同，漸趨穩定。大致上，大正9年（1920）之後臺東廳的行政建置已少有變化。但是整體而言，作為比西部後進的特殊地域臺東廳，其行政區劃的改革總是比西部晚，正反映東部的特殊性與邊陲性格。

---

[102] 臺灣總督府官房課，《統計書》（1937），頁3。
[103] 藤井志津枝，〈日據時期臺灣總督府的理番政策〉（臺北：臺灣師範大學歷史所博士論文，1987），頁181-182。

圖 1-8：昭和 12-20 年（1937-1945）臺東廳行政區域圖

五、戰後中華民國時期的行政區劃（1945-1995）

民國 34 年（1945）8 月，日本戰敗投降，10 月臺灣依據 1943 年開羅會議協定，改歸中華民國政府統治，稱爲戰後中華民國時期。

戰後臺東縣的行政區劃，主要可以分成 4 個時期：三區三鎮八鄉時期、三區三鎮十三鄉時期（三鎮一區十三鄉時期）、三鎮十三鄉時期、一市二鎮十三鄉時期，以下分述之。

（一）三區三鎮八鄉時期：民國 34 年 11 月至 35 年 4 月 （1945-1946）

民國 34 年 10 月 25 日，臺灣重歸中華民國版圖。接收之時，地方行政區劃仍暫依舊制，其間中央設計局曾參照中國大陸各省縣制情形，製定「臺灣省各縣市行政區域劃分計劃綱要草案」，將臺灣全省分成 24 縣、7 省轄市、4 縣轄市。然而，臺灣行政長官公署以利用日治已有基礎便於推動政令爲由，並未採行，而於 12 月 6 日和 11 日先後公佈「臺灣省省轄市組織暫行規程」、「臺灣省縣政府組織規程」，將日治末期原有 5 州 3 廳 11 州轄市，劃分爲 8 縣 9 省轄市及 2 縣轄市[104]。縣以下則依照原有郡或支廳之區域設置區，置區署，爲縣之輔助機關；區下設鄉、鎮，係由原來之街庄改易而成，置鄉鎮公所；鄉鎮之下則設村、里，在鄉爲村，在鎮爲里。村以 150 戶爲原則，少者 100 戶，多者 200 戶；里以 200 戶爲原則，少則 150 戶，多則 300 戶。村里之下編組爲鄰，以 10 戶爲原則，少者 6 戶，多者 15 戶。村里鄰

---

[104] 郭海鳴、王世慶，《臺灣省通志稿》卷三，政事志行政篇（臺北：臺灣省文獻會，1957），頁 23-24。

係由日治時期保甲而來，編組乃與之大同小異❿。接收之後的行政變革，除了區制之外，大概確立了戰後臺灣縣制的行政區劃為「縣—鄉、鎮—村、里—鄰」。

民國 34 年 11 月 6 日，臺東縣接管委員會成立，民國 35 年 1 月 1 日臺東縣政府正式成立❿。全縣依日治舊制，將原 3 郡改成 3 區，原 1 街 10 庄改成 3 鎮 8 鄉。（表 1-4）換言之，由日治末期的「廳—郡—街、庄」制改成「縣—區—鄉、鎮」制，仍為三級制。3 區分別是臺東區、關山區、新港區等 3 區。區下轄鄉、鎮，臺東區下轄臺東鎮、卑南鄉、太麻里鄉、大武鄉、火燒島鄉等 1 鎮 4 鄉；關山區下轄里壠鎮（42 年改稱關山鎮）、鹿野鄉、池上鄉等 1 鎮 2 鄉；新港區下轄成功鎮（原新港庄）、長濱鄉、東河鄉（原都蘭庄）等 1 鎮 2 鄉❿。

此期正值戰後接收重整時期，基於草創之初，圖及早順利運作，不得不遵循日治舊制；另一方面，又必須具有去除殖民地統治、重回中國統治之新氣象，而稍作調整。因此，主要沿襲昭和 12 年（1937）以降的廳郡街庄制精神，配合中國大陸原有命名方式，改成「縣—區—鄉、鎮」制。大體上，接收初期的建置，不過是舊瓶裝新酒，以沿襲日治舊制為主，僅於名稱上作更易而已。

（二）三區三鎮十三鄉時期：民國 35 年 4 月至 40 年 2 月（1946-1951）

民國 35 年 4 月 1 日，臺東縣增設延平、海端、金峰以及達仁等 4 個山地鄉，全縣轄 3 區 3 鎮 12 鄉。延平鄉原隸屬於鹿野鄉，民國 35

---

❿ 同上註，頁 24-25。
❿《臺東文獻》，第 3 期（1954），頁 4。
❿ 臺東縣政府主計室，《臺東縣統計要覽》（臺東：臺東縣政府，1947），頁 13、表 3、表 4。

表 1-4：戰後臺東縣行政區劃及變遷

鄉鎮名	現今下轄之村里	變遷情形	備註
臺東鎮（市）	寶桑里、文化里、中山里、中正里、仁愛里、中華里、復興里、大同里、成功里、光明里、新生里、中心里、豐里里、康樂里、豐原里、※豐年里、※鐵花里、新興里、四維里、永樂里、豐榮里、※民權里、民生里、民族里、馬蘭里、復國里、興國里、建國里、強國里、東海里、豐樂里、※富岡里、岩灣里、南王里、卑南里、南榮里、豐田里、新園里、建和里、建興里、知本里、※自強里、豐谷里、建業里、建農里、富豐里；共 46 里	原轄 15 里，41 年以前新增豐年里，成 16 里；56 年新增鐵花、新興、四維、永樂、豐榮等 5 里，成 21 里；59 年新增民權、民生、民族、馬蘭、復國、興國、建國、強國、東海、豐樂等 10 里，成 31 里；63 年劃併卑南鄉富岡、岩灣、南王、卑南、南榮、豐田、新園里、建和、建興、知本等 10 里，成 41 里；64 年新增自強、豐谷、建業、建農、富豐等 5 里，成 46 里	民國 65 年 1 月 1 日升格為縣轄市
關山鎮	里壠里、新福里、德高里、豐泉里、電光里、中福里、月眉里；共 7 里	原包含海端鄉 6 村，35 年 4 月劃出，轄 7 里	原稱里壠鎮，民國 43 年改為現名
成功鎮	三民里、信義里、忠仁里、忠孝里、和平里、忠智里、博愛里、三仙里；共 8 里	轄 8 里	原稱新港，34 年秋改稱成功
卑南鄉	初鹿村、利嘉村、賓朗村、太平村、利吉村、※溫泉村、美農村、嘉豐村、※富源村、※東興村、泰安村、明峰村、富山村；共 13 村	原設 11 村；43 年新增溫泉、美農、嘉豐等 3 村，成 14 村；50 年新增富源村，成 15 村；59 年新增東興、泰安、明峰、富山、岩灣、豐田、新園、建興 8 村，成 23 村；63 年劃出卑南村、富岡等 10 村，歸臺東市，餘轄 13 村	原大南村改稱南榮村
太麻里鄉	美和村、大王村、多良村、杉原村、金崙村、泰和村、※三和村、※北里村、香蘭村；共 9 村	原包含金峰鄉之嘉蘭、介達、比魯等 3 村，轄 9 村，35 年 11 月劃出，餘 6 村；41 年以前新增三和村，成 7 村；57 年新增北里村、香蘭村 2 村，成 9 村	41 年以前杉源改稱華源村
大武鄉	大武村、大竹村、尚武村、大鳥村、※南興村；共 5 村	轄區原包含達仁鄉 5 村，35 年 4 月劃出，成 4 村；56 年新增南興村，成 5 村	34 年 12 月成立
綠島鄉	南寮村、中寮村、公館村；共 3 村	轄 3 村	原稱火燒島，38 年改為現名
鹿野鄉	鹿野村、瑞豐村、鹿寮村、瑞源村、※龍田村、※瑞隆村、※瑞和村；共 7 村	原轄 9 村，35 年 4 月劃出桃源、紅葉、巒山、武陵 4 村，歸延平鄉，餘 4 村；50 年新增龍田村，成 5 村；56 年新增瑞隆村，成 6 村；57 年新增瑞和村，成 7 村	鹿寮改稱永安村
池上鄉	福文村、大坡村、水墜村、慶豐村、錦園村、新興村、大埔村、萬安村、福原村、※振興村；共 10 村	原轄 9 村，56 年新增振興村，成 10 村	水墜村 45 年改稱富興村
東河鄉	東河村、都蘭村、泰源村、隆昌村、※北源村、興昌村、※尚德村；共 7 村	原轄 4 村；41 年以前新增北源村、興昌村，成 6 村；57 年新增尚德村，成 7 村	
長濱鄉	樟原村、忠勇村、三間村、竹湖村、長濱村、寧埔村；共 6 村	轄 6 村	

金峰鄉	新興村、賓茂村、壢坵村、正興村、嘉蘭村；共 5 村	原轄 6 村；62 年合併原介達、比魯兩村，改稱正興村，由 6 村減為 5 村	35 年 4 月創設，原稱金崙鄉，11 月改稱金山鄉，47 年改為現名；近黃村於 43 年改稱新興村
達仁鄉	土板村、紹家村、大谷村、臺板村、安朔村、※新化村；共 6 村	原轄 5 村；39 年 4 月新增新化村，成 6 村	35 年 4 月 1 日成立鄉治；大谷村 43 年改稱森永村；紹家村 44 年改稱南田村
延平鄉	紅葉村、武陵村、桃源村、轡山村、※永康村；共 5 村	原轄 4 村，39 年 4 月以前新增永康村，成 5 村	35 年 4 月 1 日成立鄉治
海端鄉	海端村、崁頂村、廣原村、霧鹿村、加拿村、利稻村；共 6 村	轄 6 村	35 年 4 月 1 日成立鄉治
蘭嶼鄉	紅頭村、東清村、※朗島村、※椰油村；共 4 村	原轄 2 村，53 年新增朗島村，成 3 村；60 年新增椰油村，成 4 村	35 年 6 月 1 日成立；原稱紅頭嶼，36 年改為現名

※表示新增村里

資料來源：臺東縣政府，《臺東縣統計要覽》，臺東：作者自印，1946、1952 年至 1995 年；臺東縣政府，《臺東縣政五年》，臺東：作者自印，1957；臺東縣文獻委員會，《臺東縣志》，成文本第 84 號，1983；臺東縣文獻委員會，《進步中的臺東》，臺東：作者印行，1964；臺東縣臺東鎮公所，《臺東縣臺東鎮行政區域調整由卑南鄉劃併臺東鎮知本里調整計劃書》（未出版）；臺東縣臺東鎮公所，《臺東縣臺東鎮民族、豐榮、知本、富岡等里分里計劃書》（未出版）；臺東縣政府，《今日臺東》，臺東：作者自印，1986；臺東縣政府，《臺東縣概況》，臺東：作者印行，1993；內政部、聯勤總部測量署，《中華民國臺灣區地圖集》，臺北：內政部，1971；東峰區，《東峰區山地行政概況》，手稿本，1950。

年 2 月 1 日平地與山地分治，將鹿野鄉轄下之紅葉、桃源、巒山、武陵等 4 村劃出❶，成立延平鄉❶。海端鄉原隸屬於關山鎮管轄，4 月劃出，轄 6 村。金峰鄉原稱金崙鄉，35 年 4 月創設，11 月將金崙、多良兩村劃入太麻里鄉，而將太麻里鄉轄區中的嘉蘭、介達、比魯 3 村劃出，加上新興、賓茂、壢坵等 3 村，成 6 村，改稱金山鄉。47 年 4 月，因鄉名與臺北縣金山鄉同名，奉臺灣省政府令更名，9 月乃改名為金峰鄉❶。達仁鄉轄區原隸屬於大武鄉，4 月 1 日成立山地鄉，劃分公路兩旁平地為大武鄉，山地村落則為達仁鄉❶。

　　35 年 6 月 1 日，成立山地鄉紅頭嶼鄉，下轄 2 村，次年改名蘭嶼鄉❶。全縣成為 3 區 3 鎮 13 鄉，下轄 25 里 75 村 1332 鄰❶，鄉數從此固定至今，未再變化。

　　37 年（1948）2 月 1 日臺東縣撤銷區署，僅設 3 鎮 13 鄉；38 年（1949）3 月復於關山設東峰區署，管轄延平鄉等 5 個山地鄉，全縣成為 1 區 3 鎮 13 鄉。40 年（1951）4 月，廢東峰區署，改設山地室於縣政府❶。至此，臺東縣行政區劃大致上確立為 3 鎮 13 鄉，直至 65 年（1976）臺東鎮升格，始有變化。區署的撤廢也正式宣告行政區劃放棄日治舊制，改行新制。

---

❶ 民國 75 年（1986）以後，臺東縣所編的概況與簡介均記載劃出紅葉等 5 村，但查 35 年之統計要覽，延平初設僅 4 村，直至民國 39 年（1950）左右始新增永康村，成 5 村。

❶ 臺東縣政府，《今日臺東》（臺東：臺東縣政府，1986），頁 65。

❶ 同上註，頁 47；《臺東文獻》，創刊號（1952），頁 48。

❶ 臺東縣政府，《今日臺東》，頁 43。

❶ 同上註，頁 55；臺東縣政府主計室，《臺東縣統計要覽》（臺東：臺東縣政府，1946），頁 13。

❶ 臺東縣政府主計室，《臺東縣統計要覽》，頁 13。

❶ 東峰區，《東峰區山地行政概況》（手稿本，1950）；〈臺東縣地理概況〉，《臺東文獻》創刊號（1952），頁 6。

（三）三鎮十三鄉時期：民國 40 年 2 月至 64 年 12 月（1951-1975）

自民國 40 年至 64 年之間，臺東縣一直維持三鎮十三鄉的規模，（圖 1-7）鄉、鎮數始終不變，但是鄉鎮下轄的村、里、鄰變化則較為劇烈。（表 1-4）

臺東縣村、里變動最劇烈的年代，是 39 年左右（1950）及 55 至 63 年（1966-1974）之間。特別是 50 年代中葉至 60 年代中葉村里的變動極大，幾乎每年均有鄉鎮新增村里。（表 1-5）其中，以臺東鎮和卑南鄉尤然。由表 1-4 可見，臺東縣三鎮之中，成功和關山兩鎮里的區劃自民國 34 年底確立為 8 里和 7 里之後，至今尚未變更。相對的，臺東鎮的變化相當大，自 55 年起幾乎每隔三至四年即新增里數，直至 64 年已達 46 里，顯然該鎮的人口增加亦最快。鄰近的卑南鄉亦然，自戰後歷經四次變遷。其中，59 年（1970）和 63 年（1974）變化最大。59 年因應人口激增，新增泰安、明峰等 8 村，成 23 村；63 年 10 月基於縣治發展之需要，實施行政區域調整，將卑南鄉轄下卑南、富岡等 10 村劃出歸臺東鎮管轄❶⑮，僅餘 13 村。至於太麻里鄉、大武鄉、鹿野鄉、池上鄉、東河鄉、金峰鄉、蘭嶼鄉等均曾於此間小幅新增村數。不過，綠島鄉、長濱鄉以及海端鄉則始終未曾改變。

村里數的擴增與縮併變化，大概反映該鄉鎮人口的變化情形。戰後對於村里的調整，大概也依循人口數和幅員管理原則。1950 年代中葉臺東縣村里的變化，反映了人口在此時大為增加，這些新增人口以外來移民為主，除了西部移民之外，主要是因政府安置的退除役官

---

❶⑮ 臺東縣臺東鎮公所，《臺東縣臺東鎮申請改制為縣轄市實況報告書》（臺東：作者印行，1974）。

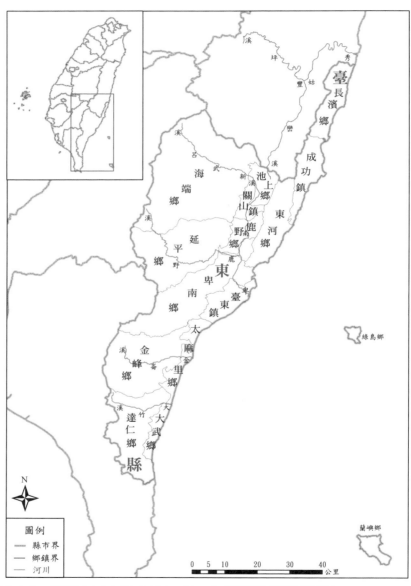

圖 1-9：民國 34-64 年（1945-1975）臺東縣行政區域圖

表 1-5：戰後臺東縣行政區劃統計表

時間	市	區	鄉	鎮	村	里	鄰	備註
民國35年		3	13	3	75	25	1332	37年廢區，38年又設東峰區，40年2月復廢；36–39年無資料
40	—	—	〃	〃	〃	31	1382	
41	—	—	〃	〃	〃	〃	1411	
42	—	—	〃	〃	〃	〃	1522	
43	—	—	〃	〃	78	〃	1940	
44	—	—	〃	〃	〃	〃	1942	1945年未變化
46	—	—	〃	〃	〃	〃	1972	
47	—	—	〃	〃	〃	〃	1985	
48	—	—	〃	〃	〃	〃	2008	
49	—	—	〃	〃	〃	〃	2013	
50	—	—	〃	〃	80	〃	2087	
51	—	—	〃	〃	〃	〃	2090	
52	—	—	〃	〃	〃	〃	2168	
53	—	—	〃	〃	81	〃	〃	
54	—	—	〃	〃	〃	〃	2170	
55	—	—	〃	〃	〃	〃	2171	
56	—	—	〃	〃	84	36	2320	
57	—	—	〃	〃	88	〃	2396	
58	—	—	〃	〃	〃	〃	2463	
59	—	—	〃	〃	96	46	2682	
60	—	—	〃	〃	97	〃	2684	
61	—	—	〃	〃	〃	〃	2692	
62	—	—	〃	〃	96	〃	2696	
63	—	—	〃	〃	86	56	2694	
64	—	—	〃	〃	〃	61	2776	
65	1	—	〃	2	〃	〃	2780	
66	〃	—	〃	〃	〃	〃	2782	
67	〃	—	〃	〃	〃	〃	2781	68年未變化
69	〃	—	〃	〃	〃	〃	2783	
70	〃	—	〃	〃	〃	〃	2787	
71	〃	—	〃	〃	〃	〃	2794	
72	〃	—	〃	〃	〃	〃	2796	73–81年未變化
82	〃	—	〃	〃	〃	〃	2873	83–84年未變化

資料來源：歷年《臺東縣統計要覽》。

兵，導致人口增長，擴增村里❶❶⑥。

（四）一市二鎮十三鄉時期：民國 65 年至今（1976-1995）

　　民國 63 年 10 月對卑南鄉與臺東鎮實施行政區域調整，臺東鎮由原 31 里劃併卑南鄉 10 里，合 41 里。11 月，臺東鎮申請升格為市❶❶⑦。64 年（1975）3 月，由於地方人口激增，各里戶數有多達千餘戶者，對於里鄉之指揮運用和政令之推行均不便，於是再對知本、民族、豐榮以及富岡等里作行政區域調整，新增自強等 5 里，成 46 里❶❶⑧。

　　65 年 1 月 1 日，臺東鎮正式升格為縣轄市❶❶⑨，全縣行政區劃變成 1 市 2 鎮 13 鄉 86 村 61 里。（圖 1-8）自此臺東縣市鄉鎮村里數為定制，（表 1-5）歷時 20 餘年仍未變易，可以說是戰後臺東縣行政區劃最穩定時期，也隱含著自 65 年以降臺東縣人口發展遲滯，甚至有人口外流傾向。即使鄉數的變化也相對穩定，自 72 年至 81 年（1983-1992），近十年間始終維持 2796 鄉，直至 83 年（1994）才變成 2873 鄉。（表 1-5）

　　總之，戰後臺東縣的行政區劃至少經歷四次變遷。民國 34 年底接收之初，仍沿續日治末期之區劃，僅更改名稱而已，全縣分成 3 區 3 鎮 8 鄉。35 年臺東縣陸續成立 5 個山地鄉，全縣變成 3 區 3 鎮 13 鄉，鄉數至此成定制，未再改變。40 年 2 月終於完全擺脫日治遺緒，廢

---

❶❶⑥ 臺東縣政府，《臺東縣概況》（臺東：作者印行，1993），頁 59。

❶❶⑦ 臺東縣臺東鎮公所，《臺東縣臺東鎮申請改制為縣轄市實況報告書》，無頁碼；臺東縣臺東市公所，《臺東市政簡介》（臺東：作者印行，1976），頁 27、39。

❶❶⑧ 臺東縣臺東鎮公所，《臺東縣臺東鎮民族里分里計劃書》（臺東：作者印行，1975）。

❶❶⑨ 臺東縣政府，《臺東縣概況》（臺東：作者印行，1993），頁 43。

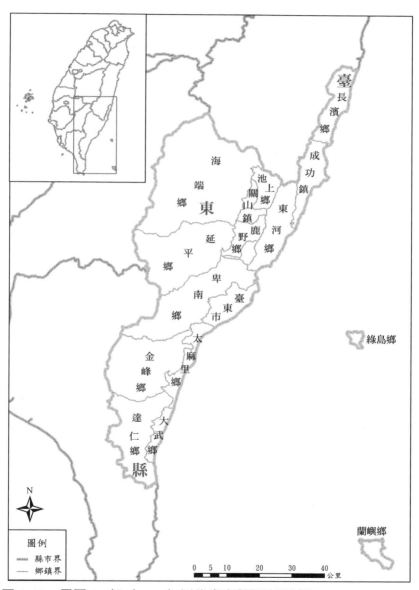

圖 1-10：民國 65 年（1976）以後臺東縣行政區域圖

區署，全縣劃分成 3 鎮 13 鄉。65 年，臺東鎮升格為縣轄市，成 1 市 2 鎮 13 鄉，乃成定制，即使村里數至今已歷時 20 年，仍少有變化。

六、結論

自 17 世紀至 20 世紀，東臺灣地區歷經荷蘭、清朝、日本以及中華民國的統治。各個政權因應其治臺目的的差異，而有不同的國家治理形態，並具體表現在行政區劃上，展現不同形式的行政空間規劃。

1624 年成立的荷蘭在臺政權，直至 1644 年前後才將東部劃入地方會議區，確立對該地的統治。該政權因以荷蘭東印度公司執行國家意志、以追求商業利益為目標，在東部的活動乃以探金為主，並無積極的治理方針與規劃，實際統治力量並不強。行政規劃甚為消極，最多僅是派員駐紮，即使是以戶口調查為目的的地理區劃，權宜性質較高，並未影響到以後政權的空間區分。不過，荷蘭東印度公司政權仍確立臺東卑南為後山政治中心的地位，直至日治末期才有所改變。

清治初期，後山雖有不少番社自願歸化輸餉，但是康熙 61 年（1722）封山劃界政策施行之後，後山開發受到阻礙，而成為清代臺灣最後納入版圖的邊疆。清末在外國強權的威逼之下，清廷解除長時期的「空間隔離」治邊政策，積極進行開山撫番。在軍隊開先鋒、移民隨後進入開墾的武裝移民策略下，後山逐漸開發，漢人聚落漸形成。光緒元年（1875），清廷首先於卑南設治，稱卑南廳，再次確立東部的行政中心在臺東。然而，由於後山之開禁只是清廷面對外力之下的權宜之策，並非著眼於後山的經濟利益或是政治版圖的擴大，因此初期於行政區劃並無太大擘劃，僅粗略區分成北中南三路。光緒 13 年（1887），臺灣建省後重整郡縣，始再改卑南廳設立臺東直隸州，統轄後山。至光緒 15 年（1889），因清賦事業，後山始正式設

置五鄉九堡分管各街庄社，雖然其主要作為徵稅區，卻具有行政區劃的實質意義。直隸州和鄉制之設，完全迥異於西部各廳縣制，顯現出東部行政制度和區劃的特殊性。另一方面，清廷在後山的部署完全以理番和拓墾為考量依據，實際號令所及之區隨其控制力而變遷不定，山地地區則完全在管轄之外。

日治時期臺灣的行政區劃是由歷任總督隨著當時治安狀況、交通建設以及產業發展情形作調整，更易頻率乃為各政權之最。殖民政府長期視處於民蕃雜處狀態下的東部為特殊行政區域，行政區劃不但與臺灣西部不盡相同；且隨著其對東部了解加深、控制力的擴張以及時局需要而進行變更。首先，明治 42 年（1909），為了治理之便，新設花蓮港廳，臺東與花蓮分治首度確立，臺東廳轄區大幅縮小。但是，在大正 9 年（1919）之前，仍有因循清朝舊制跡象，臺東廳行政區劃乃採取支廳與鄉制兩套並行。其次，有別於清朝對東部的控制僅局限於部分平地，日治初期先以特殊的蕃地行政區域制度將山地納入版圖，至大正 9 年才將蕃地歸支廳行政系統管轄。再者，與西部臺灣相較，大正 9 年東部並未同步改成州郡制，事實上反映了隱含街庄自治的州市街庄制並不能立即施行於相對後進的東部，而必須沿用原來的「廳─支廳─區」制。直至昭和 12 年（1937）10 月，殖民政府為了因應戰時東部資源積極開發之需，才廢支廳為郡，廢區為庄，正式實施西部行之已久的郡街庄制。

二次大戰之後，臺灣歸中華民國統治。行政長官公署為了統治方便，行政區劃主要沿襲日治舊制，但因必須具有去除殖民地統治、重回中國統治之新氣象，乃稍作調整，於名稱上作更易。因此，事實上除了區制之外，此時大概已確立了戰後臺灣縣制的行政區劃為「縣─鄉、鎮─村、里─鄰」。另一方面，則將原日治時期的蕃地納入鄉制，特立山地鄉以為區別。民國 37 年（1948），區署撤銷之後，臺

東縣僅是隨著人口增長而增置部分鄉鎮鄰里，或是將臺東鎮升格為市，變化並不大。民國 65 年（1976）臺東鎮改制為市之後，全縣的村里鄰數，甚至歷經 20 年而少有更易。與日治時期變更頻繁相較，戰後的東部行政變革大抵上在行政長官公署時期已經完全確立，之後變動極微。其不但反映兩個政權的不同特質，而且隱含戰後政府對東部的漠視、東部發展有限以及 1970 年代中葉之後人口外流的現象。

整體而言，由荷蘭時代至戰後臺東縣行政沿革的變遷可知，東臺灣的發展向來晚於西部，即使在行政區劃上亦然，充分展現其邊陲性格。東部行政區劃往往遲於西部，日治時期東部更長期獨立為特殊行政區域，與西部的行政區劃差異更大。其次，在政權轉換的過程中，新政權初成立時往往因襲舊政權的行政區劃，直至政權穩固，統治力滲入東部時，才產生一套新制度。清代和日治時期，在初期隸屬或未實際治理之前，臺東甚至納入臺南行政管轄系統，之後才因治理之需而獨立。此外，中央山脈的山地地區，初期均為各政權所忽略，獨立於原行政空間之外，之後始設立特殊的行政制度，如日治的蕃地或是戰後民國時期的山地鄉編制。

國家在東臺灣歷史上的角色

一、前言

　　相對於臺灣西部，由於自然環境惡劣以及人文條件的差異，東部的發展不但較為遲滯，而且國家在東臺灣歷史上始終扮演著支配者的角色。這裡所謂的「國家」意指對於東臺灣施行領土統治的中央政府。臺灣自 17 世紀荷蘭東印度公司統治時代以來，歷經荷蘭、鄭氏王朝、清朝、日本以及戰後中華民國等五個政權的統治。其中，除了鄭氏時期未在東部實際設官治理、行使統治權之外，東臺灣曾歷經四個政權的統治。由於各個政權對於東部的認知和統治目的不同，因此治理形態也有差別。以下從政策的角度分別鳥瞰荷蘭時代以來各個政權在東臺灣的角色。

　　在討論之前，必須提醒，由於東部研究，特別是日治與戰後時期的研究相當有限，要綜論歷代政權對東部的政策，勢必有所缺漏。許多課題仍需要進一步研究與檢證。

二、荷治時期：以資源掠奪為主的象徵式統治

　　1624 年荷蘭東印度公司正式統治臺灣。然而，直到 1630 年代末

葉，傳聞東部爲黃金產地，荷蘭在臺政權才注意到中央山脈後面的東臺灣，派員多次進入該地進行調查與招撫番社❶。1640 年代荷蘭臺灣長官甚至兩次率兵東征，而開啓了 1644 年正式將東部納入統治範圍，設立「卑南地方集會區」的契機❷。

　　荷蘭東印度公司在東臺灣的統治，基本上展現了 17 世紀大航海時代西方海權帝國的特色。亦即其沒有強烈的領土野心，而以商業貿易目的爲主，也更重視自然資源的掠奪。因此，荷蘭人領臺之初，對位於邊區的東部自然採取棄之不顧的態度。其後，經過幾次的探金活動，才加強其對東部的瞭解與控制。荷蘭東印度公司對東臺灣的統治機制，乃以「地方會議」制度監督與控制原住民部落，以「贌社」制度獲得鹿皮貿易的經濟利源❸。其政權的重點在於金礦與鹿皮資源的取得，對東部僅維持象徵性的統治，並未積極開發，也無太大突破。

　　荷蘭時代對於東部實際統治時間主要是 1640 年代至 1650 年代之間的 20 年。雖然統治時間不長，影響力也有限，但是值得注意的是，1640 年代以來荷蘭東印度公司的統治，特別是武裝部隊對於東臺灣原住民的討伐，也導致東部原有部落之間產生互相消長的現象❹。

三、清治時期：由封山劃界到開山撫番

---

❶ 孟祥瀚，《臺東縣史開拓篇》（臺東：臺東縣政府，1997），頁 17-21；康培德，《殖民接觸與帝國邊陲：花蓮地區原住民十七至十九世紀的歷史變遷》（臺北：稻鄉，1999），第三、第四章。

❷ 林玉茹，〈臺東縣沿革〉，《臺東縣史地理篇》（臺東：臺東縣政府，1999），頁 13。

❸ 中村孝志，〈1655 年の臺灣東部地方集會〉，《南方文化》19（1922），頁 129-130。

❹ 康培德，〈一六四〇至五〇年代花東縱谷中北段村落區域勢力的變遷〉，《臺灣史研究》5（2）（2000 年 12 月），頁 1-34。

　　鄭氏王朝至清初，雖然東部的卑南覓和崇爻等社曾經附屬西部番社輸餉於當時的政權❺，但是因沒有實際設官治理，顯現當局並無積極統治後山的意圖。康熙 61 年（1722）朱一貴事變之後，清廷唯恐漢番勾結危害政權，乃實施封山劃界政策，於沿山地帶劃定番界，禁止漢人私越。後山自此被封禁達百餘年，也延遲了該地的開發。

　　嘉慶、道光年間，由於西部開發已達飽和，少數漢人轉移目標私自到東部開墾，卻大部分失敗，最後只能棄地而去❻。直到同治 13 年（1874）牡丹社事件之後，清廷為了杜絕列強對東部的覬覦，遂解除長達 150 餘年的封山禁令，並積極進行開山撫番政策。有別於西部地區移民先拓墾、官方再隨後設治的現象，後山是在官方強力推動，並以勇營作為開墾前哨之下，移民才進入拓墾❼。因此，光緒元年（1875）「卑南廳」的設置，是在最短時間內將東部納入行政體系，版圖宣示的意義更強，實際統治與規劃的意願仍有限。至於，南路卑南、中路秀姑巒以及北路岐萊等三段的行政區劃，也充分以漢人的拓墾活動與撫番政策為考量中心❽。

　　光緒 13 年（1888）臺灣因建省重劃廳縣，劉銘傳力主後山改設「臺東直隸州」，並將州治由卑南改移至水尾（花蓮瑞穗），以便居中控制。光緒 14 年（1889），更與西部同步施行「清賦」事業，翌年行政區劃也由原來粗分北中南三段轄區改為五鄉九堡。透過清賦事業，不但對後山展開土地丈量與徵稅措施，而且導致全面性的建莊與改番社為村莊事業，現今海岸平原與縱谷平原的重要村莊此時大部分

❺林玉茹，〈臺東縣沿革〉，頁 16。
❻孟祥瀚，《臺東縣史開拓篇》，頁 47。
❼施雅軒，〈花蓮平原於中央政策措施下的區域變遷：從清政府到國民政府 1875-1995〉，（臺北：臺灣大學地理所碩士論文，1995）頁 18-19。
❽林玉茹，〈臺東縣沿革〉，頁 17。

已經出現。另一方面,清賦事業在確立土地私有權的過程,對於原住民原有土地制度、各族群之間的地權分配也產生重組作用❾。不過,清末劉銘傳的改革,雖然對東部展現更積極經營與規劃的企圖心,臺東直隸州的設置也突破西部廳縣的小格局,但是偌大後山以單薄兵力與官員統治,實際控制力仍相當有限。

總之,清初清廷對東部採行封山劃界禁令,延遲了該地的開發。清末在外力衝擊之下,對於東部的積極政策表現在開山(開路)、撫番、招墾、行政區劃以及清賦等方面。而如同荷蘭時代一般,清末國家勢力介入東臺灣,原住民在歸順與反抗的選擇過程中,不但造成族群勢力的重組與消長,原來部落社會的經濟制度也受到一定程度的影響。此外,由於以勇營武力進墾東部,勇營營盤、開山路線的規劃乃與漢人聚落的形成有密切關連❿。

四、日治時期:由內地化東臺到國家與企業的同構開發

1895年臺灣割讓給日本,直至1896年的5月日本軍隊登陸卑南,政令才真正及於東部。隨著殖民政府對東部認知以及統治目的改變,日本對東部的統治與開發政策可以分成:民間企業主導開發時期、資源調查與基礎建設時期以及國家與企業共同開發時期。以下分別說明之。

---

❾ 林玉茹,〈由魚鱗圖冊看清末後山的清賦與地權分配型態〉,《東臺灣研究》2(1997年12月),頁131-168。

❿ 有關勇營與民莊的關係,參見:李宜憲,〈晚清後山駐軍與民莊的關聯性〉,《臺灣風物》,50(3)(2000年9月),頁83-114。

（一）特殊化的區域政策與民間企業主導開發時期（1895-1924）

日本領臺初期，臺灣總督府爲了治安與鞏固政權，治臺的重心主要在西部。東部則首重「理蕃事業」，因此東部開發初期不但委諸於賀田組、臺東製糖株式會社、鹽水港製糖株式會社等私人企業，而且鐵路、發電等公共建設也由私人企業完成[11]，是爲民間資本主導開發時期。

臺灣總督府則因東部族群複雜又對該地瞭解不多之下，領臺之初不但無太多措置，且採取特殊化區域政策。例如，行政設置與區劃直到昭和 12 年（1937）以前均與西部相異[12]；明治 31 年（1898）、38 年（1905）陸續於西部施行的土地調查事業以及戶口調查事業也未於東部實行。東部的第一次土地調查事業，必須等到明治 43 年（1910）爲了日本官營移民之移入，才先後進行官有林野調查（1910-1914）與整理事業（1915-1925）。這次的林野調查事業雖然領先全臺，但是東部完全在獨立體系下作業，政策方針與調查原則均與西部有明顯差別[13]。

明治 43 年，臺灣總督府開始有較具體的東部政策規劃。除了積極進行理番政策、將東部分隔成臺東廳與花蓮港廳兩廳之外，官營農業移民事業是總督府本階段在東部的主要發展策略。官營移民的進行，一方面是因爲東部自然條件惡劣、設備不足，賀田組、臺東拓殖

---

[11] 林玉茹，〈戰時經濟體制下東部水產業的統制整合：東臺灣水產會社的成立〉，《臺灣史研究》，6（1）（2000 年 9 月），頁 59-92。

[12] 林玉茹，〈臺東縣沿革〉，頁 25-31。

[13] 李文良，〈林野整理事業與東臺灣土地所有權之成立型態（1910-1925）〉，《東臺灣研究》2（1997 年 12 月），頁 170-171。

（臺灣日日新報社寫眞班攝影）　五月三十一日警察花蓮港街を出發しタモナンに向ふ

圖 2-1：理蕃
資料來源：中央研究院臺灣史研究所古文書室提供。

合資會社等私營企業主導的移民事業均告失敗，而非依賴國家力量進行不可❶。另一方面，殖民政府企圖進行「內地化東臺」的試驗，使東臺灣成為日本大和民族的基地也是主因。為了使東部成為日本移民的新天地，大正 6 年（1917）以前甚至不鼓勵招攬西部臺灣人入墾東部❶。

　　總之，在以理蕃事業與內地化東臺為前提之下，日治初期對於東

❶ 張素玢，《臺灣的日本農業移民（1905-1945）：以官營移民為中心》（臺北：國史館，2001），頁 43-45。
❶ 鄭全玄，《臺東平原的移民拓墾與聚落》（臺東：東臺灣研究會，1995），頁 118；施添福，〈日治時期臺灣東部的熱帶栽培業和區域發展〉，發表於中央研究院臺灣史研究所籌備處（以下簡稱中研院臺史所）與臺大歷史系合辦，「臺灣史研究百年回顧與專題研討會」（1995 年 12 月），頁 25-38；施添福，〈日本殖民主義下的東部臺灣：第二臺灣的論述〉，發表於中研院臺史所主辦「臺灣社會經濟史國際學術研討會」（2003 年 5 月），頁 1-47。

部採取特殊化的區域政策，東部開發也委由私營企業所主導。直到大正3年（1914）以後，理番成效漸著，原住民出草與反抗頻率減少，總督府才漸有餘力重視東部開發問題。

（二）備戰下的資源調查與基礎建設時期（1925-1936）

1920年代中葉以降，由於總督府的南進政策受挫，臺灣島內資源開發乃成為殖民政府的施政方針❶。東部也不例外，主要進行產業資源的調查事業。另一方面，為了取得東部資源、吸引日系資本家到東部發展，也開始進行築港、水圳開築、鐵公路等基礎建設。

在調查事業方面，自大正14年至昭和11年（1925-1936），臺灣總督府展開一連串與東部相關的資源調查事業。大正14年（1925）首先進行「森林計畫事業」，調查森林資源❷。自大正15年至昭和3年（1926-1928）總督府又施行東部殖產綜合調查的「東部開發計畫調查」。這個調查的主要目的是促進殖民地族群之融合、增加日本人移民定居以及開拓東部臺灣資源。昭和5年（1930）進行「番地開發調查」，不但充分掌握原住民部落與土地使用情形，而且為資本家進入山地做好鋪路工作。昭和11年（1936）總督府殖產局的「山地開發現狀調查」則是對於山地開發的細部調查❸。

除了陸續進行的資源調查事業之外，總督府在東部地方官民的積極要求之下，也開始興築基礎建設。如大正15年（1926），臺東至花蓮段東部鐵路竣工；昭和2年（1927）屏東通臺東公路（今南迴）

❶ 林玉茹，〈國策會社的邊區開發機制：戰時臺灣拓殖株式會社在東臺灣的經營管理系統〉，《臺灣史研究》9（1）（2002年6月），頁8。
❷ 李敏慧，〈日治時期臺灣山地部落的集團移住與社會重建：以卑南溪流域布農族為例〉（臺北：臺灣師範大學地理所碩士論文，1997），頁31-37。
❸ 林玉茹，〈國策會社的邊區開發機制〉，頁1-54。

圖 2-2：新武呂鐵橋
資料來源：毛利之俊，《東臺灣展望》。

圖 2-3：花蓮港全景
資料來源：中央研究院臺灣史研究所古文書室提供。

的動工；昭和 4 年（1929）、6 年（1931）新港（今成功漁港）與花蓮港先後展開築港事業；昭和 8 年（1933）卑南大圳的興建以及昭和 10 年（1935）南迴公路正式開通。此外，自大正 14 年（1925）起也開始實施原住民番社的集團移住政策，以加強對原住民的控制與教化 ❶⁹。

大正末年至昭和初年，東部的建設事實上是在地方官民的大聲疾呼與推動以及備戰氣氛與資源開發的誘因之下，才受到殖民地政府的重視。然而，此際仍處於資源調查的試驗階段，且開發調查的結果往往因財政困難而無法持續。與戰時積極的開發政策相比，本期國家角色仍然是被動的。

（三）戰時國家與企業共同開發時期（1937-1945）

昭和 12 年（1937）中日戰爭爆發，在面臨戰爭資源自給的需求之下，原先以「農業本位」的殖民地產業開發政策一轉為「工業化與農業調整」政策。臺灣總督府對於東部資源開發不但由被動轉為主動，甚至計畫以花蓮港作為東部工業化的基地 ❷⁰。

事實上，在戰爭爆發的前一年，受時局影響，為了進一步擷取東部資源，臺灣總督府已先設置「東部開發調查委員會」，以提出東部開發的具體建議案 ❷¹。而隨著戰局的發展，為有效利用資源，東臺灣開發不但更加受到重視，也轉由國家主導，同時結合國家資本與民間資本共同進行東部產業開發。此時臺灣拓殖株式會社在東部進行開墾

---

❶⁹ 李敏慧，〈日治時期臺灣山地部落的集團移住與社會重建〉，頁 31。
❷⁰ 林玉茹，〈戰爭、邊陲與殖民產業：戰時臺灣拓殖株式會社在東臺灣投資事業的佈局〉，《中央研究院近代史研究所集刊》43（2004 年 3 月），頁 117-172。
❷¹ 林玉茹，〈國策會社的邊區開發機制〉，頁 10-12。

圖 2-4：池上平野放飼的水牛群
資料來源：毛利之俊，《東臺灣展望》。

事業、熱帶栽培業、本島人移民以及軍需工業的投資，即為典型[22]。特別是東部開發最大的問題是資本與勞力不足，因此殖民政府一方面極力引入日本大企業至東部投資，另一方面繼續進行官營日本人漁業移民事業，並積極招攬臺灣西部移民到東部開荒，對於原住民勞動力的役使也更加重視。

　　日治末期，國家主導開發方略與日本大企業陸續進入東臺灣，儘管時間不長，且 1942 年以後由於日本戰局不利，無法進一步發展。但是，其對東部產業近代化、新興熱帶栽培業與軍需重工業的引入以及邊際土地的開發仍有一定的貢獻。

　　總之，日本殖民時期臺灣總督府對處於民蕃雜處狀態下的東部，實行特殊化的區域政策，行政制度與區劃與臺灣西部不盡相同。隨著

---

[22] 同上註；林玉茹，〈國家與企業同構下的殖民地邊區開發：戰時「臺拓」在東臺灣的農林栽培業〉，《臺灣史研究》10（1）（2003 年 6 月），頁 85-139。

臺灣總督府對於東部，特別是蕃地控制力增強以及備戰和戰時東部資源開發之迫切需要，國家對於東部發展的干預也越來越強，且影響深遠。

五、戰後中華民國時期：由邊疆到臺灣的後花園

戰後至今中華民國政府對於東臺灣的政策，大概以 1970 年為斷限。1970 年以前，政府視東部為邊疆，在以農業發展為前提之下，東部設立合作農場與兵工墾區，致力於開荒與增產。1970 年代以後，臺灣經濟結構由農業轉型為工商業，以農業為主的東臺灣自然被遺棄，更不受重視。東臺灣在產業東移政策施展不利之下，乃轉而發展觀光業，而成為臺灣的後花園。

戰後國民政府撤遷來臺之後，由於「心向大陸」，將東部視為邊疆地區，棄而不顧。東部甚至成為貶抑與流放罪犯之處。然而，日本戰敗之後，由於臺東製糖、臺東開拓及臺拓等日系會社、原移民村土地以及林野地大半收為公有❷，東部公有地高達 80%，國家成為東臺灣地區最大地主。光復初期，日系會社土地紛紛釋放，放租或放領予民眾開墾，而吸引西部移民來東，東部人口反而成長迅速。另一方面，原日本移民村則以合作農場方式繼續經營。

1951 年，為了鞏固統治、安置退役軍人以及應付來臺軍民糧食的需要，政府在東部成立幾處兵工墾區，企圖以士兵的廉價勞力，協助墾荒、改良土地以及興修水利。1960 年隸屬於行政院退撫會的「臺灣省東部土地開發處」成立，更展現國家以退除役官兵進行東部土地

---

❷陳正祥，《臺灣地誌》（下）（臺北：敷明地理研究所報告 94 號，1961），頁1220。

開墾的企圖❷❹。

　　至於山地政策方面，新政府幾乎照單全收日治時期的蕃地特殊行政政策。一方面實行山地管制、劃定原住民保留地；另一方面則特立山地鄉，以做區隔。

　　1970 年代之後，臺灣工商業快速發展，以農業爲主的東部發展更加遲滯。爲了振興東部，政府決意興建北迴鐵路。然而，1980 年代北迴鐵路通車之後，不但沒有達到東部經濟開發的效果，反而因交通便利，加速人口外流❷❺。1990 年，臺灣傳統產業發展遇到瓶頸，加上東西部區域發展不均衡日益嚴重，李登輝總統在視察東部之後，提出「產業東移」政策。1993 年以降，由經建會主導的產業東移政策基本上還是自然資源取向，除了在交通、防洪以及水利開發等公共建設有些進展之外，結果僅有水泥業東移。該政策的原先目標可以說幾乎完全未達成，以失敗收場。

　　由於傳統產業東移並不受東部居民歡迎，且除了水泥業之外並無產業眞正東遷，1997 年的「促進東部地區產業發展計畫」乃轉以觀光遊憩業爲發展主軸。由東海岸風景特定區管理處、花東縱谷風景特定管理處以及太魯閣國家公園等系統，加強發展東部觀光事業❷❻。東臺灣地區轉而成爲臺灣的後花園，以引入都會資本和消費者來該地消費爲產業發展目標❷❼。

　　整體而言，戰後不論國家將東部視爲邊疆或後花園，事實上乃採

---

❷❹ 夏黎明，〈池上平原文化景觀的空間過程：土地、社群與國家的論述〉，《東臺灣研究》4（1999），頁 159-192。

❷❺ 夏黎明，〈東臺灣及其生活世界的構成〉，《東臺灣研究》2（1997 年 12 月），頁 7-16；陳國棟，〈關於東臺灣歷史定性的一些玄想〉，《東臺灣研究》2，頁 37-38。

❷❻ 經建會，〈促進東部產業發展計畫〉，1997。

❷❼ 夏黎明，〈東臺灣及其生活世界的構成〉，頁 10。

取消極忽視的政策。由於東部原住民與榮民比例相當高的特殊選民結構,使得國民黨在東部的政權相當穩固,國家對於東部的建設也顯得不太積極。

六、結 語

由歷代政權在東部的統治來看,可以發現幾項特色。首先,由於初期對於東部認識不足,或是急於治理西部而無暇顧及,各個政權領臺之初對於東部均採取忽視,甚至棄之不顧的態度。

在國家力量積極介入之前,私人資本仍試圖進入東部發展。然而,由於來自颱風、地震以及水災等自然災害的威脅以及原住民的干擾,使得以民間力量主導的開墾活動終歸失敗。自清代至日治時期這種現象特別明顯,也顯示區域發展的不均衡,更需要國家力量的干涉。

由東部歷史可見,東臺灣地區的開發一方面必須招撫或安置東部原住民,另一方面則需要資本、勞動力以及基礎建設的配合,國家的政策與作為遂甚具支配性。因此自清代到戰後,國家在東部的政策乃主要表現在「理番」、移民、交通和水利設施等公共建設以及民間資本的引入。至於,國家力量進入東臺灣之後,對於該地區的族群勢力、政治、經濟以及社會文化發展有何影響,則是值得進一步深究的課題。

第二部
清賦與東臺灣

由魚鱗圖冊看清末
後山的清賦事業與地權分配形態

一、前言

　　《臺東直隸州丈量八筐冊》是光緒 15 年（1889）12 月因臺灣巡撫劉銘傳清賦事業而編成的臺東直隸州魚鱗圖冊，共 16 本❶，現存 15 本，藏於中央圖書館臺灣分館臺灣資料室。

　　魚鱗圖冊又稱為柳條冊或八筐冊❷，始創於南宋紹熙元年（1174）朱熙任職漳州之時，「打量紐算置立土封樁，標界至，分方造帳，畫魚鱗圖」。元代江南地區有關編造魚鱗圖冊的記載則更多❸。明太祖朱元璋統一天下之後，曾先後召集國學生前往全國各地丈量田地大小，繪圖記載田地所有者、田地四至（範圍），編繪成冊，成為定制。魚鱗圖冊是因所繪田地的形狀狀似魚鱗而命名❹。臺灣特

---

❶臨時臺灣舊慣調查會，《臺灣私法》第一卷（神戶：金子印刷所，1910），頁 153，明載其書名，及其總數為 16 本。至於圖冊編成時間，據劉銘傳所言，光緒 15 年（1889）12 月全臺已將清丈結果繪成圖冊。見：劉銘傳，《劉壯肅公奏議》，臺灣文獻叢刊（臺北：臺灣銀行經濟研究室，1960，以下簡稱文叢），第 27 種，頁 323。

❷臨時臺灣舊慣調查會，《臺灣私法》第一卷，頁 212。

❸唐兆基，《明代賦役制度史》（北京：中國社會科學出版社，1991），頁 11。

❹同上註，頁 212-213。

稱爲八筐冊，則因圖冊全紙分成八區記載❺，而稱八筐（如圖 3-1）
❻。

　　臺灣大概於清初已有魚鱗圖冊存在，但是最完整的是清末全面進
行的清賦事業所完成的魚鱗圖冊。光緒 12 年（1886）7 月，臺灣地
區在劉銘傳主導之下，開始進行全臺清丈，光緒 15 年（1889）12 月
並陸續編造魚鱗圖冊❼。其中，現存最完整的圖冊是《臺東直隸州丈
量八筐冊》。臺東直隸州是光緒 13 年（1887）9 月，由劉銘傳奏准裁
撤後山卑南廳而改設❽。臺東州八筐冊大概於光緒 15 年末完成。其
所丈量的範圍北至大濁水溪南至八瑤灣，亦即清代臺東直隸州轄境，
相當於今花蓮和臺東兩縣。

　　清末劉銘傳在臺灣所進行的各項近代化措施中，清賦事業無疑是
極重要的一環。魚鱗圖冊則是清賦事業的具體製成品，透過該圖冊編
輯情形、內容的解讀以及其他相關資料的分析，大概可以呈現出此事
業的具體內容，並進一步釐清中國傳統的土地清丈、地籍整理以及對
於空間的認知模式。

　　過去有關清賦事業實態的調查和研究，首推臨時臺灣土地調查局
所完成的《清賦一斑》一書。該書基本上以新竹縣圖冊爲依據，說明
劉銘傳的清賦事業❾。然而，由於新竹縣是清代臺灣執行清丈最徹
底、確實的地區，至於其他各縣又如何呢？特別是新墾的後山與開墾
已久的前山顯然有明顯的地域差異，值得進一步探討。

---

❺由圖 3-1 可見，一頁分成四區，全紙有兩頁而成八區。
❻臨時臺灣土地調查局，《清賦一斑》（臺北：臺灣日日新報社，1900），頁 117。
❼劉銘傳，《劉壯肅公奏議》，頁 318、323。
❽張永楨，〈清代臺灣後山開發之研究〉（臺中：東海大學歷史所碩士論文，1986），頁 179。
❾臨時臺灣土地調查局，《清賦一斑》。

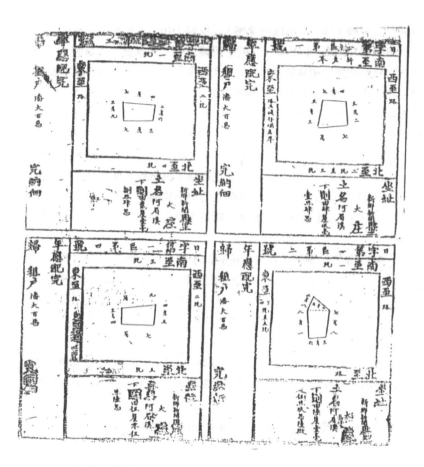

圖 3-1：八筐冊之散圖

　　本文即利用臺東州八筐冊來討論清末後山的清丈與地權分配型
態。以下首先討論清末劉銘傳的清賦事業與後山清丈的進行，其次說
明臺東州八筐冊的編製，最後分析後山清丈的成效。

二、清末劉銘傳清賦事業與後山清丈的進行

　　鄭氏王朝統治臺灣時期，曾經制訂官方每年清丈一次，以課徵新
墾地之制度，但未及施行，臺灣即歸清朝版圖❿。至清末劉銘傳實施
清賦事業以前，臺灣從未進行全面性的清丈⓫，僅有幾次局部清丈。

　　雍正 5 年（1728），閩浙總督高其倬首先以臺灣田土經界不清
楚，嘗試清丈土地，卻不得其法⓬。乾隆 15 年（1750）和 25 年
（1760），清廷曾經兩次勘查番漢界址，嚴禁漢人侵墾番地。乾隆 49
年（1784）閩浙總督富綱奏明進行番界全面清丈，然而旋即爆發林爽
文事變⓭。乾隆 53 年（1788）11 月，林爽文事變之後，來臺平亂的
將軍福康安以熟番「隨同官兵打仗，奮勇出力」，奏請撥近山未墾埔
地作為其養贍地，並釐清民番界址，續丈沿山埔地。至乾隆 55 年
（1790）完成清丈，繪圖造冊⓮。不過，此次清丈僅及於沿山一帶，
並非遍及全臺各地。嘉慶 15 年（1810）和 18 年（1813）淡水廳和新
設的噶瑪蘭廳亦先後清丈番界屯地，並繪造圖冊⓯。道光 15 年 7 月至

---

❿同上註，頁 9。
⓫劉銘傳，《劉壯肅公奏議》，頁 311。
⓬《雍正硃批奏摺選輯》，文叢第 300 種，頁 141。
⓭《臺案彙錄甲集》，文叢第 31 種，頁 1、35。
⓮臨時臺灣舊慣調查會，《臺灣私法附錄參考書》第一卷（上）（臺北：作者印行，
　1909），頁 367-369、377。
⓯陳培桂，《淡水廳志》，文叢第 172 種，頁 99；柯培元，《噶瑪蘭志略》，文叢第
　92 種，頁 122。

18 年 2 月（1835–1838），全臺再度進行番界屯埔之清丈，且仍繪造細冊圖說 ❶⑥。道光 24 年 7 月至 26 年 8 月（1844–1846）噶瑪廳甚至設局丈量新墾地，交總董丈手造冊繪圖 ❶⑦。光緒 2 年（1876），新設不久的臺北府再度進行淡水、噶瑪蘭兩廳清賦，卻「地止一隅，時閱十載，辦理迄鮮成功」❶⑧。

由上可見，臺灣進行土地清丈主要於清中葉漢人移墾熱潮的高峰期進行。此時平原土地已趨飽和，漢人向沿山地帶進墾，極易啓釁，民番衝突與糾紛更趨劇烈，官方不得不進行多次番界的清釐，以嚴禁漢人入境侵墾，並達到護番保產的政策目標。因此，自清初至清末雖然曾經進行多次清丈，但是主要針對番漢易起爭端的邊區進行。

這種類型的清丈，有時涵蓋一、二個廳縣，有時則規模較大，包含全臺各廳縣。另一種清丈，則是新設廳縣之後，施行行政轄區的清丈，以便達成以田統人的目的，確實掌握地方實態，便於統治。大抵上，清廷爲了護番保產、掌控邊區、避免民番糾紛導致治安失序，較重視邊區番界的清釐，卻一直未積極規劃全面性的全臺清丈。直至臺灣建省之後，首任巡撫劉銘傳之強力推動，始進行臺灣史上第一次全臺清丈和土地改革 ❶⑨。

劉銘傳積極推動與執行清賦事業，主要基於二個因素：一是清代臺灣土地制度問題叢生，諸如漢番爭地、賦稅輕重不一、小租戶坐享地租；二是遠東變局促成臺灣建省，建省需費孔急，基於財政上之考

❶⑥《臺案彙錄甲集》，文叢第 31 種，頁 61-67、70-71。
❶⑦ 沈景鴻等，《清宮月摺檔臺灣史料》（一）（臺北：故宮，1994），頁 221-226。
❶⑧ 劉銘傳，《劉壯肅公奏議》，頁 319。
❶⑨ 黃富三，〈臺灣史上第一次土地改革〉，《中華文化復興月刊》，8（12）（1975 年12 月），頁 29。

量，必須「以臺地自有之財，供臺地經常之用」❷。於是，光緒 12 年（1886）初，劉銘傳首先徵詢臺灣地方官的意見。當時一派主張先行保甲，就戶問糧；另一派，以嘉義知縣羅建祥爲主，主張先進行清丈，就田問賦。經過討論之後，除嘉義縣先試行清丈之外，各縣均先舉行保甲，就戶問糧，再清丈田畝❷。

光緒 12 年（1886）4 月，開始著手清賦以前的準備工作。一是成立清賦機構，一是全臺進行編組保甲。清賦事業由布政使司直轄，並於臺北、臺南兩府各置清賦總局，由知府統理。於各縣廳則設置分局，任命總辦委員（又稱會辦委員）協同知縣、同知掌理相關事務，並分派清朝內地廳縣的佐雜官（八品官以下）爲清丈委員，附屬弓丈手、圖書、差役等，會同地方紳士、總董，實地進行丈量❷。清丈機構組織如下：

> 布政使司→臺南、臺北清賦總局（知府）→各縣（廳）清賦分
> 局（知縣、同知、總辦委員）→清丈委員（內地佐雜官）

光緒 12 年 6 月，劉銘傳正式發佈清丈告示，頒佈清丈章程。七月發佈清丈施行章程，飭令各縣即刻著手清丈❷。各業戶並應帶契據呈驗，核對界址、畝數相符，即由官方照給聯單，契據則仍發業戶帶回❷。

自光緒 12 年 7 月至 13 年 9 月（1886–1887），全省各廳縣先後完成丈量。清丈結束之後，即進行科算錢糧工作，依土地貧瘠新定賦則

---

❷ 同上註，頁 29-31。

❷ 同上註，頁 32；臨時臺灣土地調查局，《清賦一斑》，頁 10、58。

❷ 臨時臺灣土地調查局，《清賦一斑》，頁 64。清丈委員以下員吏各廳縣配置不一，詳見頁 64-68。

❷ 同上註，頁 59-61；劉銘傳，《劉壯肅公奏議》，頁 318。

❷ 臨時臺灣舊慣調查會，《臺灣私法附錄參考書》，第一卷（上），頁 135。

等級，其中埔里社廳、恆春縣以及臺東直隸州均屬新闢之地，奉准俱照同安下沙則例減等升科❷。全臺人丁賦稅舊額年徵銀原為 183,366 兩，清丈之後全年共徵銀 67 萬餘兩，溢出 488,000 餘兩❷，大增政府稅收近三倍餘。但是，由於臺東直隸州遲遲未決定升科則等，這個數據並未包括該州。

　　光緒 13 年 12 月開始由新竹縣統一編填轉遞丈單，再由各廳縣派差役至新竹縣請領，以核給轄內民人丈單❷。至 15 年（1889）6 月，臺北府首先完成核給丈單任務。中部以南各廳縣則稍晚才完成，嘉義、鳳山兩縣甚至因清丈不實重新辦理清丈，直至 12 月全臺丈單始全部給清❷。臺東直隸州則自光緒 14 年（1888）3 月 26 日第一次請領丈單四千張，5 月 28 日、15（1889）年 6 月 5 日、至 15 年 10 月 11 日請領最後一次丈單，先後共四次，請領丈單 10,400 張❷。

　　全臺在給發丈單的同時，光緒 14 年（1888）6 月開始起徵新賦。但是新墾的恆春縣、埔里社廳以及臺東直隸州則未同步使用新稅則升科❸。直至光緒 15 年（1889）恆春縣與埔里社廳，才啟徵新賦❸。臺東直隸州則共丈田 2,255 餘甲，核計賦額不過銀 1,152 餘兩，卻直至

---

❷ 事實上，埔里社廳與恆春縣首先請求減等升科，隨即獲准，臺東直隸州是否比照辦理，直至光緒 15 年（1889）12 月遲遲未作定議。（同上註，頁 315-316、318）但由臺東州八筐冊與《臺東州采訪冊》可知，臺東州最後也獲准減等升科，按照埔里社廳減一等則，全州田園均列為下則田。胡傳，《臺東州采訪冊》，文叢第 81 種，頁 44。

❷ 劉銘傳，《劉壯肅公奏議》，頁 319-320。

❷ 有關光緒 13 年（1887）12 月 20 日至 15 年（1889）之間，全臺各廳縣請領清丈丈單情形，參見《淡新檔案》，13206 號全案。

❷ 劉銘傳，《劉壯肅公奏議》，頁 316-318。

❷ 在光緒 15 年（1889）以前是以卑南廳名義向新竹縣請領丈單。《淡新檔案》13206 之 5-6、17-18、35-36、58-61。

❸ 劉銘傳，《劉壯肅公奏議》，頁 310。

❸ 同上註，頁 318-319。

光緒 17 年（1892）才開徵賦額之半，18 年（1893）始得以全徵❷。因此，光緒 16 年（1890）3 月，劉銘傳奏報全臺年徵銀 67 萬兩，並未包含臺東州。顯然，後山的清賦事業仍較前山各廳縣稍遲緩。

一俟給完丈單之後，15 年 12 月各縣隨即陸續編造八筐魚鱗圖冊、簡明總括圖冊以及歸戶冊❸。大抵上，清丈委員在實地丈量之際，已先編出庄圖、區圖（又稱總圖）以及散圖，然後再彙送縣局製成堡（里）圖、縣圖，最後作成八筐魚鱗冊等各類圖冊❹。

魚鱗圖冊的編成主要基於徵稅，為地租徵收原簿，一般按照州縣廳的堡、里、街、庄、社各區作臺帳，登錄坐落（位置）、地目、地積、等則、形狀、四址以及所有者的姓名，並記載其圖面❺。簡明總括圖冊則專記一堡（里）內之四至界址、村庄、等則、總甲數以及地租總額，共製七部，一部存縣，其餘六部分別呈送戶部、福建總督、臺灣巡撫、臺灣布政使司、臺灣道以及其所屬府衙，以便每年核對賦額❻。歸戶冊則是在每戶名下立一柱，記載其所有的田園甲數和稅額。

各縣圖冊大概於光緒 15 年底至光緒 16 年初完成。圖冊的編成，象徵清賦事業到此告一段落，乃展開敘獎工作。不過，早在光緒 14 年（1888）6 月，劉銘傳已先奏請獎賞對清丈有功的官紳❼。光緒 16 年（1890）5 月、10 月劉銘傳又先後奏請獎勵清丈有功人員。或許由

---

❷ 胡傳，《臺東州采訪冊》，頁 46。

❸ 劉銘傳，《劉壯肅公奏議》，頁 139、323。

❹ 臨時臺灣土地調查局，《清賦一斑》，頁 117。

❺ 臨時臺灣舊慣調查會，《臺灣私法》第一卷，頁 213；同上註。

❻ 黃富三，〈臺灣史上第一次土地改革〉，頁 33。

❼ 劉銘傳，《劉壯肅公奏議》，頁 314、323-326。

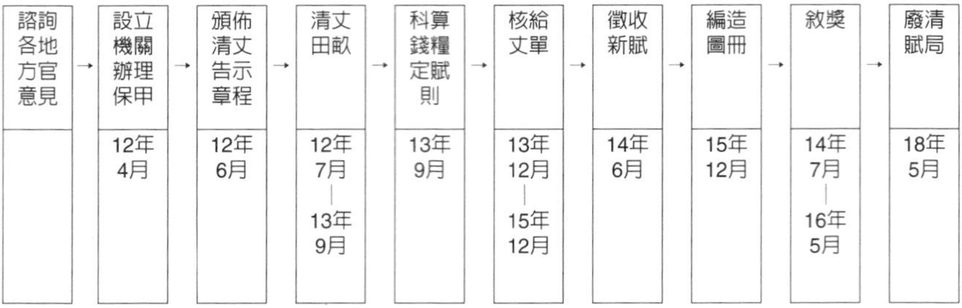

諮詢各地方官意見	設立機關辦理保甲	頒佈清丈告示章程	清丈田畝	科算錢糧定賦則	核給丈單	徵收新賦	編造圖冊	敘獎	廢清賦局
	12年4月	12年6月	12年7月 13年9月	13年9月	13年12月 15年12月	14年6月	15年12月	14年7月 16年5月	18年5月

圖3-2：清末劉銘傳清賦事業流程圖

資料來源：劉銘傳，《劉壯肅公奏議》，頁316–323；臨時臺灣土地調查局，《清賦一斑》，頁10；臨時臺灣舊慣調查會，《臺灣私法》附錄參考書第一卷，頁189–190；《淡新檔案》，13206號全案。

於此次的請獎名單受到吏部非議過於浮濫，獎勵一事遲遲未決[38]，直至光緒18年（1892）5月才因各項業務業已完成，撤廢清賦局[39]。（圖3-2）

　　整體而言，清末劉銘傳的清賦事業，按照各縣施行情形和配合程度而言，臺灣巡撫所在、控制力較強的淡水、新竹等縣顯然較為成功，執行也較為確實、徹底。特別是該地區早在光緒初年已先行試辦，雖然功敗垂成但多少已有相當經驗。其次，北部士紳如林汝梅和林維源等對劉銘傳新政之大力襄助，也對於該地區所進行的清賦事業產生實際作用[40]。至於中南部地區則顯然較為不理想。彰化縣於光緒14年（1888）8月底，更爆發因清丈課徵丈費而引起的民變施九緞事

[38]「福建臺灣巡撫布政使沈應奎奏為臺灣舉辦清賦全功告竣籲懇恩獎有功人員摺」，《月摺檔》，光緒17年6月11日。

[39]臨時臺灣土地調查局，《清賦一斑》，頁10。

[40]由光緒17年（1891）6月的正式請獎名單也可見，臺中以北的重要商紳家族多在其列，特別是新竹縣不但敘獎人數居全臺之冠，而且在地的鄭、林兩大家族以及粵籍頭人均積極參與。反觀其他各縣敘獎名單則大多為內地派來待命之佐雜官、下層武官、具有虛銜的生員。「臺灣清賦告竣遵旨彙案請獎摺」，《月摺檔》，光緒17年6月11日。

件**❹**。

　　因清賦事業而引發民變，其實首先發生於後山的臺東直隸州。光緒14年（1886）6月，大庄（今花蓮縣富里鄉東里村）客民劉添旺因清丈委員雷福海徵取清丈單費太嚴苛，又羞辱其妻母，遂與同黨煽誘中路（秀姑巒溪至新開園地區）平埔族叛變，殺雷福海，並攻毀水尾防營。7月，又糾結南部呂家望社（利家）焚燬卑南廳署。其後在劉銘傳派軍分從海陸兩面夾擊之下，歷時兩個多月的亂事方才敉平。在後山大概平定的同時，彰化縣才爆發施九緞事件**❷**。後山因清賦事業而首先引起民變，突顯出該地具體操作過程中問題叢生。

　　後山的清丈情形與臺灣西部大同小異，大致上也與前山同時進行，即使請領丈單較晚，也不過晚了三、四個月，但是清丈人員的素質則稍有差異。當時派至臺東直隸州的內地清丈委員如下：

> 分省試用知縣黨鳳岡、福建試用從九品范嘉安、拔貢就職直隸州州判楊振烈、六品軍功文童聶盛鼎、儘先補用遊擊楊泗洪、藍翎守備已保儘先補用都司朱德宏和申維泰、儘先補用守備李甫臣和張家德、六品軍功劉希敏、武童任桂清等共十一人**❸**。

　　由上可見，這些委員大多是八品以下的文武官或僅具虛銜的內地士紳。與淡水縣相比**❹**，後山委員的職銜位階甚低，更偏重武職出身

---

❹ 薛紹元，《臺灣通志》，文叢第130種，頁879-880；劉銘傳，《劉壯肅公奏議》，頁445-446。

❷ 胡傳，《臺東州采訪冊》，頁69-70；林玉茹，〈白川夜舟「臺東舊紀」譯注與史料價值評介〉，《東臺灣研究》，創刊號（1996年12月），頁126-127。有關光緒14年（1888）後山番亂民變事件始末參見：潘繼道，〈清代臺灣後山平埔族移民之研究〉（臺中：東海大學歷史所碩士論文，1992），頁193-203。

❸ 「臺灣清賦告竣遵旨彙案請獎摺」，《月摺檔》，光緒17年6月11日。

❹ 與淡水縣比較，其清丈委員出身：縣丞三人、經歷一人、主簿一人、巡檢三人、都司一人、守備一人、五品軍功虛銜一人。同上註。

之下層武官。這種安排或許為了配合清廷武裝殖民後山的政策以及蠻荒初開的狀態。然而，缺乏嫻熟丈量的佐雜文官，不但影響丈量的品質與圖冊繪製的準確度，粗獷的下層武吏顯然更易啓釁。光緒 14 年（1888）6 月的番亂和民變或許植因於此。

後山的清丈事業，仍於亂後一年，光緒 15 年（1889）6 月繼續請領給發丈單，15 年 12 月以前完成核給丈單，並編造圖冊存縣或向上呈送。不過，現存後山清賦圖冊僅有魚鱗圖冊，至於簡明總括圖冊和歸戶冊則已不得見。儘管如此，魚鱗圖冊是清賦事業最直接的成品，更具實質意義。以下進一步說明臺東州丈量八筐冊的編製情形。

三、《臺東直隸州丈量八筐冊》的編製

臺東直隸州轄境最大範圍是北至大濁水溪與宜蘭縣為界，南至八瑤灣與恆春縣為界。但是，魚鱗圖冊的丈量範圍卻侷限於政令所及的五鄉九堡中有水田的部分❹，亦即花蓮新城至州治所在的卑南街❹。

現存魚鱗圖冊，包含五鄉九堡，其中除蓮鄉花蓮港堡有 8 本（佚失一本）之外，以每一鄉堡為單位，一鄉堡一本。其原先排列順序應為：南鄉卑南堡、廣鄉成廣澳堡、新鄉新開園堡、新鄉璞石閣堡、奉鄉水尾堡、奉鄉新福堡、奉鄉萬安堡、奉鄉復興堡、蓮鄉花蓮港堡❹。

---

❹ 在臺東州八筐冊中所記均為田甲數，並無園甲數之登記，顯然清末後山的丈量並未進行園的清丈。

❹ 由於卑南堡部分莊名無法確定其地點，因此南邊的範圍不太明確，最南應該不會超過巴塑衛（今大武鄉）。

❹ 由於臺灣分館編目錯誤不少，或一鄉堡不相連屬的分散於各冊、或是同一庄圖誤植於他處……，為避免解讀上之不便，本文復原其各鄉堡情形如附表 1 至 10。

表 3-1：林錫時在蓮鄉花蓮港堡之土地

庄名	區別	筆數	甲數	備註
薄薄外庄	一、二、三、四	18	0.986312	
薄薄內庄	五、六、八	11	2.87488	
軍威北畔庄	一、二	8	2.870872	
農兵外庄	一	1	0.2184	
薄薄北畔庄	三、五	2/1	0.0612	缺第五區一筆資料
新港街內庄	一、二、三	4	0.102032	
薄薄東畔	二、三	13/11 *	0.72756	缺第二區三筆資料
薄薄西畔庄	一、二、三	15	0.333728	
薄薄上庄	四	1	0.015656	
薄薄下庄	一、二	16/13 *	0.42416	缺三筆土地資料
薄薄新港庄	二、三	10	0.3988	
薄薄南畔庄	一、二、三、四、	38/34	1.89024	第五區缺四筆資料
總計 12 庄		137/129*	10.90384	總共 137 筆，缺 8 筆

註：＊為現存實際筆數。

　　臺東直隸州在清代的行政區劃是直隸州、鄉、堡、庄（社）（附表 1），因此八筐冊的編排順序先有直隸州全圖，繼之按五鄉九堡分別編繪出鄉堡圖、庄圖、區圖以及散圖。亦即編排順序如下：

　　　　直隸州全圖→鄉堡圖→庄圖→區圖→丈量散圖

　　臺東直隸州全圖（圖 3-3）編於第一本南鄉卑南堡圖冊之首頁，圖背面記載鄉堡總數、田則等級以及總甲數為 2,255.588137 甲。這是調查全直隸州五鄉九堡、178 庄所得。不過現存 167 庄，共 9,187 筆土地資料。

　　直隸州全圖之後即以鄉堡為單位編為一冊。各冊首頁為鄉堡圖，（圖 3-4）如同全堡村庄之索引。堡圖以山水畫法明載堡之四至界址、庄（社）、寺廟以及營盤位置。在鄉堡圖背面，詳載該堡田園等則、

圖 3-3：臺東州全境總圖

圖 3-4：蓮鄉花蓮港堡圖

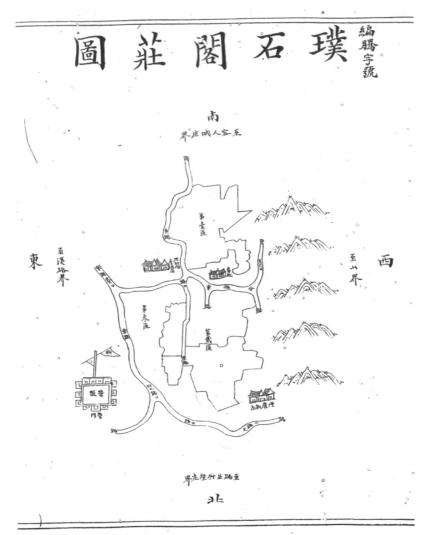

圖 3-5：璞石閣莊圖

總甲數。不過，前山各廳縣依循清賦規定，一律將臺灣原慣用的土地計算單位甲換算爲畝[48]，臺東州卻未化甲爲畝，僅記載甲數。

　　鄉堡圖之後爲庄圖。庄圖背面則記載該庄土名、編列字號、區數、田園等則以及總甲數。（圖 3-5）庄圖如同區圖之索引，亦記載四至界址、區的分佈以及其他自然和人文景觀。每一庄圖均編有字號，如奉鄉水尾堡大坡庄編「致」字。之後，再按照區別、筆數編號，如玉字第一區第一號。通常一筆土地編一號，少數村庄甚至一筆土地也編成一庄，如奉鄉新福堡鍋塑庄僅有一筆土地，編淡字 1–1。

　　一庄有二區以上，才有庄圖出現，否則通常僅合併記爲某某庄第一區圖，並於圖面上直接編號。由附表 2 至 10 可見，共有 41 庄分成二區以上。蓮鄉花蓮港堡的村莊幾乎都分成兩區以上，鹿山庄甚至分成 11 區。

　　區圖是將一庄依據其田園所在的山河、道路以及溝渠等地形分成若干區而製成。它是一種以丈量山水畫併用法所畫成的地圖[49]。亦即一方面以傳統山水畫法畫出其四至疆界及其他人文自然景觀；另一方面則以丈量圖形式展現每一區的土地所有權分配型態。圖上不但有字號、編號範圍、四至界址，也記載田地分佈形態、業主姓名以及其編號。（圖 3-6）區圖背後同樣記載土名、甲數等。與目前可見的新竹縣區圖相較，以新竹縣大肚庄髮字第九區爲例，新竹縣直接在丈量圖上加記每筆土地的甲數與田地別（田或園）[50]，顯然該縣的區圖記載更爲詳細，丈量的範圍較廣泛。

　　區圖之下則爲散圖。散圖可以說是魚鱗圖冊基本圖，區圖與庄圖

[48] 劉銘傳，《劉壯肅公奏議》，頁 308。
[49] 有關丈量山水畫併用法參見：夏黎明，《清代臺灣地圖演變史》（臺北：知書房，1996），頁 55。
[50] 《淡新檔案》，17339-60 之 11 號。

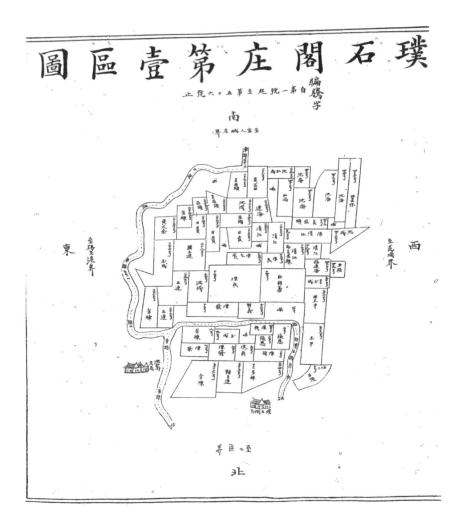

圖 3-6：璞石閣庄第壹區圖

均據之編繪而成。散圖是將一區分成若干筆，每一筆作成一丈量散
圖，載其字號、土地四至、坐落、土名、地積、形狀、等則以及業佃
姓名。（圖3-1）臺東直隸州由於新墾不久，全部田園比照恆春縣和埔
裡廳均以下則田課稅，而且除了記載墾戶名之外，並無完納佃戶存
在。

　　大體而言，魚鱗圖冊的編製可以分成兩個階段。第一個階段是由
前述的清丈委員與在地紳董、總理等依據需要分成若干班進行丈量，
先後編繪出散圖、區圖以及庄圖[51]。由臺東州八筐冊來看，繪圖者本
身甚至就是在後山番社扮演重要角色的通事。舉例而言，林錫時在蓮
鄉花蓮港堡至少有137筆土地（表3-1），是該鄉重要地主之一。他
所擁有的大部分土地不但都在番地，而且大多數的情形是眾番地之中
只有他一位漢人取得耕地。由此可見，他與南勢阿美族不但有良好關
係，甚至可能是番社的通事。值得注意的是，在薄薄外庄第一區和第
二區有四筆土地均寫成「自田」[52]，顯然該庄地圖應由其參與編繪。
第二階段則是在州衙門進行，可能由清丈委員與衙門胥吏共同就圖冊
直接劃分編堡，「並未勘明立石定界」[53]。

　　八筐冊的各種地圖，都是採取南上北下的南向縱軸式畫法[54]。這
些圖除了散圖為地籍圖之外，州圖、鄉堡圖以及庄圖均採用寫景式的
山水畫法，區圖則是採用丈量山水畫併用法製圖。清末臺灣繪圖技術
已進步到用三角測量，清丈地圖卻仍停留在傳統製圖法，圖上的距離
和形狀的幾何正確性均不高，反映清末清丈本身的困難與侷限以及技

---

[51] 劉銘傳，《劉壯肅公奏議》，頁308。
[52] 《臺東直隸州丈量八筐冊》，蓮鄉花蓮港堡，薄薄外庄。
[53] 《新竹縣采訪冊》，文叢第145種，頁12-13。
[54] 有關傳統地圖的方位分類，參見：夏黎明，《清代臺灣地圖演變史》，頁73。

術與人力的不足❺❺。

　　進一步檢視臺東州八筐冊可知，除了佚失與缺漏之外，州圖與鄉圖錯誤最多。相對的，庄圖與區圖則除了少數村莊四至略有錯誤之外，相對準確度極高。大體上，除非四至確實寫錯，例如三間屋庄，否則四至與實際位置的些微差距或許是反應編繪者本身的空間認知。至於，鄉堡圖的問題主要表現在二方面：首先，在將村莊編堡的過程中，已錯誤百出。以大港口庄（今豐濱鄉港口村）為例，胡傳的《臺東州采訪冊》記為奉鄉❺❻，魚鱗圖冊卻編入新鄉新開園堡；大港口庄的土名又記載為阿眉溪、草林，土名和庄名無法比對。這種種歧異，究竟是否因當時重新編排各鄉堡村莊使然，無資料可據以說明。其次，數量甚多的庄圖或區圖的四至與堡圖無法對照。例如，新鄉璞石閣堡烏鴉石之庄圖北至為馬露蘭（在縱谷），堡圖卻畫成北至為城仔埔（在海岸）。顯然，在州衙門製圖時，並未根據基本的庄圖或區圖確實編繪，因此今天也很難重建五鄉九堡的確實區界及其所屬村莊❺❼。鄉堡圖除了蓮鄉和南鄉錯誤較少之外，其他鄉堡圖幾乎是錯得離譜，因此州圖自然也是畫得光怪陸離。

　　就整個清賦事業而言，丈量土地雖難，繪圖卻更為艱難❺❽。第一階段所編繪的地圖，由於是實地丈量，又涉及個人土地所有權之確立與納稅義務，因此除了少數村莊四至繪錯之外，較少錯誤。然而，第二階段正式編造圖冊時，儘管後山經歷因清丈而起的民變番亂，仍必

---

❺❺同上註，頁 110-111。

❺❻胡傳，《臺東州采訪冊》，頁 20。

❺❼現今由日治初期的臺灣堡圖可以大概重建五鄉的區域劃分，但是卻無法重建九堡的確切區域。

❺❽明代洪武年間進行清丈，丈地費時 120 天，繪圖卻歷時 250 天，見：唐兆基，《明代賦役制度史》，頁 11。

須與全臺同步編繪圖冊，在規定時間內完成。倉促進行之下自然容易
造成較大錯誤，且清丈人員素質較低，可能即隨手胡亂編繪，以求儘
快交差了事。另一方面，在州衙門所編成的鄉堡圖和州圖錯得離譜，
也顯現衙門胥吏或清丈委員與後山甚爲疏離，空間認知與掌握亦不
佳。由官方控制力最強的南鄉和蓮鄉堡圖繪製較精準來看，更突顯出
鄉堡圖的準確度與州衙門對該地的掌控能力密切相關。

魚鱗圖冊是土地總冊，土地所有者隨田登載，傳統政府透過其掌
握土地總數，課徵賦稅，並達到「以田統人」的目的[59]。因此，不正
確的丈量與記載以及圖冊編造，不但進一步拉大地方官府與民間的距
離，而且官方也無法在新墾地建立土地秩序，使其統治能力大大減
低。

四、後山清丈的成效

儘管臺東州八筐冊佚失一本，堡圖與州圖也有相當大的缺陷，但
是相對於清代全臺各縣魚鱗圖冊現存狀態，仍是較完整的。透過這套
圖冊，可以進一步解析清代後山的清丈成效以及當時的土地分配狀
況。由該州八筐冊可見，後山清丈事業的進行，乃完成全面性的編鄉
堡立村庄工作，並確立後山的地權。

（一）鄉堡與村莊的確立

後山於光緒元年（1875）正式設治，置卑南廳。不過，與前山先
有移民再由官隨後設治的情形不同，後山是在官方強力推動並以勇營
作爲開墾前哨之下，移民始隨後進入拓墾。設治之初，地曠人稀，並

---

[59] 同上註，頁 26-28。

未進一步作行政區劃，僅粗分成南路卑南、中路秀姑巒以及北路岐萊，並於卑南、璞石閣以及花蓮港等北中南三地設立招撫局❻。光緒3年（1877），清廷又將東部分成三個墾務重心，其中縱谷中段自大巴塱至大坡（或作大陂）為中路；中路以南地區則為南路，以卑南為重心；中路以北為北路，稱奇萊❻。光緒13年（1887）劉銘傳極力推行開山撫番政策，乃於東部設卑南（卑南八社至巴塱衛一帶）與水尾兩個撫墾局❻。光緒14年（1888），又分水尾撫墾局成秀姑巒撫墾分局（自新開園至水尾）與花蓮港（北至新城）撫墾分局❻，仍形成北中南三段的區域分劃。粗略的分段區劃反映初墾之際以漢人拓墾事業與撫番為中心的考量。

　　直至光緒15年（1889）12月由於清丈事業的實行、後山經過多年經營以及民番已有初步的拓墾成果，乃正式將該地劃分成五鄉九堡❻。五鄉九堡主要作為地租徵稅區，光緒20年（1894）並於各鄉置冊書掌理一鄉之稅務錢糧❻。另一方面，其不但具有行政區劃的實質意義，且為地方自治組織。大體上，一鄉設立都總管一名，或是兩鄉（新鄉和奉鄉）合設一位都總管，再分鄉設一位副都總管來徵收租稅與管理民番事務。各鄉又置設鄉長一至二位，如奉鄉有南路鄉長與北

---

❻ 張永楨，〈清代後山開發之研究〉，頁197。

❻ 林聖欽，〈花東縱谷中段的土地開發與聚落發展（1800-1945）〉（臺北：國立臺灣師範大學地理學研究所碩士論文，1995），頁64。

❻ 陳英，〈臺東誌〉，《臺東州采訪冊》，頁85。

❻ 同上註；《臺灣總督府公文類纂》，明治29年乙種永久，6卷4門，文書，〈撫墾局概略〉。

❻ 五鄉九堡劃分的時間，可以由臺東知州高垚給奉鄉北路鄉長何清山的示諭中得見。田代安定，《臺東殖民地豫察報文》（臺北：臺灣總督府民政部殖產課，1900），頁103。

❻ 《臺灣總督府公文類纂》，明治29年乙種永久，6卷4門，文書，〈知州衙門事務概略〉。其收稅詳情參見同卷〈開田法概略〉。

路鄉長之分❻。鄉之下則或一大庄或數庄設一總理，較大村庄甚至增設副總理一名，較小村庄則僅設甲長一名❼。都總管與鄉長皆由官給口糧，為有給職，必須與總理同心協力辦理鄉內大小事務，「以期民番輯睦，荒土漸闢」❽。由此可見，光緒15年成立的五鄉九堡並非只是徵稅區的劃分，也是實際的地方行政區域與自治組織。

除設鄉堡之外，由臺東州八筐冊可見，後山共清丈了178庄，大概包含現今花東縱谷平原以及海岸平原大多數的村庄。其中，除了蓮鄉花蓮港堡有11庄無資料之外，至少有105個村庄有番社、民庄、民居以及房舍等聚落存在❾。（表3-2）這個現象，一方面隱含清丈時後山已墾土地主要分佈在聚落周圍，特別是中路的新鄉與奉鄉最為明顯，南鄉則少有聚落。另一方面，或許也意味著不少村庄是有其名而處於無人居住的狀態，亦即這些村庄的出現只是為了清丈需要而存在，之後並未被襲用。

因清丈而立庄，最明顯的是蓮鄉花蓮港堡。蓮鄉共有36庄❼⓪，是後山庄數最多的鄉堡。這些庄的命名事實上有其編輯邏輯，乃以薄薄庄、佳樂庄、復興庄、軍威庄、新港街庄、農兵庄、三仙河庄以及里

---

❻ 田代安定，《臺東殖民地豫察報文》，頁101-102。

❼ 同上註，頁246-297。

❽ 同上註，頁103。

❾ 臺東州丈量冊中，庄圖或區圖上有明確的聚落圖示。在這些圖示中，有記載「某某庄」則記為民庄、有「某某社」為番社、有「某某民居」則記為民居，至於僅劃出房屋而無註記者視為房舍。少數記為番庄者因實際狀況視為民庄。其次，有不少村庄同時有兩個以上聚落。（參見附表2至10）再者，光緒5年（1879）吳光亮實施將化番地「改社為莊，以示區別」政策，使得平埔族所居村庄亦均改為庄。（張永楨，〈清代臺灣後山開發之研究〉，頁246）民庄也可能是平埔族村庄。

❼⓪ 事實上，如果計入可能編錯在奉鄉復興堡的佳樂庄、復興庄、軍威庄、新港街庄、薄社庄；奉鄉水尾堡的農民庄；奉鄉新福堡的三仙河庄；南鄉卑南堡的里溜庄，應增加八庄，共四十二庄。

表 3-2：臺東州八筐冊所見的清代後山聚落數＊

鄉堡名	鄉堡庄數	番社數	民庄數	民居數	房舍數	總計
南鄉卑南堡	16	0	0	0	1	5
廣鄉成廣澳堡	21	4	2	2	0	8
新鄉新開園堡	10	4	2	2	0	8
新鄉璞石閣堡	15	1	5（1）	2	1	9（1）
奉鄉水尾堡	14	2	8	6	1	17
奉鄉新福堡	21	4	12（2）	0	3	19（2）
奉鄉萬安堡	29	7	6	0	9	22
奉鄉復興堡	16	3（1）	11	0	1	15（1）
蓮鄉花蓮港堡	25＃/36	6（3）	1	2	1	10（2）
總計	167＃/178	31（4）	45（3）	12	17	105（7）

註：1. ＊聚落數劃分原則參見註 75。
　　2.（）則表示一庄有數個社或庄，璞石閣庄有隆慶新莊、璞石閣庄兩個民庄。
　　3. ＃表示現存實際庄數。

溜庄爲基礎，分成上、下，或內、外，或是東、西、南、北畔來命名。以薄薄庄爲例，即有薄薄社庄、薄薄內庄、薄薄下庄……共 10 個庄。（附表 9）然而，這些庄名除了主要村庄如薄薄庄、軍威庄之外，大部分衍生的新庄無論是在清末胡傳所編的《臺東州采訪冊》或是明治 38 年（1905）所編製的《臺灣堡圖》均不得見。顯然，上述衍生的新庄是因清丈土地而新立，存在於魚鱗圖冊的記錄中，但是對於實際生活於該地域的人民而言，並無太大實質意義，只是官方清丈委員爲丈量方便的權宜措施而已。

　　每一個村庄除了庄名之外，也各自有土名。除了少數村庄土名與庄名一致之外，不少村庄的土名與庄名並不相同。土名事實上應是更具體的展現土地的所在位置，例如蓮鄉薄薄西畔庄的土名爲新港街南畔，指涉土地位居新港街南邊；廣鄉的東畔新庄土名爲加里猛狎南

畔，顯然該庄位於加里猛狎社南邊。土名的標記立意頗佳，然而不少村庄與土名卻是大相逕庭，無法對照。舉例而言，八里芒庄（今東河鄉興昌村）的土名為下勝灣（今玉里鎮樂合里），兩者一在今臺東縣海岸，一在今花蓮縣縱谷平原，南北相距近百里，實在看不出其有何關聯。在魚鱗圖冊中，類似的情況頗多，也造成由庄圖編成鄉堡圖過程的大混亂。

清丈完成之後，各地的散圖、區圖以及庄圖即彙送到直隸州衙門統一編繪鄉堡圖與直隸州圖。編繪之前，自然必須將各村庄按地域編入各鄉堡，但是由於編劃的依據有些以庄名為準，有些以土名為準，以致錯誤百出。如前述的八里芒應屬廣鄉，卻可能依土名而編入奉鄉水尾堡。這種編錯鄉堡的現象，以中路秀姑巒溪流域最為嚴重，也就是說新鄉與奉鄉共六堡誤差最大。或許除了編輯依據標準不同之外，在光緒 14 年（1888）6 月民變爆發至 9 月亂平之後，清廷對於中路的控制力已大為低落，至 15 年（1889）12 月編繪圖冊之時，仍無法掌握。其次，清廷在統治後山初期始終以北中南三路區分，其中北路花蓮港和南路卑南分別編為蓮鄉與南鄉，這兩個地區或是廳治所在或派駐重兵[71]，官方對此二地亦較為瞭解。特別是花蓮港街庄劃分最細緻，顯然對於該地的掌握較為清楚，至於中路似乎顯得模糊許多。五鄉九堡清丈編堡圖冊的準確與否，乃反映了清廷對於該地區的熟悉程度和統治實力。

總之，隨著後山清丈的進行，清朝政府也對於後山施行稅區與行政區域重劃，另一方面則根據丈量土地的需要進行平原地區已墾田地

---

[71] 卑南為卑南廳及改治後臺東直隸州州治所在，花蓮港則是卑南之外駐兵最多的地方，為飛虎軍後營及其後改為鎮海後軍左營統領營盤所在。見：胡傳，《臺東州采訪冊》，頁 15；《臺東州丈量八筐冊》，州圖。

的全面立庄運動。而在立庄的過程中，事實上也進行改社爲庄的工作，不論是平埔族或是阿美族、卑南族之番社所在皆新立庄名，如俄律社莊、薄社莊等。後山經過此次清丈之後，今日縱谷平原與海岸平原的重要村庄大多已經出現。此外，由於庄的區分採取極細化方式，臺東州八筐冊因而保存了當時相當多的小地名。

（二）土地地權的確立與後山地權的分配

雖然臺東州八筐冊產生不少村庄編錯鄉堡的現象，但是其主要發生於清丈之後在州治進行的圖冊整併繪製時，導致鄉堡圖與直隸州圖可參考程度最低。各村庄的庄圖、區圖以及散圖，則因各地紳董、頭人及通事參與清丈與登載田畝，準確性與可信度均相當高。特別是與日治初期田代安定的調查相對照，除了少數村庄因不詳其位置無法比對之外，大多記載詳實，尤其是有關土地所有者的記錄更是如此。至於田地甲數，由於清丈至田代安定調查時期已事隔十餘年，田地或由初墾而墾成，或因水沖田園流失，變化較大。

後山土地開墾遇到的最大難題之一，無非是水沖田園的問題。光緒 19 年（1893），後山經歷一場大風雨之後，導致田園流失二十分之一❷，土地墾成面積乃難確認。不過，可以確定的是，後山的清丈，在各庄土地丈量與確立土地所有者兩方面是較確實進行的，因此透過八筐冊可以進一步觀察清末後山土地拓墾與地權的分配型態。

由八筐冊可見，清丈當時後山至少將近一半以上的村庄已具有開築水圳技術（表 3-3），能進行水田稻作。水圳的分佈，北中南三路均有，但是以蓮鄉花蓮堡村庄開圳率最高。在所知的 25 庄中有 23 庄有水圳設施，水田面積也最大。

---

❷ 胡傳，《臺東州采訪冊》，頁 4-5、46。

表 3-3：清丈時後山各鄉堡土地甲數與水圳數

鄉堡名	庄數	總筆數	總甲數（甲）	平均每筆土地甲數	水圳數	備註
南鄉卑南堡	16	504	320.664476	0.636239	6	
廣鄉成廣澳堡	21	450	156.338308	0.3474184	9	
新鄉新開園堡	10	689	108.386276	0.1573095	4	
新鄉璞石閣堡	15	637	241.637356	0.3793364	7	
奉鄉水尾堡	14	579	221.406118	0.3823939	1	
奉鄉新福堡	21	606	177.12846	0.2922911	6	
奉鄉萬安堡	29	616	172.813716	0.2805417	10	
奉鄉復興堡	16	596	239.22888	0.4013907	5	
蓮鄉花蓮港堡	25/36	4510/?	※ 465.19674/617.984547618	0.1031478	23/?	原 36 庄有 11 庄資料佚失；※為 25 庄總甲數
總計	167a/178	9187/?	2102.80033b/2103.2255.588137	0.22889 ※	71/?	※平均甲數以 b/a 而得

其次，劉銘傳清賦事業的目標之一是確立土地地權。它的要點有二：一是土地正供轉由小租戶負擔，小租戶成爲土地實際所有權人（業主），田地丈單改由小租戶執領[73]。各庄區圖與散圖所記載的土地所有者，乃爲小租戶。第二個目標則是避免過去番地免升科的種種弊端，決定豁除以往各種名目，無論民番一律丈量，分別升科[74]。因此，後山的清丈也對番地進行丈量。這種番地除了由前山或是噶瑪蘭遷移來後山拓墾的平埔熟番之外，更包含後山原有的阿美族與卑南族所屬之已墾番地。由八筐冊各庄區圖與散圖可知，阿美族與卑南族在清丈時已開墾不少田地，且南勢阿美所在的花蓮平原大部分已水田化。透過清丈，官方由上而下確認其土地私有權。

---

[73] 蔡振豐，《苑裡志》，文叢第 48 種，頁 34-35。
[74] 劉銘傳，《劉壯肅公奏議》，頁 306。

　　清丈當時,番人與平埔族大多以漢姓登記。不過,除了先前自行改漢姓之外,或許在清丈登錄土地業主之時,部分地區也進行將化番改為漢姓的工作。阿美族所擁有的漢姓主要是:蘇、吳、王、張、錢、孫、許、周;卑南族的漢姓主要是:陳、莫、侯;至於後山的平埔族則大多姓潘,少數姓氏是:張、陳、李、林、胡、朱、金、吳[75]。

　　由於後山丈量圖所登載的業主名是相當準確的,而平埔族、卑南族及阿美族的漢名大部分頗容易辨認[76]。若再參照田代安定的調查,可以進一步分析後山各族群土地的分佈狀況。

　　大體上,清末後山的土地可以分成私有地與公地兩種。私有地是指以個人名義取得所有權的土地。再以庄為單位,依族群分佈來觀察,可以將後山現存 167 庄分成漢人所有地村庄(簡稱漢地庄)、番人所有地村庄(簡稱番地庄)、平埔族所有地村庄(簡稱平埔地庄)、平埔族與漢人混耕村庄(簡稱平漢地庄)、平埔族與番人混耕村庄(簡稱平番地庄)、番人與漢人混耕村庄(番漢地庄)以及番人、平埔族、漢人混耕村庄(簡稱番平漢地庄)[77]。

　　由表 3-4 可見,漢地庄約有 13 庄,散佈在後山各地。這種漢庄有些是在番社附近,如廣鄉的溪洲庄、奉鄉萬安堡的烏漏庄。其應為

---

[75] 潘繼道在〈清代臺灣後山平埔族移民之研究〉也曾指出平埔族漢姓有潘、陳、李、朱、林、吳、胡。(頁 222)魚鱗圖冊顯然更完整。

[76] 雖然不少平埔族與生番均已擁有漢姓,但是他們的命名卻與漢人姓名仍有差距,如稱呼潘大百惡、潘都底、周雪栗、周意汁、林芥那、張馬腰、杜打力…。《臺東直隸州丈量八筐冊》。

[77] 當然,儘管漢人、平埔族或番人的命名原則頗有差異,但是實際操作區分三個族群時,仍將產生部分人名無法確定其所屬族群的現象。尤其是有少部分平埔族在民變之後甚至冒充為番人,以躲避官府之追緝。因此,本文所區分五種村庄混耕類型的統計數字,並非絕對正確,有些村庄仍待進一步的資料來檢證。

表 3-4：清末後山各鄉堡村庄土地所有者之族群分佈　　　單位：庄

鄉堡名（庄數）	各庄土地所有者族群別※						
	漢	番	平埔	番漢	平漢	平番	番平漢
南鄉卑南堡（16）	2	3	0	0	4	0	7
廣鄉成廣澳堡（21）	1	12	0	4	3	0	1
新鄉新開園堡（10）	0	0	0	0	9	0	1
新鄉璞石閣堡（15）	4	0	0	0	10	0	1
奉鄉水尾堡（14）	1	0	0	0	9	0	4
奉鄉新福堡（21）	2	1	2	10	3	2	3
奉鄉萬安堡（29）	1	0	0	0	21	0	5
奉鄉復興堡（16）	0	0	0	0	10	0	6
蓮鄉花蓮港堡（25）	2	2	0	11	2	1	7
總計 167 庄 b	13a（8％）	18（11%）	2（1%）	25（15%）	71（43%）	3（2%）	35（21%）

說明：1.※各庄土地所有者族群別是指在每一村莊擁有土地者族群別。下面每一欄位數字是以庄
　　　為單位來計算，如卑南堡在總數 16 莊中有漢地莊 2 個、番庄 3 個……。
　　　2.百分比是以庄數 a／總庄數 b 而得之。
　　　資料來源：《臺東直隸州丈量八筐冊》。

「番地漢佃」形態，亦即大租權屬於番社，再招漢佃耕作，清丈時因
以小租戶為業主，原漢佃遂成為土地所有者。番地庄約有 18 個，主
要分佈在海岸山脈，特別是廣鄉成廣澳堡境內，大概為海岸阿美族的
土地。平埔地庄則最少，約有兩個，分佈在奉鄉。平漢地庄約有 71
個，為數最多，幾乎佔總數的一半，主要分佈在中路秀姑巒溪流域。
平番地庄僅有 3 個，微不足道，散佈在中北路。番漢地庄則約有 25
個，主要分佈在中路奉鄉與北路蓮鄉，尤其是秀姑巒溪北邊至花蓮平
原一帶。這種番漢地庄不少是主要為番人所有地再混雜一、二筆漢人

一、兩筆面積不大的土地。在許多番漢地庄中，擁有土地的漢人通常即是通事，如奉鄉新福堡新人庄屬於番漢地庄類型，在總數 65 筆土地中有兩筆土地為漢人劉接連所有。劉接連即是該社（周武洞社）通事❼❽。番平漢地庄則約有 35 個，北中南三路均有，南鄉卑南堡最多。

以土地分佈狀態而言，由於大部分土地均分佈在聚落周圍，因此清末後山的村庄混耕情況相當多，較少單一族群所有地的村庄。平漢混耕狀況尤其明顯，顯然後山村庄大多數是混雜多種族群的村庄。如同田代安定所調查，漢人大多三三兩兩地散佈於平埔族與番人村庄❼❾，為其佃耕，甚至透過擔任番社通事的機會取得土地耕作或所有權。透過清丈，這些原本向番人或平埔族取得土地耕作權（田面權）的漢佃，遂能以小租戶的身分正式獲得土地所有權，番人或平埔族反而因此喪失原來的土地所有權。另一方面，漢人混居於平埔族和番人村庄極普遍，反觀平埔族與番人混居卻較少，或許意味著自清中葉平埔族陸續遷入之後，造成平埔族與番人之間的族群對立和競爭❽⓿，而漢人特別是客家人與兩族群之間的關係則緩和許多。

就私有地的土地面積而言，由於地形關係、土地尚處於初期拓墾狀態以及番地開墾權取得不易等因素的作用下，後山每筆土地平均不過兩分，私有地零細化現象極為顯著。蓮鄉花蓮港堡甚至平均僅有一分。（表 3-3）即使前述在蓮鄉擁有 137 筆土地的林錫時，其總甲數也不過十餘甲。（表 3-1）顯然清丈時期後山並無前山富甲一方的大地主存在。

---

❼❽ 田代安定，《臺東殖民豫察報文》，頁 261。

❼❾ 同上註，頁 35。

❽⓿ 有關平埔族移入後山的經過，可參見：潘繼道，〈清代臺灣後山平埔族移民之研究〉，第四章。林聖欽，〈花東縱谷中段的土地開發與聚落發展 1800-1945〉，第三章。

表 3-5：清末後山公地之類型

公地類型	筆數	甲數	百分比
番社公地	1	16.9344	40％
寺廟祀田	26	9.350464	22％
神明會	1	2.84812	6.8％
營盤田	7	3.0512	7.2％
合股墾號地	2	9.9444	24％

說明：百分比是以各類型甲數／公地總甲數。

　　除了私有地之外，後山也有公地存在。公地有番社公地、寺廟祀田、神明會、營盤田以及合股墾號地等五種，分佈於 17 庄，大約 42 餘甲，僅佔後山清丈時總耕地之 2%。（表 3-5、附表 11）番社公地只有一筆，在奉鄉新福堡鍋塱庄，為四社公地，佔地 16 餘甲，面積最大，佔後山公地的 40%。番社公地僅一筆，顯現番社可能大多擁有大租權[81]，而少有小租權。清末清丈乃主要確立了卑南族與阿美族的私人土地所有權，反而削弱番社原來的共有土地地權的現象。

　　清丈是以小租戶為業主，大租戶則不再擁有土地實際所有權，甚至因減四留六政策造成大租的損失。番社原先因共有土地大租權，不但能以大租負擔社內各種公費或是平均分配予社內成員，而且也能以對土地的共同處分權維繫或加強番社各成員的凝聚力。一旦較具經濟效益的土地私有化確立之後，原先由番社統一向官方繳交番餉形式，乃改由社番個人自行納稅。番社不但所收大租已大為減少，其對於社員的控制力也因而削弱。不過，由於後山僅清丈田，未及園和荒埔，番社仍將因擁有共有的荒埔（可能為獵場），而保留其對於個別社番的影響力。

---

[81] 張永楨，〈清代臺灣後山開發之研究〉，頁 206、213。

　　無論如何，番人土地私有化確立之後，至少打破了清丈以前以番社爲代表與官方交涉的模式。透過納稅，地方官府可以直接控制個別社番，並將擁有土地的社番納入漢人的貨幣經濟體制之中，造成其生活方式或其他社會經濟面的變遷。

　　寺廟祀田主要是媽祖廟、國聖王、葛聖王、鄭聖王、土地公（福德祠）、大眾廟以及昭忠祠等廟之祀田，共 26 筆，總面積 9 甲餘，佔後山公地22％。這些祀田主要分佈在中路與北路，花蓮港堡最多，大部分出現在以漢人爲主的村庄。祀田面積狹小，正反映漢人初墾時期民力有限。除了官方所興建的昭忠祠之外❷，所祭祀的神祇則以土地公或是祖籍神爲主。

　　神明會公地共有 7 筆，墾地近 3 甲，有土地會與忠義堂兩種類型。土地會更爲盛行，主要出現於中路新、奉兩鄉平漢聚居的村庄。

　　營盤庄田僅出現於璞石閣庄（今花蓮縣玉里鎮），稱隆慶新庄。清代後山自從設治之後，除了招徠漢人來此開墾之外，在勇營進行開山撫番的同時，也鼓勵兵屯❸。但是，成效顯然相當有限，清丈當時僅有一庄出現二筆營盤地，墾地不過 3 甲餘。

　　至於，以合股墾號具名的田地，有新合成、廣福和以及金振合等公號，共 7 筆土地，近 10 甲，北中南三路均有。其中，新合成可以說是北絲鬮庄（今臺東縣初鹿）最大地主，佔有該庄近97％的土地。不過，整體而言，在 167 庄中不過三庄具有合股墾號，顯然後山並不太盛行以合股組織方式進行土地開墾。由於合股組織主要出現在漢庄❹，應是漢人的組織。番人與平埔族則未見以合股方式開墾土地。合

---

❷ 胡傳，《臺東州采訪冊》，頁 47-48。
❸ 張永楨，〈清代臺灣後山開發之研究〉，頁 204。
❹ 璞石閣庄與北絲鬮庄均屬於漢地庄，薄薄南畔庄雖然以番地爲多，但是墾號金振合也出現於該庄漢人較多的第五區。

股組織的缺乏，或許正反映清末漢人入墾後山的形式，仍以個人混雜於平埔族村庄與番庄來取得私人土地所有權爲主，而少有大規模拓墾組織的成立。土地零細化現象遂較爲顯著。

五、結論

光緒 12 年（1886），劉銘傳爲了籌措臺灣建省經費、改革臺灣土地賦役制度種種弊端，以官方力量強力推行過去從未全面進行的清賦事業。屬於新設廳縣與新墾地的後山也同時進行清丈。雖然光緒 14 年（1888）6 月，一度因徵收丈單費用不當而引起中路秀姑巒溪流域民變與番亂，但一俟亂平，仍繼續清丈未竟工作。光緒 15 年（1889）12 月左右完成的《臺東直隸州丈量八筐冊》，即是當時後山清丈的成果。這批魚鱗圖冊共 16 本，佚失蓮鄉花蓮港堡中一本，是劉銘傳清賦事業現存最完整的全州圖冊。

臺東州八筐冊是由州圖、鄉堡圖、庄圖、區圖以及散圖所構成。它的編製大概分成兩個階段：第一階段是在丈量時，同時編繪庄圖、區圖以及散圖；然後，再彙送至州治編製鄉堡圖與州圖，完成編繪圖冊的第二階段工作。第一階段的丈量、記載以及繪圖均較確實，而在州治所編製的州圖與鄉堡圖卻謬誤甚多。特別是村庄編入鄉堡的過程與實際狀況產生極大差距，即使與胡傳的《臺東州采訪冊》亦無法對照。

顯然，在州治所進行的編繪工作，不但極爲草率，也反映了州治對於地方了解有限。魚鱗圖冊是傳統政府採取「以田統人」的手段來統治和掌握地方實態的工具。然而後山地方官府卻無法正確地掌握地方行政區域，也使得魚鱗圖冊除了作爲徵稅的依據之外，不易展現更具實效的統治意義。

　　儘管臺東州八筐冊的州圖與鄉堡圖可參考度相當低，但是庄圖、區圖以及散圖仍具有一定的準確度。這套圖冊反映清代後山清丈至少具有兩項意義。

　　首先，透過清丈，後山進行全面性的編鄉堡立村庄運動。編堡除了徵稅需要之外，也具有行政區劃的實質功能。立庄則除了為徵稅方便將村庄一再分割之外，也進行改社為庄的工作。後山原來存在的卑南族與阿美族番社以及平埔族庄社一律改社為庄。今日後山縱谷平原與海岸平原的重要村庄，此時大概均已出現。

　　其次，劉銘傳清賦事業乃改以小租戶為土地業主，後山在執行清丈的同時也重新確立了後山地權分配型態，以小租戶為土地所有權者。依據後山的土地所有者的性質，可以分成私有地與公有地兩種類型。

　　在私有地方面，是以個人為土地所有者。後山各村庄乃出現多族群混居的形態，有番地庄、漢地庄、平埔地庄、番漢地庄、平漢地庄、平番地庄以及番平漢地庄等七種類型，其中尤以平漢地庄與番漢地庄最為普遍。後山較少單一族群組成的村庄，顯現後山族群分佈的複雜性，尤其是漢人大多三三兩兩混居於生、熟番庄社中是其特色之一。

　　在公地方面，主要有番社公地、寺廟祀田、神明會地、營盤地以及合股墾號土地。基本上公地所佔後山墾地比例微不足道，清丈時期後山的小租戶仍以個人私有名義具名為主。由於此次清丈以田為主，且過去後山大概以番社作為大租戶，因此當確立小租戶為業主之時，僅見一筆土地為番社地。

　　清丈對於卑南族與阿美族而言，是官方由上而下強行確立個人私有土地所有權。無論清賦是否確實執行，在法律上番社不再以集體的名義繳交田賦、控制土地的買賣以及租佃形式。個別成員與番社之間

原來部落社會共有財產的凝聚力受到削減，番社喪失部分經濟面的集體控制力。清末後山的清丈遂在番地地權的確立上，展現不同的意義與影響。

第三部
殖民與產業

戰時經濟體制下
東部水產業的統制整合：

東臺灣水產會社的成立

一、前言

　　日治時期在殖民政府的支配與控制下，臺灣產業的發展由前近代傳統產業經營模式逐漸轉變成資本主義化的近代企業經營模式[1]。而其產業種類的發展策略，日治前期以農業為重心，1930年代以後則轉以工業為重。水產業的地位則始終不高[2]，會社（公司）數量與產額在臺灣整體產業比重也較低。

　　根據昭和16年（1941）《臺灣會社年鑑》資料，昭和13年（1938）臺灣各種產業所組成的會社共有1,512家。其中，以商業會

---

[1] 「資本主義化」這個概念在日治時期的官方文書中數見不鮮，幾乎是當時對於臺灣企業近代化的代用詞。矢內原忠雄也以資本主義化來描述日治時期臺灣經濟結構轉變的過程。基本上資本主義化是指臺灣總督府積極地從事基礎工程建設，而創造出有力的投資環境，吸引日資來臺投資。吳聰敏，〈臺灣長期總產出之變動與經濟結構變遷〉，《臺灣光復五十週年：臺灣近代史研討會》（南投：臺灣省文獻會，1995），頁1、10。

[2] 張宗漢，《光復前臺灣之工業化》（臺北：聯經，1980），頁16-17。

社最多，有 777 家，佔 51％；而 1930 年以降臺灣工業化政策的成果則使工業會社位居第二，有 435 家，佔 29％；水產會社卻僅有 18 家，僅佔全臺會社總數的 1％，顯然微不足道。水產業的資本額，相對於其他產業也偏低，以一萬圓至五萬圓的小型株式會社（股份有限公司）為主❸。

　　臺灣水產會社資本與規模的進一步發展，其實是在 1937 年中日戰爭之後。自 1931 年初九一八事變爆發之後，日本經濟即由自由主義經濟逐漸轉變為準戰時經濟體制，1937 年中日戰爭爆發之後戰時經濟體制乃正式展開。相應於外部局勢的變化，在殖民地臺灣進行產業調整以及資源開發政策更加迫切，水產增產也成為戰時經濟體制下的既定目標之一❹。以水產業會社為例，昭和 13 年（1938）臺灣水產業會社資本總額即由 12 年（1937）的 4,408,000 圓，遽增為 14,437,000 圓，增加 3.3 倍，資本擴張速度為各產業之冠❺。不過，此時期水產業總資本額的膨脹，並非源於舊會社的全面增資，而是由於日本水產株式會社（以下簡稱日本水產或日本水產會社）、株式會社林兼商店以及日本漁具株式會社等日本內地大企業的進入❻。顯然，昭和 13 年之後，臺灣水產業的資本膨脹現象意味著水產業似乎進入嶄新的發展格局，亦即日本內地水產業資本的大舉介入，臺灣東部水產業的發展也不例外。

　　昭和 14 年（1939）臺灣的水產會社中，本社在臺灣且資本額超

---

❸ 竹本伊一郎，《臺灣會社年鑑》（臺北：臺灣經濟研究會，1940），頁 2-4。
❹ 神山峻，《水產經濟年報》（東京：水產經濟研究所，1942），頁 63-4、417。
❺ 「會社產業別歷年比較表」，竹本伊一郎，《昭和十六年臺灣會社年鑑》，頁 2。
❻ 上表並未說明資本膨脹是新會社或是舊會社全面增資的結果，但是由昭和 12 年至 14 年（1937-1939）千草默仙編《會社銀行商工業者名錄》（臺北：圖南協會，1938-1940）「水產」會社名錄可見，舊會社的資本額並無太大變化，水產業資本膨脹主要來自日本水產等大公司的加入。

過一百萬圓僅有兩家❼。一家是設於高雄港的拓洋水產株式會社，資本額二百萬圓；另一家則是位於花蓮港米崙的東臺灣水產株式會社，資本額一百萬圓❽。拓洋水產株式會社是昭和 11 年（1936）成立的國策會社臺灣拓殖株式會社的子會社，事業的內容主要是因應戰時南進政策，進行中國南方與南洋地區的漁業開發❾。

至於東臺灣水產株式會社，又稱東臺灣漁業株式會社、東臺灣水產振興會社或是東部水產株式會社（以下簡稱東臺灣水產會社），創立於昭和 14 年（1939）8 月 20 日。直至昭和 18 年（1943）底的決戰階段，由於戰局不利，殖民政府基於國家總動員法進行全島資源統制，發佈「臺灣水產統制令」，並另組國策統制會社南日本漁業統制株式會社，而於昭和 19 年（1944）2 月正式吸收合併東臺灣水產會社❿。

東臺灣水產會社營業時間雖然不長（1939-1944），但卻是戰時經濟體制下全臺第一個因應時局、整合區域漁業資源的現代化股份有限公司。這個會社的出現，意味著臺灣的水產會社在昭和 13 年正式被編入統制經濟階段後，區域整合的必然趨勢。隨著東臺灣水產會社的成立，西部臺灣也出現區域整合的水產會社。昭和 14 年（1939）11月，即預定以澎湖島為西部臺灣漁業開發中心，於馬公成立資本額一

---

❼昭和 13 年（1938）以前，除了在臺灣設立支店或營業所的日本內地水產會社之外，本社在臺灣的水產會社中，僅有昭和 2 年（1927）設於基隆的蓬萊水產會社資本額達到一百萬圓。該會社於昭和 9 年（1934）又被日本的共同漁業株式會社所合併。（見表 4-1）

❽竹本伊一郎，《昭和十六年臺灣會社年鑑》，頁 4。

❾《臺灣拓殖株式會社文書》（以下簡稱臺拓文書），第 132 冊，頁 188-189；《臺灣日日新報》，昭和 13 年 9 月 23 日，2 版。

❿林德富，〈臺灣水產新體制の發足〉，《臺灣時報》26（6）（昭和 18 年 6 月），頁 25。

百萬圓的西臺灣水產株式會社。事業內容則仿照東臺灣水產會社❶。

　　臺灣東部產業發展向來晚於西部，昭和 14 年何以選擇東部，率先成立域漁業資源整合會社，是一個值得探究的問題。進言之，東臺灣水產會社的成立不但反映東部水產業資本主義化的過程，也是自 1920 年代中期以降臺灣總督府極力施行東部水產業開發政策之後的必然趨勢。

　　日治末期臺灣總督府的東部水產業政策爲何產生變化？東臺灣水產會社成立的目的爲何？殖民政府、日系資本以及本土資本在東部水產業發展上的角色以及彼此究竟產生何種協力或對抗關係，都是本文試圖討論的主題。

　　總之，本文基本上是從產業會社史的角度出發，試圖透過東臺灣水產會社的成立背景、成立過程、組織及其事業內容，來討論戰時經濟體制下殖民政府東部漁業政策的變化、日系資本與本地資本在東臺灣水產業的角色以及統制經濟下東部水產業的整合過程。

二、成立的背景與目的

　　東臺灣水產會社的成立，一方面企圖解決該地水產業長期以來的問題，另一方面則因應戰時水產資源自給與增產的需求。因此，與殖民政府東部漁業資源開發政策的展開、東部水產業問題以及戰時統制經濟有相當密切的關係。以下分述之。

---

❶《臺灣日日新報》，昭和 14 年 11 月 30 日，2 版。

（一）殖民地邊區的漁業開發政策

　　臺灣東部的開發相對於西部始終較爲遲緩。日本領臺初期，臺灣總督府爲了治安與鞏固政權，治臺的重心主要在西部，至於東部則首重理蕃事業。東部開發初期乃委諸於賀田組、鹽水港製糖株式會社等私人企業❶。直到大正 3 年（1914）以後，理蕃成效漸著，原住民出草與反抗頻率減少，總督府才漸有餘力重視東部開發問題❸。

　　1920 年代以降，地方官民要求臺灣總督府積極進行東部開發的聲浪日益升高，東部產業開發問題逐漸受到當局的重視，開始進行產業資源開發的相關調查❹。然而，東臺灣地區開發遲緩的理由除了理蕃問題之外，主要是因爲位置孤立，對外交通不便，妨害產業的發展。因此，1920 年代中葉，殖民政府決心施行東部開發政策時，興築港口便成爲首要任務。大正 10 年（1921）基於東部開發使命的前提之下，臺灣總督府以 66 萬圓「鉅費」興築蘇澳港❺。

　　伴隨著築港的完成，更加突顯東部漁場的優越性。臺灣東部沿海一帶，由於黑潮主流通過，旗魚、鮪魚、鯊魚、鰹魚、鰆魚、飛魚等暖流性魚群相當豐富，乃天然的漁場❻。大正 12 年（1923）蘇澳築港完工之後，成爲東部唯一可以容納動力漁船的漁港。日本內地與基隆漁民常於冬季旗魚、鮪魚季時來該港活動，並引進鏢旗魚漁法（旗魚

---

❶ 阿部熊男，〈花蓮港廳下產業開發上の諸問題〉，《臺灣時報》10（9）（昭和 10年 9 月），頁 58-59；西村高兄，〈東部臺灣の開發に就て〉，《臺灣地方行政》10（3）（昭和 12 年 10 月），頁 8。

❸ 西村高兄，〈東部臺灣の開發に就て〉，頁 12。

❹ 同上註，頁 8-9。

❺ 副島伊三，〈蘇澳を根據とする漁業〉，《臺灣水產雜誌》，第 226 號（昭和 9 年1 月），頁 44。

❻ 佐佐木武治，〈蘇澳の漁港と移住漁民の近況〉，《臺灣水產雜誌》，第 183 號（昭和 6 年 3 月），頁 11；《臺灣日日新報》，昭和 14 年 10 月 3 日，6 版。

圖 4-1：蘇澳漁港全景
資料來源：中央研究院臺灣史研究所古文書室提供。

突棒），蘇澳港漁業一時極為繁盛[17]。然而，由於實際定居的漁業者不多，除了漁季外，夏天枯魚期蘇澳港即成為荒港。有鑑於此，殖民政府決意引入日本內地移民改良漁業，而於大正 15 年（1926）進行官營漁業移民計畫[18]。

　　為了配合移民的到來，臺灣總督府一方面加強陸上各種設備；另一方面，為了解決當地漁獲物行銷問題，乃鼓勵在地的日系資本家與本島人（臺灣人）共同以資本額四萬圓成立魚市場的代理會社——蘇澳水產株式會社[19]。

　　蘇澳水產株式會社於大正 14 年 12 月 24 日正式創立。該社以東

---

[17]《臺灣日日新報》，大正 14 年 2 月 6 日，4 版。
[18] 蘇澳水產株式會社，《蘇澳漁港》（臺北：作者印行，1935 年 10 月），頁 10。
[19]《臺灣水產雜誌》，第 247 號（昭和 10 年 10 月），頁 66-67；蘇澳水產株式會社，《蘇澳漁港》，頁 13。

臺灣水產開發爲使命，除了承攬魚市業務之外，也提供日本人漁業移民漁業資金融通，並從事製冰冷藏業以及水產獎勵設施事業。特別是配合臺北州的計劃，給與漁業移民諸多援助[20]。很明顯的，從築港到日本移民的移入以及水產會社的成立，都是在東部水產開發與產業改造的目的下進行，東部水產業也朝向漁業技術更新與資本主義化發展。

　　昭和 4 年（1929），在地方官民不斷的爭取與呼籲之下，以及臺灣總督府認知東部資源開發的迫切性，決定再進行臺東廳新港（臺東縣成功鎮）築港工程。而比照蘇澳港模式，昭和 7 年（1932）該港竣工時，同時進行官營日本人漁業移民事業，並成立以本地資本構成的新港水產株式會社，以代理魚市場業務[21]。於是「築港—移民—成立水產會社」成爲自蘇澳港以來東臺灣漁業開發的固定模式。

　　昭和 6 年（1931），九一八事變發生之後，作爲殖民地的臺灣在配合日本母國準戰時經濟體制的規劃之下，原先以「農業本位」的殖民地產業開發政策一轉爲「工業化與農業調整」政策，花蓮港作爲東部資源開發和東部工業化基地的地位一躍而出。該港乃於此時開始進行八年的築港工程[22]。昭和 11 年（1937）工程尚未竣工之前，已經委由「東臺灣開發調查委員會」預先規劃日本內地人漁業移民事業[23]；另一方面在該港成立水產會社更是勢在必行的計畫。昭和 14 年（1939）八月，東臺灣水產會社的設立即與漁業移民的移入同時進行。

---

[20] 同上註。

[21] 鍾石若，《躍進東臺灣》（成文本 309 號，1938），頁 244-245。

[22] 高原逸人，〈開港與東臺灣產業の躍進〉，《臺灣時報》14（10）（昭和 14 年 10 月），頁 191-192。

[23] 《臺灣日日新報》，昭和 11 年 1 月 25 日，4 版。

　　然而，這個新的水產會社並不像蘇澳港或新港一般，直接由當地小資本組成，而是創社資本規模爲前述兩港的 25 倍達一百萬圓，並且是整合基隆、蘇澳、花蓮港以及新港等四港而設立的綜合會社❷。東臺灣水產株式會社的成立，顯然背負著以大規模的近代化企業經營模式進行區域漁業資源整合的重要使命。

　　換言之，東臺灣水產會社成立的原因與目的，不但必須考慮東部水產業本身的問題，而且 1937 年中日戰爭爆發之後，戰時經濟體制下殖民政府的產業發展政策也值得討論。

（二）問題叢生的東臺灣水產業

　　自大正 12 年（1937）蘇澳港開港之後，臺灣總督府與東部地方廳當局開始致力於東部漁業開發。東部水產業的開發方向很明顯的是由蘇澳港往新港，最後則是選擇花蓮港作爲戰時東部漁業根據地。在築港、移民以及產業近代化的配套措施下，東部水產業的確呈現前所未有的榮景，不但漁獲量大增，而且漁船逐漸朝向動力化發展，漁業技術也獲得更新❷，但是另一方面卻問題叢生。

　　首先，自大正 15 年至昭和 12 年（1926-1937）在總督府與地方廳充分配合之下，蘇澳港與新港共移入日本內地移民 83 戶、356 人❷。雖然移民成效良好，但是移民始終面臨漁業資金融資困難以及夏季枯

---

❷ 同上註，昭和 14 年 7 月 25 日，2 版。

❷ 林玉茹，〈殖民與產業改造：日治時期東臺灣的官營漁業移民〉，《臺灣史研究》7（2）（2001 年 6 月），頁 51-93。

❷ 昭和 13 年至 16 年（1938-1941），又陸續於新港與花蓮港募集移民 25 戶與 74 戶。同上註，頁 71-73。

魚期漁獲量不高的問題❷。另一方面，蘇澳港與新港漁業移民事業「官廳依賴色彩」極爲濃厚，從移民事業的計畫、募集、補助到輔導等完全由官方辦理、出資以及經營❷。然而，昭和 12 年中日戰爭爆發之後，在因應財政日漸緊縮的局勢之下，臺灣總督府以國家資本全力推行東臺灣漁業移民的政策不得不稍做調整。昭和 14 年（1939）在新港與花蓮港進行移民募集時，已決定計畫成立中的東臺灣水產會社的使命之一，是輔導內地移民自立更生，給予移民融資，不足之處才由政府支援❷。換言之，花蓮港的新移民不再完全由殖民政府資助，而考慮由新成立的水產會社提供部分支援。

其次，蘇澳港與新港築港完成之後，每年冬季旗魚季節鏢旗魚業相當盛行，蘇澳港甚至成爲全世界鏢魚業的中心❸。然而，鏢旗魚業主要是以 20 馬力以上的動力船隻追捕旗魚，漁民爲了增加船隻速度，不惜一再擴充漁船馬力。昭和 8 年（1932）甚至出現 90 馬力的漁船❸。漁民惡性的船隻規模競爭，白白浪費油料資源，以致於地方官廳不得不進行漁船馬力的限制❸。另外，蘇澳港漁船常遠至新港捕

---

❷ 昭和 11 年（1936）9 月 25 日在新港的移民指導事務所召開一場水產座談會。當時新港移住漁業組合長湯川善松即指出：移民事業經營的第一困難爲漁業金融問題，移民向水產會社或是無盡會社（是一種融資能力和方式與銀行不太相同的金融機構）融資，常面臨手續繁雜和無保證人的困境，而不易獲得貸款。（《臺灣水產雜誌》，第 260 號，昭和 11 年 11 月，頁 19）事實上，東部漁業由於規模不大，一直很難向銀行取得貸款。臺灣銀行調查課，《臺灣水產金融》（臺北：作者印行，1930），頁 55。至於有關夏季枯魚期問題的討論，參見同上註，頁 77。

❷ 林玉茹，〈殖民與產業改造：日治時期東臺灣的官營漁業移民〉，頁 64-70。

❷ 臺灣總督府殖產局，《臺灣漁業移民移住案內》（臺北：作者印行，1939），頁 4-5。

❸ 與儀喜宣，〈臺灣の水產業〉（二），《南洋水產雜誌》，第 27 號（昭和 12 年 8 月），頁 27。

❸ 《臺灣水產雜誌》，第 149 號（昭和 3 年 6 月），頁 45；《臺灣水產雜誌》，第 221 號（昭和 8 年 8 月），頁 49。

❸ 《臺灣日日新報》，昭和 14 年 6 月 8 日，2 版。

獲旗魚，臺東廳爲了保護地方漁業，限制蘇澳來新港船隻數量爲 50 艘，而造成蘇澳漁民與臺東廳當局關於漁船限制與漁獲物處理的糾紛 ❸。這些現象，充分反映東部各港與地方廳當局的本位主義傾向，妨礙與限制東部漁業的發展。因此一個超越地方廳格局的整合會社的出現是必須的。

第三，從漁獲物的加工製造而言，東臺灣也面臨加工技術落後，又無法大規模經營的困難。臺灣東部是本島鰹魚的主要漁場。以昭和 12 年（1937）爲例，臺東廳與花蓮港廳的鰹魚漁獲量佔全臺的 84％，而這些鰹魚產品中，經過柴魚加工（鰹節）的產品主要輸往日本，醃製品則向本島的中南部輸出。然而，由於東部沿岸交通不便，各個漁場之間的聯絡困難，以致於無法大規模經營，因此需要資本較爲雄厚的會社集中漁獲物進行加工，以促進產業經營合理化，並進一步提高生產量❸。

第四，東部漁獲物的冷藏行銷也問題重重。由於東部水產業落後，由蘇澳到新港捕漁的漁船常常面臨冰塊不足問題，導致必須遠赴基隆補充，白白浪費資源與時間❸。另一方面，東臺灣人口稀少，漁獲物的消費市場不大，尤其是蘇澳港大部分漁獲必須冷藏或冷凍對外輸出，但是卻因陸地冷藏設施缺乏，甚至無冷凍庫設備，以致於常造

---

❸ 新港水產株式會社成立時，臺東廳予以二萬圓的補助，以承擔魚市代理業務，但是由於來新港的蘇澳漁船的漁獲物主要回航至蘇澳港或基隆港銷售，造成新港水產株式會社虧損累累。臺東廳爲了保護地方產業，除了限制蘇澳來新港船隻數量之外，也要求蘇澳漁船必須將漁獲物交由新港水產會社代理銷售，而造成蘇澳漁民的不滿。同上註，昭和 9 年 12 月 18 日，4 版。

❸ 同上註，昭和 9 年 12 月 18 日，4 版。

❸ 莊司辨吉，〈蘇澳漁港を中心とする漁業の一考察〉（一），《臺灣水產雜誌》，第 295 號（昭和 14 年 10 月），頁 10。

成大量漁獲物腐敗或是不得不賤賣的結果❸。特別是自昭和 6 年（1931）起，蘇澳港的旗魚開始輸出至日本的東京和大阪、朝鮮以及中國的大連，長距離的漁獲物運送往往苦於冷藏庫與製冰的不足，影響漁業收益不少❸。

（三）戰時資源需求與南進政策的展開

昭和 12 年中日戰爭爆發之後，日本展開戰時經濟體制，昭和 13 年（1938）進一步製訂生產力擴充計畫與物資動員計畫。殖民地臺灣成為軍事上的後勤基地，必須全力擴張生產力，以使重要資源能於昭和 16 年（1941）達到資源自給自足❸。對水產業而言，資源自給、增產報國成為既定政策。然而，臺東廳與花蓮港廳雖然擁有天然漁場，卻因水產業技術落後與資源不足，漁民主要進行沿岸漁業活動❸，生產量有限。年產不過四十萬圓，不但不能滿足本地的需求，尚必須由基隆和蘇澳輸入❹。因此，更新漁業生產技術，有效提高生產量，以達成東部水產自給自足，也是東部水產業迫切處理的問題之一。

其次，由於戰爭中皮革的需求量大增，鯊魚皮正可以成為獸皮的

---

❸ 鍾石若，《躍進東臺灣》，頁 272；《臺灣日日新報》，昭和 8 年 11 月 24 日，8 版、11 月 26 日，8 版、昭和 14 年 9 月 19 日，4 版。

❸ 佐佐木武治，〈蘇澳漁業移住者の經濟狀態に就て〉，《臺灣水產雜誌》，第 188 號（昭和 6 年 11 月），頁 22。

❸ 林繼文，《日本據臺末期戰爭動員體系之研究》（臺北：稻鄉，1996），頁 18、110-111；張宗漢，《光復前臺灣之工業化》（臺北：聯經，1980），頁 84。

❸ 當時東部漁船以無動力船的竹筏或帆船為主，漁具也極為簡陋，仍停留在以沿岸捕撈作業為主的定置漁業和惣田鰹漁業。定置漁業是一種陷阱類漁業，漁具固定設在沿岸水域，以捕獲迴游魚群。（劉寧顏總纂，《重修臺灣省通志》經濟志・漁業篇，臺中：臺灣省文獻委員會，1993，頁 347）鰹漁業也是以待網或大敷網捕獲鰹魚的沿岸漁業。大藏省管理局，《日本人の海外活動に關する歷史的調查》（東京：大藏省管理局，1947），第 13 冊，頁 104。至於惣田鰹又寫成惣太鰹，魚科，全長三、四十公分，體型與鰹魚同，但腹部沒有鰹魚的銀白色紋。

❹ 《臺灣日日新報》，昭和 14 年 10 月 2 日，2 版、10 月 3 日，6 版。

替代品，因而如何進一步開發擁有豐富鯊魚資源的東部水產業乃成爲國策[41]。再者，1930 年代之後，臺灣有計畫的被編入日本對南方的武力擴張過程中[42]，爲了增產以及配合殖民政府的南進政策，除了開發東部原有漁場之外，開拓自沖繩以南至菲律賓群島的遠洋漁場，也成爲新設立會社的重要使命之一[43]。

總之，東部水產業的問題主要是地理上的「漁港網」並未建立，新築的港口各自發展，相互競爭且相剋制；加上水產業資本規模太小，冷藏、加工以及輸出設備極爲缺乏，「資本主義的企業」尚未完成[44]。此外，生產技術也未革新，產量有限。爲了克服這些問題，確保基隆、蘇澳、新港以及花蓮港建設可以相互聯繫，只有超越地方利害關係，結合四港資本，創立一個以東臺灣經濟圈內水產業的生產、製造與販賣一元統制經營的水產會社才是上策[45]。另一方面，爲了因應戰爭需要向南洋發展，開拓漁場，也必須一個資本雄厚的大會社出現[46]。

昭和 14 年（1939）東臺灣水產會社即是鑑於東部水產業長年的問題、戰時增產以及配合南進政策開拓漁場的需要而成立。因此該社成立時，即揭櫫會社設立的目的是：順應國策，進行沖繩以南至菲律賓群島沿海地區水產資源的開發，並包括東臺灣漁場、製造、冷凍、漁業移民以及市場經營等各種會社的統制，以便形成東部漁業網，完

[41] 同上註，昭和 14 年 3 月 2 日，2 版。
[42] 《臺拓文書》，第 998 冊，頁 18。
[43] 《臺灣日日新報》，昭和 14 年 7 月 4 日，2 版。
[44] 高原逸人，《東部臺灣開發論》，（南方產業文化研究所，1940 年 10 月），頁 79；〈東部水產振興會〉，《臺灣水產雜誌》，第 300 號（昭和 15 年 3 月），頁 22-27。
[45] 鍾石若，《躍進東臺灣》，頁 272-273；《臺灣日日新報》，昭和 13 年 1 月 7 日，2 版；《臺拓文書》，第 132 冊，頁 188-189。
[46] 高原逸人，《東部臺灣開發論》，頁 86。

成水產業資本主義化、漁獲品工業化，進一步擴充漁業生產，擴大漁業銷售範圍至日本內地與中國，而達到資源自給❹。

三、會社成立經過與組織

（一）會社成立經過

　　昭和 14 年東臺灣水產會社主要是因應戰時資源自給與解決東部水產問題的需要，以花蓮港開港爲契機，進行東部水產界的革命❹，而以一個區域漁業資源整合大會社的型態出現。然而，這樣一個新型態的大會社，資本來源如何？又由誰來經營？這是該會社成立當時，首先必須解決的問題。

　　1. 日本內地大企業：日本水產株式會社的登場

　　自大正 12 年（1923）以降，臺灣總督府爲了東臺灣產業開發，陸續進行築港、移民以及陸上設備的建設，至 1930 年代中期，已經初具規模，適合日本內地大企業的進入。昭和 9 年（1934），日本漁網船具株式會社、日本食料工業株式會社、共同漁業株式會社以及日本水產株式會社都紛紛來到基隆設立營業所。（表 4-1）同年，日本食料會社並以資本十萬圓於新港建設冷藏製冰工場❹，日系水產業大資本顯然已經漸漸進駐東臺灣。

　　昭和 11 年（1936）9 月，共同漁業株式會社鑑於水產業整合經營較有利之時勢，陸續與從事母船式蟹漁業的日本合同工船株式會社、從事捕鯨業的日本捕鯨株式會社合併；並吸收合併專營水產販賣的日

---

❹同上註，頁 87；《臺灣日日新報》，昭和 14 年 7 月 25 日，2 版、10 月 2 日，2 版。
❹《臺灣日日新報》，昭和 14 年 10 月 3 日，6 版。
❹同上註，昭和 9 年 10 月 6 日，8 版、昭和 10 年 9 月 8 日，5 版。

表 4-1：1930 年代以降基隆與東臺灣的水產會社　　　　單位：圓

會社名稱	所在地	創立時間 (年 / 月)	資本額	主要事業	代表人	備註
臺灣水產株式會社	基隆	明治 44/3	創立時 300,000，1934 年 727,500	魚市場、漁業，1928 年於新港開始漁業，1935 年休業；水產物販賣、運搬、牧畜開墾、製冰	近江時五郎	1915 年合併臺洋水產株式會社、1917 年合併澎湖海產株式會社和宜蘭漁業合資會社；1935 年吸收蘇澳製冰工場；1938 年被日本水產合併
日本漁網船具株式會社基隆營業所	基隆	大正 8/8	1,000,000	漁網漁具製作販賣、石油販賣、	城山保次郎	
臺洋漁業株式會社	基隆	大正 8/9	200,000	手操網漁業	辜顯榮	
臺灣海陸物產株式會社	基隆	大正 9/.9	300,000	海產物買賣	陳杰	
中部漁業株式會社基隆支店	基隆	大正 11/11	100,000	手操網漁業	辜顯榮	
株式會社林兼商店基隆支店	基隆	大正 13/9	10,000,000	手操網漁業	加藤平吉	
西村漁業株式會社	基隆	昭和 2/6	300,000	手操網漁業	伊藤達三	
蓬萊水產株式會社	基隆	昭和 2/8	1000,000	手操網漁業、拖網漁業	林準二	1934 年被日本內地的共同漁業株式會社合併
合資會社丸山組	基隆	昭和 2/12	13,150	鰹漁業與製造業	久持善治	
大華水產合資會社	基隆	昭和 4/2	50,000	漁業	辜顯榮	
日華釣鯖漁業株式會社	基隆	昭和 4/6	12,000	漁業	施圭	
株式會社蓬萊漁業公司	基隆	昭和 4/6	300,000	拖網漁業	前根壽一	
基隆冷藏株式會社	基隆	昭和 5/10	300,000	製冰、冷藏	和泉種次郎	
臺灣水產販賣株式會社	基隆	昭和 7/12	300,000	海產物買賣	小室興	

日本食料工業株式會社基隆營業所※	基隆	昭和 9/7	15,200,000	製冰、水產物加工	伊吹震	1936 年合併日本食料會社、日本合同工船、日本捕鯨以及日本水產等五大會社聯合組成日本水產株式會社
共同漁業株式會社臺灣營業所	基隆	昭和 9/9	10,000,000，1937 年合併後成 93,000,000	手操網漁業、拖網漁業、加工業	林準二	
日本水產株式會社基隆出張所	基隆	大正 9/8 成立，昭和 9 年來基隆	3,000,000	水產物販賣、運搬漁業、事業投資	田村啓三	
株式會社泉利商行	基隆	昭和 11/11	50,000	海產物買賣、鰹魚製造業、漁業必需品買賣	郭華洲	
臺灣水產興業株式會社	基隆	昭和 14/12	750,000	冷藏冷凍、水產加工、水產物販賣	速水善太郎	
基隆水產株式會社	基隆	昭和 16/5	100,000	海陸物產買賣、卵類乾物業	三林清一	
蘇澳水產株式會社	蘇澳	大正 14/12	40,000	魚市場、水產業、對漁業移民資金融通、製冰及冷藏、水產獎勵事業	橫井勝治郎	1939 年被日本水產株式會社買收合併
新港水產株式會社	新港	昭和 7/9	40,000	魚市場		1937 年被日本水產株式會社買收合併
新港水產合資會社	新港	昭和 8/12	60,000	水產業、相關代理業務、冷藏、運輸以及水產獎勵	毛利之俊	
東臺灣水產株式會社	花蓮港	昭和 14/8	1,000,000	漁業、水產業、農業、魚市、水產加工販賣、漁業移民融資	前根壽一	1943 年被南日本漁業統制會社吸收合併

資料來源：臺北州，《臺北州便覽》（臺北：作者印行，1934）；臺北州水產會，《臺北州の水產》（臺北：臺北印刷株式會社，1935）；《臺灣水產雜誌》，第 247 號（昭和 10 年 10 月），頁 57-66、第 254 號（昭和 11 年 5 月），頁 14；千草默仙，《會社銀行商工業者名錄》（臺北：圖南協會），昭和 14 年至昭和 17 年；《臺灣日日新報》，昭和 7 年 9 月 5 日，8 版、13 年 6 月 26 日，2 版、14 年 9 月 21 日，3 版。

本水產株式會社和經營製冰、冷凍事業的日本食料工業株式會社等兩個子會社。昭和 12 年（1937）3 月，正式改稱為日本水產株式會社（以下簡稱日本水產會社或日本水產），成為擁有近 3 萬名股東、資本額九千餘萬圓超大的水產綜合企業❺⓪。除了銀行業、石油業以及採礦業之外，沒有一個企業的規模與資本能與其匹敵。

2. 日本水產的「子會社」：東臺灣水產會社的成立

1930 年代中期以降，日本內地水產會社已經逐漸進駐東臺灣。隨著這些會社整併為日本水產會社之後，對於東部水產業的經營自然有更大的企圖，且該社在東臺灣又有經營水產相關事業的經驗，正好迎合殖民政府在東臺灣建立整合型水產會社的計畫。臺灣總督府殖產局水產課逐力邀日本水產會社來東臺灣成立該社子會社，以振興東部漁業❺①。在總督府的慈恩之下，日本水產社長鮎川義介與常務執行董事國司浩助至東臺灣視察水產業，並向臺灣總督府提出設立一元統制的東部臺灣水產振興會社案。這個提案經過殖產局與地方州廳的種種調查之後，確立新會社必須是一個整合區域漁業資源的綜合會社❺②。

由於日本水產會社對東部水產業開發具有高度意願，因此在新會社成立之前，該社開始積極進行東臺灣魚市場和既設會社的吸收與合併準備工作。昭和 12 年（1937）首先購併代理新港魚市的新港水產株式會社❺③，昭和 13 年（1938）5 月再度購併基隆水產業的龍頭臺灣水產株式會社❺④。此外，該社於新港、臺東、基隆以及蘇澳分別設立

---

❺⓪ 同上註，昭和 13 年 3 月 31 日，3 版；竹本伊一郎，《昭和十七年臺灣會社年鑑》，頁 285。

❺① 《臺灣日日新報》，昭和 14 年 9 月 19 日，2 版。

❺② 同上註，昭和 13 年 1 月 7 日，2 版；高原逸人，《東部臺灣開發論》，頁 86；鍾石若，《躍進東臺灣》，頁 272。

❺③ 新港郡役所，《新港郡要覽》（1937），成文本 314 號，頁 44。

❺④ 《臺灣日日新報》，昭和 13 年 5 月 26 日，2 版。

冷凍工場❺，而花蓮港築港完成之前，該社也先向花蓮港廳取得經營製冰與冷凍業的許可❻。昭和 14 年（1939）9 月，東臺灣水產會社成立之後，蘇澳水產會社亦隨即解散，而被日本水產會社合併❼。

　　日本水產會社對於東臺灣既設水產會社頻頻的購併措施與新設事業的擴展，不但反映其企圖獨佔東臺灣水產業的積極意願，而且使得該社對於新會社的規劃具有最大的主導權。昭和 12 年（1937）日本水產常董國司浩助所提出的東臺灣水產會社的初步事業計畫案，也成為新會社的基本藍圖。這個計畫案內容如下：

（一）經營主體：由日本水產會社著手，於蘇澳、米崙（花蓮港）兩港實行計畫，組織新會社。

（二）經營資本：一百四十萬五千圓

（三）事業種類：漁業、水產加工業、魚市場經營與代理業務、製冰冷藏及冷凍、建造運輸船向島外輸出漁獲物、漁業資金貸款業務。

（四）事業地：新港、米崙港、蘇澳港❽。

由該計畫案可見，日本水產會社亟欲掌控新會社的經營權，並確立新會社是以資本規模百萬圓以上、超越地方廳界限的水產業發展為方向。事業的經營則採取由生產、製造加工至行銷一貫的垂直整合策略。顯然，東臺灣水產會社是以嶄新的企業規模與區域整合型態出現。

　　然而，事實上，自昭和 13 年（1938）1 月開始進行新會社的創立

---

❺ 千草默仙，《會社銀行商工業者名錄》，昭和 14 年版，頁 183。

❻ 《臺灣日日新報》，昭和 13 年 12 月 24 日，2 版。

❼ 同上註，昭和 14 年 9 月 21 日，3 版。

❽ 《臺灣日日新報》，昭和 13 年 1 月 7 日，2 版；鍾石若，《躍進東臺灣》，頁 272-273。

表 4-2：東臺灣水產會社的事業資金

類別	項目	經費	說明
代理魚市業務			
	基隆魚市	250,000	購併臺灣水產株式會社費用
	蘇澳魚市	60,000	購併蘇澳水產株式會社費用
	花蓮港魚市	30,000	購併花蓮港魚市合資會社費用
	新港魚市	40,000	購併新港水產合資會社費用
	各魚市運作資金	100,000	
	合計	480,000	
製冰工場業務			
	蘇澳	100,000	購買臺灣水產株式會社所有工場費用
	花蓮港	200,000	預定新設
	新港	100,000	購買日本水產株式會社所有工場費用
	臺東	40,000	同上
漁業移民融資			
	新港、花蓮港	80,000	
總合計		1,000,000	

資料來源：《臺灣拓殖株式會社文書》，第 181 冊，頁 59-60。

籌備，至昭和 14 年 8 月正式成立之間，東臺灣水產會社包括社址、資本、事業地以及事業種類都產生變化。這個變化反映了新會社性質、組成以及經營權的變動。

　　首先，由資本結構的變化來看，在國司浩助的計畫中是以日本水產為經營主體與主要出資單位，不過為了使計畫順利完成目標，也考慮必須優先與本地關係會社進行協調，歡迎本地資本入股❺❾。昭和 13 年（1938）5 月，實際籌措創社資金時，臺灣總督府當局雖然屬意以日資系統的日本水產會社為中心設立東部水產綜合會社，但是在資本結構上最初卻擬以日本水產、臺灣拓殖株式會社（以下簡稱臺拓）以

---

❺❾《臺灣日日新報》，昭和 13 年 1 月 7 日，2 版。

及本地資本爲主，各佔三分之一的股份❻。昭和13年臺灣拓殖株式會社的檔案中，也可以看到這項事實。

東臺灣水產會社原預定籌資一百四十萬五千圓，而經過事業資金的實際估算後，（表4-2）創社資本額變更爲一百萬圓，發行股票二萬股，每股五十圓。其中，國策會社臺拓基於支援東臺灣事業的宗旨，決定吸收4000股，投資二十萬圓，日本水產會社則出資七十萬圓，其他十萬圓預定向民間一般人士籌措❻。

臺灣拓殖株式會社是一種官民合資企業，該社由人事權至利潤分配均受到政府的嚴格監督❻，可以說是1930年代後半期完全根據日本資本主義與國策需要而製造出來的產物。該社也採取直接經營投資、合作投資以及培養投資三種策略，提攜民間會社❻。臺拓對於東臺灣水產的投資，即屬於與日系資本、本地資本合作的合作投資關係。臺拓預定出資，使得東臺灣水產會社的性質與同時籌議成立的拓洋水產株式會社性質類似，都由臺拓與日本水產共同出資❻，也均是順應國策產生的會社。

直至昭和14年（1939）7月，東臺灣水產會社均預定由日本水產與臺拓共同出資經營❻。但是，8月該社正式創設時，按原訂計畫發

---

❻ 同上註，昭和13年5月27日，2版。

❻ 《臺拓文書》，第132冊，頁188-189；第181冊，頁60；第2434冊，頁43。

❻ 林繼文，《日本據臺末期戰爭動員體系之研究》，頁133。

❻ 根據涂照彥的分類，直接經營投資型是指幾乎認購該企業所有股票，而將該會社完全納入自己傘下經營；合作投資型指與日本財閥、臺灣當地日系資本進行資本與技術上的合作，並在業務上分擔責任與監督；培養投資型則是對時局需要培育之企業，以援助方式進行投資。《日本帝國主義下的臺灣》（臺北：人間，1993），頁346-347。

❻ 拓洋水產株式會社創設資本額二百萬圓，其中臺拓出資一百萬圓，臺拓社長並擔任拓洋水產社長，另外一位大股東則是日本水產會社。《臺拓文書》，第1391冊，頁28。

❻ 《臺灣日日新報》，昭和13年7月4日，2版。

行二萬股,其中日本水產擁有 19,200 股,持股率高達 96%,成為新
會社的最大股東;其餘 800 股則分別由日本水產的董監事以及本地日
系資本家所持有❻。(表 4-3) 至於臺拓則以無須參加為由,最後並未
出資❼。臺拓雖然並未記載退出的理由,但應是基於日本水產亟欲獨
佔經營東臺灣水產業,且其有足夠的資本與經驗創立新會社,臺拓遂
無須在資金上加以支援。臺拓的退出,使得日本水產會社充分掌控了
新會社的經營權。東臺灣水產會社乃成為民間會社日本水產的子會
社。

　東臺灣水產會社的社址與事業地範圍在成立的過程中也產生變
化,問題的關鍵則是基隆。也就是說,究竟是否將基隆納入新會社的
事業地以及社址究竟置於基隆或是花蓮港,一直是臺拓和日本水產對
新會社計畫之差異。在國司浩助先前的規劃中,顯然東臺灣水產會社
的社址考慮設於蘇澳或花蓮港,營業事業所也僅包括蘇澳、花蓮以及
新港,完全未將基隆納入東臺灣水產業的範圍。不過,原先預定出資
的臺拓,立場顯然與日本水產不太一致。該社儘管最後一刻並未投資
新會社,但是由該社檔案中有新會社的「設立趣旨書」、「事業企畫
書」、「收支預算書」以及「章程」來看❽,臺拓在東臺灣水產會社的
創立過程中也有一定程度的參與。在該社計畫書中,會社社址預定設
於基隆,營業所則包括基隆等四港❾。

　基隆港水產業向來相當發達,與高雄港並列全臺南北兩大港口,
水產會社資本主義化程度亦最高,與貧弱的東臺灣大相逕庭。但是,
誠如前述,蘇澳港與基隆港互動密切,更必須至該港補充能源與製

❻ 竹本伊一郎,《昭和十六年臺灣會社年鑑》,頁 371。
❼《臺拓文書》,第 755 冊,頁 15-16。
❽ 同上註,第 181 冊。
❾ 同上註,第 181 冊,頁 10。

冰，在考慮資源統合與東部漁港網建立的必要性之下，基隆港顯然不得不被納入東臺灣經濟圈。因此，昭和13年（1938）5月新會社事業地範圍確定以東部為主，但再加上北部的基隆[70]。基隆水產業的龍頭臺灣水產株式會社也於此時被日本水產購併。（表4-1）

除了設立基隆、蘇澳、新港以及花蓮港四個出張所之外，東臺灣水產社址於昭和14年（1939）3月確定設於花蓮港[71]。該社社址原先基於日本水產會社在基隆設有營業所以及對外發展的需要，考慮設於基隆[72]。然而，隨著戰爭局勢的發展，東臺灣開發更加受到當局的重視。昭和13年（1938）臺灣軍司令官古莊幹郎即明白宣稱：東部臺灣的真正使命是開發豐富的天然資源，以便向日本內地或海外輸出[73]。正在興築的花蓮港於是被賦予漁港、商港以及工業港等多元功能港口的地位，甚至是「東臺灣的唯一活路」，一旦築港完成即可以造成東部經濟的飛躍成長[74]。另一方面，在東部水產業的發展位置上，花蓮港位置適中，也被規劃為東部漁業根據地[75]。因此，從經濟戰略位置的角度而言，選擇花蓮港作為東臺灣水產會社的社址，遂成為必然的趨勢。由社址與事業地範圍的擴張，也明顯的呈現新會社乃以花蓮港為中心，以統制整合基隆、蘇澳以及新港等港的漁業資源。

[70]《臺灣日日新報》，昭和13年5月27日，2版。
[71]同上註，昭和14年3月2日，2版。
[72]同上註，昭和14年3月2日，2版。
[73]同上註，昭和13年4月21日，5版。
[74]中越生，〈東臺灣を往く〉，《臺灣地方行政》3（11）（昭和11年），頁58。
[75]花蓮港廳，《花蓮港廳管內概況及事務概要》13，（成文本316號，1938），頁38；竹本伊一郎，《臺灣經濟叢書》八（臺北：臺灣經濟研究會，1940年5月），頁185；石渡達夫，〈花蓮港築港の完成と東部產業の將來〉，《臺灣地方行政》10（5）（昭和14年10月），頁4-10。

表 4-3：東臺灣水產株式會社董監事與大股東的關係投資會社[76]

職稱或持股身分	姓名	關係會社及職務	說明
常務董事兼大股東	前根壽一	株式會社蓬萊漁業公司（1929）常董、共同漁業株式會社香港董事兼支店長（1936）、日本水產會社常務董事（1937-）臺灣營業所所長（1938-）、拓洋水產株式會社董事（1939）、臺灣畜產董事、東港製冰董事、臺南冷藏製冰董事、泰山製冰代表人、臺灣水產工業監事、基隆冷藏董事、臺灣水產開發代表、新高水產開發常務執行董事	1895 年生，山口縣人，1942 年基隆商工會議所議員
董事兼大股東	近江時五郎	臺灣木材組總經理（1908）、臺灣水產株式會社（1911）社長、臺灣土地建物株式會社監事（1913）、基隆輕鐵株式會社董事（1913）、基隆船渠株式會社代表人（1916）、臺灣炭礦會社監事（1916）、發動機保險株式會社董事（1919）、太平洋炭礦會社常務董事（1920）、木村商事監事（1924）、圳路臨港鐵道會社監事（1924）、臺灣水產株式會社蘇澳製冰工場代表人、臺陽礦業會社董事（1928，1941 年為顧問）、臺灣船渠株式會社顧問（1937）、金包裡開發株式會社社長（1939）、臺灣化成工業株式會社監事（1939）、臺灣石炭株式會社董事（1641）、蘇澳合同運送會社顧問（1641）	1871 年生，秋田縣人，臺北州協議會會員（1920）、臺北州水產會評議員（1925）、臺灣總督府評議員（1930）、基隆商工會議所會長（1938）、基隆防空協會會長（1941）
董事兼大股東	關本醇一郎	蓬萊水產株式會社（1927）代表人、臺灣水產會社監事（1934）、基隆水產加工會社監事（1935）、基隆市議員（1935）、	1884 年生，愛媛縣人，基隆市議員（1937）、臺灣海務協會理事
董事兼大股東	佐藤恆之進	東臺灣無盡會社董事及大股東、海陸產業株式會社社長（1941）	宮城縣人，花蓮港廳水產會副會長（1939）
監事兼大股東	林準二	日魯漁業株式會社基隆支店主任（1920）、蓬萊水產株式會社（1927）專務常董、臺北中央市場株式會社董事（1929）、共同漁業株式會社臺灣營業所所長（1934）、日本水產會社常務董事（1937-）、臺灣水產株式會社董事	1893 年生於東京市
監事兼大股東	增田六郎	日本水產會社監事（1937-）、日本漁網船具株式會社監事、拓洋水產監事（1939-）	
大股東	田村啓三	日本水產株式會社社長（1939-）	
大股東	植木憲吉	日本水產會社常務執行董事（1937-）、副社長（1941）	
大股東	日本水產株式會社	共立水產工業、關東水產、合同漁業、拓洋水產、日產水產研究所、日本漁網船具、日滿漁業、日東漁業、日之出漁業、北洋水產、ボルネオ（borureo）水產	

資料來源：臺北州，《臺北州便覽》（1934）；臺北州水產會，《臺北州の水產》（1935）；竹本伊一郎，《昭和 16 年臺灣會社年鑑》，頁 126、《昭和 17 年臺灣會社年鑑》，頁 285；千草默仙，《會社銀行商工業者名錄》，昭和 14-17 年（臺北：圖南協會）；興南新聞社，《臺灣人士鑑》（1943），頁 70、212、364；新高新報社，《臺灣紳士名鑑》（1937），頁 8、29、90-92；《臺灣日日新報》昭和 16 年 4 月 12 日，2 版；《臺灣水產雜誌》，第 300 號（昭和 15 年 3 月），頁 3；根上峰吉，《花蓮港廳下官民職員錄》，（花蓮：東臺灣宣傳會，1941），頁 39、50。

---

[76] 此處的大股東，根據資料原載而列出，非作者自行劃分。

　　在經過近二年的籌畫之後，昭和 14 年（1939）8 月 20 日東臺灣水產株式會社由日本內地資本系的田村啓三、前根壽一、植木憲吉、林準二、增井六郎以及本地資本系的近江時五郎、關本醇一郎、佐藤恆之進共同發起，召開創立總會。9 月 18 日，正式獲得當局的認可而成立❼❼。

（二）會社的組織與資本構成

　　東臺灣水產會社是由日本水產會社與在地資本家合組董監事會，共同經營。該會社的資本構成，則展現以內地日系資本獨佔化的形態。

　　1. 日本水產會社與在地資本家合組的經營組織

　　根據《臺灣拓殖株式會社文書》中的「東臺灣漁業株式會社章程」，東臺灣水產會社的組織分成兩大部分。一是每年一月與七月定期召開的股東大會；二是實際負責事業經營的會社成員與董監事會。以董監事會的組成而言，該社原先預定置董事三名，任期三年，監事二名，任期二年。董監事均於股東大會時在持有該社一百股以上的股東中選任。董事互選之後，產生社長與常務董事各一名。會社的業務方針和重要事項則由社長召開董事會決定❼❽。由該社的組織架構可知，在原先的設計中，東臺灣水產會社擺脫傳統合夥或是獨資的企業經營型態，而採取資本證券化、有限責任、公司業務由董監事會主導的現代股份有限公司之經營方式。

　　該社成立之後，10 月首先組成董監事會❼❾，成員如表 4-3。很明顯的，董監事的成員事實上都是東臺灣水產會社的發起人，同時也是

---

❼❼《臺灣日日新報》，昭和 14 年 8 月 8 日，2 版、9 月 19 日，2 版。
❼❽《臺拓文書》，第 181 冊，頁 73-74。
❼❾《臺灣日日新報》，昭和 14 年 10 月 3 日，6 版。

該社的大股東。他們主要來自日本水產株式會社與東臺灣在地日系資本家兩個系統。其中，社長、監事均來自日本水產，董事三人則都是東臺灣本地日系資本家，特別是以基隆和花蓮港爲主。基隆港的近江時五郎可以說是全臺水產會社的鼻祖，在臺灣東北部的礦業、交通運輸業、保險業、建築業均有舉足輕重的地位。他曾經執掌或投資的企業不但極爲眾多，而且在地方也具有相當大的影響力。由此看來，東臺灣水產會社的成立與運作，除了依靠日系內地大會社的推動與提供資本之外，也必須尋求在東部素有產業經營經驗和關係的在地日系資本家的合作。特別是儘管日本水產持股95%以上，但是董事仍由臺灣本地日系資本家擔任，似乎顯現殖民地時期東部水產業的發展是奠基於日系內地資本家與殖民地在地日系資本家雙方的合作上。至於東部臺灣人資本家則顯然完全無足輕重，沒有插手的餘地。

除了董監事與股東大會之外，該社經營團隊的組織如下：本社設總經理一名，由刈米義擔任；總經理之下分成一部二課長以及四出張所所長。亦即總務部長田原義介、營業課長中平正重、會計課長林一治、基隆出張所所長大橋浩、花蓮港出張所中目尙滿、新港出張所所長吉川龜治[80]，成員全部是日本人。各出張所，除了所長之外，於魚市以及各種工場均設置社員若干名。這些社員雖然還是以日本人爲主，但有少數臺灣本地人參與[81]。由此可見，東臺灣水產會社與多數臺灣大企業相同，事業經營權主要操控在日本人手中，臺灣本地人則僅擔任被傭雇事業員等小職務。

---

[80] 竹本伊一郎，《昭和十七年臺灣會社年鑑》，頁289。

[81] 以昭和16年（1931）花蓮港出張所的資料可見，該所社員13人，其中魚市7人、冷凍工場2人、罐頭工場2人、豐田農場2人。13人中，僅有4位是本島人，他們來自花蓮港、高雄以及新竹。根上峰吉，《花蓮港廳下官民職員錄》（花蓮：東臺灣宣傳會，1941年12月），頁60-61。

2. 獨佔化的資本構成

由經營系統來看，東臺灣水產會社完全操控於日本人手中，臺灣人幾乎無可置喙。而由會社的資本結構來看，日系內地資本則是獨佔資本，臺灣本地資本充其量不過是陪襯的角色。

昭和 14 年（1939）東臺灣水產會社成立時，共發行股票二萬股，其中日本水產會社持有 96％ 的股份，其餘股份則由董監事以及日本水產會社的社長田村啓三、副社長植木憲吉所持有，股東數共 9 人。（表 4-3）昭和 15 年（1940）5 月，東臺灣水產會社增資成一百一十萬圓，總股數增為 22,000 股。各大股東原持股數仍維持不變，而將新增加的十萬圓，2,000 股，向東臺灣本地募集❷。日本水產會社雖然持股率降為 87％，卻仍然是東臺灣水產會社的超大股東。不過，不同於其他產業會社之間相互持股比例相當顯著的現象，東臺灣水產會社並無相關投資會社，股東數不多，會社的性質較為單純。

總之，因應戰時水產會社配合時局整併成大資本的綜合企業的特色，東部地區原先林立的小資本水產會社經過多次的購併之後，整合成從屬於日本水產會社下的子會社——東臺灣水產會社。原來的本地日系資本家，則在新會社擔任協助經營者的角色。另一方面，由於作為國策會社的臺拓最後並未實際出資，東臺灣水產會社的創社資本主要來自於民間會社的日本水產會社，因此其性質也由原先國策會社的合資會社，變成日本水產會社的投資會社。但是，由於其創社目的與動機以及事業的規劃，並非純粹以營利為目標的民間會社取向，毋寧是順應日本統制經濟國策，進行戰時區域漁業資源的整合開發，因此既有民間會社私有資本的特質，又有國策會社的營業使命，其性質較

---

❷ 竹本伊一郎，《昭和十七年臺灣會社年鑑》，頁 289。

類似於準國策會社❸。東臺灣水產會社這種準國策會社的性質，也展現戰時東部區域漁業資源整合的任務不再像築港或是漁業移民事業一般，完全由殖民政府投資與經營，而是逐步引進日系大資本，成為東臺灣水產業的實際經營者。因此，日治末期東臺灣水產業的資本集中化與統制整合，顯然依附於日本大企業而展開。

四、會社的事業內容與成效

作為一個準國策會社的東臺灣水產會社其事業內容、事業的經營以及經營成效究竟如何，是值得進一步討論的。不過，由於資料限制，有關於母會社日本水產與子會社之間的關係，以及事業的具體內容與實際經營運作等問題，仍有待新資料的進一步釐清。

（一）垂直整合經營的水產會社

由東臺灣水產會社籌設時初步的事業資金規劃可知（表 4-2），該社的初期事業以魚市代理、製冰工場以及提供漁業移民資金三項為最主要業務。不過，為了配合殖民政府的東部產業政策、時局的需要以及事業的發展，營業的內容也不斷變化與擴張。

昭和 13 年（1938）1 月國司浩助的規劃中，新設立的東臺灣水產會社計畫採取自漁業生產、製造加工、冷藏至島外輸出的一元統制產業經營方式。至昭和 14 年 10 月，該社正式營運之後，主要事業內容如下：1. 漁業、水產業、農業；2. 魚市代理業務；3. 水產物的製造、

---

❸久保文克將殖民地臺灣的企業分成國策會社、準國策會社以及民間會社三種。久保文克，《植民地企業經營史論：「準國策會社」の實證研究》（東京：日本經濟評論社，1997），頁 19-20。

加工以及販賣；4. 漁業移民；5. 其他附帶業務與投資[84]。

昭和 14 年（1939）9 月，東臺灣水產會社進一步被指定必須進行東部漁場的調查，並直營大型漁業[85]。昭和 15 年（1940）8 月，該社再度變更事業內容，事業種類除了原來五項之外，增加製冰、冷藏、冷凍業以及造船業等兩項業務[86]。

整體而言，東臺灣水產會社的事業內容從籌設時期至設立之後，經過多次變更，業務也越來越廣泛。從生產層面而言，除了原來的水產業和漁業之外，增加農業作為副業；由水產製造加工而言，罐頭業成為事業重要的一環；至於對漁業移民的輔助，除提供資金融通，也供應重油、漁具及餌料等物質[87]。此外，該會社被賦予開拓新漁場、建造船隻以及東部漁獲物島外輸出的重責。東臺灣水產會社的營業內容，顯然遠遠超越過去東部任何一家水產會社，從生產、製造加工、販賣、冷藏、移民補助至造船業，採取垂直整合的經營策略。因此，該社並非僅是單純的地方性水產會社，而是一方面橫向整合基隆至新港四港的漁業資源，另一方面則是自生產、製造至販賣縱向整合的區域型水產會社。這種大資本、集中資源的整合型會社，正是戰時統制經濟體制下為了達成經營合理化與擴張生產力的產物。

（二）由東部開發到南進政策下的事業經營

東臺灣水產會社本社設於花蓮港，昭和 16 年（1941）左右又於臺北市設置支店[88]。各項事業活動則由基隆、蘇澳港、花蓮港及新港

---

[84] 千草默仙，《會社銀行商工業者名錄》（昭和 15 年版），頁 252。
[85] 《臺灣日日新報》，昭和 14 年 9 月 19 日，2 版；《臺灣水產雜誌》，第 294 號（昭和 14 年 9 月），頁 37。
[86] 千草默仙，《會社銀行商工業者名錄》（昭和 16 年版），頁 235。
[87] 《臺灣日日新報》，昭和 14 年 10 月 3 日，6 版。
[88] 竹本伊一郎，《昭和十六年臺灣會社年鑑》，頁 235。

四個出張所來經營。該社並依業務推展的實際需要，於各地設置各種類型的工場和農場。

東臺灣水產會社的營業單位，包括魚市、製冰冷凍冷藏工場、罐頭工場以及一座農場。其中，魚市主要設於基隆、蘇澳、花蓮港及新港等四港；冷凍工場則繼承原日本水產會社新設立或是購併的蘇澳、新港以及臺東等三個冷凍場，昭和14年（1939）於花蓮港新設製冰和冷凍冷藏工場❽，昭和16年（1941）又於沖繩的八重山設置冷凍工場一間❾。至於罐頭工場，則昭和16年設於花蓮港；農場亦設於花蓮港廳的豐田，稱豐田農場❿。

東臺灣水產會社雖然營業種類極多，仍以魚市和冷藏冷凍業為主力事業。事業所與工場範圍廣及基隆、蘇澳、花蓮港、新港、臺東以及島外的八重山等地，但是卻以花蓮港為主要事業中心，花蓮港的工場最多；事業種類包括魚市、冷凍冷藏、罐頭加工以及農場，也最為多元化。

除了固定的營運事業之外，東臺灣水產會社在漁業經營、漁業移民的輔導、以及南進漁場開拓和貿易等方面也有所著力。首先，在漁業經營與漁場開拓方面，為了解決東部夏季枯魚期問題，南方澳出張所輔導漁民以20馬力船隻5艘組成一隊，成立往沖繩群島沿海捕魚的船隊，成效頗佳。另一方面，由於夏季花蓮港廳與臺東廳往往面臨漁獲供給不足的困境，乃嘗試進行惣田鰹魚冷凍，以解決夏季東部漁獲供應問題❿。

❽花蓮港廳水產會，《花蓮港廳水產要覽》（花蓮：花蓮港廳水產會，1939），頁9。
❾千草默仙，《會社銀行商工業者名錄》（昭和17年版），頁140。
❿《臺灣日日新報》，昭和16年5月21日，4版；根上峰吉，《花蓮港廳下官民職員錄》，頁61。
❿《臺灣日日新報》，昭和15年6月11日，5版、昭和17年6月7日，2版。

其次，東臺灣水產會社成立的目的之一，是對於新港和花蓮港的漁業移民提供資金和物質的協助以及獎勵指導[93]。昭和 14 年花蓮港所進行的官營漁業移民事業預算 97,000 圓，除了臺灣總督府補助之外，不足部分即由東臺灣水產會社提供融資[94]。另外，該社也輔導與獎勵移民栽培柑橘，增加收入，並避免與沿岸漁民產生摩擦[95]。

再者，為了開拓漁場與因應南進政策，東臺灣水產會社以花蓮港為中心，編成往南洋方面的鮪魚船隊，遠航南洋群島。昭和 15 年（1940）11 月 25 日，首度由高雄出港[96]。當時船隊相當壯觀，乃以兩艘 500 噸的大井丸、北上丸作為母船，再以 100 噸的彌生丸、50 噸的大和丸兩艘作為中介母船，配以 17 噸 40 馬力的漁船六艘。該船隊並由東臺灣水產會社的總經理劉米義擔任總指揮，率領日本漁民 220 名，航向東印度群島附近一帶鮪魚場，甚至遠征至赤道附近海域，12 月下旬滿載而歸。由於南進漁場開拓成效極佳，昭和 16 年（1941）又組成第二回遠征漁船隊，向南洋發展[97]。

南進鮪魚船隊的成行，意味著東臺灣水產會社既必須進行東部漁場開拓，又進一步負有南進使命。昭和 16 年，花蓮港做為南方開發據點的重要性更加突顯之後，地方廳積極推動該港與南洋地區的貿易，該社所生產的罐頭即被列為花蓮港廳向南洋輸出的主要產品[98]。

---

[93]《臺灣水產雜誌》，第 292 號（昭和 14 年 7 月），頁 42。

[94] 臺灣總督府殖產局，《臺灣漁業移民移住案內》，頁 4-5。

[95] 臺灣總督府殖產局水產課，《臺灣水產要覽》（臺北：小塚本店印刷工場，1940），頁 139。

[96]《臺灣日日新報》，昭和 15 年 11 月 26 日，2 版、高原逸人，〈開港と東臺灣產業の躍進〉，《臺灣時報》14（10）（昭和 14 年 10 月），頁 202。

[97]《臺灣日日新報》，昭和 16 年 1 月 4 日，5 版。

[98] 同上註，昭和 16 年 5 月 21 日，4 版。

（三）高成長率的經營成效

就一個株式會社而言，經營成效如何，莫過於檢視該社的營收損益以及對股東配股息情形是否達到預期目標。昭和 13 年至 14 年（1938-1939），東臺灣水產會社籌設時期，至少曾經進行兩次新設會社收支預估。表 4-4 是昭和 13 年第一次的預算。由此預算來看，很明顯的營業內容仍以魚市、冷凍、販賣為主，且蘇澳港、花蓮港被預期是營業獲利較高的地區。在初期估算中，第一年預計可以盈餘 8,000 圓，第二年則成長近 10 倍，達 70,000 圓，第三年達 95,000 圓。昭和 14 年，又進行下一年度會社事業的配股息預估，當時計畫昭和 14 年至 15 年達到年配股息六分，之後逐年成長，22 年至 28 年（1947-1953）預計配股息高達一成[99]。由此可見，籌設中的新會社除了被賦與東部漁業開發與南進使命之外，也從追求利潤的企業經營角度出發，預期新會社可以達到高獲利的目標。

至於實際營業利潤，目前可見的資料僅有昭和 14 年至 15 年，如表 4-5 [100]。由該表可見，昭和 14 年下半年營運已經達到第一年的預期獲利目標，盈餘 8,509 圓，但是首年並未配股息。昭和 15 年下半年的營業成果，以昭和 14 年下半年為基期，成長率高達 331%，營業總收入成長 365%，盈餘成長 233%，全年盈餘是 72,208 圓[101]，達到第一次預估的高標準 70,000 圓。股東配股息也達到預期目標，年配股息

---

[99] 16 年至 17 年配股息 8 分，19 年 9 分，20 年至 21 年 9 分 5 釐，《臺拓文書》，第 223 冊，頁 20、29。

[100] 東臺灣水產會社事實上每年 6 月與 12 月各結算一次。目前所留下的營業資料自昭和 14 年下半年至昭和 15 年下半年，共三期的營業資料。昭和 15 年雖然有兩次結算資料，但為了與昭和 14 年比較同期成長率，因此只摘取昭和 15 年 12 月份資料。

[101] 昭和 15 年上半年（1-6 月）盈餘 43,844 圓，下半年（7-12 月）盈餘 28,364 圓，共 72,208 圓。

六分。如果與母會社日本水產會社比較，同時期母會社的營業成長率
僅達 150%，盈餘更呈負成長現象[102]。很明顯的，東臺灣水產會社的
營運成效甚佳。

值得注意的是，爲了達成年配六分的配股息水準，昭和 15 年東
臺灣水產會社的盈餘幾乎完全分配與股東，僅有極少部分保留作爲後
期的營運經費。與母會社相比，日本水產不過分配總盈餘的 50％予
股東。這種高配股政策極爲特殊，反映了該社資本家追求高利潤傾
向，然而因資料有限，很難進一步說明。

表 4-4：昭和 13 年（1938）東臺灣水產會社收支預算書

年度／項目	基隆	蘇澳	花蓮港	新港	臺東	合計
第一年預算						
收入						
魚市	32,000	18,000	4,000	10,000		64,000
製冰		40,000	10,000	10,000	10,000	70,000
收入合計	32,000	58,000	14,000	20,000	10,000	134,000
支出						
魚市	30,000	18,000	3,000	8,000		59,000
製冰		30,000	3,000	8,000	6,000	47,000
本社經費						20,000
支出合計	30,000	48,000	6,000	16,000	6,000	126,000
收支損益	2,000	10,000	8,000	4,000	4,000	8,000
第二年預算						
收入						

---

[102] 竹本伊一郎，《昭和十六年臺灣會社年鑑》，頁 373-374；《昭和十七年臺灣會社
年鑑》，頁 285-286。

魚市	40,000	30,000	15,000	10,000		95,000
製冰		50,000	40,000	10,000	10,000	110,000
小計	40,000	80,000	55,000	20,000	10,000	205,000
冷凍魚販賣收益						30,000
收入合計						235,000
支出						
魚市	30,000	18,000	10,000	8,000		66,000
製冰		30,000	30,000	8,000	6,000	74,000
小計	30,000	48,000	40,000	16,000	6,000	140,000
本社經費						25,000
支出總計						165,000
收支損益	10,000	32,000	15,000	4,000	4,000	70,000
第三年預算						
收入						
魚市	48,000	30,000	25,000	15,000		118,000
製冰		55,000	50,000	15,000	15,000	135,000
小計	48,000	85,000	75,000	30,000	15,000	253,000
冷凍魚販賣收益						40,000
收入總計						293,000
支出						
魚市	35,000	20,000	15,000	10,000		80,000
製冰		35,000	35,000	10,000	8,000	88,000
小計	35,000	55,000	50,000	20,000	8,000	168,000
本社經費						30,000
支出總計						198,000
收支損益	13,000	30,000	25,000	10,000	7,000	95,000

資料來源：《臺灣拓殖株式會社文書》，第 181 冊，頁 61-70。

表 4-5：昭和 14-15 年（1939-1940）東臺灣水產會社資產負債損益

類別	項目	昭和 14 年下半年	昭和 15 年下半年	成長率
資產	土地建物	208,363	200,307	
	機械器具	152,656	166,578	
	雜物	11,566	20,978	
	漁船及漁具	2,850	3,594	
	漁場權	7,100	7,100	
	營業權	199,000	199,000	
	有價證券	344	0	
	工事暫訂帳款	0	289,376	
	貸附金	83,701	109,438	
	貯藏品	9,353	13,784	
	商品	236	9,831	
	應收帳款	4,238	5,051	
	賒賣貨款	0	137,215	
	暫訂支出款	40,805	129,188	
	預付款項	4,500	8,200	
	預金及現金	923,431	153,199	
	農產	—	37,997	
	受託品	—	686	
合計		1,648,148	1,491,528	
負債				
	資本額	1,000,000	1,000,000	
	法定公積金	0	2,700	
	其他公積金	0	6,500	
	未付款	364,890	131,743	
	賒貨款	418	14,094	
	預收款項	129,995	205,265	
	暫訂收入款	49,401	82,705	
	關係會社	89,932	—	
	前期轉存金	0	10,153	
	當期盈餘	13,509	38,364	
合計		1,648,148	1,491,528	-9%
損益計算				
收入	營業收益	46,983	202,437	331%

	利息收入	2,390	2,195	-8%
	其他收入	1,617	32,749	1,925%
	小計	50,991	237,381	366%
支出	營業費	30,457	192,865	533%
	創立費	1,000	—	
	諸稅公課	5,697	5,215	
	利息支出	10	113	
	其他損失	316	824	
	小計	37,481	199,017	431%
	當期盈餘	13,509	38,364	184%
	償卻金	5,000	10,000	
	淨利	8,509	28,364	233%
利益處分				
	當期盈餘	8,509	28,364	
	前期結轉金	0	10,153	
	合計	8,509	38,518	353%
	法定公積金	500	1,500	
	其他公積金	1,500	500	
	股東配股息（年六分）	0	30,000	
	社員獎賞與交際費	0	1,900	
	後期結轉金	6,509	4,618	

說明：昭和14年下半年是指該年7月至12月的營運資料，亦即以六個月為計算單位。資料來源：竹本伊一郎，《昭和十六年臺灣會社年鑑》，頁371-372、《昭和十七年臺灣會社年鑑》，頁289-290。

　　整體而言，由東臺灣水產會社的營業損益與配股息狀況可知，該社首年營業已出現盈餘，第二年並已達到創社前的預期獲利水準。顯然，該社營業成長率相當高，經營成效甚佳。而由其事業內容、事業的經營以及成效可進一步觀察該會社的特色如下：

　　1. 東臺灣水產會社採取垂直整合的經營策略，營業內容以魚市經營、製冰冷藏冷凍業以及漁業移民的融資為主要事業內容，並隨著東臺灣漁業資源開發與南進政策的需要，逐漸擴張事業內容及於水產

業、農業、造船業以及組成遠洋船隊開拓南洋漁場。從營業內容的動態變化來看，該會社有由以東部臺灣水產業開發爲主轉向南洋漁業開拓與發展的現象。顯見，東臺灣水產會社的發展方向與經營方針，乃積極配合日本國策的需要。

2. 由事業內容的發展，充分反映該會社是一個充分配合地方廳與戰時資源自給需要的綜合性水產企業。

3. 雖然該社營業方針幾乎完全配合地方廳或是國策的水產業發展政策，但是東臺灣水產會社仍然具有私有民間資本的性質。整個會社的經營方式不但是近代股份有限公司的企業型態，而且具備以追求營業高成長、高利潤以及高配股息的營業目標。因此，該會社的成立也顯示在整合東臺灣數個小資本的會社之後，成爲一個嶄新的近代企業型態的水產會社。

這樣一個政策影響之下而產生的高成長綜合水產會社，原本將一直成爲東部水產業的龍頭，積極推動該地水產業的發展。然而，隨著太平洋戰爭戰局的漸形不利，昭和17年（1942）基於國家總動員法，日本農林省與臺灣總督府籌商之後，由內閣會議決定於10月10日以府令175號公布「臺灣水產統制令」。爲了配合戰局發展，具體促進南進水產建設事業、本島水產業全面統制經營與強化以及發揮水產業最大效率，規定於臺灣本島設立南日本漁業統制株式會社[103]。

在初步的籌畫當中，南日本漁業統制會社資本額五千萬，共發行股票一百萬股，由在本島的大型水產會社日本水產會社和林兼商店來負責籌設、出資。此外，擁有官方資本的國策會社臺灣拓殖株式會社也持有六萬股，投資七十五萬圓。該會社並須接受臺灣總督府的監

---

[103] 《臺灣日日新報》，昭和17年5月21日，2版、7月26日，2版、9月29日，2版、10月10日，2版、11月25日，2版。

督❿。

　　南日本漁業統制會社自昭和 17 年 5 月開始籌設，並指定吸收合併本島原有的 8 大水產會社，至昭和 19 年 2 月正式創社❿。該社主要事業內容包括：漁業和其他水產業、水產加工製造、製冰冷凍冷藏等，並擁有大小船舶 181 艘，製冰冷凍工廠 24 間，冷貯倉庫 21 間，罐頭工廠 3 間以及機械造船工場 1 間❿。1945 年日本戰敗之後，該會社改稱爲臺灣水產株式會社，11 月 15 日正式被接收，改組爲省營臺灣水產公司❿。

　　南日本漁業統制會社是戰爭末期爲了全面統制全島水產會社、整合全島水產資源而設立的國策統制會社。這種會社也具有國策會社的特徵，亦即：會社是依據國家所公布的會社成立基準法而產生，政府於成立時通常持有該會社部分股份。其次，會社的事業往往由政府計畫，採取多角經營方式，事業種類眾多。再者，政府對於會社的經營團隊不但有人事任命權，同時得設立監理官監督該社業務❿。不過，國策統制會社不但比國策會社的規模更大，且具有統合單一產業的強制性。

　　該會社的成立也揭示：日治末期在戰爭總動員之下，水產業出現國策統制會社的新體制。即使以區域漁業整合會社型態出現的東臺灣

---

❿ 同上註，昭和 17 年 10 月 2 日，2 版；《臺拓文書》，第 2772 冊，頁 54、第 1711 冊，頁 627。

❿ 這 8 大會社是拓洋水產會社、東臺灣水產會社、西臺灣水產會社、蓬萊漁業會社、臺灣水產興業會社、臺灣水產工業會社、臺灣漁業會社以及新高水產開發會社等。林德富，〈臺灣水產新體制の發足〉，頁 24-25；《臺拓文書》，第 1810 冊，頁 364、第 2823 冊，頁 138；《臺灣水產雜誌》，第 342 號（昭和 18 年 10 月），頁 46。

❿ 大藏省管理局，《日本人の海外活動に關する歷史的調查》第 17 冊，頁 97。

❿ 同上註，頁 97-98。

❿ 久保文克，《植民地企業經營史論》，頁 18-19；三日月直之，《臺灣拓殖會社とその時代》（福岡：葦書房，1993 年 8 月），頁首。

水產會社，也因全島水產統制政策的實施，不得不面臨解散的命運，
而被納入新會社中。

五、結論

　　日治時期臺灣東部產業開發向來較西部遲緩，1920 年代以降臺灣
總督府在地方官民催促與時局的需要之下，開始積極開發東部資源。
自大正 10 年（1921）蘇澳港首先築港以來，昭和 4 年（1929）與昭
和 6 年（1931）又陸續進行新港和花蓮港的築港擴張工程。隨著東部
築港，漁業資源開發自然成爲產業政策的發展方向之一，且爲了改良
東部漁業，殖民政府同時進行日本內地人官營漁業移民事業。此外，
基於配合移民入殖、行銷漁獲物的需要，殖民地當局也慫恿本地資本
家成立水產會社，經營魚市代理業務，而開啓東部水產業近代化的契
機。

　　在整個東部漁業發展政策上，築港與官營漁業移民幾乎完全是以
國家資本來完成，然而從殖民地產業經營的長期發展而言，引進日本
內地水產業資本才是長久之計。因此，殖民政府更加積極完成東部港
口的基礎準備工程，以吸引日本內地資本進入。1930 年中葉，包括
日本食料株式會社、日本水產株式會社等日系水產業大資本，已經逐
漸進入東臺灣。

　　1930 年代末葉，在花蓮港築港將近完工之際，爲了解決東部水產
業長久以來的問題以及配合戰時資源增產的需要，創立一個整合東部
區域漁業資源的水產會社已是勢在必行。昭和 14 年（1939）8 月，
東臺灣水產株式會社即是在這樣的背景下成立。不同於過去東部水產
會社以各港爲單位成立的小資本會社，這個新會社不但是臺灣本地少
數創社資本額高達一百萬圓以上的水產會社，並且一方面超越地方利

益，橫向聯結基隆港、蘇澳港、花蓮港、新港等四港漁業資源；另一方面則垂直整合漁獲物的生產、加工製造以及輸出販賣。

東臺灣水產會社的資本構成以日系水產業大資本為主，本地資本充其量不過是陪襯的角色。因此，該會社的經營權完全被日系內地大資本的日本水產株式會社所控制，而成為該社的子會社。進言之，1930 年末葉之後，基於戰時統制經濟與擴大生產力之需，殖民政府引進日資大企業獨佔東部水產資源。

東臺灣水產會社雖然是日本水產會社的子會社，但是其事業內容與營業方針，卻相當受到官方政策的影響。因此，儘管該社一方面具有民間私營資本、以追求利潤為目標的民間會社特質，但是另一方面仍必須配合國策，進行漁業資源開發、漁場開拓，甚至基於南進政策組成遠洋船隊遠征南洋漁場。不過，東臺灣水產會社還是與昭和 18 年（1943）所成立的國策漁業統制會社南日本漁業統制株式會社性質不同，而是介於民間會社與國策會社之間，應視為準國策會社。

最後，由東臺灣水產會社的成立、資本構成以及其經營方針，可以發現日治時期東部水產業發展的幾項特色。

（一）東臺灣地區水產業會社的發展軌跡是由小資本的地方性民間會社變成區域整合型的大資本準國策會社，發展方向可以說完全受到殖民政府政策的左右。自 1920 年代中葉臺灣總督府積極推行東部漁業開發政策之後，東臺灣地區開始出現以本地資本為主的小型民間會社。至 1930 年代末葉，又在戰時水產增產的目標下，逐漸轉變成以日系內地大資本為主，進行區域漁業資源整合的大資本會社。到了戰爭末期，基於戰爭動員法與全島產業統制方針，又發展出全島性的漁業統制國策會社。顯然，隨著時局的發展，水產會社的規模越來越大，資本集中化的現象更加明顯。

（二）東部水產業近代化的過程是由本地資本初步奠基，之後隨

著殖民政府陸續完成港口以及陸地相關設備的基礎準備工程之後，日系內地大資本乃逐漸侵入。其透過漸進購併蠶食東臺灣原有小資本會社的策略，最後主控東部水產業的經營權，本地資本也面臨從屬化的命運。顯然，東臺灣水產會社的成立，與矢內原忠雄和涂照彥所觀察的臺灣糖業會社的發展模式一致。只是，對於東部而言，產業的近代化更加遲緩，水產業遲至戰爭時期才在戰時經濟體制的發展策略下展開。

（三）日系大資本的積極介入，促使東臺灣水產會社得以採取近代式的企業經營型態。亦即，東臺灣水產業的資本主義化，仍然必須依賴日系內地大企業而展開。另一方面，殖民政府在新式近代化水產會社的成立與運作上，猶如「看不見的手」，也意味著東部水產業的近代化幾乎完全受國家所操弄。

此外，值得注意的是，以東臺灣水產會社為例，在日系內地大資本獨佔化的情形下，僅擁有少數持股的在地日系資本卻得以參與會社的經營運作，的確是現代公司經營的異數。這種現象或許隱喻日治時期臺灣會社近代化的不完全，或是殖民統治時期東部企業經營的特殊樣態。

殖民與產業改造：

日治時期東臺灣的官營日本漁業移民

一、前言

　　日本自明治維新之後，海外移民大爲盛行，目前有關海外移民的研究成果已是汗牛充棟❶。相對於日本對滿洲以及領土外地區移民規模之大，殖民地臺灣的移民則顯得微不足道，研究成果也較少。日治時期，臺灣何以並未成爲日本人大量移民的地區是值得重視的問題。不過，儘管日治時期始終未出現日本人大舉移入臺灣的現象，但是爲了對殖民地進行同化、資源開發以及國防上的目的，日本人民的移殖仍是殖民地統治政策重要的一環。另一方面，日本移民對於臺灣的區域與產業發展也產生若干影響。因此，從日治時期臺灣史的角度而言，日本人移民研究仍有其重要意義。

　　日治時期日本人移民臺灣屬於領土內移民，又分成以契約約束的契約移民和自由移住的自由移民兩種。契約移民中，由官方所主導與

---

❶日本移民研究之盛行，由目前有「移民研究會」組織，1994 年並出版《日本の移民研究：動向と目錄》（東京：日外アソシエーツ株式會社）一書，可見一斑。

經營者稱爲官營移民，由私人經營者稱爲私營移民❷。官營移民是以國家資本提供經費，由專責的行政人員推行移民事業，最能體現日治時期日本人移民政策的動機與特質，因此也成爲殖民地臺灣移民史的主要研究課題。

日治時期臺灣的日本人官營移民基本上是以農業移民爲主體，其移民人數最多，規模也最大，一直是移民研究的重點。相對的，漁業、林業、礦業以及工業移民卻較少受到注意。其中，漁業移民研究近來漸受到重視，西村一之即曾從文化人類學的角度來討論日治至戰後新港漁業移民的經濟組織與漁撈組織❸。其後，他又進一步探討日治時期日本人漁業移民在新港（臺東縣成功鎮）漁業近代化發展過程中的角色，並指出在移入的日本漁戶中產生日本人、漢人以及阿美族人以「同住寄居人」共同居住、同艘船進行捕魚的漁業經營模式❹，釐清了日治末期日本漁業移民技術文化的傳承。

透過西村一之的研究，可以一窺日治時期新港漁業移民的部分樣貌，但是由於他偏重田野訪查，較疏於文獻材料的整理，因此研究成果尚有值得補充之處。大體而言，日本人漁業移民事業的研究至今頗

❷ 張素玢，《臺灣的日本農業移民（1909-1945）：以官營移民爲中心》（臺北：國史館，2001），頁 8-9。

❸ 西村一之，〈臺灣東部漁民社會における集團形成に關する文化人類學研究〉，《富士ゼロクス小林節太郎紀念基金小林フエロ―シップ 1996 年度助成論文》（東京：富士ゼロクス小林節太郎紀念基金，1996），頁 1-33。

❹ 西村一之，〈臺灣東部港鎮形成小史：近海漁業的開展以及日本漁業移民的角色〉，《臺灣漁業史學術研討會論文》，1999 年於中研院歷史語言研究所舉行，頁 1-9，後翻譯刊行：〈臺灣東部的漁撈技術的傳承與「日本」：於近海鏢旗魚盛衰之間〉，《臺灣文獻》55（3）（2004 年 9 月），頁 117-144。

有限❺，不但該事業實態與意義猶未釐清，也有一些誤解。例如，過去刻板印象往往認爲官營漁業移民事業於昭和7年（1932）首度於新港進行。事實上，明治41年至44年（1908-1911），臺灣總督府即已經選擇全臺五廳六港進行第一次的官營漁業移民。這項移民措施甚至早於明治42年（1909）正式展開的官營農業移民。不過，初期官營漁業移民最後卻歸於失敗，漁民不是病故，即棄地返鄉❻。雖然如此，大正15年（1926）以降，殖民政府仍陸續在蘇澳港、新港以及花蓮港進行較前期更大規模的漁業移民。這次的官營移民成效顯著，而且與築港事業以及近代化水產會社的成立，皆是日治時期東臺灣水產業獲得突破性發展的關鍵❼。因此，後期東臺灣漁業移民事業的研究也顯得更加重要。

然而，明治末年官營漁業移民失敗之後，大正15年（1926）殖民政府爲何會再度嘗試在東部施行官營漁業移民措施？特別是後期所進行的漁業移民，爲何集中於東臺灣？殖民政府究竟採取了何種措施，使得後期移民事業成效較著？移民政策的成功對於東臺灣地區的發展又有何影響？這些問題都是本文討論的重心。進言之，本文是從殖民主義與產業改造的殖民經濟史角度，以後期移民事業爲主要研究對象，從政策面分析日治時期東臺灣官營漁業移民事業的展開與成

---

❺過去針對臺灣漁業移民的研究成果並不多，除西村一之外，又清盛吉也曾稍微描述花蓮港沖繩漁業移民的聚落，他們主要是自由移民。參見又吉盛清著、魏廷朝譯，《日本殖民下的臺灣與沖繩》（臺北：前衛，1997）水田憲志也指出沖繩人在蘇澳港與花蓮港均形成漁民村。〈沖繩縣から臺灣への移住：第2次世界大戰前における八重山郡出身者を中心として〉，《地理學の諸相—實證の地平》（東京：關西大學文學部地理學教室，1998），頁389。事實上，日本學者主要以南洋的日本人漁業移民爲研究重心，例如片岡千賀之、後藤乾一等。

❻佐佐木武治，《臺灣の水產》（臺北：臺灣水產會，1935），頁107。

❼林玉茹，〈戰時經濟體制下臺灣東部水產業的統制整合：東臺灣水產會社的成立〉，《臺灣史研究》6（1）（2000年9月），頁59-92。

效。至於，有關移民本身的生活型態問題，則有待他文探討。

　　以下，首先分析臺灣總督府進行官營漁業移民的背景與原因。其次，描述移民模式與變遷。最後，討論官營移民事業的成效與影響。

二、官營漁業移民的背景與原因

　　日本在德川幕府時期施行鎖國政策，禁止人民向外遷移，直到幕末慶應 2 年（1866）才解除鎖國令。1868 年明治政府成立，首先對夏威夷進行第一批「官約移民」，稱爲「元年移民」❽，正式揭開了日本近代對外移民的序幕。明治 27 年（1894）日本政府爲了解決國內人口過剩所引起的經濟與社會問題，進一步制訂「移民保護規則」，將移民列爲國策❾。1895 年，臺灣割讓予日本之後，日本一躍成爲亞洲第一個殖民帝國。做爲殖民地的臺灣乃成爲日本人移民的新天地。

　　1905 年日俄戰爭之後，日本的對外擴張使歐美國家產生戒心，形成排日運動，因此日本對美國、加拿大以及澳洲等地的移民受到限制，移民方向乃轉向臺灣、朝鮮等殖民地以及東南亞地區❿。明治 41 年（1908）臺灣總督府對臺灣所進行的官營漁業移民即在這種移民趨勢的時代背景下展開。當時以官營漁業移民方式進行移民的原因如下。

　　首先，對於臺灣總督府而言，日本人移殖臺灣，是帝國主義下殖民政府的重要政策之一。移民有助於確保殖民地統治，有利於日本人向熱帶地區發展，而且可以調節母國過剩的人口，在國防與同化政策

---

❽若槻泰雄、鈴木讓二，《海外移住政策史論》（東京：福村出版株式會社，1975），頁 53-54。
❾張素玢，《臺灣的日本農業移民（1909-1945）》，頁 23。
❿同上註，頁 23-26。

上也有其必要性❶。基於這種積極的目的，甚至不惜透過國家力量進行官營移民，以確實執行移民政策，樹立模範的移民方式❷。

其次，臺灣屬於經濟殖民地，殖民政府的經營方針著眼於「資本主義的殖民政策」❸，開發島嶼的豐富資源乃成為殖民地的重要使命。明治 28 年（1895）日本領有臺灣之初，福澤諭吉因日本人口過剩壓力漸增，即極力鼓吹「移民殖產論」政策。他認為熱帶地區有殖產開發的雄厚潛力，但是熱帶地區的「蠻民」卻沒有能力開發熱帶富源，因此需要引入文明人來開發熱帶地區❹。殖民政府對臺灣的產業開發政策即反映這種「臺灣比日本落後」的認知。

第三，臺灣四面環海，沿海漁場遍佈，漁業資源豐富，日本又是水產業發達的國家，殖民地水產業的開發是重要政策之一❺。然而，領臺當時，臺灣本島的水產業以養殖業為主❻，由於漁業技術落後，漁獲量不多，領臺以後日本人逐漸增加，即苦於漁獲供應不足。因此，殖民地的官營移民乃首先考量漁業移民，❼以期改良與發展殖民地漁業❽。

明治 41 年至 44 年（1908-1911），官營漁業移民即在期待改良殖

---

❶臺灣總督府殖產局，《臺灣總督府官營移民事業報告書》（臺北：作者印行，1919），頁 16-20。

❷同上註，頁 21。

❸同上註，頁 16-17。

❹吳密察，〈福澤諭吉的臺灣論〉，《臺灣近代史研究》（臺北：稻鄉出版社，1990），頁 86-89。

❺大藏省管理局，《日本人の海外活動に關する歷史的調查》（東京：大藏省管理局，1947），第 17 冊，頁 95。

❻臺灣總督府殖產局水產課，《臺灣の水產》（臺北：山科商店印刷部，1930），頁 86-87。

❼與儀喜宣，〈臺灣の漁業移民に就て〉，《臺灣時報》11（7）（昭和 11 年 7 月），頁 11。

❽大藏省管理局，《日本人の海外活動に關する歷史的調查》，第 1 冊，頁 363。

民地沿岸漁業的目的下進行，不過由於移民水土不服、漁場不熟、港口設備差以及風災船難不斷等原因，乃告失敗[19]。此次官營移民試驗的失利，或許是導致日治時期殖民地臺灣未出現大規模日本漁業移民的原因之一。此後，臺灣總督府的官營移民政策轉以東部的農業移民為重心，漁業移民計畫則暫時中止。

　　直至大正 15 年（1926）在臺灣總督府殖產局主導之下，先於蘇澳港進行官營漁業移民。昭和 7 年（1932）與 13 年（1938）又陸續在新港與花蓮港實施移民事業。很明顯的，在中斷了近 20 年之後，1920 年中葉以降在臺灣再度展開的官營漁業移民不再以西部港口為主要試驗地，而是以東臺灣為基地。本期官營移民遂與東部資源開發論有較大的關連。至於移民之所以願意配合移入臺灣則可以由「推拉理論」（Push-pull theory）來說明。

（一）築港與東部產業開發

　　日治時期臺灣東部基本上是指臺東廳與花蓮港廳，不過就漁業的發展而言，由於臺北州的蘇澳港與東部各港的漁場和漁民互動很密切，在殖民政府政策規劃中，往往也被視為東部發展的一部分。因此，本文所指的臺灣東部實際上包括蘇澳港。

　　相對於臺灣西部，由於東部位置孤立、原住民妨礙以及國家政策使然，該地開發毋寧是較為遲緩的。領臺初期，臺灣總督府為了治安與鞏固政權，治臺的重心主要在西部，東部則首重「理蕃事業」[20]。

---

[19] 臺灣總督府殖產局水產課，《臺灣の水產》，頁87；佐佐木武治，《臺灣の水產》，頁 107。

[20] 阿部熊男，〈花蓮港廳下產業開發上の諸問題〉，《臺灣時報》10（9）（昭和 10 年 9 月），頁 58-59；西村高兄，〈東部臺灣の開發に就て〉，《臺灣地方行政》10（3）（昭和 12 年 10 月），頁 8。

然而，對於東部開發而言，除了理蕃問題之外，位置的孤立與交通不便更是妨礙東部產業發展的重要原因。興築港灣乃成為東部臺灣開發的首要條件[21]。大正10年（1921）興建蘇澳港即是在此一前提下進行。

另一方面，興築蘇澳港是為了振興東部漁業的發展[22]。臺灣東部海岸受到黑潮主流通過的影響，旗魚、鮪魚、鰹魚、飛魚、鯊魚、鰆魚等暖流性魚類資源相當豐富，卻由於一直沒有容納動力漁船停泊的漁港，導致東部漁業無法進一步發展。因此，臺灣總督府決定選擇靠近漁場、位置又優越的南方澳濕地作為東部沿岸唯一動力漁港，進行蘇澳港兩年築港計畫[23]。

大正12年（1923）6月，蘇澳港完工，的確促使該地的漁業呈現未有的盛況，加上同年日本漁民引進其本土盛行的鏢漁業（突棒漁業）之後，更使得該港每逢漁季極為繁盛[24]。但是，實際在蘇澳港定居的漁民並不多，僅在秋冬至春天的旗魚、鮪魚季節，才有從日本或基隆的漁民來此捕魚。非漁季時期，蘇澳港只是一個避難港，並未達成最初的築港目的——開發東部漁業的使命[25]。

臺灣總督府檢討蘇澳港漁業不振的原因，主要是陸地設施不完備

---

[21] 白勢交通局總長，〈花蓮港築港に就て〉，《東臺灣研究叢書》，15號，78編（1932原刊，臺北：成文出版社，1984，中國方志叢書，臺灣地區第307號，以下稱成文本），頁1。

[22] 臺北州役所，《臺北州管內概況及事務概要》11（1937），成文本第203號，頁278；《臺灣日日新報》，昭和4年6月1日，4版。

[23] 佐佐木武治，〈蘇澳の漁港と移住漁民の近況〉，《臺灣水產雜誌》，第183號（昭和6年3月），頁11；副島伊三，〈蘇澳を根據とする漁業〉，《臺灣水產雜誌》，第226號（昭和9年1月），頁44；臺北州役所，《臺北州要覽》（1929），成文本第204號，頁134-135。

[24] 《臺灣日日新報》，大正14年2月6日，4版。

[25] 蘇澳水產株式會社，《蘇澳漁港》（臺北：作者印行，1935），頁10。

和漁民不願意定居。特別是日本本土漁民與夏季從事鰹漁業的漁夫，都是季節性往返於臺灣與日本之間的漁民，定居意願並不高[26]。總督府與臺北州為了積極利用花費鉅資修築完成的蘇澳港這種「有望的漁業地」，減少國家損失，遂決定大正15年（1926）進行日本人漁業移民計畫[27]，由移民來使用蘇澳漁港，促進該港的繁榮[28]。

在計畫進行漁業移民的同時，總督府更積極籌畫東部開發。自大正15年至昭和3年（1926-1928）進行東部殖產綜合調查，即「東部開發計畫調查」。這個調查的主要目的是促進殖民地族群之融合、增加日本人移民定居以及開拓東部臺灣資源。調查結果，東部海陸交通建設被視為首要急務[29]。另一方面，東部漁場的優越條件特別受到注意，甚至論者有東部開發以漁業為最適切的說法[30]。

昭和2年（1927），東部開發論聲浪日益升高。翌年川村竹治總督巡視新港，以該港位置優越，且因水產業增產與東部開發之必要，確定築港[31]。昭和7年新港竣工，為了以新港為中心發展漁業，乃比照蘇澳港模式，自昭和7年（1932）以降進行5年漁業移民獎勵事業[32]。顯然，新港的官營移民也是基於新港築港完成與振興東部漁業的目的而展開。

新港築港的同時，昭和6年（1931）花蓮港開始進行8年築港計

---

[26] 臺北州役所，《臺北州要覽》，頁135。
[27] 〈蘇澳移民の募集〉，《臺灣水產雜誌》，第125號（大正15年6月），頁55。
[28] 臺北州役所，《臺北州要覽》，頁135。
[29] 西村高兄，〈東部臺灣の開發に就て〉，頁8-9。
[30] 〈漁業地としての東部沿海〉，《臺灣の運送發達史》，頁203。
[31] 臺灣總督府交通局高雄築港出張所，《新港漁港》（臺北：臺灣日日新報社，1932），頁2。
[32] 臺東廳庶務課編，《臺東廳管內概況及事務概要》（1935），成文本第313號，頁43。

圖 5-1：臺東至玉里東線鐵路開通
資料來源：中央研究院臺灣史研究所古文書室提供。

畫。該港由於非自然港灣，築港工程更加艱鉅，工程費也是東部三港中最多，高達 700 餘萬圓。昭和 14 年（1939）第一期築港工程竣工之後，儘管正值戰時，為了進行東部臺灣工業化計畫，自昭和 15 年（1940）起總督府仍試圖進行長達 10 年的築港工程，擴張港內面積 3 倍，提升港口承載噸數[33]。殖民政府不惜耗費鉅款興築花蓮港，乃與總督府對花蓮港寄予更大的期望有關。

在議建花蓮港之初，該港即被賦予東部產業交通開發之重要地位[34]。築港後期，正值中日戰爭爆發之際，在面臨戰爭資源自給的需求之下，原先以「農業本位」的殖民地產業開發政策一轉為「工業化與農業調整」政策，花蓮港也變成東部資源開發和工業化基地[35]。隨著

---

[33]《臺灣日日新報》，昭和 13 年 9 月 30 日，2 版。
[34]〈米崙灣の築港問題〉，《臺灣水產雜誌》，第 132 號（昭和 2 年 1 月），頁 55。
[35] 高原逸人，〈開港與東臺灣產業の躍進〉，《臺灣時報》14（10）（昭和 14 年 10 月），頁 191-192。

戰爭情勢的變化，東臺灣開發更加受到重視。昭和 13 年（1938），臺灣軍司令官古莊幹郎即明白宣稱：東部臺灣的眞正使命是開發豐富的天然資源，以便向日本或海外輸出❸❻。因此，興築中的花蓮港被設計爲漁港、商港以及工業港等多元功能港口，甚至被認爲是「東臺灣的唯一活路」，一旦築港完成即可以造成東部經濟的飛躍成長❸❼。以水產業發展而言，隨著港口的完成，動力漁船得以順利碇泊，加上漁船、漁具的改良，不但花蓮港廳水產業面目一新，花蓮港也成爲東部漁業根據地❸❽。

　　或許正因爲戰時花蓮港重要性節節升高，有別於蘇澳和新港築港完成才移民的模式，昭和 11 年（1936）起該港尙進行築港的同時，「東部開發調查委員會」已經著手計畫自昭和 12 年起進行日本人的漁業移民❸❾，而且這次移民規模更大，移入人數也更多。換言之，由於花蓮港逐漸被殖民政府視爲戰時東部開發基地，此時官營漁業移民事業的展開，更受到戰爭時期東部資源開發的影響。

（二）移民與推拉理論

　　大正 15 年以降，官營漁業移民政策的施行，除了殖民政府基於東臺灣水產業的振興以及戰時國策的影響而試圖引進日本移民之外，另外也可以由推拉理論的角度來分析移民政策成立的因素。

---

❸❻《臺灣日日新報》，昭和 13 年 4 月 21 日，5 版。
❸❼ 中越生，〈東臺灣を往く〉，《臺灣地方行政》3（11）（昭和 11 年），頁 58。
❸❽ 花蓮港廳，《花蓮港廳管內概況及事務概要》13（1938），成文本第 316 號，頁 38；竹本伊一郎，《臺灣經濟叢書》8（臺北：臺灣經濟研究會，1940），頁 185；石渡達夫，〈花蓮港築港の完成と東部產業の將來〉，《臺灣地方行政》10（5）（昭和 14 年 10 月），頁 4-10。
❸❾《臺灣日日新報》，昭和 11 年 1 月 25 日，4 版。

首先，日本母國的推力是日本人口過剩問題始終未獲舒緩❹，大正中葉漁業動力化快速發展的結果，又使漁業資源逐漸枯竭，而「不勝疲敝」❹。昭和3年（1928）8月拓殖局長成毛基雄至沖繩與八重山視察，即指出：

> 八重山、沖繩，昨今異常疲敝，政府雖為講究各種救濟辦法，亦無效果，畢竟將窮民移出於外，使得生活之途，最為緊要。而本島為彼等之移住地，最屬適切。由地理觀之，亦屬常然❹。

成毛基雄局長的談話，充分顯現產業不振促使日本漁民不得不往外求取生路。

不過，移民願意選擇來臺，也基於臺灣當局優厚的獎勵與補助措施。臺灣總督府長期在東部進行官營農業移民的嘗試錯誤中，已逐漸發展出一套移民經驗，乃盡量改善移入條件、移民選定及移入獎勵與訓練❹，因而更能吸引移民的移入❹。自大正15年進行官營移民以來，總督府雖然在蘇澳、新港以及花蓮港三港的移民模式不盡相同，

---

❹ 如大正15（1926）年7月，臺北州技師宮上龜七至日本進行移民募集時即報告：高知縣持續有人口過剩問題，因此第一年的募集也以高知縣作為首要募集地。見〈移民募集に出發〉，《臺灣水產雜誌》，第127號（大正15年8月），頁39。昭和7年（1932）新港計畫進行移民時，和歌山縣也因為漁業不振，先至新港進行調查，而確定新港優於日本漁港之後，決定移送漁民。（《臺灣日日新報》，昭和7年5月26日，4版）結果，新港的第一批移民也以和歌山人為主。

❹ 陳憲明，〈日本串木野之鮪釣漁業發展〉，《地理研究報告》32（2000年5月），頁5；《臺灣日日新報》，昭和2年10月5日，4版。

❹ 《臺灣日日新報》，昭和3年8月3日，4版。

❹ 有關移民問題的討論相當多，昭和15年花蓮港廳長高原逸人所撰《東部臺灣開發論》是相當中肯的討論。（臺北：南方產業文化研究所，1940，頁79-86）

❹ 昭和2年（1927）10月，臺北州宮上龜七技師到日本縣廳募集移民時，即有「為獎勵方法太優，故希望者極多」的說法。見《臺灣日日新報》昭和2年10月5日，4版。

但共同設施和個人獎勵補助不但很優厚，且加強港口基礎工程之建設。

除了總督府優厚的獎勵辦法之外，由於東臺灣漁場的性質與日本相近，又是處女漁場，無日本繁雜的漁業規定，尚有發展的前途，也吸引移民移入❹。事實上，早自領臺初期，東臺灣的蘇澳、新港、馬武窟、花蓮港米崙等地已有自由移民進入定居❻。大正 12 年（1923）日本本土鏢旗魚捕漁法漸被淘汰，漁場荒廢，習慣該漁法的大分縣與愛媛縣漁民也改至蘇澳和基隆港捕魚，並引入鏢旗魚、鮪延繩等新漁法，且因基隆地區發現珊瑚漁場，使得每年漁季均有不少日本本土漁船到東部捕魚❼。這種季節性的「東部出漁」也促使沿海移民熟悉東臺灣的漁場，而更能響應總督府官營移民的號召。甚至於新港與花蓮港築港完工之前，已有日本漁民先行賣屋移住該地❽。

總之，日治時期在臺灣所進行的官營漁業移民，前期明顯地是為了解決日本國內的人口問題，鞏固殖民地統治以及改良臺灣沿岸漁業；後期移民計畫以東臺灣為重心，則與東部築港和資源開發有密切關係。大正 15 年蘇澳港進行官營漁業移民，即由於總督府為了發展東部漁業，花費鉅資興築蘇澳港，但因定居者不多，該港產生非旗魚季的「荒港」現象，未能達到東部漁業開發的使命，乃試圖引入日本移民改善現況。不過，隨著中日戰爭的爆發與戰局的發展，殖民政府更為積極地推動臺灣資源開發，東部漁業移民也更具有國防經濟的意

---

❹《臺灣日日新報》，昭和 12 年 1 月 6 日，8 版。

❻臺灣總督府殖產局水產課，《臺灣水產要覽》（臺北：小塚本印刷工場，1940），頁 12。

❼吉越義秀，〈臺灣水產史（二）〉，《臺灣水產雜誌》，第 294 號（昭和 14 年 9 月），頁 4-5；臺灣總督府殖產局水產課，《臺灣の水產》，頁 5-6；《臺灣日日新報》，大正 13 年 8 月 12 日，4 版。

❽《臺灣日日新報》，昭和 14 年 8 月 9 日，4 版。

表5-1：初期官營漁業移民

地點	明治41年（1908）	明治42年（1909）	明治43年（1910）	明治44年（1911）
桃園廳許厝港	自長崎招攬移民3名、漁船1隻，進行沿海鯛繩漁業。總督府水產補助經費420圓。	42年4月自長崎移入農漁兼行的漁業者4名。	前年移住3戶，後剩1戶，又補充成3戶。後因漁船出入不便，無法出漁的時候居多，移民歸鄉或是轉他業。	
阿緱廳東港蟳廣澳	招攬山口縣漁夫8名、漁船2隻，從事鯊魚漁業，成績頗好，有家族移住。永續計畫補助2,006圓。	42年11月由山口縣移入15名，從事鯊魚漁業，成績良好。	補助1,000圓。成績比桃園廳、宜蘭廳好。本年度又於蟳廣澳設根據地，招攬廣島移民。	補助1,600圓。蟳廣澳因八月風害，漁船飄失，廣島移民漸次歸鄉。東港移民則定居者增加，成績良好。
苗栗廳公司寮港		42年5月自山口縣移入5名，尚未見效果。		
臺中廳鹿港		42年中旬自山口縣移入4名。		
宜蘭廳蘇澳港		42年8月，招攬高知縣移民一名，從事沿岸漁業試驗，因成績良好，11月再移入7名。	補助1,250圓。渡臺時期恰為雨季，移民罹腳氣病，最初移住者剩3人，再補充成9人。因罹病不絕，1人死亡，遂各自回鄉，僅剩2人。釣魚之外，從事網漁業。	

資料來源：《臺灣總督府事務成績提要》20，成文本第192號（明治41年），頁445、22（明治42年），頁404、23（明治43年），頁312、25（明治44年），頁279-280。

義[49]。

三、移民模式與變遷

　　日治時期臺灣總督府曾經先後在臺進行兩次的官營漁業移民獎勵事業，後期在東臺灣的移民事實上受到前期移民經驗的影響，本文以

[49] 高原逸人，《東部臺灣開發論》，頁80-81。

下說明這兩次移民事業由計畫到實施的過程與變遷。

（一）前期官營漁業移民

明治 41 年至 44 年（1908-1911）的日本人漁業移民獎勵事業，主要由總督府水產課補助地方廳經費，再由各廳自行招徠移民❺⓪。總督府對整個移民事業的進行和參與較少。此次移民事業的詳細過程，目前並無太多資料可資參考，不過經由部分官方記載與議論的爬梳，可以略窺一斑。

由表 5-1 可見，明治 41 年至 44 年（1908-1911），殖民政府陸續於許厝港（今桃園縣大園鄉）、東港、公司寮（今苗栗縣後龍鎮龍津里）、鹿港、蘇澳港以及蟳廣澳（今屏東縣恆春鎮山海里）等六個港口進行官營漁業移民事業。然而，至明治 44 年（1911），除了東港之外，大部分移民事業事實上已經終止。移民事業的展開也不是 6 個港口同步實施。明治 41 年，首先選擇北部桃園廳的許厝港和南部阿緱廳的東港做為局部移民試驗地，翌年才於全島的北、中、南、東部各選擇一至兩個港口進行移民。至 43 年（1910）苗栗廳公司寮與臺中廳鹿港的移民事業即已停止，僅剩許厝港、東港以及蘇澳港仍有移民繼續移入。該年度由於東港成績良好，又於恆春的蟳廣澳設根據地，招徠廣島移民移住❺①。只是好景不常，明治 44 年，除了東港之外，其他 5 港均失敗收場，移民不是病死，即是回日本，或是另轉他行。

明治 40 年代官營漁業移民的募集地，主要來自日本的山口、高知、長崎以及廣島等四縣，其中以山口縣高達 32 人最多，高知 14 人

---

❺⓪臺灣總督府殖產局水產課，《臺灣水產要覽》，頁 113-114。

❺①臺灣總督府，《臺灣總督府事務成績提要》23（1910），成文本第 192 號，頁 312。

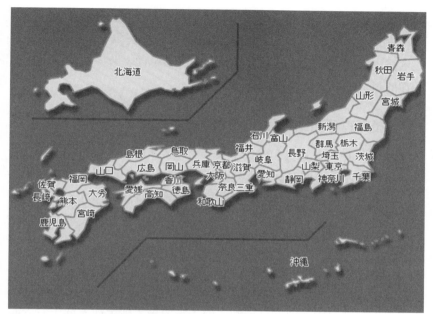

圖 5-2：日本本土行政區劃圖

　　居次，廣島則無資料。由此可見，前期的官營移民主要來自日本九
州、四國以及本州南邊的中國，顯然移民募集地乃選擇較近臺灣的日
本西南邊沿海各縣。（見圖 5-1）再以臺灣移住地來看，東港移民最
多，有 23 人；次為蘇澳，有 14 人，鹿港則僅有 4 人。東港是此次移
民事業成績最好的地區，移民從事鯊魚釣漁業頗為成功，但是後續狀
況則不得而知。一般而言，總督府評估前期移民事業的成績是失敗
的，明治 44 年以後也不再提供移民任何補助。

　　總括前期移民政策的實施情形，以移民人數而言，如果不計入廣
島移民，前期至少由日本移入移民 53 名，以從事無動力船的沿岸漁
業為主。不過，長崎移民可以兼營農漁業，以確保生活無虞。總督府

獎勵設施則包括渡航費、漁船和漁具購買費以及補助漁業資金等❷。
與後期周全的政策相比，此時殖民政府對於移民事業仍處於試驗階
段，築港與陸地準備措施並未展開，移民事業遂失敗。後期移民政策
即在前車之鑑下，有更多的調整。

（二）後期官營漁業移民

自明治44年（1911）移民事業終止以後，直至大正15年（1926）
臺灣總督府才又再度進行官營漁業移民事業。後期移民，並非三個港
口同時進行，而是先由之前有漁業移民經驗的蘇澳港進行，再逐漸擴
展到新港和花蓮港。三個港口的移民模式展現了後期移民事業的發展
過程。

1. 蘇澳港嘗試錯誤的移民模式

前期官營漁業移民的失敗使得大正15年再度進行官營移民時，
不得不檢討其原因。前期移民的失敗，主要是：風土病、漁民對於漁
場不熟、生活費超乎預算、家族移民少以及陸上設施不足。另外，根
據殖產局水產課技師與儀喜宣的觀察，日本移民以殖民者心態來臺
灣，有強烈的優越感，而在動力船尚未發展時期，移民只能進行與臺
灣本地人相同的無動力船沿岸漁業，技術無所差別，難以成功。因
此，必須轉而推動能維護殖民者「體面」的機械動力船近海漁業，提
高他們的收入，才能讓移民樂意定居❸。

後期蘇澳港的官營移民計畫，即以克服上述問題為前提。首先，
臺灣總督府鑑於東部海岸因缺乏灣澳堆礁，沿岸漁業資源並不豐富，
但是沿海地區受黑潮暖流影響，處處是好漁場，乃興築蘇澳港以發展

---

❷臺灣總督府殖產局水產課，《臺灣水產要覽》，頁114。
❸與儀喜宣，〈臺灣の漁業移民に就て〉，頁11-12。

表 5-2：蘇澳港官營漁業移民的移入戶數與設施

時間／計畫		大正 15 年	昭和 2 年	昭和 4 年起預定三年計畫，一說昭和 3 年四年計畫（B）
預定募集地		大正 15 年高知，昭和 2 年愛媛，昭和 3 年宮崎、鹿兒島。		
招募人數	預定戶數	初預定大正 15 年自高知移入 20 戶。昭和 2 年 10 月 5 日預定移住 30 戶、150 名。		預定自高知招募 10 戶，87 名，訂 11 月 3 日出發，11 月 15 日自高知移入。
	實際戶數	移民 11 月 15 日到，高知 20 戶。	愛媛 18 戶、高知 6 戶、長崎 4 戶、大分 1 戶，其後愛媛 3 戶異動，再以愛媛 2 戶、鹿兒島 1 戶補充。	後因前兩回移民狀態不樂觀，計畫未施行。
募集方式		7 月 21 日由臺北州宮上龜七技師募集。		
移民獎勵設施	個人設施	一家族男女 5 名，補助約 2,500 圓，給予住宅，建設家屋 50 戶、貸與漁船 10 隻（鰹船 60 馬力 1，延繩船 20 馬力 4、鏢漁船 20 馬力 5）、魚具、貸與漁業資金、旅費。		
	共同設施	貯水庫、重油槽、給水設備、魚市場、鰹節工廠、浴場、碼頭、設置移民事務指導所。		
經費		15 年度預算 8 萬圓，內 3 萬圓由總督府補助。自大正 15 年至昭和 2 年經費 65,406 圓。		
其他輔助設施		昭和 2 年舉行移民鰹節及罐頭製造講習會、昭和 13 年 11 月設立蘇澳漁業移民組合。		
資料來源		A,1927.9.1. 四、1927.10.5. 四、1938.11.29. 二；B,125 號，頁 55、127 號，頁 39、120 號，頁 46、121 號，頁 48、131 號,36、183 號，頁 12、226 號，頁 50；C, 昭和 15 年,115	B,183 號，頁 12-13	A,1930.10.31. 四、1930.12.1；《蘇澳漁港》，10

資料來源代號如下：A 表示《臺灣日日新報》、B 表示《臺灣水產雜誌》、C 為臺灣總督府殖產局水產課，《臺灣水產要覽》。

動力漁船的近海漁業❺❹。另一方面，臺灣東部漁業原以竹筏或木船等無動力船的沿岸漁業爲主，動力漁船近海漁業的引入正可以展現日本人優越的技術，吸引日本漁民移住。其次，基於前車之鑑，蘇澳港嚴格限制移民的資格，要求必須能使用動力漁船、有暖流性漁業經驗、有家庭以及具備兩個月生活費的資金❺❺。

移民事業主要由臺北州水產課負責規劃與經營。大正 15 年（1926）1 月至 2 月初擬計畫時，原先預定自太平洋沿岸的宮崎、鹿兒島、高知以及愛媛各縣，募集移民來臺自由經營漁業。第一年預計移住 20 戶，第二年爲 10 戶，預算經費 7 萬圓中則由總督府補助 3 萬圓❺❻。不過，6 月決定先選擇漁業型態與臺灣相同的高知縣作爲第一回移民募集地。7 月，臺北州水產試驗所技師宮上龜七到高知縣募集移民 20 戶，89 人，移民於同年 11 月 15 日移入❺❼。（表 5-2）

昭和 2 年（1927）進行第 2 回移民，共移入 29 戶。此次自愛媛縣移入 18 戶，高知縣 6 戶、長崎縣 4 戶、大分縣 1 戶。後來愛媛縣 3 戶因家計問題取消來臺，由同縣補充 2 戶，另一戶則自鹿兒島移入，全部移民共 49 戶❺❽。蘇澳港移民顯然仍主要向九州與四國等地募集，其中以高知和愛媛移民最多。但是，有別於前期，這些移民均是來自與東臺灣相同、面向太平洋的廳縣，習慣於從事暖流性漁業。

總督府與臺北州對於蘇澳移民也進行較爲周全的獎勵與輔導措

---

❺❹ 大藏省管理局，《日本人の海外活動に關する歷史的調查》，第 1 冊，頁 363。

❺❺ 臺北州役所，《臺北州要覽》5（1929），成文本第 204 號，頁 135-136。

❺❻〈蘇澳漁港の漁民〉，《臺灣水產雜誌》，第 120 號（大正 15 年 1 月），頁 46、第 121 號（大正 15 年 2 月），頁 48。

❺❼《臺灣水產雜誌》，第 125 號（大正 15 年 6 月），頁 55、第 127 號（大正 15 年 8 月），頁 39。

❺❽ 佐佐木武治，〈蘇澳の漁港と移住漁民の近況〉，頁 12-13。

施。移民獎勵設施，分成個人設施與共同設施兩種❺。由表 5-2 可
見，個人設施除了前期有的漁船、漁具、渡航旅費以及漁業資金貸款
或補助之外，並以半額補助 50 戶家屋建築費。共同設施則包括貯
水、重油槽、魚市場等港口周邊設備，漁獲加工的鰹魚工場，有關移
民生活必須的共同浴場以及移民指導所。此外，臺北州對於定居移民
也舉行各種輔導與訓練，如「鰹節」（柴魚加工）與罐頭製造講習
會。

　　與前期政策相較，總督府與地方廳當局扮演較積極的角色。蘇澳
港移民模式不但提供較完善的陸上設備，而且重視移民的輔導與訓
練。但是，誠如前述，蘇澳移民事業的進行畢竟是在避免該港成為荒
港、造成國家損失的目的下倉促決定，總督府與地方廳當局的漁業移
民經驗有限，而必須從嘗試錯誤的學習中解決移民所遭遇的各項問
題。

　　蘇澳港移民事業原先預定以 4 年招攬 100 戶移民為目標，不過由
於大正 15 年至昭和 2 年前兩次移民狀態不太穩定，面臨種種困難，
特別是移民共有船隻問題、夏季枯魚期以及官方貸款負擔沈重等。因
此乃終止昭和 3 年（1928）原訂的移民招攬計畫，努力充實現有定居
移民事業的內容❻。

　　2. 新港單身移民試驗模式

　　昭和 7 年（1932）新港築港完成，仿造蘇澳港移民方式，進行日
本人的官營移民。新港移民模式基本上參考了蘇澳港移民所發生的問
題，進行修正。根據昭和 11 年（1936）殖產局水產課技師與儀喜宣

❺臺灣總督府殖產局水產課，《臺灣水產要覽》，頁 115。
❻蘇澳水產株式會社，《蘇澳漁港》，頁 10。

的觀察，新港移民計畫至少與蘇澳港模式有下列四點不同❻。

（1）蘇澳港移民事業由臺北州經營，再由國庫補助經費；新港則由總督府殖產局經理，實行則委任臺東廳。

（2）蘇澳港採取直接的家族移民模式，新港則首次採取單身試驗移民，俟一年期滿，移民適應並有永住打算之後，第二年再進行家族永住移民。進言之，單身試驗移民可以免費使用官有設備，以便進行一年現地漁業試驗。從業一年後，移民自行判斷是否適合家族移民，經過官方許可之後，即可進行家族移民。

（3）蘇澳港模式中，總督府對於家族移民的獎勵方式採取漁船、家屋等建設費由移民在第 4 年至第 5 年以降以 10 年無息分期繳還貸款。但是由於蘇澳移民初期適應不良，又要負擔貸款，虧損累累，生活困苦。其次，移民數戶共同擁有船隻，事實上並不易執行，大部分的移民仍自籌資金以擁有各自的船隻。有鑑於此，新港模式採取補助金方式，亦即對於永住家族給與家屋、漁船與漁具建造費以及醫療費等一定數額的補助費，由移民自行運用。

（4）總督府認為蘇澳港移民模式因未考慮家族移民副業，而產生「婦女、小孩賦閒白吃（徒食）」問題，且夏季枯魚期漁獲量不多，生計極為困難。新港乃改以免費租借移民副食栽培地或補助土地開墾費，以增加家庭收入。

由此可見，新港官營移民是根據蘇澳的移民經驗，進行諸多的改革，首度採用「試驗移民」方式。這種措施可以加強單身移民的責任感，也較為謹慎和周全。而透過家族移民的確認，可以選擇優良漁民，增加移民計畫的成功率❻。另一方面，更加注意移民定居後生活

---

❻ 與儀喜宣，〈臺灣の漁業移民に就て〉，頁 13-4。
❻ 佐佐木武治，〈蘇澳の漁港と移住漁民の近況〉，頁 108。

適應問題,而給與適當的輔導或補助。

　　昭和 7 年(1932)7 月,臺灣總督府即在周全的構思之下,正式發布三年的新港移民事業計畫❻。翌年第一批移民正式移入,至昭和 10 年(1935)之間,每年大概固定移入單身試驗移民 9 名,最多至 14 名,第二年再確定移入 9 戶家族移民。(表 5-3)由於移民實驗成效不差,3 年計畫延長為 5 年❻,至昭和 12 年(1937)計畫完成,共移入家族 45 戶,165 人,其中男 92 人、女 73 人❻。昭和 13 年(1938)第一期計畫最後一批家族移民 9 戶移入之後,臺東廳與總督府為了促進漁業發展,決定再增加移民 55 戶,成為 100 戶,並預定於 13 年和 14 年(1938-1939)兩年間完成募集❻。不過,第二期移民不再採用單身試驗移民方式,直接移入家族移民。昭和 13 年首先招攬 25 戶,移民戶數達 70 戶;昭和 14 年則與花蓮港同時進行移民募集❻。由於移民選擇花蓮港為移入地,因此官營漁業移民移入的重心乃轉至該港。

　　新港的移民募集條件與蘇澳大同小異,不過特別要求移民必須會操縱動力漁船,而且家族中有一人有經營農業的經驗❻。招募前,允許原先已經在新港活動的和歌山、沖繩漁民參加應募❻。移民的募集方式也與蘇澳不同。蘇澳模式是由臺北州水產課技手至日本宣傳募

---

❻〈新港漁港の移民收容概要〉,《臺灣水產雜誌》,第 201 號(昭和 7 年 7 月),頁 17。

❻昭和 8 年(1933)5 月,《臺灣水產雜誌》,第 217 號,又記載預定 4 年移入 36 戶(頁 6)。似乎由 3 年至確定為 5 年計畫,是隨著移民成績好壞而產生的漸變過程。

❻臺東廳庶務課,《臺東廳管內概況及事務概要》8(1937),成文本第 313 號,頁 42-43。

❻《臺灣日日新報》,昭和 13 年 1 月 16 日,5 版。

❻同上註,昭和 14 年 9 月 15 日,2 版。

❻《臺灣水產雜誌》,第 263 號(昭和 12 年 2 月 2 日),頁 28。

❻《臺灣日日新報》,昭和 7 年 6 月 23 日,8 版。

表 5-3：新港官營漁業移民的移入戶數與設施

時間／計畫	自昭和 7 年三年間試驗，後改為五年計畫	昭和 9 年	昭和 10 年	
預定募集地	沖繩、鹿兒島、大分、宮崎、愛媛、高知、和歌山、三重、靜岡、神奈川、千葉、熊本、長崎、福岡、山口。			
招募人數 — 預定戶數	募集單身渡航 9 戶，分乘 5 順級漁船 3 隻，一艘 3 人。	預定招攬單身移民 10 戶，千葉 3 名、和歌山 4 名、鹿兒島 3 名。	選定和歌山 3 名、高知 2 名、長崎 4 名，共 9 名單身試驗移民。	
招募人數 — 實際戶數	昭和 8 年 5 月移入和歌山移民 4 名，千葉 6 名，共 10 名。昭和 9 年 3 月成永住家族移民 9 戶，和歌山 5 戶、千葉 4 戶。	昭和 9 年 9 月，和歌山 3 名、千葉 6 名。一說 9 年度移 14 名（H）和歌山 3 戶、千葉 6 戶。昭和 10 年 3 月為家族移民 9 戶。	單身移民 9 名 9 戶家族移民 德島 1 戶、沖繩 1 戶、熊本 4 戶、和歌山 3 戶。	
募集方式	由總督府殖產局經理，派水產課金村技手至日本招募。			
移民獎勵設施 — 個人設施	漁船 3（動力漁船 12 馬力）、漁具 3（曳繩 30 組、瀨繩 20 鉢、一本釣 5 組、鰭流網 20 反）、昭和 9 年對永住移民一戶補助家屋建設費 670 圓，宅地 150 坪、漁船和漁具建造費 800 圓以及醫療費 15 圓，共 1,485 圓。旅費、飲料水設施。			
移民獎勵設施 — 共同設施	共同宿舍 3；共同漁具倉庫 1；貯冰庫 1；共同處理廠 1；共同浴場 1；共同水井；碼頭 1；暴風警報設施、試驗船、移民指導所及專任指導員之設置、共有耕地。昭和 9 年建造共同運輸船，搬運移民的漁獲物。			
經費	由總督府補助地方廳經費，在總督府勸業費補助及移民補助費中，提出 18,271 圓。實際經費 15,859 圓。自 1932-1938 年經費 179,926 圓。			
其他輔助設施	由臺東廳支出經費。建設重油槽、船渠、製冰工廠，設置魚市場、上水道。			
資料來源	A，1932.6.23．八；B，200 號 ,4、201 號 ,16、217 號 ,5-6、223 號 ,47、233 號 ,35；I，昭和 8 年，頁 67、9 年，頁 74、10 年，頁 96；H，昭和 10 年，頁 43；G,12；E，頁 116	A，1934.8.4．一；I，昭和 9 年，頁 75；B,233 號 ,32；G,12	I，昭和 10 年，頁 82、；H，昭和 11 年，頁 43；G,12	

資料來源代號如下：A 表示《臺灣日日新報》、B 表示《臺灣水產雜誌》、C 為大園市藏，《臺灣始政四十年史》、D 為《臺灣地方行政》、E 為臺灣總督府殖產局水產課，《臺灣水產要覽》、F 為《臺灣總督府事務成績提要》、G 為臺灣總督府殖產局，《臺灣漁業移民移住案內》、H 為《臺東廳管內況及概要》；I 為《臺東廳產業要覽》。

昭和 11 年	昭和 12 年	昭和 13 年起第二期計畫	昭和 14 年
			清森、山形、宮城、千葉、神奈川、和歌山、三重、愛媛、高知、大分。
新募集第四回單身移民 9 名。		預定昭和 13、14 兩年招攬 55 戶，成百戶。	7 月 29 日至日本募集 25 戶。
和歌山 6 名、熊本縣 3 名大分 2 戶，和歌山 2 戶，沖繩 2 戶，德島 1 戶。	招攬單身移民 12 名神奈川 1 戶，熊本 2 戶，和歌山 8 戶。	昭和 13 年招攬 25 戶，成 70 戶。	
		菅宮水產技手至日本招募。	水產課金村技師與菅宮技手至日本募集。
昭和 11 年臺東廳決定給與家族移民水田三分，使其飯食自給。	為移民副業，指導鰹魚加工法，並分與土地。		
A,1936.5.7,四；B,263 號,28；G,12	A,1937.1.6.八、H,昭和 12 年，頁 42；G,12	A,1938.1.16.五；F,昭和 13 年，頁 616	A,1939.7.29.二

表 5-4：昭和 13 年（1938）以前新港的移民戶數與本籍

本籍	戶數	男	女	計	說明
和歌山	21	37	29	66	昭和 8 年 5 戶，9 年 3 戶，10 年 3 戶，11 年 2 戶，12 年 8 戶
千葉	10	20	18	38	昭和 8 年 4 戶，9 年 6 戶
熊本	6	9	17	26	昭和 10 年 4 戶，12 年 2 戶
沖繩	3	6	4	10	昭和 10 年 1 戶，11 年 2 戶
德島	2	2	2	4	昭和 10 年 1 戶，11 年 1 戶
大分	2	4	2	6	
神奈川	1	1	1	2	
合計	45	79	73	152	

資料來源：臺灣總督府殖產局，《臺灣漁業移民移住案內》（臺北：作者印行，昭和 14 年 7 月），頁 12。

集，新港則改由臺灣總督府殖產局水產課技手負責。總督府顯然更加重視新港移民事業，參與程度更深。

移民的募集地範圍則較蘇澳大得多。第一期募集地以盛行暖流性漁業的太平洋沿海各縣為主，北至本州千葉南至沖繩，包括沖繩、九州、四國以及本州等 15 縣。昭和 14 年（1939）第二期募集地則再擴大範圍，北至本州東北的青森、山形以及宮城。不過，除了昭和 13 年第二期移民本籍不確定之外，實際移入移民原籍戶數多寡依序是：和歌山、千葉、熊本、沖繩、德島、大分、神奈川等縣，其中和歌山與千葉移民最多。（見表 5-4）新港實際移入移民顯然有別以九州與四國移民為多的蘇澳模式，而以本州為主。

在移民獎勵設施配置方面，比較表 5-2 與表 5-3，新港有更優厚的獎助與周全的設備。除了蘇澳港原有的個人設施與共同設施之外，總督府與臺東廳當局不但如前所述施行補助金方案，也增設更多的生活配備，如設置暴風警報器、水井等，甚至補助移民醫療費。另一方面，隨著移民漁業活動的需要，更積極地設立共同運輸船、指導管理

試驗所、設置水產試驗場以及水產試驗船❼。昭和8年首次招攬移民時，即同時設置移民指導所（原址現爲臺東縣水產試驗所），由臺東廳常駐指導管理人一名，執行更實際的監督與輔導任務❼。昭和14年（1939）臺東廳當局爲了振興漁業、協助漁民因應夏枯問題以及擴張新漁場等需要，又設立水產試驗場，並配置30噸、六千馬力的試驗船進行試驗❼。

　　總之，新港移民事業充分吸取蘇澳港的移民經驗，由蘇澳嘗試錯誤模式轉爲更周全的「單身移民試驗模式」。不論是計畫或執行均更考慮到現實的問題與需要，臺灣總督府參與程度更高，而與地方廳共同扮演更積極的協助和輔導角色。另一方面，配合備戰時局的發展，爲了順利達成移民改造產業的目標，新港移民事業實施時間更長，移民規模與募集範圍均較蘇澳港更大，規劃也更加完善。然而，昭和13年（1938）花蓮港築港竣工前後，在中日戰爭氣氛之下，官營移民模式又出現新樣態。

3. 花蓮港家族移民試驗模式

　　昭和11年（1936）1月，花蓮港築港尚未完成之際，地方廳當局基於花蓮港爲該廳唯一的漁港與漁獲集散地，有進行日本人移民的迫切性，因此決定先行委託「東部開發調查委員會」做成移民具體規劃案。初期腹案是自昭和12年度起實施五年計畫，每年招攬移民從事漁業，年產漁獲數額預計達50萬圓❼。3月，開始進行移民適合居住地的調查，確定移民戶數以一百戶爲目標，並預定昭和12年度先建

---

❼ 副島伊三，〈蘇澳を根據とする漁業〉，頁50。
❼ 蘇澳港雖然也曾設置移民指導所，卻早在昭和8年（1933）關閉。臺東廳，《臺東廳要覽》2（1935），成文本第312號，頁96。
❼《臺灣日日新報》，昭和14年4月26日，5版。
❼ 同上註，昭和11年1月25日，4版。

造漁業試驗船，選定住宅地和菜園地❼。至昭和 12 年 3 月，總督府與花蓮港廳確定自昭和 14 年起以 5 年時間招募 100 戶日本人漁業移民，同時並決定移民村住宅地與旱作地位置❼。

由此可見，有別於先前實施的蘇澳港與新港移民模式，在昭和 14 年 10 月花蓮港築港完成之前，總督府與地方廳當局已先進行移民事業的規劃與建設。很明顯地，殖民政府在經歷蘇澳港與新港移民試驗之後，經驗更爲豐富，得以展開事前規劃，另一方面也體現了在戰時增產國策之下對於花蓮港移民的重視與期望。

不過，初期計畫是依時局需要不斷調整與修正，而且實行時仍然有落差。昭和 13 年（1938）夏天築港工程近乎竣工之際，由於時局緊迫，縮短原先 5 年實施構想，改爲自昭和 13 年起至 16 年（1938-1941）的 4 年移民計畫。每年預定招攬 25 戶，同時以花蓮港後面一萬坪的官有原野地做爲漁業移民預定地❼。同年 10 月，正式發佈花蓮港官營漁業移民招募訊息❼。

在花蓮港正式移民招募公告中，明白地呈現該港移民模式與新港主要有下列三點不同。首先，就應募者而言，特別強調移民必須身體健康而無太多負債；又不再進行單身移民，而是直接進行家族試驗移民，如有特別原因則給予一年的考慮時間。其次，在共同設施方面，增加雨天作業場與漁具染製場。第三，募集地範圍擴大至整個日本太平洋沿岸各縣，南至沖繩，北至本州東北的岩手，共 22 縣。（見表

---

❼〈花蓮港築港と漁業移民計畫〉，《臺灣水產雜誌》，第 252 號（昭和 11 年 3 月），頁 33-34。

❼《臺灣日日新報》，昭和 12 年 3 月 31 日，8 版。

❼同上註，昭和 13 年 5 月 13 日，7 版、6 月 30 日，2 版。

❼正式公告首見於《臺灣日日新報》，昭和 13 年 10 月 31 日，2 版；同年 12 月又見於《臺灣水產雜誌》，第 285 號，頁 46-48。

表 5-5：花蓮港官營漁業移民的移入戶數與設施

時間／計畫		昭和 11 年確立自昭和 13 年五年計畫，預定招攬百戶	昭和 14 年	昭和 15 年	昭和 16 年
預定募集地		原計畫：熊本、高知、和歌山、宮城。正式公告：岩手、宮城、福島、茨城、千葉、神奈川、靜岡、愛知、三重、岡山、山口、愛媛、高知、德島、大分、宮崎、福岡、佐賀、長崎、熊本、鹿兒島、沖繩。	青森、山形、宮城、千葉、神奈川、和歌山、三重、愛媛、高知、大分。		
招募人數	預定戶數	昭和 14 年招攬 24 戶	7 月 29 日至日本募集 24 戶		
	實際戶數	移民昭和 14 年 12 月 8 日移入	大分、高知、鹿兒島三組 24 戶。	靜岡、大分、沖繩四組 26 戶。	高知、沖繩三組 24 戶。
募集方式		由總督府水產課平塚技手至日本募集	水產課金村技師與菅宮技手至日本募集		
移民獎勵設施	個人設施	原預定一戶補助 1,250 圓，後家屋建築費與漁船、漁具建造補助費一戶 2,000 圓；以 5 戶為單位；補助 15 馬力發動機建造費；旅費補助、飲料水設施費、一戶宅地 100 坪、耕地。			
	共同設施	昭和 13 年完成漁業共同宿舍、漁具倉庫、網染場、作業場、水井、浴場、飲水設備等共同設施免費使用。設置移民指導所、移民住宅、魚市場、設定共有耕地。			
經費		預估 23 萬圓，第一年 8 萬，其後每年 5 萬。昭和 13 年預算 97,000 圓，經費不足額由東臺灣水產會社融資。	支出補助預算 44,950 圓		
其他輔助設施		昭和 11 年進行移民適地調查，12 年建造漁業試驗船，選定住宅及菜園適地。		支出補助額 48,760 圓	支出補助額 64,780 圓
資料來源		A,1939.7.4. 二、1936.1.25. 四、1938.1.31. 二、1938.5.13. 七、1938.10.31. 二； F, 昭和 13 年，頁 617； B,252 號，33-4； E, 頁 117； 戶口寄留簿	A,1939.7.29. 二； F, 昭和 15 年，頁 616	F, 昭和 15 年，頁 616	F, 昭和 16 年，頁 546

資料來源代號如下：A 表示《臺灣日日新報》、B 表示《臺灣水產雜誌》、C 為臺灣總督府殖產局水產課，《臺灣水產要覽》。

5-5）募集地更多、更廣以及直接採用家族移民方式，都顯現殖民政府全面性移植日本移民至花蓮港的迫切性與企圖，也反映此時總督府對於花蓮港做為東部開發重地的重視與期待。

昭和 13 年 11 月，總督府殖產局水產課技手平塚均至日本宣傳募集之後，確定招募移民 24 戶，同時並著手建設移民住宅，準備漁船、漁具、倉庫等共同設施❼❽。此後，在移民正式移入之前，均先進行移民事業基礎工程建設，以便移民一至可以立即投入生產活動，安心從事漁業。換言之，在移民尚未移入之前，官方不但已經進行各種移民事業的調查，而且大體完成移民從事漁業的準備工程。與蘇澳港、新港移民模式相比，移民事業預先準備工作更加徹底與嚴密，是花蓮港移民計劃的一大特色。

在總督府與花蓮港廳的密切配合下，移民事業頗為順利。由表5-5 可見，昭和 14 年至 16 年之間，順利移入移民 10 組 76 戶。昭和17 年（1942）原計再移入 26 戶，成 100 戶，但因戰爭情勢逐漸不利，決定終止募集，而全力充實既定的移民事業內容❼❾。

花蓮港移民的本籍主要來自高知、大分、鹿兒島、沖繩以及靜岡等縣。除了靜岡位於本州之外，實際募集地主要還是來自沖繩、九州以及四國，顯然殖民政府一直企圖擴張移民募集地範圍至日本全境的目的根本無法達成。整體而言，除了新港之外，日治末期東臺灣的官營漁業移民，主要還是來自與臺灣距離較近、關係較密切的沖繩、九州以及四國等地域。

在經費來源方面，新港的經費由總督府以勸業補助費與移民補助

---

❼❽《臺灣日日新報》，昭和 13 年 11 月 8 日，5 版。
❼❾ 臺灣總督府，《臺灣總督府事務成績提要》（1942），成文本第 192 號，頁 537；臺灣總督府，《臺灣統治概要》（東京：原書房，1944），頁 329。

費全額補助廳地方費;花蓮港則由總督府逐年補助,不足部分再由昭和14年(1939)成立的東臺灣水產會社給予融資。(表5-5)這種現象似乎意味著隨著戰爭情勢的發展,國家財政緊縮,花蓮港的官營移民事業無法再完全依賴國家資本,而轉由日系大資本為主的區域整合會社來支持與協助⑧。顯然,花蓮港移民雖最配合國策的要求,但是「官廳依存」(依賴官廳)色彩卻略低於蘇澳港與新港。

此外,移入花蓮港的移民原先以5戶至8、9戶為一單位,駕乘15馬力的動力漁船從事近海漁業⑧。昭和14年(1939),在南進基地化國策之需要下,新港與花蓮港的移民募集改為以50噸級大型漁船從事遠洋漁業的漁業移民為主⑧,以便發展南進的遠洋漁業。

總之,花蓮港官營漁業移民事業進行時,適值中日戰爭時期,隨著臺灣南進基地化與工業化的發展,對於日本移民的移入更加殷切。花蓮港移民事業因國防經濟價值更大,因此不但事前準備工程與計畫最為周全,移民模式也由新港的單身移民試驗模式改為家族移民試驗模式,移民規模更大,戶數也最多。甚至基於南進政策,原來以東部漁場近海漁業為主的經營策略,逐漸轉為向南洋漁場發展的遠洋漁業。不過,在國家財政逐漸吃緊下,花蓮港移民的官廳依賴色彩卻較低,必須越來越依賴民間企業的融資與協助。

四、移民成果與影響

⑧有關東臺灣水產株式會社的成立與經營,參見林玉茹,〈戰時經濟體制下臺灣東部水產業的統制整合〉一文。
⑧《臺灣日日新報》,昭和13年1月31日,2版;臺灣總督府殖產局水產課,《臺灣水產要覽》,頁118。
⑧《臺灣日日新報》,昭和14年7月29日,2版;9月15日,2版。

　　誠如前述，日治時期官營漁業移民事業分成前、後兩期，前期歸於失敗，後期則成效較著，而且對於區域性漁業的發展產生很大的影響。以下從移民事業的成果與影響兩個方面來說明。不過，由於花蓮港移民施行較晚，有關移民成績的資料也較少，因此以下大部分的討論主要以蘇澳港和新港爲中心。

（一）移民事業的成效

　　日治時期東臺灣漁業移民的成效，可以從移民定居率、漁業活動型態的調整與轉變以及經濟收益三方面來觀察。

　　1. 高定居率

　　相對於前期官營漁業移民事業幾無移民定居下來，後期移民事業成效如何，第一個可以評估的莫過於是移民定居率。移民定居率越高，表示移民成效越高。

　　後期官營移民事業中，蘇澳港大正 15 年與昭和 2 年兩個年度共移入 49 戶，新港 6 個年度移入 70 戶，花蓮港 3 個年度則移入 74 戶。亦即，後期東臺灣的官營漁業移民，自大正 15 年至昭和 16 年（1926-1941）15 年之間共移入 193 戶。其中，花蓮港移民與新港戶數並無變動，但因無詳細資料，略而不論。

　　由表 5-6 可見，蘇澳港移民戶數自昭和 2 年至昭和 10 年，一直維持戶數 49 戶，平均一戶大約 4 人左右的家庭規模，人口大概 198 人至 204 人之間，變化不大。昭和 14 年（1939），由於死亡、遷移他地謀生或是另謀他職等因素的影響，減少 9 戶。其中，3 戶戶主死亡，家人返回日本，其他六戶則脫離移住漁民身分[83]。該港雖然僅剩

---

[83] 佐佐木武治，〈蘇澳漁業移民の現狀〉，《臺灣水產雜誌》，295 號（昭和 14 年 10 月），頁 20。

表 5-6：蘇澳港移民戶口數之變化

時間	戶數	男	女	合計	平均一戶人口數
昭和 2 年	49			198	4.04
昭和 5 年	49	112	91	203	4.14
昭和 6 年	49	111	91	202	4.14
昭和 10 年	49	107	97	204	4.16
昭和 14 年	40			210	5.25

資料來源：臺灣總督府殖產局水產課，《臺灣水產要覽》（昭和 15 年），頁 119；佐佐木武治，〈蘇澳の漁港と移住漁民の近況〉，《臺灣水產雜誌》，第 183 號（昭和 6 年 3 月），頁 11、〈蘇澳漁業移住者の經濟狀態に就て〉，《臺灣水產雜誌》，第 188 號（昭和 6 年 11 月），頁 18、〈蘇澳漁業移民の現狀〉，《臺灣水產雜誌》，第 295 號（昭和 14 年 10 月），頁 20-21；《蘇澳漁港》，頁 10；臺北州水產會，《臺北州の水產》（昭和 10 年），頁 53。

表 5-7：新港移民戶口數之變化

招攬年度	單身試驗移民數（名）	家族移民戶數	家族移民定居人口數			說明
			男	女	計	
昭和 8 年	10	9	17	12	29	單身移民中 1 人因病去除
昭和 9 年	14	9	11	8	19	單身移民中 5 人因病去除
昭和 10 年	9	9	12	14	26	
昭和 11 年	9	9				
昭和 12 年	9	9				
時間	移民總戶數		男	女	計	
昭和 8 年	9		9			
昭和 9 年	18		26	12	38	
昭和 10 年	27		－	－	－	
昭和 11 年	36		83	63	146	
昭和 12 年	45		92	73	165	

資料來源：臺東廳，《產業要覽》，昭和 9 年版，頁 75、昭和 10 年，頁 82；臺東廳庶務課，《臺東廳管內概況及事務概要》八，昭和 12 年，頁 42-43。

表5-8：昭和6年（1931）蘇澳港漁業移民的漁業種類

捕魚方式	漁期	漁場	從業船
鏢旗魚	10月-4月	蘇澳、新港	愛媛8、長崎2、高知1
惣田鰹曳繩	7月-10月	蘇澳沿海	高知16
鯖曳繩	11月-3月	同上	長崎1
鯖延繩	1月-4月	同上	愛媛2
飛魚流網	5月-6月	同上	愛媛2
鰡旋網	6月-9月	同上	愛媛1

資料來源：佐佐木武治，〈蘇澳の漁港と移住漁民の近況〉，《臺灣水產雜誌》，183號（昭和6年4月），頁16。

40戶，但是由於移民的自然增加，總人口數並未減少，而是增加10人左右，因此移民家戶的平均人數也增為5.3人，規模變大。除了家族人口之外，有19戶即將近一半的移民家庭中有1至2位漁業的從屬者（如雇用的漁夫）❽，因此每戶家庭的居住人口事實上更多。整體而言，雖然觀察的時間不完整而且不長，但是蘇澳港移民的定居率並不低，達到8成。

至於，昭和12年以前新港移民戶口數的變化，可以由表5-7來說明。顯然，隨著每年度新單身移民的移入和家族永住移民的確定，移民的戶數不斷增加，但是由於沒有確切資料說明昭和13年以後移民戶數的變動，因此無法討論其定居率。不過，新港與花蓮港的移民成效比蘇澳港好，定居率應該更高。

2. 移民漁業活動的調整與改良

移民的漁業活動和轉變，反映他們來臺實際從事漁業之後如何調整與成功適應的過程。由於漁場的差異，以下分別說明蘇澳港與新港移民的漁業種類及其演變。

（1）蘇澳港

❽ 同上註，頁20-22。

圖 5-3：蘇澳漁港
資料來源：中央研究院臺灣史研究所古文書室提供。

　　蘇澳港移民的漁業種類，依漁期的不同，主要有 5 種類型，分別是鰹漁業、旗魚鮪魚鏢漁業、旗魚鮪魚延繩漁業、小型船曳繩或鯖魚延繩漁業以及夏季流網漁業等[85]。（見表 5-8）

　　蘇澳港每至冬季為旗魚鮪魚季，當地原先盛行延繩或是曳繩（引繩）漁法，大正 12 年（1923）大分縣人引入鏢漁法後，由於該漁法無需魚餌，而是直接以魚叉鏢魚，因此逐漸盛行於蘇澳[86]。大正 15 年高知縣移民初來之際，卻未採用該漁法，而是一方面以向臺北州承租

---

[85] 鏢漁法是以魚鏢鏢魚，延繩漁法則是在海上垂懸數十海浬的長繩，下結許多支繩與釣鉤釣魚。曳繩漁法是將數條曳繩曳行於水中，用以釣獲鰹魚、鮪魚等迴游性魚類。限於篇幅，不一一說明，以下各種捕魚方式的詳細說明，請參見李燦然、許君復，〈臺灣之近海漁業〉，臺灣銀行經濟研究室編，《臺灣漁業之研究》第 1 冊（臺北：臺灣銀行經濟研究室，臺灣研究叢刊第 112 種，1974），頁 67-124。

[86] 《臺灣日日新報》，大正 14 年 2 月 6 日，4 版。

表 5-9：蘇澳港移民的漁船

時間	所有權	鰹魚船	鏢旗魚漁船	小型漁船	延繩漁船	合計
昭和 6 年	臺北州	1	3	8	－	12
	個人	0	8	8	－	16
合計		1	11	16	－	28
昭和 9 年	臺北州	1	3	0	0	4
	個人	0	6	17	7	30
	借入	0	0	3	0	3
合計		1	9	20	7	37
昭和 10 年			10	21	3	34

資料來源：佐佐木武治，〈蘇澳漁業移住者の經濟狀態に就て〉，頁 19；副島伊三，〈蘇澳を根據とする漁業〉，頁 51；臺北州水產會，《臺北州の水產》（昭和 10 年），頁 53。

來的鰹魚船共同經營鰹魚業，另一方面則從事旗魚延繩漁業。但由於不熟漁場，成績並不理想，特別是鰹魚業景氣不佳，讓移民損失慘重[87]。直至昭和 2 年（1927），高知移民將作業範圍擴張至鄰近的與那國島之後，漁獲始漸有起色[88]。

昭和 2 年愛媛移民移入，他們擅長鏢旗魚漁業。鏢旗魚是以 20 至 25 馬力的動力船追逐魚群。由於船體小、速度慢，則不利於追逐旗魚，因此移民逐漸更新為 4、50 馬力，昭和 8 年（1933）甚至建造 90 馬力的漁船[89]，漁船有大型化傾向。除了愛媛移民外，長崎、大分縣移民也從事鏢旗魚業，但同時兼行曳繩和延繩漁業。

東臺灣地區由於缺乏沿岸魚礁，夏天少有「磯附」魚群，因此每

---

[87] 臺灣總督府殖產局水產課，《臺灣水產要覽》，頁 115。

[88] 《臺灣日日新報》，昭和 2 年 7 月 22 日，4 版。

[89] 《臺灣水產雜誌》，第 149 號（昭和 3 年 6 月），頁 45、第 221 號（昭和 8 年 8 月），頁 49。

年自 5 月至 10 月的非旗魚鮪魚季節稱為枯魚期❾。為了克服這個問題，愛媛移民首先以 5 馬力的小型漁船從事鰆魚沿岸曳繩漁業，或是以 8 馬力漁船到與那國從事惣田鰹漁業，或是每逢夏季即回到日本從事農業，昭和 9 年（1933）則逐漸改至基隆港捕魚❾。擅長釣魚的高知移民主要以小型船進行鰹魚、鰆魚曳繩以及鯖魚延繩漁業❾。另外，愛媛人嘗試經營糠旋網與飛魚流網業，高知人採取惣田鰹小敷網，臺北州也引進沖繩式的鮪延繩漁法來解決夏天枯魚期問題，但試驗結果並不理想❾。昭和 10 年（1935）之後，蘇澳港漁業逐漸以小型船漁業、鏢漁業及延繩漁業為主。

小型船漁業自昭和 3 年（1928）移民向臺北州租借 2 至 3 人共乘 3 至 5 馬力的漁船從事小釣漁業之後，才漸漸普及。小型漁船每年 1 月至 4 月主要從事鯖魚延繩，夏季則為鯵釣或烏賊抄漁業，9 月至 12 月冬季經營鰆魚、鮪魚及鰹魚曳繩漁業❾。自昭和 5 年（1930）以降，小型船漁業突破夏季不景氣問題成長迅速。昭和 8 年（1933）由於鯖魚延繩漁業的勃興，船隻增大為 8 至 10 馬力，可以兼營鏢漁業❾。由表 5-9 可以明顯看到這種小型漁船漁業的成長。另外，由於鰆

❾ 由表 5-8 可見，以蘇澳為主的漁業主要為冬季漁業，鰆魚、鯖魚與旗魚的漁期是每年 11 月至 4 月，故自 5 月至 10 月的六個月之間，成為所謂的夏枯期。副島伊三，〈蘇澳を根據とする漁業〉，頁 50。

❾ 《臺灣水產雜誌》，第 148 號（昭和 3 年 5 月），頁 82-83、第 226 號（昭和 9 年 1 月），頁 50。

❾ 佐佐木武治，〈蘇澳の漁港と移住漁民の近況〉，《臺灣水產雜誌》，第 183 號（昭和 6 年 4 月），頁 16。

❾ 《臺灣日日新報》，昭和 6 年 10 月 20 日，4 版。

❾ 武石俊清，〈蘇澳に於ける小型船の活動〉，《臺灣水產雜誌》，251 號（昭和 11 年 2 月），頁 12；臺北州水產會，《臺北州の水產》（臺北：臺北印刷株式會社，1935），頁 53。

❾ 武石俊清，〈蘇澳に於ける小型船の活動〉，頁 12；臺北州水產會，《臺北州の水產》，頁 53。

延繩漁業的發達，也使得製造釣繩魚餌成為移民家庭婦女的副業，對於家計有不少的助益。

鏢旗魚漁業則改變較小，移民擁有船數也變化不大，只是昭和 7 年（1932）新港築港完成之後，可以該港為中繼根據地，蘇澳漁船也逐漸擴大成為 45 至 90 馬力的快速大型船 ❾❻。鏢漁業漁獲量大約佔蘇澳港移民總漁獲量的 65% ❾❼，因此儘管小型船漁業有進一步成長的趨勢，鏢旗魚業仍為該港最重要的漁業。至於延繩漁業，主要指旗魚、鯊魚延繩，由於必須花費較多成本，夏季又無法使用，因此有逐漸成為廢業而改為小型船漁業的傾向 ❾❽。

總之，蘇澳港漁業移民移入之後，雖然面臨夏季枯魚期困難，但是仍嘗試引進各種新漁法，而獲得一定的成效。

（2）新港

新港的漁業以船隻馬力別分有二，一是 20 馬力以下以鰹魚、鮪魚、雜魚為主的小型船曳繩、絲釣以及瀨繩漁業；二是以 20 馬力以上船隻進行的旗魚、鯊魚鏢漁業或是鰹釣業 ❾❾。亦即以小型船漁業、鏢漁業以及鰹釣業為主。

新港移民渡臺當時，盛行鰹釣漁業，昭和 9 年（1934）以降由於鰹釣的魚餌楝魚供不應求，而漸漸休業。小型船漁業自昭和 6 年（1931）新港本地漁民以 5 馬力動力船隻從業開始，一直有很好的成績。昭和 9 年和歌山移民首先建造 5 馬力的動力帆船，專門從事曳繩漁業 ❿。此後，由於小型船漁業適合新港沿海漁場環境，而且整年可

❾❻ 武石俊清，〈蘇澳に於ける小型船の活動〉，頁 11。
❾❼ 蘇澳水產株式會社，《蘇澳漁港》，頁 11。
❾❽ 臺北州水產會，《臺北州の水產》，頁 54。
❾❾ 臺東廳庶務課，《臺東廳管內概況及事務概要》（1935），頁 43-44。
❿ 臺東廳，《產業要覽》（臺東：山科商店印刷部，1935），頁 84。

表 5-10：新港移民的漁船

時間	小型漁船	鏢漁業船隻	計
昭和 8 年	3	2	5
昭和 9 年	5	1	6
昭和 10 年	7	4	11
昭和 11 年	11	6	17
昭和 12 年	15	7	22

資料來源：臺東廳庶務課，《臺東廳管內概況及事務概要》，昭和 10 年，頁 42-3、昭和 11 年，頁 131；臺東廳，《產業要覽》，昭和 9 年，頁 81。

以從業，因此迅速普及[101]。由表 5-10 可見，新港自昭和 8 年（1933）移民初來至昭和 12 年（1937）第一期移民計畫結束，小型船隻成長 5 倍。顯然，該港與蘇澳港相同，小型船隻漁業有逐漸擴展傾向。鏢漁業是旗魚季最活躍的產業，因該漁業不需魚餌，漁具簡單，離漁場又近，是最經濟的漁業。不過，由於從事鏢漁業的漁船，夏季時間少有利用價值，因此昭和 10 年之後也有漸改為小型漁船傾向[102]。由表 5-10 也可以看到鏢漁船自昭和 12 年漁船成長速度趨緩。

　　以移民所從事的漁業類別來觀察，單身試驗移民與家族移民各不相同。單身移民以 8 至 15 馬力的小型船漁業為主。家族移民以和歌山與千葉人最多。和歌山移民大多以 8 至 15 馬力的小型船隻，從事延繩和鰹釣漁業，後來由於該漁業不景氣，轉為每年自 11 月至 5 月從事鏢旗魚或曳繩，6 至 10 月夏枯季節則以小型船從事瀨魚延繩、龍蝦刺網、飛魚流網業以及鰹魚絲釣[103]。不同於和歌山人整年在臺灣從事漁業，千葉人擅長於鏢漁業，因此每年 11 月至 5 月的旗魚鮪魚

---

[101] 臺東廳庶務課，《臺東廳管內概況及事務概要》（1936），頁 43。

[102] 臺東廳，《產業要覽》，頁 85；同上註，昭和 12 年，頁 43。

[103] 《臺灣水產雜誌》，第 233 號（昭和 9 年 8 月），頁 34；與儀喜宣，〈臺灣の漁業移民に就て〉，頁 14。

季在新港捕魚，6 至 10 月回到日本北海道進行鏢漁業❿。

　　總之，新港和蘇澳港皆以冬天旗魚鮪魚季的鏢漁業爲每年最重要的漁業活動，但由於以大型船隻作業的鏢漁業在夏季枯魚期無法使用，而有逐漸轉向以小型船漁業發展的傾向。其次，除了千葉縣移民夏季回到日本北海道捕魚之外，移民移入東部之後，雖然面臨種種漁業問題，仍隨著各自的專長逐漸調整漁業經營策略，而獲得不錯的成果。再者，蘇澳與新港的漁業屬於「日歸漁業」，也就是說早晨出海捕魚晚上回到原港。這種漁業消耗品少，漁獲新鮮❺，漁業活動範圍卻也不太大，屬於近海漁業。直至昭和 15 年（1940）以降，新港與花蓮港爲了解決夏枯問題、進行生魚直送日本計畫以及配合南進政策等目的，開始往南洋發展遠洋漁業❻。花蓮港的漁業移民也以從事鮪漁業爲主❼，昭和 15 年至 16 年（1940-1941），更在東臺灣水產株式會社的輔導之下，先後二次組成母船式鮪延繩遠洋漁隊遠向南方捕魚，成績很不錯❽。整體而言，從東臺灣移民漁業活動的調整與發展來看，日治末期以國家力量與資本爲主進行的官營漁業移民事業，企圖透過日本移民來改造東部漁業，大體是成功的。

　　3. 移民經濟狀態的改善

　　大正 15 年（1926），蘇澳港移民渡臺初期，因不習慣臺灣的氣候

---

❿ 臺東廳，《產業要覽》（臺東：山科商店印刷部，1934），頁 77；與儀喜宣，〈臺灣の漁業移民に就て〉，頁 14-15。

❺ 臺灣總督府殖產局，《臺灣漁業移民移住案內》（臺北：作者印行，1939），頁 9。

❻ 昭和 15 年 5 月，新港第一次以大型漁船組成母船式的遠洋漁隊，嘗試進行遠洋漁業。《臺灣日日新報》，昭和 15 年 5 月 20 日，4 版、8 月 31 日，5 版。

❼ 同上註。

❽ 《臺灣日日新報》，昭和 15 年 5 月 5 日，3 版、16 年 1 月 4 日，5 版、17 年 1 月 29 日，3 版。有關母船式的鮪魚隊組織，參見林玉茹，〈戰時經濟體制下臺灣東部水產的統制整合〉，頁 81。

表 5-11：昭和 6 年（1931）蘇澳港移民別的貧富等級

移民本籍別	上戶	中戶	下戶	計
高知	0	15	11	26
愛媛	4	5	8	17
長崎	1	2	1	4
大分	0	0	1	1
鹿兒島	0	1	0	1
計	5	23	21	49

說明：上戶指有漁船及其他資產，事業和收支無赤字者；中戶指事業及生活無赤字；下戶只有多額負債，辛苦營生者。
資料來源：佐佐木武治，〈蘇澳漁業移住者の經濟狀態に就て〉，頁 20-21。

與風土，又不瞭解漁場與海況，且移民共同經營的鰹漁業正值不景氣，損失頗大，第一次移民成績並不理想[109]。昭和 2 年（1927）以後，經過臺北州當局的輔導，改善衛生狀態，移民生活漸安定[110]。

不過，移民始終面對應付夏季枯魚閒散期的問題。昭和 3 年（1928）小型漁船的興起、移民婦人至鰹節工廠工作和從事家庭副業，以及臺北州當局的種種輔導措施，才使得漁民夏季生活漸趨安定[111]。以昭和 6 年（1931）臺北州水產課技手佐佐木武治所觀察的漁民經濟狀態為例，在移民每年漁業收支中，冬天收入約佔全年收入的89%[112]，顯然全年主要漁獲來自冬天的旗魚鮪魚漁季。

其次，移民每戶年收入最高 1,451 圓，最低 138 圓，平均一戶年收入 399 圓，月收入 33.3 圓。這種收入水準，對 3 人至 4 人家族而言，每月扣掉基本生活費，盈餘 13 至 4 圓，7 人以上家庭則是入不

[109] 臺灣總督府殖產局水產課，《臺灣水產要覽》，頁 115。
[110] 《臺灣日日新報》，昭和 2 年 2 月 7 日，4 版。
[111] 《臺灣水產雜誌》，第 148 號（昭和 3 年 5 月），頁 82-83。
[112] 昭和 5 年 6 月至 6 年 4 月移民共收入 85,373 圓，其中 5 月 1 日至 9 月 30 日夏枯期收入 7,448 圓，10 月 1 日至昭和 6 年 4 月 30 日旗魚鮪魚季收入 76,549 圓。

敷出，不足 10 圓⓬。

　　再將移民的經濟狀態分成有資產和盈餘的上戶、收支平衡的中戶以及有負債的下戶來看，上戶移民中 8 成是愛媛籍。愛媛移民由於鏢漁業成績最好，通常一個冬季的收入即足以應付一年的生活費，⓭因此最富有。長崎移民資產型態與愛媛略同，鹿兒島都是中戶，高知移民都是中戶或下戶，大分則都是下戶。（見表 5-11）整體而言，昭和 6 年（1931）時移民仍以中戶和下戶者居多。

　　漁業收穫有景氣循環問題，因此移民的生計收入也受到影響⓮。然而，至昭和 14 年（1939），根據佐佐木武治的報告，蘇澳移民已經逐漸脫離窘境，成功定居。根據他的觀察，移民事業主要有四項成果⓯。

　　（1）移民定居率達 8 成以上。

　　（2）漁業者大多有自己的船隻。由表 5-9 也可以看到，昭和 6 年（1931）移民個人持有船隻率已達 57％，昭和九年（1934）以後達 81％。昭和 14 年（1939）甚至有 3 戶擁有兩艘船以上。

　　（3）移民原先向臺北州當局的借款已經償清，而且多少擁有儲蓄。

　　（4）移民不但在本地有自身的墳墓地，顯然已經有永住打算，而

⓭ 佐佐木武治，〈蘇澳漁業移住者の經濟狀態に就て〉，《臺灣水產雜誌》，第 188 號（昭和 6 年 11 月），頁 19。

⓮ 副島伊三，〈蘇澳を根據とする漁業〉，頁 50。

⓯ 如昭和 6 年（1931）9 月漁獲量較之去年驟減七、八成，漁民月收入在 25-30 圓之間，生活困難，甚至 2、3 圓的所得稅必須向他人借貸，參見《臺灣日日新報》，昭和 6 年 9 月 6 日，4 版。昭和 7 年（1932）蘇澳港漁船又盛獲，景氣極佳，一日獲利達 60 圓，移民購買力亦增加，見《臺灣日日新報》，昭和 7 年 1 月 20 日，8 版。

⓰ 佐佐木武治，〈蘇澳漁業移民の現狀〉，頁 23。

表 5-12 昭和 8-12 年（1933-1937）新港移民月收支盈餘表

種別	船名	昭和8年	昭和9年	昭和10年	昭和11年	昭和12年	平均	摘要（昭和9-12年資料）
單身移民	一臺東丸10馬力		36.2	37.8	26.4	18.6	29.8	單身試驗移民3人，昭和12年改為2人。
	二臺東丸10馬力		43.5	73.8	12.3	33	40.6	同上
	三臺東丸10馬力		22	6.6	26.1	－	18.2	同上，昭和12年無。
小計		33.72	33.9	39.4	21.6	25.8	30.9	平均一隻3人搭乘，12年改為2人。
家族移民	一紀州丸8馬力	－	34.4	106.2	40.8	53.1	58.6	和歌山縣移民2人，雇用漁夫由1人變成5人。
	二紀州丸15馬力	－	63.92	42.6	93.3	96.6	74.1	和歌山縣移民3人變2人，雇用漁夫由2人變成7人。
	三紀州丸	－	－	－	－	78.9	78.9	和歌山縣移民2人，雇用漁夫2人。昭和12年新增船。
	千葉丸40馬力	－	25.59	21.6	85.8	40.5	43.4	千葉縣移民4人，雇用漁夫3人，11年成6人，12年5人。
	天祐丸25馬力	－	－	54.6	51	56.1	53.9	千葉縣移民3人，雇用漁夫由4人成6人。
	共友丸25馬力	－	－	48	39.6	47.7	45.1	千葉縣移民3人，雇用漁夫4人，11年成5人，12年4人。
	池丸5馬力	－	－	65.7	26.4	115.2	69.1	和歌山縣移民1人
	谷丸5馬力	－	－	132.6	93.9	41.7	89.4	和歌山縣移民1人
	君丸	－	－	154.8	63.3	20.7	79.6	和歌山縣移民1人
	福好丸5馬力	－	－	－	76.8	25.8	51.3	和歌山縣移民1人，雇用漁夫成3人，12年未雇用漁夫。
	三福好丸	－	－	－	154.2	14.1	84.2	和歌山縣移民1人，12年2人。
	島丸	－	－	－	70.5	28.2	49.4	和歌山縣移民1人
	岸丸	－	－	－	49.8	39.9	44.9	和歌山縣移民1人
	二福丸	－	－	－	67.2	－	67.2	和歌山縣移民1人，雇用漁夫成1人。
	二熊本丸	－	－	－	-19.5	32.7	6.6	熊本縣移民3人，雇用漁夫5人。
	新開丸	－	－	－	－	-10.2		熊本縣移民1人，雇用漁夫3人。
	朝日丸	－	－	－	－	-24		熊本縣移民2人
小計		－	41.28	54.6	65.7	41.06		平均一隻4人搭乘
合計		－	37.59	51	55.8	33.43		

資料來源：臺東廳，《產業要覽》，昭和9年，頁81、昭和10年，頁88；臺東廳庶務課，《臺東廳管內概況及事務概要》，昭和11年，頁44-45、昭和12年，頁44-45。

說明：此處的月收支盈餘是指漁民一人每年月平均漁業與副業總收入減去支出之結果（包括飲食費、燃料費、維修費、運搬費以及生活種種雜費）。

且除了原先州當局給予的住宅之外，也自行興建較大的住屋。

由此可見，雖然蘇澳移民事業初期問題重重，但是在總督府與地方政府的協助之下，移民逐漸克服種種困難，生活漸安定，經濟狀態不差，定居率頗高，移民事業顯然是成功的。至於新港，由於總督府當局移民經驗漸豐富，不但移民措施較完備，而且又輔導移民家族從事副業，因此移民成績比蘇澳好，收入也很不錯。由表5-12，由昭和8年至昭和12年（1933-1937）新港第一期移民的生計收入來看，除了昭和11年與12年新移入的熊本縣移民呈現入不敷出的虧損狀態之外，單身移民與家族移民每月多少有盈餘。而盈餘的多寡則隨著景氣好壞有所變動。不過，即使處於虧損狀態的熊本縣移民在第二年即有盈餘，顯見新港漁業獲利頗速。

再分由單身移民與家族移民來觀察。新港單身移民的月平均盈餘高達30.88圓，年盈餘則是370.6圓。新港家族移民的月盈餘則更高，平均50.79圓，年盈餘高達609.5圓，是單身移民的1.6倍，而且也遠比蘇澳家族移民還要好。整體來看，新港移民平均每一戶每年盈餘534.39圓，遠高於昭和10年（1935）臺東農業移民的374.27圓[117]。顯然，新港漁業移民生活水準很不錯。

再以移民各籍來看，和歌山縣移民生計收入最高。月盈餘上百圓者都是和歌山籍，平均年盈餘835.2圓，特別是以1人操縱5馬力小船的收益最好，昭和11年（1936）君丸的月盈餘高達154.8圓，年盈餘為1,857圓。千葉縣移民居次，年盈餘569.7圓，熊本縣則最差，處於虧損狀態。和歌山縣移民隨著小型船漁業發展順利，所雇用的漁夫也越多，最多一隻船從屬漁夫達到7人。千葉縣則漁業規模有減小的趨勢，漁夫不增反減。與蘇澳港從事鏢漁業的愛媛移民收入較好不

---

[117] 臺東廳，《產業要覽》（1935年版），頁79-80。

同,新港進行鏢漁業的千葉縣移民的漁獲成績,反而遠不如以小型船漁業爲主的和歌山移民。

整體而言,東臺灣漁業移民的經濟狀態不差,並沒有出現部分農業移民曾經發生的鉅額虧損狀態❶,生活條件也較好,顯現漁業移民事業的成功。

(二)移民事業的影響

自大正15年(1926)以來,陸續在東臺灣進行的官營漁業移民,由於移民逐漸瞭解與適應漁場、收入穩定,以及官方的指導與援助,移民事業很成功,也證明從事動力漁船近海漁業形態的日本漁業移民可以成功地移植臺灣。昭和14年(1939),花蓮港移民規模的擴張,正反映這個事實。如果不是因戰爭情勢逐漸不利,或許日本漁業移民將大舉移入臺灣。無論如何,這群漁業移民不但達到最初產業改造的目的,而且對於當地社會至少產生漁業人口大增、漁業聚落擴大、漁業近代化、漁獲量增加以及日本漁業文化的移入等影響。茲分別敘述如下:

1. 漁業人口大增與漁業聚落的發展

蘇澳港、新港以及花蓮港(米崙)原來都是人口稀少的寒村,然而隨著築港完成、移民移入以及官方對於相關設備的興建,使得這些港口漁業發展的潛力大增,也吸引自由移民與臺灣本地人來此地定居

---

❶ 參見張素玢,《臺灣的日本農業移民(1909-1945)》,表3-21。

或作季節性的居留⑲，聚落乃逐漸擴大成港口市鎮。例如，蘇澳港原先不過 10 幾戶人家居住，大正 15 年移民移入之後，迅速增爲 342 戶。昭和 9 年（1934）12 月《臺灣日日新報》對於新港的發展也有下列的描述：

> 自漁港完成後，漁民之移住，漁業關係者等，往來頻繁。且因各種新企業勃興，最近人口急遽增加，已達築港當初的目的⑳。

再以漁業從業人口的增加而言，臺東廳昭和 6 年（1931）新港移民移入之前，日本人從事漁業人口有 33 人，臺灣人 73 人，共 106 人；昭和 16 年（1941）則增爲日本人 226 人，本島人 128 人，漁業人口增加 3.3 倍。花蓮港廳更明顯，昭和 13 年（1938）未進行移民前，日本人僅 20 人，臺灣人 70 人，共 90 人；昭和 16 年則日本人 125 人，本島人 985 人，共 1,110 人㉑。短短 3 年間，遽增 12 倍的漁業人口。上述數據雖然包含臺東廳與花蓮港廳全廳的統計資料，但是很明顯的，配合移民的移入，地方政府積極進行各項基礎建設，而能吸引更多漁民來東部發展，不但促進兩廳水產業的發展，也進一步形成漁業市鎮。

漁業的發展與漁業人口的增加，使得廳水產會得以成立，移民也

---

⑲ 從田野訪談中也可以得到這樣的訊息。據成功鎮吳文貴先生說，在日本人以訂金招徠之下，他的大哥在昭和 14 年（1939）左右自恆春來新港捕魚，由於收入不錯，他們一家三兄弟先後來到新港捕魚。最先是 9 月漁季時來新港半年，3 月時再回到恆春，夏天則在鵝鑾鼻與後壁湖捕雨傘魚。戰後他低價購買日本移民宿舍之後才定居下來。

⑳ 《臺灣日日新報》，昭和 9 年 12 月 30 日，8 版。

㉑ 臺灣總督府殖產局水產課，《臺灣水產統計》，臺北：臺灣水產會，昭和 3 年至16 年。

成立移民組合等相關組織[122]，極力擴張業務、影響地方事務。新港郡即因漁獲量八成來自移民，他們的勢力可以左右臺東廳的漁業界[123]。

2. 漁業技術更新與近代化

臺灣東部漁業發展向來相當遲緩。漁民作業漁船原以無動力的竹筏或帆船為主，漁具極為簡陋，漁業技術也很落後，仍停留在以沿岸捕撈作業為主的定置漁業和惣田鰹漁業[124]。日本移民移入之後，帶來了新的漁業技術，不但促使東部鏢漁業更加盛行，又發展出適合本地的小型船漁業、鯖魚或鮪魚延繩漁業；另一方面，漁船也幾與西部同時更新成動力漁船，鏢漁船初期並有大型化趨勢[125]。1940年代以降，隨著戰況越來越激烈，漁業勞力日益不足，日本移民更加積極招攬阿美族或漢人參與漁業活動，甚至遠從恆春地區募集當地漁民來東部學習鏢旗魚業[126]。1945年日本戰敗之後，部分的日本移民如金城次郎八與高橋也暫留新港，教導本地人近代化的漁撈技術[127]。

在移民與當局的推動之下，東臺灣漁業的產業結構漸由無動力船的沿岸漁業改為動力船的近海漁業。昭和15年（1940）以降，又發

---

[122] 臺東廳水產會由於漁業人口激增，昭和10年（1935)5月3日乃正式成立水產會，見《臺灣水產雜誌》，第242號（昭和10年6月），頁27。昭和13年（1938）11月14日，蘇澳港移民為了共同償還向臺北州借的住宅貸款與共同購買各種設備以發展漁業經濟，成立移民組合。《臺灣日日新報》，昭和13年11月17日，5版。

[123]《東臺灣新報》，昭和17年8月8日，2版。

[124] 定置漁業是一種陷阱類漁業，漁具固定設在沿岸水域，以捕獲迴游魚群。劉寧顏總纂，《重修臺灣省通志》經濟志·漁業篇（臺中：臺灣省文獻委員會，1993），頁347。鰹漁業也是以待網或大敷網捕獲鰹魚的沿岸漁業。大藏省管理局，《日本人の海外活動に關する歷史的調查》，第13冊，頁104。

[125] 佐佐木武治，〈蘇澳漁業移民の現狀〉，頁24；臺東廳，《臺東廳產業概況》（臺東：中村活版所，1932），頁45。

[126] 西村一之，〈臺灣東部港鎮形成小史〉，頁5-6。2000年10月7日，成功鎮吳文貴和吳文隊兄弟訪談記錄。

[127] 同上註。

展向南洋捕魚的鮪延繩遠洋漁業，漁業活動範圍也由臺灣東部海域延伸至南洋群島。

此外，移民也引進新式漁具，新港並設立共同製造處理工場，爲當地建立模範工場，改進原先製造技術落後與工場設備簡陋的缺點，促使產業發展合理化[128]。又爲了配合移民移入與魚貨行銷需要，總督府與地方當局更輔導本地資本家或日本大資本家成立水產業株式會社，如大正 14 年（1925）的蘇澳水產株式會社、昭和 9 年（1934）的新港水產株式會社以及昭和 14 年（1939）的東臺灣水產株式會社，進行魚市代理、製冰冷藏冷凍業，甚至給予漁業移民融資[129]。這些新式水產會社的成立，進一步促進東部水產業的近代化。

3. 漁獲量的增加

在技術與設備革新之下，蘇澳等三港漁獲量急遽增加。以有較詳細數字的蘇澳港爲例，蘇澳港移民移入之前，漁獲量不過 15 萬圓左右，大正 15 年移民一到，增爲 30 萬圓，昭和 3 年（1928）突破 50 萬圓，昭和 11 年（1936）達 80 萬圓，昭和 16 年達 196 萬餘圓[130]。15 年之間，達到 13 倍驚人的成長。又根據昭和 17 年（1642）《東臺灣新報》的報導，新港在實施移民政策之後，漁獲量也比昭和 14 年增加 3 倍的漁獲[131]。漁獲量的大增，使得對外輸出成爲可能，蘇澳港旗魚甚至大半輸往日本的東京與大阪[132]，完成殖民政府向日本本土輸入水產品、減少對外貿易支出的目標，顯見東臺灣產業改造背後所隱含

---

[128] 兒玉政治，〈東臺灣の水產業を觀察して〉，《臺灣水產雜誌》，第 220 號（昭和 8 年），頁 25-6。

[129] 林玉茹，〈戰時經濟體制下臺灣東部水產業的統制整合〉，頁 79。

[130] 《臺灣水產雜誌》，第 124 號（大正 15 年 5 月），頁 54；《臺灣日日新報》，昭和 4 年 5 月 20 日，4 版、11 年 8 月 22 日，8 版、16 年 3 月 26 日，4 版。

[131] 《東臺灣新報》，昭和 17 年 7 月 18 日，2 版。

[132] 《臺灣日日新報》，昭和 9 年 11 月 14 日，8 版。

的殖民性。

　4.日本漁業文化的移植

　殖民的結果往往帶來土著文化的變質。日本移民的移入，更加速這種文化變質，他們不但帶來了新的漁業技術，促進東部漁業近代化，更引入日式的漁業文化。以新港為例，誠如前述，日本家族移民定居之後，即雇用本地漁民共同捕魚，一部分漢人與阿美族人也向日本移民學習漁撈技術。1940年代太平洋戰爭之後，由於勞力缺乏，日本移民戶逐漸出現移民、漢人以及阿美族人同住一屋或一船，共同經營漁業❸；或是本島人季節性寄居日本漁船的現象❹。同時，受日本人的影響，新港漁民至今仍然沿襲日本移民的漁獲利益比例分配方式❺。

五、結論

　日治時期，殖民政府曾經以國家機制和資本主導前後兩期的官營漁業移民。明治末年的漁業移民是為了殖民統治、滿足在臺日本人的漁獲消費以及改良沿岸漁業，以臺灣西部各港為主進行無動力漁船的沿岸漁業移民。然而，由於相關的基礎設備未建立、移民又適應不良，加上無動力船沿岸漁業與臺灣人原有漁業無所區隔，無法展現殖

---

❸ 西村一之，〈臺灣東部漁民社會における集團形成關する文化人類學研究〉，頁3-6、13；〈臺灣東部港鎮形成小史〉，頁5-6。

❹ 昭和15年（1940）左右自恆春來新港捕魚的吳文貴說，他們同行10餘人在日本人的招徠之下，每年冬天漁季時來新港鏢旗魚，與日本人共同住在大概15、16噸重的日本漁船大壽號上，該船可搭乘12人，其中有日本人10人，臺灣人1至2人。2000年10月7日成功鎮吳文貴訪問記錄。

❺ 這種漁獲利潤分配方式主要是扣除支出經費與船主利潤之後，再根據漁船船員所擔任的任務來進行利益分配。西村一之，〈臺灣東部港鎮形成小史〉，頁2。

民者的優勢，結果失敗收場。

　　1920 年代以降，在東部開發論逐漸昂揚與日本漁業人口過剩壓力之下，開啓了蘇澳港官營移民的契機。其後，隨著漁場向新港的擴張以及備戰時期東臺灣漁業開發的需要，昭和 7 年（1932）繼續進行新港移民。昭和 11 年（1936）又在備戰狀況下，決定以花蓮港爲東部漁業基地，擬定漁業移民計畫，昭和 14 年（1939）移民正式移入。很明顯的，後期移民策略的展開，事實上是朝著「築港—移民—漁業改良」的模式發展。而爲了顯現日本移民技術的進步，維持殖民者的優越感，改採以動力船進行近海漁業的移民策略。這次的策略顯然是成功的。

　　在臺灣總督府與地方廳的充分合作下，後期的漁業移民發展出一套循序漸進的移民模式。由蘇澳港的嘗試錯誤移民模式、新港的單身試驗移民模式，至花蓮港有充分的事前準備計畫、基礎工程的完備以及家族試驗移民模式，整個移民事業並非一成不變，而是根據實際問題逐漸調整。透過在 3 個港口陸續漸進的移民試驗，總督府的移民經驗越來越豐富，計畫更周全與嚴密，並給予移民充分的援助與輔導。因此，後期移民不但成功地移植，逐漸定居，移民的生計條件普遍比農業移民好；另一方面，移民事業的規模也越來越大。日本移民的成功移入也對東部地區產生具體影響，諸如：促使蘇澳三港形成港口市鎮、東部漁業近代化、漁獲量大增以及部分日本漁業文化的移植東部。

　　後期移民也有別於前期，並非以同化、鞏固殖民統治爲重心，而改以東臺灣漁業開發爲主要目的。臺灣東部人口稀薄，不但勞力明顯不足，漁業只是副業，也一直停留在原始落後的沿岸漁業經營狀態之下。大正末年以降，以近海漁業和遠洋漁業爲主的日本漁業移民，乃屬於技術移民與勞動力的加入，對於東部漁業的發展注入一股新生力

量。因此，後期官營移民是以國家意志經營移民事業，再透過移民引入新技術來進行區域產業改造。東臺灣漁業的結構即配合國策需要之下，由沿岸漁業向近海漁業以及遠洋漁業發展。隨著戰爭情勢的變化，東臺灣移民事業的國防經濟性質更為彰顯，移民漁業活動範圍也由東臺灣海域逐漸轉向南洋發展，昭和 15 年（1940）花蓮港移民進行南洋鮪延繩漁業的嘗試即是典型。

過去對於殖民時代臺灣經濟發展的評價，有「帝國主義剝削論」與「近代化論」兩種立場迴異的觀點。然而，由東臺灣官營漁業移民來看，移民事業的進行基本上完成了近代化的產業改造使命，但是必須注意的是，東部，特別是臺東與花蓮港兩廳的漁業開發，直到 1930年代備戰時期之後才有積極作為。換言之，備戰與戰爭對於資源的需求，才讓殖民政府正視東部開發問題。東部的邊陲性格與殖民政府目的取向的政策偏向仍是顯而易見的。另一方面，蘇澳港旗魚大量向日本本土輸出，也顯見臺灣總督府進行東臺灣產業改造背後的殖民性，殖民地的產業發展乃以配合母國需求為終極目標。

此外，整個後期移民事業仍有未能達成總督府原先目標的問題。配合備戰與戰爭時局的發展，日治末期東臺灣漁業移民事業有逐漸擴大進行的企圖與趨勢，募集地範圍也由原來日本的九州與四國等地，擴張到本州地區的太平洋沿岸各縣。然而，計畫與施行結果卻有差距，實際移入者仍以四國、九州以及本州的少數地區為主，並未真正擴張至日本太平洋沿岸各縣。顯然，日治末期殖民政府全面性移植日本沿海各縣漁民至東臺灣的企圖並未達成。

殖民地邊區的企業：

日治時期東臺灣的會社及其企業家

一、前言

　　過去至今，眾多討論日治時期臺灣殖民經濟特徵的專著，大多將臺灣視為一個同質單位，採取全體觀照的觀點指稱其如何在日本資本主義擴張的過程中從屬化，或是現代化[1]。特別是以糖業發展為例，論述日本國內大資本如何進入臺灣，在臺日系資本和臺灣本地資本如何被合併或從屬。矢內原忠雄和涂照彥等人的研究可以說是其代表[2]。然而，殖民地的區域差異或是不平衡發展，卻是較少被注意的問題。

　　相對於臺灣其他地區，臺灣東部的花蓮港廳（今花蓮縣）和臺東

[1] 從正面角度討論臺灣作為日本殖民地，進而朝向現代化或經濟快速發展者，以西方學者為代表，最典型的著作是 George W. Barclay, *Colonial Development and Population in Taiwan.*（New Jersey: Princeton University, 1954）和 Ramon H. Myers、Mark R. Peattie 所　編　的 *The Japanese Colonial Empire,1895-1945.*（Princeton: Princeton University Press, 1984）.

[2] 這方面的論辯，參見：柯志明，《米糖相剋：日本殖民主義下臺灣的發展與從屬》（臺北：群學，2003），頁 1-7、10-15。

廳（臺東縣），由於位置孤立、自然條件不佳、交通不便、族群複雜以及開發較遲的歷史發展脈絡，一直是一個未開發或是低度發展的區域。直至日治時期，東臺灣仍位處殖民地邊區，另有一套有別於西部臺灣的治理方針。施添福從臺灣總督府有計畫地將東部塑造成在臺日本人的新故鄉出發，將之視為「第二臺灣」，是移住型的殖民地；而與資本型殖民地的西部臺灣（第一臺灣）、封鎖型殖民地的山地臺灣（第三臺灣）相區隔❸。

　　殖民政府經營東部的特殊化政策，即使從日本資本在東臺灣的發展歷程來看，亦展現其在殖民經濟史的獨特性。日本領有臺灣，並非像 19 世紀西方新帝國主義者一般，是在工業革命之後，資本家亟需原料和市場的狀況下對外擴張，臺灣總督府反而必須精心設計各項政策，來吸引剛剛起步的日本國內資本來臺投資❹。在這種狀態下，缺乏市場、勞力，又交通不便的東臺灣，更不易獲得日本國內資本家的青睞。即使就糖業資本而言，由三井、三菱、日糖等日系大財閥壟斷獨佔西部糖業、土地的經營型態❺，在東部卻有不太一致的發展模式。東臺灣糖業的發展，一開始是由在臺日本資本家賀田金三郎在總

---

❸施添福，〈日本殖民主義下的東部臺灣：第二臺灣的論述〉，發表於中央研究院臺灣史研究所籌備處（以下簡稱中研院臺史所）主辦「臺灣社會經濟史國際學術研討會」（2003 年 5 月），頁 1-47。

❹Chang Han-yu and Ramon H. Myers, "Japanese Colonial Development Policy in Taiwan, 1895-1906: A case of Bureaucratic Entrepreneurship." *Journal of Asian Studies*. 22(4)（1963）", pp. 448-449.

❺有關日本國內財閥壟斷經營西部臺灣糖業、茶葉會社，而一躍成為大地主的過程，參見：淺田喬二，《日本帝國主義と舊殖民地地主制》（東京：御茶の水書房，1968），第二章；涂照彥著、李明峻譯，《日本帝國主義下的臺灣》（臺北：人間，1993），第四章。

督府的羽翼和鼓吹下開始❻，至於日本國內大財閥則大多晚至中日戰爭時期才在東部出現。另一方面，自賀田組到臺東製糖會社、鹽水港製糖會社的經營，由於面臨的是尚處於開荒階段的東部，並沒有西部早已開墾的蔗園和豐富的勞動力，而必須另外負擔移民開發的重責大任，營運狀況亦相當不順遂。東臺灣要如西部一般，成為殖民母國原料和市場地的經濟效益實不大。

從投資報酬率的觀點，以追求最高利潤為主的日本國內民間大企業❼，並沒有意願在尚處於低度開發的東臺灣地區進行投資。因此，反而讓在臺日本資本家和臺灣人資本家（以下簡稱臺資）有發展的餘地。

在臺日本資本家（以下簡稱在臺日資），意指在臺灣蓄積、創造其資本的資本家，這是相對於由日本國內輸入資本的不在地資本家而言❽。自矢內原忠雄到涂照彥，均已經注意到在臺日資的存在❾。涂照彥更以後宮信太郎、赤司初太郎等人為例，直指在臺日資在臺灣發展的侷限性，以及其對於日本國內資本的依賴，終將步入被吸收合併

---

❻賀田金三郎主要透過在臺灣經營的各項事業，累積其資本。黃紹恆，〈日治初期在臺日資的生成與積累〉，《臺灣社會研究季刊》32（臺北：臺灣社會研究季刊社，1998），頁208、鍾淑敏，〈政商關係與日治時期的東臺灣：以賀田金三郎為中心的考察〉，《臺灣史研究》11（1）（2004年6月），頁104-108。

❼即使到1930年代，日本資本家的企業活動，仍以追求利潤為第一目標。遲到1939年之後，這種企業追求利潤的行動，才遭到批判。小林英夫等，《「日本株式會社」の昭和史：官僚支配の構造》（大阪：創元社，1995），頁104。

❽山本有造甚至指出在殖民地創造出來的「蓄積資產」，事實上比由日本輸出的「流出資本」還多。《日本植民地經濟史研究》（名古屋：名古屋大學出版會，1992），第六章。

❾矢內原忠雄已經指出日本國內資本家的不在地性格，可能對於土地和企業的改良流於冷漠，財富亦較少在臺灣再生產的特徵。不過，他對於在臺日資的討論太過簡化。矢內原忠雄著，周憲文譯，《日本帝國主義下之臺灣》（臺北：帕米爾，1985），頁88。

的命運❿。波形昭一又更進一步論證，在臺日資早在日俄戰爭之前便已存在，並指出涂照彥的研究過於平面，無法觀察到他們動態的演變。不過，波形昭一認為日本國內資本家以組成株式會社為主，在臺日資和臺灣人資本則組成合資會社，有些過於簡單的二分法，仍須進一步檢證⓫。黃紹恆則批判前人過度強調日本財閥壟斷臺灣經濟發展的說法，更細緻地討論日俄戰爭前後在臺日資的資本積累及演變。他指出日治初期在臺日資與總督府、軍隊的關係相當密切，是政商關係良好、依附於國家權力的特權人物。這種在臺日資的生成與臺灣人資本形成相互拮抗又合作的關係，是推動日治時期臺灣經濟變遷的重要力量⓬。

黃紹恆的研究顯示，在臺日資的地位應該重新被評價，不過其研究斷限僅止於1905年，無法全盤掌握在臺日資長期的演變形態。再者，如從區域研究的取向，將在臺日資放在東臺灣歷史發展脈絡來觀察時，又將是另一種新面貌。作為一個殖民地邊緣的新墾地和移居地，在日本國內資本進入意願不高，又沒有西部眾多漢人包圍的壓力下，東臺灣作為移民社會的特質或許比殖民社會更加濃厚⓭。在臺日本企業家乃可以透過地緣關係蓄積自己的實力，不必然依附於日本國內資本。在臺日資，特別是東部在地的企業家，在東臺灣地區的形成

---

❿ 涂照彥著、李明峻譯，《日本帝國主義下的臺灣》，頁291、348-352。

⓫ 波形昭一，〈殖民地（臺灣）財閥〉（收於澀谷隆一編，《地方財閥の展開と銀行》，東京：日本評論社，1989），頁654-658。

⓬ 黃紹恆，〈日治初期在臺日資的生成與積累〉，頁165-214。

⓭ 透過1910年以來，殖民政府刻意實行的日本人移民計畫，顯然促使東臺灣更像一個日本人的新移居地，移民社會的特徵亦較顯著。矢內原忠雄也提到，東部臺灣是顯著地日本化的，其與臺灣西部的旅行印象完全不同，花蓮港街幾乎是純粹地日本市街。矢內原忠雄著、周憲文譯，《日本帝國主義下之臺灣》，頁130。相關論述，見：施添福，前引文。

及其角色，將是本文論證的重要問題。

其次，由區域特徵來看，東臺灣是一個低度開發、「後進」的區域，是否適用於殖民主義的中心對邊陲的壓榨或是剝削的觀點，是值得深思的問題。殖民政府除了收奪偌大的土地之外，在東部特殊的自然和人文條件下，可能必須花費比西部臺灣更多的力氣來進行建設和開發。事實上，是否開發殖民地邊緣的東部，始終是臺灣總督府困擾的問題。1937 年中日戰爭爆發之後，似乎才為東臺灣帶來開發的契機。以國策會社臺灣拓殖株式會社為首，國家資本和民間資本聯手進入東部發展農墾和工業[14]，不但為東臺灣帶來了產業新氣象，東部似乎也成為當時日本新興軍需重化工業在臺灣發展的中心之一。戰爭似乎為向來產業相當落後的東臺灣，啟動了開發的機制。然而在這種特殊的時局背景下，東臺灣的產業發展和資本形態有何變容？在地日資在面臨國家資本和日本國內大資本大舉侵入之際，又有何變化？

總之，過去的研究，大多從糖業資本或是資本主義生產方式的轉變，來探討殖民地經濟的諸多問題，而未考慮「後進」的東臺灣和先進的西臺灣殖民遭遇之差別。本文基本上嘗試從區域差異的角度，以東臺灣的會社作為研究對象，試圖透過殖民地邊區內企業及其企業家形態的轉變，來重建東臺灣產業發展的軌跡和圖像，以反省前述一些殖民經濟史的課題。

本文中的「會社」即公司（Company），意指由兩人以上，為了遂行共同的經濟目的而組織之企業團體，其具有法人格，在法律上享

---

[14] 有關這方面的論述，參見：林玉茹，〈戰爭、邊陲與殖民產業：戰時臺灣拓殖株式會社在東臺灣投資事業的佈局〉，《近代史研究所集刊》43（2004 年 3 月），頁 117-172。

有一定的權利和義務[15]。會社可以說是經濟現代化不可欠缺的要素，不但是現代企業的象徵，也是資本主義經濟文明的代表之一[16]。隨著日本帝國主義和資本主義在臺灣的拓展，這項新式西化的企業制度亦逐漸取代傳統的產業組織[17]。透過會社在東臺灣的發展歷程，應該可以反映日治時期東臺灣產業發展的特色。

以下首先從東部會社的類型、產業類別以及資本規模，說明東臺灣企業發展的軌跡。其次，論證在臺日資在東臺灣的重要性，以及1930年代後戰爭局勢下東臺灣產業地位的變容。

二、殖民地邊區企業的分析：會社類型、產業類別及資本規模

臺灣東部是本島最晚出現會社的地區，直至1909年方才於臺東廳首度出現臺灣スレート（Slate，石板）合資會社[18]。至1942年有資料可證爲止，雖然部分會社已然改組或解散[19]，但本社社址設於東部

---

[15] 橋本良平，《會社の組織及設立と經營》（東京：文雅堂，1924），頁2-3；張漢裕，《西洋經濟發展史》（臺北：作者印行，1978），頁168-170。

[16] 中川敬一郎等編，《近代日本經營史の基礎知識》（東京都：有斐閣，1979），頁7；高村直助，《會社の誕生》（東京：吉川弘文館，1996），頁6。

[17] 王泰升，〈臺灣企業組織法之初探與省思：以合股之變遷爲中心〉，《臺灣法律史的建立》（臺北：作者印行，臺灣大學法學叢書107，1997），頁290-291；高淑媛，〈1912年禁止臺民使用公司制度之政策分析〉，《臺灣風物》52（4）（2002年12月），頁158。

[18] 臺灣總督府官房統計課，《臺灣總督府第十三統計書》（臺北：臺灣總督官房統計課，1909），頁482。

[19] 由《臺灣商工統計》（臺北：臺灣總督府殖產局商工課，1923-1942）來看，東臺灣地區會社經營尚稱穩定，除了1929年受到經濟大恐慌的影響，曾經一年內解散9家會社之外，較少有解散會社紀錄。1935年有7家會社解散，亦是較特殊的一年，推測此時主要是會社合併情形非常盛行所致。

的會社至少曾經先後出現 227 家❷。這些會社有 41% 是在 1936-1942 年間成立，65% 在 1932-1942 年間才出現。由此可見，1930 年代之後，東部明顯地進入企業發展勃興期，特別是中日戰爭前後。（表 6-1、圖 6-1）

再以《臺灣商工統計》來觀察，1920 年臺東廳有 5 家會社、花蓮港廳有 10 家，共 15 家，佔當時全臺會社總數的 3.8%，之後最低時則僅 2.8%。直至 1934 年以後，比例才躍升為全臺的 5% 以上。（表 6-2）整體而言，日治時期東臺灣地區企業化程度，始終位居全臺之末。無怪乎論者經常直指東部為「未開發區域」，直至 1942 年《東臺灣新報》仍稱該地區是臺灣「唯一殘留的未開發地域」，必須進行重要地下資源的調查、開發以及企業化❷。那麼，在這樣一個區域發展相對遲滯的地區，會社的類型和演變，是否有其獨特性呢？

日治時期臺灣的會社依規模和組織架構，分成合資會社、株式會社、合名會社以及有限會社等四種。合資會社是指由無限責任之代表社員和有限責任之社員組成的會社。這種會社資本規模最小，組織最簡易，較接近傳統產業組織❷。東臺灣與全臺相同，最先出現合資會社，至戰爭末期共出現過 92 家，佔東部總數的 41%。（表 6-1）

株式會社（股份有限公司）是現代產業部門的主要企業形態。其特徵是獨立的法人性格、出資證券化、出資者有限責任制、與出資分

---

❷ 這個數字是整理文獻上在東部出現過的會社所得。不過，由於資料記載不夠完整，部分重新合併改組而成立的會社仍視為新會社。會社詳細資料，參見：附表 12 至 15。至於僅在東部設立出張所或支店的外地會社資料，見附表 16。外地會社在東部出現的時間和資本等相關資料，因較不完整，不列入討論。

❷ 《東臺灣新報》，昭和 17 年 2 月 25 日，3 版、3 月 20 日，3 版、11 月 12 日，2 版。

❷ 山口丈雄，《會社の組織と經營》（東京：實業之日本社，1927），頁 7、13；中川敬一郎等編，《近代日本經營史の基礎知識》，頁 114。

表 6-1：日治時期東臺灣新增會社類型表

年代	合資會社	合名會社	株式會社	有限會社	合計
1909	1	0	0	0	1
1910	2	0	0	0	2
1911	0	0	0	0	0
1912	0	0	1	0	1
1913	1	0	1	0	2
1914	2	0	3	0	5
1915	0	0	1	0	1
1916	0	1	0	0	1
1917	1	0	1	0	2
1918	5	0	2	0	7
1919	5	0	4	0	9
1920	2	0	2	0	4
1921	3	0	1	0	4
1922	2	0	2	0	4
1923	2	0	1	0	3
1924	0	1	0	0	1
1925	1	2	1	0	4
1926	0	0	2	0	2
1927	1	1	4	0	6
1928	2	1	2	0	5
1929	0	0	1	0	1
1930	2	1	0	0	3
1931	2	4	2	0	8
1932	7	4	1	0	12
1933	4	3	3	0	10
1934	5	1	2	0	8
1935	4	2	2	0	8
1936	10	2	6	0	18
1937	4	1	12	0	17
1938	9	1	9	0	19
1939	8	1	17	0	26
1940	3	0	12	0	15
1941	2	2	6	3	13
1942	0	1	2	0	3
不詳	2	0	0	0	2
合計	92	29	103	3	227
比例	41%	13%	45%	1%	

資料來源：附表 12 至附表 15。

表 6-2：1920-1942 年臺灣和東臺灣地區會社類型表

年代	地區	株式會社	百分比	合資會社	百分比	合名會社	百分比	合計	百分比＊
1920	東臺灣	6	40%	9	60%	0	0%	15	3.8%
	全臺	299	76%	84	21%	11	3%	394	
1921	臺東	5	71%	2	29%	0	0%	7	
	花蓮	3	33%	6	67%	0	0%	9	
1921	東臺灣	8	50%	8	50%	0	0%	16	3.6%
	全臺	313	72%	108	25%	16	4%	437	
1922	臺東	6	67%	3	33%	0	0%	9	
	花蓮	3	33%	6	67%	0	0%	9	
1922	東臺灣	9	50%	9	50%	0	0%	18	3.7%
	全臺	314	66%	134	28%	31	6%	479	
1923	臺東	5	56%	4	44%	0	0%	9	
	花蓮	4	40%	6	60%	0	0%	10	
1923	東臺灣	9	47%	10	53%	0	0%	19	3.3%
	全臺	339	60%	189	33%	38	7%	566	
1924	臺東	5	56%	4	44%	0	0%	9	
	花蓮	4	40%	6	60%	0	0%	10	
1924	東臺灣	9	47%	10	53%	0	0%	19	2.8%
	全臺	352	54%	262	40%	43	7%	657	
1925	臺東	5	42%	5	42%	2	17%	12	
	花蓮	4	40%	6	60%	0	0%	10	
1925	東臺灣	9	41%	11	50%	2	9%	22	2.9%＊
	全臺	378	50%	317	42%	56	7%	751	
1926	臺東	5	42%	5	42%	2	17%	12	
	花蓮	5	45%	6	55%	0	0%	11	
1926	東臺灣	11	46%	11	46%	2	8%	24	2.9%
	全臺	391	48%	363	44%	64	8%	818	
1927	臺東	6	43%	6	43%	2	14%	14	
	花蓮	5	42%	7	58%	0	0%	12	
1927	東臺灣	12	46%	12	46%	2	8%	26	3.0%
	全臺	418	48%	385	44%	70	8%	873	
1928	臺東	7	44%	6	38%	3	19%	16	
	花蓮	7	50%	6	43%	1	7%	14	
1928	東臺灣	14	47%	12	40%	4	13%	30	3.2%

	全臺	439	47%	425	45%	76	8%	940	
1929	臺東	6	43%	5	36%	3	21%	14	
	花蓮	9	56%	6	38%	1	6%	16	
1929	東臺灣	15	50%	11	37%	4	13%	30	3.6%
	全臺	420	50%	354	42%	63	8%	837	
1930	臺東	6	38%	6	38%	4	25%	16	
	花蓮	7	50%	6	43%	1	7%	14	
1930	東臺灣	13	43%	12	40%	5	17%	30	3.5%
	全臺	426	49%	376	43%	63	7%	865	
1931	臺東	5	25%	7	35%	8	40%	20	
	花蓮	9	56%	6	38%	1	6%	16	
1931	東臺灣	14	39%	13	36%	9	25%	36	3.9%
	全臺	439	48%	406	45%	67	7%	912	
1932	臺東	6	24%	8	32%	11	44%	25	
	花蓮	8	50%	7	44%	1	6%	16	
1932	東臺灣	14	34%	15	37%	12	29%	41	4.5%
	全臺	430	47%	415	46%	66	7%	911	
1933	臺東	7	27%	9	35%	10	38%	26	
	花蓮	9	43%	9	43%	3	14%	21	
1933	東臺灣	16	34%	18	38%	13	28%	47	4.7%
	全臺	445	45%	475	48%	70	7%	990	
1934	臺東	6	23%	11	42%	9	35%	26	
	花蓮	12	43%	12	43%	4	14%	28	
1934	東臺灣	18	33%	23	43%	13	24%	54	5.1%
	全臺	448	42%	532	50%	82	8%	1,062	
1935	臺東	5	22%	10	43%	8	35%	23	
	花蓮	14	42%	15	45%	4	12%	33	
1935	東臺灣	19	34%	25	45%	12	21%	56	5.2%
	全臺	462	43%	532	49%	93	9%	1,087	
1936	臺東	10	36%	11	39%	7	25%	28	
	花蓮	17	40%	21	50%	4	10%	42	
1936	東臺灣	27	39%	32	46%	11	16%	70	5.7%
	全臺	542	44%	593	48%	97	8%	1,232	
1937	臺東	8	42%	8	42%	3	16%	19	
	花蓮	19	45%	19	45%	4	10%	42	

1937	東臺灣	27	44%	27	44%	7	11%	61	5.3%
	全臺	491	43%	557	48%	102	9%	1,150	
1938	臺東	10	43%	11	48%	2	9%	23	
	花蓮	23	47%	22	45%	4	8%	49	
1938	東臺灣	33	46%	33	46%	6	8%	72	4.8%
	全臺	757	50%	636	42%	119	8%	1,512	
1939	臺東	12	55%	8	36%	2	9%	22	
	花蓮	31	60%	16	31%	5	10%	52	
1939	東臺灣	43	58%	24	32%	7	9%	74	4.5%
	全臺	919	56%	599	37%	123	7%	1,641	
1940	臺東	12	60%	7	35%	1	5%	20	
	花蓮	32	76%	7	17%	3	7%	42	
1940	東臺灣	44	71%	14	23%	4	6%	62	3.4%
	全臺	1,096	60%	590	32%	133	7%	1,819	
1941	臺東	9	50%	8	44%	1	6%	18	
	花蓮	51	65%	20	26%	7	9%	78	
1941	東臺灣	60	63%	28	29%	8	8%	96	4.9%
	全臺	1,218	63%	597	31%	131	7%	1,946	
1942	臺東	15	65%	7	30%	1	4%	23	
	花蓮	51	65%	21	27%	7	9%	79	
1942	東臺灣	66	65%	28	27%	8	8%	102	5.57%
	全臺	1,131	62%	576	31%	126	7%	1,833	

說明：此百分比，指東部會社佔全臺總數之比例。資料來源：《臺灣商工統計》，大正 9 年至昭和 17 年。

離的職員制、根據資本金的配股以及股東權平等[23]。1912 年花蓮港廳首先出現資本額高達 750 萬圓的臺東拓殖製糖株式會社，之後先後出現過 103 家，數量最多，佔東部總數的 45%。

　　合名會社是指社員對會社債務需負連帶無限責任之會社。社員有執行會社業務的權利義務，主要是家族、兄弟等有傳統利益關係性質

[23] 山口丈雄，《會社の組織と經營》，頁 16；中川敬一郎等，《近代日本經營史の基礎知識》，頁 7、113。

的社員共同組成，社員人數較少[24]。東臺灣的合名會社於 1916 年出現，共出現過 29 家，佔東部會社的 13%。

有限會社是較為特別的組織，乃 1940 年日本仿效歐陸法制訂的新制度[25]，指由有限社員組成的會社。其通常由少數親友共同組成，社員僅負擔全員出資額的責任[26]。東臺灣的有限會社於 1942 年才出現，僅有 3 家。由於有限會社很晚才出現，官方統計書常常未特別登記[27]，因此不列入討論。

日治時期東臺灣地區株式會社的總數雖然最多，但與合資會社數量差距不大。而且，從長期趨勢而言，1939 年之後，株式會社數才明顯地超越合資會社[28]。相對地，全臺早在 1908 年株式會社數即超過合資會社，佔會社總數的 51%，合資會社則僅 32%[29]。又根據表 6-2、表 6-3，除了 1933-1937 年之外，全臺株式會社數量始終最多。第一次世界大戰後，受到軍需景氣之影響，更有明顯的「株式會社熱」[30]，所佔比例高達 70% 以上。其次，相對於全臺合名會社所佔比率始終不超過 10% 以上的現象，東臺灣在 1928-1937 年之間，合名會社比

[24] 橋本良平，《會社の組織及設立と經營》，頁 6-7；臨時臺灣舊慣調查會，《臺灣私法》三下（臺北：作者印行，1911），頁 127。
[25] 王泰升，〈臺灣企業組織法之初探與省思：以合股之變遷為中心〉，頁 316。
[26] 橋本良平，《會社の組織及設立と經營》，頁 17-18。
[27] 《臺灣商工統計》亦未統計之。不過，根據臺灣總督府，《臺灣統治概要》（東京：原書房，1973），頁 335：全臺有限會社於 1940 年新設 7 家，1941 年 45 家，1942 年 69 家。
[28] 由每年會社新增率來看亦然，1939 年之後，東臺灣每年新設株式會社數才遠遠地超過合資會社，合資會社新設數則明顯地大幅減少。（表 6-1）
[29] 涂照彥著、李明峻譯，《日本帝國主義下的臺灣》，頁 398，表 176。如果根據杉野嘉助，《臺灣商工十年史》（臺南：作者印行，1919），則 1906 年株式會社已經大幅超越合資會社。但是杉野資料與《臺灣商工統計》對照，出入極大，姑且存之。
[30] 波形昭一，〈殖民地（臺灣）財閥〉，頁 656。

率卻相當高，最高達 29%。

由上述可見，東臺灣會社類型的消長與全臺發展軌跡差異頗大，到戰爭時期才漸趨一致。會社規模較小，又較接近臺灣傳統產業組織的合資會社和合名會社，長時期佔有一定比重，是重要的特徵。這種現象或許反映了殖民地邊區企業化的發展不但更為遲緩，而且以中小企業為主。至戰爭時期，才產生新變化。

再就產業類別來觀察，日治時期會社的產業形態通常分成商業、交通運輸業、工業、礦業、農業以及水產業等六大類[31]。1920 年起，有詳細統計資料以資比較。由表 6-4 可見，東臺灣會社產業類別的比例，與全臺結構顯然頗有差距。首先，東臺灣一直沒有礦業會社，直到 1938 年之後才出現。其次，1921 年之後，東臺灣並未像全臺一般，產生商業會社獨多而工業會社逐年遞減之現象，反而工業與商業會社互有消長。1920 年延續之前的發展[32]，東部工業會社比例特高，甚至高達 60%，但之後則遞減。1925-1938 年之間，商業會社一度超過工業會社，比例在 32-44% 之間，卻始終未如全臺發展趨勢一般，超過 50%，與工業會社之差距顯然不大。1940 年工業會社再度超過商業會社，反映戰爭時期東部工業地位日趨重要。農業會社地位的變化更加特別，相對於全臺農業會社比例從未超過 10% 和長期遞減趨勢，1925 年以前東臺灣農業會社一度高達 25%，甚至位居會社比重第二位，僅次於工業會社。1931 年或許受到花蓮港開始築港的激勵，

---

[31] 由於不少會社或是採取多角化經營，或是事業內容隨著時間而變化，因此要區分會社的產業類別並不太容易。本文基本上盡量以會社主業作判斷，或是以官文書資料為據。

[32] 1909-1919 年間，東臺灣先後設立 31 家會社。其產業形態除一家不詳外，工業會社佔 50%，以食品和電力業為主；農業會社佔 27%，以林業和拓殖事業居多；商業會社有 4 家、水產業和運輸業各 1 家。

表 6-3：日治時期臺灣會社的類型

單位：萬日圓

時間	總數		株式會社			合資會社			合名會社		
	社數	資本額	社數	資本總額	百分比	社數	總額	百分比	社數	出資額	百分比
1912	147	12589	90	12225	61%	44	228	30%	13	136	9%
1913	156	13566	97	13088	62%	48	352	31%	11	126	7%
1914	164	13252	99	12858	60%	54	281	33%	11	113	7%
1915	145	14145	98	13934	68%	39	185	27%	8	26	6%
1916	160	14043	102	13791	64%	48	222	30%	10	30	6%
1917	186	14875	116	14522	62%	55	272	30%	15	80	8%
1918	219	20451	144	20018	66%	60	358	27%	15	75	7%
1919	338	38034	242	37548	72%	81	419	24%	15	68	4%
1920	394	55029	299	54548	76%	84	408	21%	11	74	3%
1921	437	56348	313	55716	72%	108	483	25%	16	150	4%
1922	479	61955	314	61126	66%	134	596	28%	31	233	6%
1923	566	62159	339	60653	60%	189	746	33%	38	759	7%
1924	657	61925	352	60203	54%	262	925	40%	43	797	7%
1925	751	60425	378	58167	50%	317	1418	42%	56	840	7%
1926	818	58764	391	56330	48%	363	1552	44%	64	882	8%
1927	873	59620	418	57092	48%	385	1635	44%	70	893	8%
1928	940	55312	439	52642	47%	425	1756	45%	76	914	8%
1929	837	53557	420	51183	50%	354	1496	42%	63	879	8%
1930	865	49401	426	46903	49%	376	1616	43%	63	883	7%
1931	912	46982	439	44539	48%	406	1536	45%	67	907	7%
1932	911	46356	430	43757	47%	415	1738	46%	66	860	7%
1933	990	47373	445	44797	45%	475	1807	48%	70	770	7%
1934	1062	46944	448	44434	42%	532	1685	50%	82	825	8%
1935	1087	48066	462	45123	43%	532	1661	49%	93	1282	9%
1936	1232	59293	542	55720	44%	593	2308	48%	97	1265	8%
1937	1150	51783	491	48924	43%	557	2347	48%	102	511	9%
1938	1512	70295	757	67455	50%	636	2254	42%	119	585	8%
1939	1641	77913	919	74672	56%	599	2465	37%	123	776	7%
1940	1819	86553	1096	83069	60%	590	2756	30%	133	728	7%
1941	1946	90046	1218	86414	63%	597	3223	30%	131	753	7%
1942	1833	92969	1131	89177	62%	576	3019	30%	126	774	7%

資料來源：《臺灣商工統計》，大正 9 年至昭和 17 年。

表 6-4：1920-1942 年臺灣與東臺灣會社的產業類別

年代	地區	農業		工業		商業		交通業		水產業		礦業		合計
		總計	百分比	總計	百分比	總計	百分比	總計	百分比	總計	百分比	總計	百分比	
1920	東臺灣	3	20.0%	9	60%	3	20%	0	0	0	0%	0	0%	15
	全臺	39	9.9%	159	40%	138	35%	27	7%	13	3%	18	5%	394
1921	東臺灣	4	25.0%	8	50%	4	25%	0	0%	0	0%	0	0%	16
	全臺	44	10.1%	162	37%	168	38%	30	7%	13	3%	20	5%	437
1922	東臺灣	4	22.2%	6	33%	4	22%	3	17%	1	6%	0	0%	18
	全臺	50	10.4%	147	31%	213	44%	33	7%	15	3%	21	4%	479
1923	東臺灣	4	21.1%	7	37%	5	26%	2	11%	1	5%	0	0%	19
	全臺	53	9.4%	171	30%	263	46%	41	7%	14	2%	24	4%	566
1924	東臺灣	4	21.1%	6	32%	5	26%	3	16%	1	5%	0	0%	19
	全臺	63	9.6%	187	28%	317	48%	48	7%	16	2%	26	4%	657
1925	東臺灣	5	22.7%	6	27%	7	32%	3	14%	1	5%	0	0%	22
	全臺	69	9.2%	215	29%	361	48%	56	7%	20	3%	30	4%	751
1926	東臺灣	4	16.7%	7	29%	9	38%	3	13%	1	4%	0	0%	24
	全臺	70	8.6%	244	30%	388	47%	66	8%	19	2%	31	4%	818
1927	東臺灣	4	15.4%	8	31%	10	38%	3	12%	1	4%	0	0%	26
	全臺	80	9.2%	256	29%	414	47%	69	8%	20	2%	34	4%	873
1928	東臺灣	5	16.7%	10	33%	10	33%	3	10%	2	7%	0	0%	30
	全臺	80	8.5%	278	30%	446	47%	81	9%	21	2%	34	4%	940
1929	東臺灣	4	13.3%	11	37%	11	37%	3	10%	1	3%	0	0%	30
	全臺	71	8.5%	232	28%	387	46%	100	12%	20	2%	27	3%	837
1930	東臺灣	4	13.3%	10	33%	11	37%	4	13%	1	3%	0	0%	30
	全臺	74	8.6%	244	28%	381	44%	118	14%	16	2%	32	4%	865
1931	東臺灣	4	11.1%	9	25%	16	44%	6	17%	1	3%	0	0%	36
	全臺	69	7.6%	243	27%	424	46%	128	14%	17	2%	31	3%	912
1932	東臺灣	5	12.2%	9	22%	18	44%	8	20%	1	2%	0	0%	41
	全臺	75	8.2%	229	25%	430	47%	132	14%	16	2%	29	3%	911
1933	東臺灣	6	12.8%	15	32%	16	34%	9	19%	1	2%	0	0%	47
	全臺	68	6.9%	247	25%	478	48%	152	15%	17	2%	28	3%	990
1934	東臺灣	7	13.0%	15	28%	19	35%	11	20%	2	4%	0	0%	54
	全臺	74	7.0%	271	26%	528	50%	147	14%	16	2%	26	2%	1,062
1935	東臺灣	8	14.3%	16	29%	20	36%	10	18%	2	4%	0	0%	56
	全臺	79	7.3%	288	26%	532	49%	148	14%	15	1%	25	2%	1,087

1936	東臺灣	9	12.9%	22	31%	26	37%	12	17%	1	1%	0	0%	70
	全臺	78	6.3%	329	27%	639	52%	147	12%	15	1%	24	2%	1,232
1937	東臺灣	8	13.1%	17	28%	24	39%	10	16%	2	3%	0	0%	61
	全臺	81	7.0%	335	29%	554	48%	139	12%	17	1%	24	2%	1,150
1938	東臺灣	11	15.3%	21	29%	24	33%	14	19%	1	1%	1	1%	72
	全臺	98	6.5%	435	29%	777	51%	149	10%	18	1%	35	2%	1,512
1939	東臺灣	12	16.2%	24	32%	24	32%	12	16%	2	3%	0	0%	74
	全臺	86	5.2%	492	30%	847	52%	175	11%	18	1%	23	1%	1,641
1940	東臺灣	11	17.7%	27	44%	15	24%	8	13%	1	2%	0	0%	62
	全臺	90	4.9%	562	31%	954	52%	163	9%	21	1%	29	2%	1,819
1941	東臺灣	15	15.6%	36	38%	31	32%	12	13%	2	2%	0	0%	96
	全臺	104	5.3%	657	34%	984	51%	154	8%	20	1%	27	1%	1,946
1942	東臺灣	14	13.7%	45	44%	30	29%	11	11%	2	2%	0	0%	102
	全臺	85	4.6%	688	38%	886	48%	126	7%	17	1%	31	2%	1,833

資料來源:《臺灣商工統計》,大正9年至昭和17年。

交通業會社一度超過農業,但是農業會社比例始終未低於10%以下,1938年之後農業會社比例再度攀升。東臺灣農業會社比例特別高,中日戰爭時期又再發展,頗能反映東部原野地最多,處於未開發區域的特色。特別是熱帶栽培業在東部的勃興,促使農業會社數量始終居高不下[33]。

就產業細別來觀察,1920年代之後,農業會社幾乎均以開墾造林業為重。工業會社則至1933年之後食品會社才明顯地超過其他會社,但1939年之後雜工業亦漸增長。(表6-5)1930年代東部食品工業漸增的發展趨勢,與全臺食品工業成長趨緩而重工業快速擴張的現

---

[33] 林玉茹,〈國家與企業同構下的殖民地邊區開發:戰時「臺拓」在東臺灣的農林栽培事業〉,《臺灣史研究》10(1)(2003年6月),頁95-101、119-121。

象❸，可以說是背道而馳。

再參照 61 家在東部設立支店或出張所（辦事處）的外地會社的產業類別分佈是：商業會社 39%、工業會社 25%、農業會社 22%、交通業 15%、礦業 1.6%。商業會社以新聞事業最多，工業以食品工業居多，農業則幾乎集中於土地開墾與造林事業。除了商業會社外，外地會社的產業型態與在地會社大致相仿。

整體而言，與全臺會社相較，東臺灣農業會社比例出奇地高、礦業會社很晚才有、工業和商業會社消長並不明顯，是東臺灣會社產業別的主要特徵。

最後，觀察會社的資本規模。會社的資本額通常分成創立資本和實際已繳資本兩種，而且因應營運之需要，資本額可以調整，進行增資或是減資。不過，由於已繳資本和增減資資料不夠完整，此處以創立資本額為討論依據。

根據表 6-6，以創立資本額來看，即使不考慮通貨膨脹問題，日治時期在東臺灣曾經創立的 227 家會社，高達 88% 以上的會社資本額在廿萬圓以下，特別是五萬圓以下即佔總數的大半。反觀，一百萬圓以上會社，僅佔 6%，而且這些大資本會社大半集中於 1937 年才出現。以最大規模的千萬圓以上會社而言，臺灣於 1923 年已出現千萬圓大會社，東臺灣則直至 1938 年才首度出現。由此可見，東臺灣會社大多資本規模極小，以中小企業為主，直至 1937 年之後大企業才逐漸興起。

再以全臺作參照，根據表 6-7，臺灣在 1926 年以前資本額百萬圓

---

❸張宗漢，《光復前臺灣之工業化》（臺北：聯經，1980），頁 171；葉淑貞，〈臺灣工業產出結構的演變〉，《經濟論文叢刊》24（2）（臺北，1996），頁 236-241。

表 6-5：1921-1942 年東臺灣會社的產業細別

年代	農業			工業						商業							交通業				水產業	礦業	合計
	開墾造林	農耕園藝	牧畜榨乳	化學	製材	食料	電力瓦斯特種工業	紡織	雜工業	物品販賣	市場仲介	出版	金融	土地建物	劇場	其他	自動車	汽車運輸	汽船	鐵道	魚撈養殖	金礦採掘	
1921	3	0	1	2	0	4	2	0	0	3	0	0	0	1	0	0	0	0	0	0	0	0	16
1922	3	0	1	2	0	3	1	0	0	3	0	0	0	0	0	1	0	0	3	0	0	1	18
1923	3	0	1	2	0	3	1	0	1	4	0	0	0	1	0	0	0	0	2	0	0	1	19
1924	3	0	1	2	0	2	1	0	0	4	0	1	0	0	1	0	0	0	3	0	0	1	19
1925	4	0	1	2	0	2	1	0	1	6	0	0	0	0	0	1	0	0	3	0	0	1	22
1926	3	0	1	2	0	2	2	0	1	7	0	1	1	0	0	1	0	0	2	0	0	1	24
1927	3	0	1	2	0	2	2	0	1	7	0	1	1	1	0	1	0	0	2	0	1	1	26
1928	4	0	1	3	1	3	2	0	1	7	0	1	0	0	1	1	0	0	3	0	0	2	30
1929	4	0	0	4	1	3	2	0	1	5	0	1	1	1	0	3	0	0	1	0	0	1	30
1930	4	0	0	3	2	4	1	0	1	5	0	1	1	1	0	3	0	0	1	0	0	1	30
1932	5	0	0	2	1	5	1	0	1	14	1	1	1	1	0	0	2	1	0	1	0	1	41
1933	4	2	0	2	2	10	1	0	1	12	1	1	1	0	0	1	0	3	0	6	0	1	47
1934	4	2	1	2	2	9	1	0	1	15	1	1	1	0	0	0	5	6	0	0	2	0	54
1935	5	2	1	1	2	10	1	0	1	16	1	1	2	0	0	0	5	5	0	0	2	0	56
1936	7	2	0	3	4	13	1	0	1	20	1	1	1	2	1	0	6	5	0	0	2	0	70
1937	5	3	0	0	2	12	1	0	1	17	2	1	1	0	0	1	6	4	0	0	2	0	61
1938	8	3	0	3	2	13	1	0	1	14	1	1	2	0	0	1	5	7	0	0	1	1	72
1939	7	2	0	3	3	10	1	0	9	14	1	1	2	1	0	1	5	7	0	0	2	0	74
1940	7	4	0	4	2	11	2	0	8	8	1	1	0	1	2	4	4	0	0	1	0		62
1941	6	9	0	3	4	11	2	0	16	21	2	1	2	2	1	2	6	5	0	0	2	0	96
1942	9	5	0	3	7	21	2	2	10	16	1	0	2	2	1	8	7	2	1	1	2	0	102

說明：1931 年資料不全。

資料來源：《臺灣商工統計》，大正 9 年至昭和 17 年。

表 6-6：日治時期東臺灣會社創社資本額的分佈　　　單位：圓

時間	0.5萬以下	1萬以下	5萬以下	10萬以下	20萬以下	50萬以下	100萬以下	100萬以上	1000萬以上	合計
1909				1						1
1910			1					1		2
1911										0
1912								1		1
1913		1						1		2
1914			3	2						5
1915			1							1
1916	1		0							1
1917			2							2
1918			2	3	1	1				7
1919	1	2	2		2	1		1		9
1920			1	2				1		4
1921		1	2	0	1					4
1922	1		1		1	1				4
1923	1		1	1						3
1924		1								1
1925	1		2					1		4
1926				1	1					2
1927	1	1	0	3		1				6
1928		1	2	2						5
1929				1						1
1930	1		2							3
1931	4	2	1				1			8
1932	5	5	2							12
1933	1	3	3	2			1			10
1934	3	2	3							8
1935	0	5		2	1					8
1936	2	4	5	4	3					18
1937	0	4	3	4	4	1		1		17
1938	0	1	9		4	4			1	19
1939	0	1	6	8	5	2		3	1	26
1940	1	1	3	2	7			1		15
1941	0		4	2	7					13
1942	0			1	1		1			3
不詳	0		2		0					2
合計	23	35	63	41	38	11	3	11	2	227
比例	10%	15%	28%	18%	17%	5%	1%	5%	1%	

資料來源：附表 12 至附表 15。

以上的株式會社最多，五十萬圓以上大會社數亦明顯地超過十萬圓以下會社。1926-1929 年，十萬圓以下小會社數首度凌越大會社，卻差距不大。1930 年代有全部會社數據之後，變化更明顯。1930 年，十萬圓以下會社佔 73%，特別是一至五萬圓會社數最多，五十萬圓以上僅佔 16%；至 1940 年，十萬圓以下會社數更高達 82%，五十萬圓以上僅佔 10% 不到。

全臺會社在 1926 年以前，大型株式會社比例居高不下。1930 年代之後，或許受到世界經濟大恐慌長期不景氣的影響，中小企業化現象始非常明顯。反觀，東臺灣會社自始至終資本規模均很小，即使以 1921-1930 年可以觀察的資料來看，十萬圓以下會社始終佔多數，在 73%-83％之間，百萬以上會社僅佔 10-15% 之間，數量有限。（表6-7）再僅以 1942 年資料來看，東臺灣會社集中於十萬圓以下，佔 73%，其比例顯然低於同時期全臺比例，花蓮港廳尤其明顯，十萬圓以下會社僅佔 68%。

日治時期東臺灣會社雖然集中於中小企業，但是有別於 1930 年代之後全臺會社中小企業化的發展趨勢，東部大會社反而此際出現，中小企業所佔比例亦低於全臺。殖民地邊區企業資本的規模和發展軌跡，顯然與全臺相異。

總之，從會社的類型、產業類別以及資本規模的發展形態來看，東臺灣都與全臺差距頗大，甚或是呈現相反趨勢的發展軌跡，充分展現其區域獨特性和作為殖民地邊區企業的特徵。因此，全稱性地討論殖民地時代臺灣經濟發展的論述，不一定能夠切合東部地區。其次，東臺灣現代企業的勃興是在 1937 年之後，顯然受到中日戰爭相當大的影響。戰爭和殖民產業政策對邊區企業的發展，明顯地具有決定性的影響力。

表 6-7：1921-1942 年臺灣與東臺灣會社的資本額變化　　　　單位：圓

年代	地區	千萬以上	百萬以上	五十萬以上	三十萬以上	二十萬以上	十萬以上	五萬以上	一萬以上	一萬以下	合計
1921	東部	0	3	1	0	0	3	—	9	—	16
	全臺	0	96	50	37	40	65	—	24	—	312
1922	東部	0	3	1	0	2	2	—	10	—	18
	全臺	0	104	50	36	37	58	—	29	—	314
1923	東部	0	3	1	0	1	3	—	11	—	19
	全臺	14	89	54	34	35	76	—	37	—	339
1924	東部	0	3	1	0	1	2	—	12	—	19
	全臺	14	86	53	30	38	82	—	49	—	352
1925	東部	0	3	1	0	1	3	—	14	—	22
	全臺	13	91	51	32	38	90	—	63	—	378
1926	東部	0	3	1	0	1	4	—	15	—	24
	全臺	12	89	54	27	39	97	—	73	—	391
1927	東部	0	3	1	0	1	5	—	16	—	26
	全臺	12	90	56	30	40	105	—	85	—	418
1928	東部	0	3	1	0	1	6	—	19	—	30
	全臺	10	92	59	31	41	107	—	99	—	439
1929	東部	0	3	1	0	0	6	—	19	—	30
	全臺	10	86	51	32	40	101	—	100	—	420
1930	東部	0	3	1	0	1	6	2	13	4	30
	全臺	10	86	46	41	50	131	117	218	166	865
1931	全臺	9	79	48	—	94	133	115	232	202	912
1932	全臺	9	76	42	—	91	130	110	241	212	911
1933	全臺	10	75	41	—	96	127	109	292	240	990
1934	全臺	9	70	38	—	95	124	125	314	287	1,062
1935	全臺	8	76	40	—	94	134	129	336	270	1,087
1936	全臺	—	—	—	—	—	—	—	—	—	0
1937	全臺	8	86	49	—	128	144	128	373	234	1,150
1938	全臺	11	91	57	—	158	249	212	495	239	1,512
1939	全臺	14	92	57	—	165	393	244	508	168	1,641
1940	全臺	16	104	61	—	154	555	274	515	140	1,819

說明：1.1930 年之前未統計資本額 5 -10 萬圓之間與 1 萬圓以下之會社。

　　　 2.1930 年之前全臺會社僅統計株式會社數量，而東臺灣則將合資、合名會社合併統計。

　　　 3.1930 年後未分別統計各州廳會社之資本額。

資料來源：《臺灣商工統計》，大正 9 年至昭和 17 年。

三、殖民地邊區企業家的形成

既然透過東臺灣會社的發展形態，可以明顯地發現其與全臺不同的區域企業特性，那麼如同前述，在東臺灣的企業家是否同樣地展現其區域特色呢？以下先說明東部企業的資本組成，再論證東部在地企業家的形成。

（一）資本的組成

在討論東部會社資本組成時，首先必須注意 1912 年至 1922 年實施的府令 16 號。1912 年 2 月 25 日，臺灣總督府以府令第 16 號禁止僅本島人（臺灣漢人）、中國人，或本島人和中國人共同設立的商號中使用「會社」名稱[35]。根據這條府令，似乎將使得臺資無法單獨設置會社。事實上，有別於朝鮮總督府採取更嚴厲的會社設立許可制[36]，該令的目的主要是避免混淆臺灣清末以來的新式合股和依日本商法設立的會社。而且，實際運作時，臺灣人或是組成「組合」因應[37]，或是採用其他辦法突破法律的限制。因此，全由臺灣人出資經營的會社仍可見，不一定產生如矢內原忠雄或涂照彥所說抑制臺人資本的狀況[38]。東臺灣會社亦然，在 1923 年日本商法正式在臺施行之前，仍可看見全為臺資的會社。

日治時期在臺灣的企業資本，過去的研究一般分成臺灣人資本和

[35] 《臺灣總督府公文類纂》，第 5523 冊 6 號，1912 年，頁 1。

[36] 這方面的研究，參見：小林英夫，《殖民地への企業盡出：朝鮮會社令の分析》，東京：柏書房，1994。

[37] 成廣澳的溫泰坤即組成組合。《臺灣總督府公文類纂》，第 5523 冊 6 號，1912 年，頁 2。

[38] 相關討論，參見：王泰升，〈臺灣企業組織法之初探與省思：以合股之變遷為中心〉，頁 314-315。

日本人資本。日本資本又分成在臺日人資本（簡稱在臺日資）和日本國內資本（以下簡稱在日日資）❸。本文由於討論區域企業的發展，因此必須注意花東兩地在地資本之存在❹。在地資本又分成日人資本（以下簡稱在地日資）和臺灣人資本（在地臺資）兩種。

　　然而，要全面詳論日治時期東臺灣會社的資本來源，並不容易。會社資本組成和董監事等重要職位，事實上會隨著時間演變而變化。受限於資料和分析的完整性，本文主要討論創立時的資本組成，並採用兩種方式來觀察。第一，以會社創立負責人身分來分析其組成❹。第二，目前已刊的府廳統計書，在 1938 年以前有登記會社的資本組成，1930 年代以前甚至細分成臺資、在臺日資以及在日日資等三種。1930 年之後，則簡分成在臺居住者和在日居住者兩種。雖然資料並不完整，但是應可供參考。

　　日治時期東部的會社至少 185 家有負責人資料，其中 109 家為日人所創設，76 家為臺人所設。在東部最先設立會社的也是日本人。不過，不同類型的會社資本組成亦有差異。首先，以合資會社來看，在 92 家會社中，75 家有創立者資料。其中，39 家為臺人所創設，37 家由日人創設，兩者相差不大。可以確定由在地日人開設的至少有 17 家，在地臺人有 14 家。合資會社的資本規模並不大，除了 1910 年由賀田金三郎、荒井泰治等人合力設置的臺東拓殖會社，創社資本額

---

❸ 黃紹恆，〈日治初期在臺日資的生成與積累〉，頁 167。

❹ 資本的形成，需要一定時間的累積，判定上亦有所困難。除了有詳細記載的官文書之外，本文僅能以企業家居所作為判準。亦即，常居臺東和花蓮的企業家，即屬於在地資本。在臺日資，則包含東部的在地日資和不在東部的臺灣在住日人資本。

❹ 這裡必須指出的是，受限於資料，部分會社可能很難判定其是否確為創立者。在日本人和臺灣人的判定上，1937 年之後受到皇民化運動的影響，部分臺人改為日本姓名。因此，可能臺人負責人數量會偏少。

達到 300 萬圓之外，大多僅在 5 萬圓以內。臺東拓殖設立不久，即改組成株式會社，故資本額 10 萬圓以上合資會社僅 3 家，全爲日人所創立，其中至少有 2 家爲在地日人所有。由會社數量和資本額來看，在地日資在東臺灣合資會社的經營上較具影響力。

再根據有詳細資本組成資料的 33 家合資會社來看，1918-1938 年之間，顯然以臺灣在住者資本爲主，僅 1920 年成立的花蓮港產業合資會社，有日本國內資本投資❹。其次，臺、日人合資狀況雖有一些，但是以臺灣人或在臺日人單獨出資的狀態，爲合資會社的主流趨勢❹。臺人資本規模大多不大，且除了東部在地臺資之外，顯然不在地資本佔有一定位置。資本額較高的會社不少是由不在地臺人所投資，如資本額六萬日圓的東臺灣振業會社的連碧榕是宜蘭名人❹。

以株式會社而言，在 103 家會社中，有 95 家有創社社長資料，其中有 73 家爲日人所開設，22 家爲臺人。又至少有 30 家由在地日資所設，14 家由在地臺資所創。顯然株式會社由日資所主導，臺資相對遜色許多。不過，直到 1912 年，臺東拓殖製糖成立，才有在日日資存在的紀錄。1920 年以前，亦僅有 4 家會社有在日日資；而且，1930 年代以前，除了臺東製糖和鹽糖關係會社之外，大多數的株式會社創社社長是在地日本人。1933 年，尤其是 1937 年之後，在日日

---

❹ 花蓮港物產原以在臺日人 85%、臺人 15% 組成，在 1929 年時，才有在日日資投資，且高達 92%，遠遠超過在臺資本。見附表 12。

❹ 在有資本資料的 33 家會社中，臺人單獨出資的會社至少有 17 家。

❹ 連碧榕，宜蘭人，宜蘭協議會議員，1925 年左右與長男共同在花蓮開墾倉光氏土地，多年之後，墾成 450 餘甲，成一村。臺灣新民報社，《臺灣人士鑑》（臺北：作者印行，1937），頁 475；東臺灣新報社編，《東臺灣便覽》（臺東：作者印行，1925），頁 196。

圖 6-1：花蓮港街的稻住通
資料來源：中央研究院臺灣史研究所古文書室。

資投入東部株式會社始漸多，1937-1939 年之間則為顛峰[45]。由此看來，1937 年以前，在地日資顯然舉足輕重。

就資本額來看，東臺灣一百萬圓以上大型株式會社僅有 12 家，其中有 6 家在 1937-1940 年間創立。這些會社皆由日本人創立，全都吸收在日日資。除了 1920 年由在地的梅野清太創設的花蓮港電氣和 1940 年小川浩重新合併的東部電氣兩會社，在地日資壓倒性地超越日本國內資本之外，在日日資在大型會社中具有一定的地位。臺資則相對地微不足道，由臺灣人創立的株式會社，資本規模最大的不過是

---

[45] 1920-1929 年，在日日資投資的東部株式會社約有 4 家，1933 年 2 家，1937-1939 年則有 11 家。

四十萬圓❹❻。整體而言，在東部株式會社中，臺資顯得單薄，在地日資扮演舉足輕重的地位，大型會社則需要仰賴在日日資的挹注。但是，如果僅分日本國內資本或是在臺資本時，在臺資本所創設的會社卻佔多數，全由日本國內資本投資的會社則不多。而且，在地的臺資與日資合作經營的狀況不少❹❼。由此看來，東臺灣的株式會社仍以在臺日資，特別是在地日資居於優勢，臺資居次，在日日資較少。

由日本國內資本參與投資的會社，值得進一步觀察。1930 年代以前在日日資投資的東部會社，是以賀田組、臺東製糖或鹽水港製糖等會社轉投資的關係會社為主。在這些會社中，不少會社社長是由在地企業家擔任❹❽，在日日資應僅提供資本，較少直接參與東部會社之經營。1930 年代之後，則除了鹽糖繼續投資的關係會社之外，在日企業家直接來到東部設立會社的情形，明顯出現。1938-1939 年間，包括東邦金屬、東部水產、東洋電化、新興窒素、東臺灣電力等大會社，則主要由古河、三菱、日產等財閥所投資，並直接參與東部會社的經營❹❾，在日日資的主導性變強。

再就合名會社來觀察，在 29 家會社中，有 24 家有會社負責人資料。其中，臺灣人會社有 15 家，日本人有 9 家。由在地日人組成者

---

❹❻ 臺人創設的株式會社資本大多十萬圓左右。1938 年黃珍創立的花蓮港米穀株式會社和花豐商事株式會社最多是四十萬圓。

❹❼ 在東部 35 家有詳細資本資料的株式會社中，由在臺日資、在日日資、臺資組成的會社至少有 6 家；在臺日資與在日日資組成有 3 家；在臺日資與臺資組成，至少有 7 家；單一資本組成，除臺人資本有 2 家之外，均各 1 家。1930 年代以後的紀錄，在臺居住者有 11 家，日本居住有 1 家，兩者合資有 5 家。

❹❽ 例如花蓮港電氣、朝日組、東臺灣無盡、花蓮港物產等重要會社。這些會社不但社長均是在地日本企業家，而且其地方性格頗強，在董監事中以在地企業家為主。即使鹽糖或是臺東製糖關係會社的董監事，仍有在地企業家存在。

❹❾ 這些會社的經營狀況，參見：林玉茹，〈邊陲、戰爭與殖民產業〉和〈戰時經濟體制下臺灣東部水產業的統制整合：東臺灣水產會社的成立〉，《臺灣史研究》6（1）（2000 年 6 月）等文。

至少 4 家，在地臺人組成有 6 家，臺灣其他地區臺人投資的至少 4 家。與合資或是株式會社相較，受到臺灣傳統產業組織習慣之影響，臺灣人顯然偏好以家族親友組織為主的合名會社。合名會社的資本額更少，沒有超過十萬圓的會社，一萬圓以下會社更佔 69%。因此，臺灣人的企業組成，偏向小型家族企業。相反的，合名會社並沒有在日日資的紀錄。合名會社的在地性格顯得更強。

由上述討論可知，位居殖民地邊區的東部企業，仍以日本人創設者最多。這些日本人以在臺日人，特別是東部在地的日人為主。在日日資主要投資東部的株式會社，合資會社不多，合名會社更未見記載。其次，除了 1938-1939 年之後在東部設立的東邦金屬等會社是日本國內大財閥直接創立外，之前大多是由賀田組、臺東製糖以及鹽糖等相關會社採取資本募集方式較多，在地企業家仍扮演重要的角色。

（二）在地企業家的形成

與日本國內大資本相比，東臺灣在地資本雖然較為單薄，但是如同前述，1930 年代以前在地企業家，特別是在地日資對於東臺灣企業經營具有主導性的地位。其次，在地企業家長期在東臺灣經營，逐漸形成綿密的企業網絡，對於地域社會的影響力極大。那麼這群殖民地邊區社會的在地企業家是如何形成的呢？

首先，就在地日資而言，以目前可以查到的相關資料為根據，這些在地日本企業家主要有會社職員、自己來東部經商拓墾（以下簡稱自營商）以及退休官員等三種出身。會社職員則以賀田組、鹽水港製糖以及臺灣銀行為主。不過，除了早期追隨賀田金三郎來東部經營拓殖事業的賀田組幹部之外，這些企業家大都在大正年間（1911-1926）陸續來到東臺灣發展，昭和年間（1926-1945）來者甚為罕見。

1899 年獲得臺灣總督府許可、首位在東臺灣經營事業的賀田金三

郎，無疑是東部最重要在地日資的孕育者。賀田由於出身自有力的政商大倉組，透過工作關係逐漸擴張人脈，又與總督府有密切關係，加上「殖產興業」政策的配合，使他得以以「賀田組」名義在東臺灣經營各項事業❺⓪。賀田在東部的拓墾事業雖然最終失敗，但是日治時期在花東兩地的社會中堅或領導者，不少是賀田組出身❺①。表 6-8 大概羅列了日治時期在東臺灣擔任三家以上會社社長或是董監事的重要企業家。在 22 位東部重要企業家中，至少有 10 位與賀田組或是與 1922年由該社改組的花蓮朝日組、臺東櫻組有關。在花東兩地會社最具有影響力的企業家，包括梅野清太、飯干太加次以及大熊安右衛門均出自賀田組。即使在地最有名的臺灣人饒永昌，亦是應賀田組之邀來到東部。他們可以說是東臺灣產業開發先驅，大多在明治末年到東臺灣發展。由於起步較早，企業基礎穩固，大正至昭和年間逐漸成為東臺灣企業的主導人物，即使在日日資投資的會社也需要他們的參與。

　　梅野清太即是賀田組出身最典型又特別的企業代表。他號稱是「東臺灣總督」、「花蓮港最重要的人物」❺②，1920 年代之後逐漸成為花蓮港地區企業龍頭，創設不少重要會社，或是擔任董監事職務。另一方面，他也是東臺灣少數能跨出邊陲的界限，在臺灣其他地區會社，甚至是日本國內的東洋電化、東京灣木材等會社擔任要職的企業家。（表 6-8）古賀朝一郎是另一個「花蓮港成功者」的例子。他在1910 年渡臺到花蓮港自行開張古河商店，經營米穀、酒類及雜貨物品販賣業。1922 年賀田組分割成朝日組和櫻組時，被梅野氏拔擢為

---

❺⓪ 鍾淑敏，〈政商關係與日治時期的東臺灣〉，頁 104-108。

❺① 同上註，頁 104。

❺② 原幹洲，《南進日本之第一線に起つ新臺灣之人物》（臺北：勤勞と富源社，拓務評論社臺灣支社，1936），頁 564；屋部仲榮，《臺灣地方產業報國》（臺北：民眾事報，1939），頁 120。

朝日組總經理。古賀氏憑藉其在朝日組的功績和關係，1930 年代歷任東臺灣各會社要職，累積資產十餘萬，被認為是「花蓮港街唯一的理財家」，是「新興花蓮港屈指的有力者」，對於花蓮港街貢獻極大**❸**。

鹽水港製糖在東臺灣的投資，可以說也是受到賀田金三郎的影響。1909 年該社改組後的首任社長荒井泰治與賀田氏因高雄港整地計畫首度合作，1910 年隨即於花蓮港街合組臺東拓殖合資會社**❹**。1914 年改組為鹽水港製糖，承繼賀田組在花蓮的拓墾地，成立製糖所和工場，且先後成立花蓮港木材（1919）、臺灣農產工業（1937）兩個關係會社。在殖民政府刻意扶植下的製糖會社獨大時期，鹽糖與臺東製糖一直是 1937 年以前東臺灣會社的代表。鹽糖出身的在地重要企業家，如岩野仁一郎是原鹽糖鳳林農場主任；玉井龜次郎則是大和工場主任；1918 年創設資本額三十萬圓東臺灣木材合資會社，號稱「花蓮港廳耆宿」的勝部鍾一郎，則是由賀田組轉至鹽水港製糖，歷任職員和支店長**❺**。

臺灣銀行是最早來到花東兩地開設支店的外地會社。因此，其多少也培養出幾位在地日本企業家。東臺灣金融界的巨頭佐藤恆之進，即出身臺灣銀行花蓮支店，後來成為唯一在地金融業東臺灣無盡株式

---

❸中山馨、片山清夫，《躍進高雄の全貌》（1940 年原刊，中國方志叢書，臺灣地區第 289 號，臺北：成文出版社，1985，以下簡稱成文本），頁 117；原幹洲，《南進日本之第一線に起つ新臺灣之人物》，頁 564；太田肥洲，《新臺灣を支配する人物と產業史》（臺北：臺灣評論社，1940），頁 614。

❹中山馨、片山清夫，《躍進高雄の全貌》，頁 363；原幹洲，《南進日本之第一線に起つ新臺灣之人物》，頁 84。

❺上村健堂，《臺灣事業界と中心人物》（臺北：新高堂書店，1919），頁 201。另外，鹽糖出身尚有松原徹。

表 6-8：日治時期東臺灣重要的企業家及其事業

企業家	居所	來東時間	投資事業
中村五九介 （原賀田組會計）	花蓮	1902	中村商店主（1907）、花蓮港電燈董事（1918）、花蓮港物產合資會社社長（1918）、朝日組董事、花蓮港電氣會社董事
梅野清太 （原賀田組總經理）	花蓮	1908	花蓮港製紙株式會社（1914）、東臺灣木材合資會社執行社員（1918）、花蓮港製紙合資會社社長（1919）、花蓮港電氣董事（1920）和社長（1931）、頂雙溪炭坑董事（1921）、朝日組專董（1922）、櫻組專董（1922）和社長（1931）、東臺灣新報社長（1926）、臺灣貯蓄銀行監事（1927）、花蓮港木材董事（1928）、東海自動車董事（1931）、臺灣農產工業社長（1937）、花蓮港荷役倉庫社長（1938）、花蓮港信用組合長、東京灣木材重役、東洋電化重役（1939*）
古賀朝一郎 （原賀田組重組後朝日組總經理）	花蓮	1910	古賀商店（1910*）、花蓮港電燈董事（1917）、朝日組總經理（1922）和專務（1931）、櫻組董事、東臺灣新報董事（1926）、花蓮港信用組合理事（1916）、花蓮港電氣專務（1933）、第二花蓮港木材董事（1933*）、花蓮港物產董事（1936*）、花蓮港木材董事（1937*）、臺灣農產工業監事（1937*）、花蓮港荷役倉庫董事（1938*）、米穀酒類及雜貨商、東臺灣運送社長（1939）、東部電氣常重（1940）、花蓮港自動車運輸社長（1942）、東海自動車董事、東臺灣無盡監事（1940*）、古河工業總經理
杉本伸之 （臺東拓殖社員，與賀田組有關）	花蓮	1910	花蓮港木材常董（1919）、花蓮港信用組合專務理事（1931）、花蓮港物產監事（1936*）、總經理及監事（1940*）
佐藤恆之進 （原臺銀花蓮支店社員）	花蓮	1911	花蓮港物產合資會社社長（1918）、花蓮港定置漁業信用販購利用組合、花蓮港電氣監事（1922*）、東臺灣無盡社長（1926）、鳳產製糖監事、東部水產董事、花蓮港海陸產業社長（1940）
吉村佐平 （由臺南至花蓮的五金商）	花蓮	1913	吉村商店主（1913*）、東臺灣新報專務（1926）和社長（1943*）、花蓮港電氣監事（1928）、花蓮港信用組合長及專務理事（1930）、花蓮港乘合自動車代表（1934*）、臺東製粉、東臺灣澱粉代表（1936*）、東臺灣無盡董事（1940*）
玉置彌四郎 （機械五金商）	花蓮	1914	花蓮港物產專務、社長（1936）；玉置商事（1939）；東臺灣新報董事；花蓮拓殖社長（1939）
小川浩 （自行開業的五金商）	花蓮	1915	花蓮電氣常務（1920）、東臺灣無盡董事（1940*）和社長、東部電氣董事（1940）、東臺灣新報董事（1924）和監事（1943*）、花蓮港信用組合理事、臺灣農產工業監事（1937*）、小川浩商店社長（1941）、小川興業社長（1941）、臺灣鋼材配給董事、小川組（1941）
江口豐次 （自行開張運輸業）	花蓮	1916	丸ツ花蓮港運輸（1916）、東臺灣無盡董事（1940*）、花蓮港產業專務和監事（1940*）、花蓮港拓殖董事（1939*）、豐南興業合資會社（1933）、泰記汽船社長（1933）、高雄海運（1936）、花蓮港荷役倉庫監事（1938）、富里運輸組社長（1938）、東臺灣運送董事（1940）、花豐商事董事（1938*）
原脩次郎 賀田組總經理）	花蓮/日本	不詳	花蓮港電氣社長（1922*）、櫻組社長（1922*）、朝日組社長（1922*）花蓮港製紙社長（1924*）

村田守密 （梅野清太拔擢）	花蓮	不詳	花蓮港木材總經理（1931）和專務董事（1935）、南方林業董事（1941）、恆春製糖董事總經理
岩野仁一郎 （鹽糖鳳林農場主任出身）	花蓮	1919 鹽糖，1931 退	豐田產業組合理事（1932）、合資會社豐田澱粉製造所（1933）臺灣農產工業常董（1936）、臺東拓殖（1936*）、花蓮港拓殖社長（1938）、玉置商事社長（1939）
大熊安右衛門 （賀田組獸醫）	臺東	不詳	臺東拓殖社長（1910）、臺東電燈社長（1919）、旭漁業組（1924）
松井金二郎 賀田組社員）	新港	1897	合資會社新港運輸組社長（1922）、新港自動車商會有限社員（1931）、櫻組董事（1937）、藥鋪松井保正堂（藥種商）、臺灣合同電氣監事（1940*）、新港水產會社助役（1940*）、新港電氣利用組合重役（1940*）
重森確太 （臺灣銀行社員）	臺東	1924	臺東製糖會社社長代理（1924）和常務總經理（1929）、臺東開拓囑託（1924）及常務董事（1931）
飯干太加次 （櫻組職員）	臺東	1925 取代田中時哉崛起	旭漁業組出資社員（1924）、櫻組董事和總經理（1925）、臺東澱粉董事、新港自動車商會代表（1931）、臺東興發董事（1937）、臺東拓殖董事（1937*）、臺東自動車運輸董事（1940*）和社長（1940*）、臺東殖產監事（1940*）、東臺灣運送監事（1939*）
千代田弘 （運輸業商）	臺東	不詳	新港自動車（1934*）、臺東興發監事（1937）、臺東自動車運輸專務（1939*）、南迴自動車社長（1940*）、臺東信用組合專務理事
饒永昌 （原賀田組通譯）	花蓮	1906	龍潭陂金融會社董事（1919）、新龍拓殖會社社長（1921）、鳳產製糖會社社長（1921）、花蓮港電氣會社董事（1924）、東臺灣新報監事（1926）、東臺灣無盡監事（1927）、花蓮港產業會社專重（1927）、花蓮港運輸合資會社社長
許聰敏 （海產雜貨商）	花蓮	1914	振興商店主、森茂木材社長、石油代理店、花蓮近海運輸社長、東臺灣資源更生會社長、花蓮港米穀董事、花蓮港礦業董事、東臺灣無盡監事、花蓮港產業董事、
鄭根井 （花蓮港電氣社員）	花蓮	1923	花蓮港拓殖社長（1938）、東臺灣畜產董事（1939）、東部產業
張得成 （原事蘇花公路改修工事）	花蓮	1930	臺榮商行代表（1937）、金泰興商行（1937）、榮發運輸組、東部製粉、臺陽汽船商事花蓮代理店和監事、共運組（1939）、泰記汽船花蓮代理店和監事、花蓮港廳米庫信用組合監事
賴金木 （雜貨商）	臺東	1916	金榮發精米所（1916）、金榮豐合名會社代表（1921）、石油會社代理店（1925*）、櫻組監事（1937）、共榮商會社長（1939）、臺東自動車會社重役（1940*）、臺東產業董事（1941）、臺東劇場主

說明：* 表推測時間。

資料來源：附表 12 至附表 15；臺灣人物誌網站（http://140.109.13.125:8080/whos2app/start.htm）。

會社的首任社長❺❻。臺東的重確森太號稱「東臺灣產業的開拓者」，與花蓮港的梅野清太同為「東臺灣雙璧」，是原臺灣銀行臺東支店社員❺❼。

　　大正時期陸續來到東臺灣開展事業的自營商人，可以說是僅次於賀田組，影響東部企業發展極深的一群人。他們大部分到東部時，先自行開張各類型商店，之後才將商業資本投資到新企業。除了前述的古賀朝一郎之外，舉例而言，吉村佐平原先是臺南山田五金店的總經理，1913 年到花蓮，即先經營吉村五金店。1922 年之後，歷任花蓮各會社的社長或董監事。他在東臺灣企業界非常有勢力，被視為「東臺灣的成功家」、「花蓮港財界一方之雄」以及「花蓮民間少數之紳士」❺❽。1940 年代，梅野清太死亡之後，取代其地位成為「東部業界霸者」或是「花蓮港有力家第一人」的小川浩，也是 1915 年來花蓮之後，開張五金商店，1936 年已經累積五十萬至一百萬左右的資產❺❾。1916 年來到花蓮開張丸つ（tsu）運輸組的江口豐次，亦長年在運輸業累積豐富的經驗和實力。1930 年代之後，他的事業跨出東臺灣，創設泰記汽船，又擔任高雄海運會社董事❻❶，1940 年代更擔任東部重要會社之要職。這群以商業資本起家的在地日本企業家，顯然打破了在臺日資必須依賴國家權力或是在日日資的說法。

❺❻ 東臺灣新報社編，《東臺灣便覽》，頁 150、表 9。

❺❼ 中山馨、片山清夫，《躍進高雄の全貌》，頁 133；橋本白水，《臺灣統治と其功勞者》（臺北：南國出版協會，1930），頁 97。

❺❽ 中山馨、片山清夫，《躍進高雄の全貌》，頁 119；橋本白水，《臺灣統治と其功勞者》，頁 73；鷹取田一郎，《臺灣列紳傳》（臺北：臺灣總督府，1916），頁 152。

❺❾ 《臺灣日日新報》，昭和 10 年 11 月 20 日，第 5 版、15 年 10 月 31 日，第 6 版；原幹洲，《南進日本之第一線に起つ新臺灣之人物》，頁 563。

❻❶ 臺灣新聞社，《臺灣實業名鑑》（臺中：作者印行，1934），頁 325；興南新聞社，《臺灣人士鑑》（臺北：作者印行，1943），頁 45。

在東臺灣會社的在地經營者之中，退職官員的比例相當多。除了少數是總督府官員之外，他們大多是大正年間來到東部地方廳擔任職員、警察或是支廳長**[61]**，1930年代退任之後乃成爲東部會社的社長或董監事。他們顯然因職務關係來到東部，而逐漸參與地方產業活動，特別是1930年代東部產業開發熱逐漸升高之後，新興企業紛紛成立，需才孔急，這些官員以其長期以來在東部地區的經驗和人脈，乘時投入企業界發展。不過，或許投入企業界發展的時間普遍不長，因此很難立刻累積足夠的企業聲望和財力。福井公是少數的例外，他原是臺南縣屬、總督府鐵道書記，1902年來到花蓮開張「居貸家」業**[62]**，1923年創辦東臺灣新報社，1940年成爲花蓮產業株式會社社長。福井公號稱「花蓮港街內地人（日本人）的長老」**[63]**，但是他在企業界的實力，仍比不上前述有力的企業家。

其次，在地臺灣人企業家的出身，主要有三：1.清末來東部經商開墾的資產家，如陳妙哉、鄭榮林、鄭國賓等**[64]**；2.明治末年隨賀田組來到東部拓殖者，如饒永昌、劉振聲；3.大正年間自行來到東部經商、開墾或是擔任會社職員者，之後並逐漸累積出企業實力，成爲地方代表人物。三者之中，以大正中末葉來到東臺灣經營者最多，僅有

---

[61] 退職官員、警吏出身而有資料可查如：福井公（總督府鐵道部，1902退任）、森金酉藏（花蓮港廳職員，1913退任）、大澤友吉（警部、支廳長，1937年退任）、宮崎末彥（花蓮港街長、支廳長，1937年退任）、戶水昇（總督府官員、臺北知事，1939退任）、古藤齊助（花蓮港和里壠支廳長，1937退任）、石田順平（警部，1916年來臺東）、松尾溫爾（警察、支廳長）、中馬中（臺東廳職員）、新館謹次郎（花蓮港廳職員）、佐佐延一郎（臺東廳囑託，1930退任）、村田守密。

[62] 原幹洲，《南進日本之第一線に起つ新臺灣之人物》，頁568。

[63] 臺灣新民報社，《臺灣人士鑑》，頁522。

[64] 鄭榮林於1893年以清親兵官長身分渡臺，後從事開墾，務農經商。大正年間營碾米業，有地百餘甲。他被認爲是「東部臺灣屈指之富豪」。鷹取田一郎，《臺灣列紳傳》，頁184；中山馨、片山清夫，《躍進高雄的全貌》，頁146。

少數是 1930 年代進入東部發展而受到矚目[65]。舉例而言，1919 年新竹北埔人李群山入花蓮港電氣會社任職，之後成為地方有力者。又如 1914 年自鹿港移居花蓮的許聰敏，經營海產雜貨業，是少數得以進入日本人會社擔任董監事的在地臺人，1930 年代之後歷任東部會社社長或董監事，而被認為是「東部大成功者之一人」、「花蓮港本島人之代表人物」[66]。臺東企業界的代表賴金木，也是 1916 年來到臺東，經營碾米雜貨商業，1920 年代創設金榮豐合名會社，1930 年代擔任日本會社的董監事，是「東臺灣代表人物」[67]。

　　相對於在地日本人，在地臺灣人較具企業勢力者顯然稍少，企業網絡亦不如在地日人龐大，他們也不像在地日人一般，極力主導東臺灣的開拓。1906 年來花蓮的饒永昌是較特別的例子。他受惠於賀田組系在東部企業界龐大的勢力，被認為是「本島人中的東部代表人物」、「日本統治臺灣的功勞者」、「東部本島人之一大成功者，而聞名於全島」，是臺灣人中唯一的「東臺灣開拓功勞者」[68]。但是，即使像饒永昌這樣一位東部最有力量的臺灣人，始終無法登上總督府評議會之殿堂[69]。由此可見，相對於西部，東部臺灣人勢力和聲望的薄

---

[65] 例如豐原人王阿火，1931 年到花蓮栽培果樹，年產的蜜柑和水果佔花蓮港廳首位；張得成因從事臨海道路（蘇花公路）修築的機會，1930 年到花蓮，佃耕土地近百甲。（臺灣新民報社，《臺灣人士鑑》，頁 33、237）

[66] 中山馨、片山清夫，《躍進高雄の全貌》，頁 111；林進發，《臺灣官紳年鑑》（臺北：民眾公論社，1934），頁 945。

[67] 中山馨、片山清夫，《躍進高雄の全貌》，頁 128；林進發，《臺灣官紳年鑑》，頁 942。

[68] 橋本白水，《臺灣統治と其功勞者》，頁 123；臺灣新民報社，《臺灣人士鑑》，頁 96。

[69] 根據吳文星，《日據時期臺灣社會領導階層之研究》（臺北：正中，1992），能膺選為總督府評議會員者，是全島數一數二的大資本家或是各地首富。然由該書表 4-2 可見，東部臺人從未登上總督府評議會員之列。（頁 210-214）

弱。

　　整體而言，臺灣漢人由於進入東臺灣較晚，人數相對有限，無法在地域社會內累積出巨大的社會經濟基礎。1930 年代以前，日本國內大企業的三井、三菱等大財閥對於東部的投資又興趣缺缺，反而給予明治末年至大正年間來到東臺灣的在地日本人發展的空間。這些在地日本企業家的資本來源，大部分是現地累積，也就是在東臺灣經營商業或是擔任會社幹部、官職等而累積其資本。除了梅野清太的事業曾經跨出東部，並擔任日本國內企業要職之外，大部分的企業家的活動網絡侷限於東臺灣。他們的資本雖然較為單薄，但是較看不到前述涂照彥所說：如同赤司和後宮等在臺日本集團一般，資本累積沒有牢靠的基礎，而是依靠人際關係及對在日日資之依附。

四、殖民地邊區企業的演變和特色

　　波形昭一曾指出，日治初期臺灣的企業勃興，是在殖民地「基礎工程」完成的日俄戰爭之後❼。事實上，東臺灣企業的發展卻更加遲緩，第一次世界大戰前後才萌芽，日本國內資本的投入亦有限，直到 1937 年才有較大的轉變。日治時期東部企業的發展，大概可以 1937 年為斷限分成兩個階段，前期是東部在地資本形成期，特別是在地日資主導階段；後期則是日本國內資本的大舉侵入，特別是臺拓關係企業和新興軍需重化工業的興起，促使東臺灣的產業地位由邊陲變成發展中心之一。

---

❼波形昭一，〈殖民地（臺灣）財閥〉，頁 655-656。

（一）在地企業資本形成與在地日資主導期

　　東部新式企業的形成是臺灣各地最晚的，企業化程度亦敬陪末座。同時，不同於西部臺灣，包括三井、三菱等日本國內大財閥以製糖、製茶等會社壟斷資本主義的發展，1899 年首先到東臺灣經營開拓事業的賀田金三郎，卻是道地的在臺日資。即使臺灣銀行等以金融保險和新聞為主的外地會社，也於 1914 年之後才陸續到東臺灣設立支店。自 1909 年至 1930 年代，特別是 1937 年中日戰爭爆發以前，日本國內資本除了殖民政府政策扶植下的糖業會社和其關係會社之外，少有直接經營，且數量有限❼。從賀田組，到在日日資參與較多的臺東製糖和花蓮港木材經營又相當不順利❼，這似乎也間接造成在日企業家對東部的卻步。因此，反而給予在地企業家，特別是在地日資企業經營的場域。除了賀田組原幹部之外，他們大部分是大正年間陸續來到東部。大正年間可以說是東臺灣企業形成期。

---

❼臺東製糖會社事實上雖然有相當比例的在日日資存在，不過經營者主要是在地日本企業家。鹽糖則原是由臺人王雪農所創立，改組之後雖然在日日資比重極大，但首任社長是在臺日資的荒井泰治，其後屬於鈴木系統，直至 1927 年三菱財閥始掌握該社經營權。涂照彥著、李明峻譯，《日本帝國主義下的臺灣》，頁 308-309。

❼有關賀田組、臺東製糖以及鹽水港製糖在東臺灣的經營狀況及其失敗的原因，參見：施添福，〈日治時代臺灣東部的熱帶栽培業和區域發展〉，中研院臺史所和臺大歷史系合辦「臺灣史百年回顧與專題研討會」，1995 年，頁 1-40；鄭全玄，《臺東平原的移民拓墾與聚落》（臺東：東臺灣研究會，1995），頁 57-61。承繼賀田組土地的鹽糖，直至大正末年仍被認為圖佔有大片土地，開墾卻有限，至 1930 年代始較有成果。但時人仍認為鹽糖是因為擁有東臺灣的優良土地，才成為特例。鹽糖本身的經營也狀況百出，經過多次合併、改組以及減資，即使關係會社花蓮港木材，營運狀況也不佳，經歷多次危機和減資，至 1933 年重組為資本額僅 50 萬圓的新會社。《臺灣日日新報》，昭和 10 年 11 月 20 日，第 5 版；向高祐興，〈東臺灣工業化寸考〉，《臺灣時報》25（7）（昭和 17 年 7 月），頁 12；熊野城造，《本島會社の內容批判》（臺北：事業界と內容批判社，1930），頁 1-2、43-44。

　　然而，爲何東臺灣會社晚至大正年間才陸續成立，而成爲臺灣新式企業發展的落後地區？發展速度爲何亦較臺灣其他地區遲緩？

　　企業的發展需要有足夠的條件來配合，資本、勞力、治安、市場以及相關建設是關鍵因素。日本是早熟的帝國主義國家，在領有臺灣的同時，其企業才開始長足發展，又因臺灣武裝抗日情勢日熾，相關建設闕如，無法立即吸引日本國內會社來臺投資。東臺灣的位置和情勢更爲不利。由於邊區的區位和開發較晚使然，對外交通不便，高山原住民的威脅始終存在，加上自然災害頻仍，衛生狀況又不佳，即使臺灣人亦很少往來，導致人口稀少[73]，勞力不足，市場不振。

　　日治初期原住民的威脅尤其嚴重，是造成資本家怯於投資東部的主因。1899-1909 年之間，即使政商關係良好的賀田組，在東部的開拓事業亦屢受原住民影響。賀田農場甚至必須自行購買武器，雇用原住民來抵禦「凶蕃」[74]。因此，東部理蕃政策的執行成效，自然關係著產業的發展。1906 年太魯閣「蕃害」事件之後，1907 年總督府始在東部設立第一條隘勇線。翌年並順利敉平阿美族的「七腳川社蕃變」[75]。但是，直到 1914 年臺灣總督佐久間左馬太的「理蕃五年計畫」（1910-1914）告一段落之後，成功鎮壓太魯閣蕃，又大量沒收原住民槍械[76]，原住民出草和反抗頻率才減少[77]。東臺灣在地有力的日

---

[73]《臺灣日日新報》，昭和 10 年 11 月 20 日，5 版。

[74]1906 年的「威里事件」即使得賀田組事務員遇害。鍾淑敏，〈政商關係與日治時期的東臺灣〉，頁 96、106。

[75]藤井志津枝，《日本治理臺灣的計策：理蕃》（臺北：文英堂，1997），頁 207-208、237。

[76]同上註，頁 264；李敏慧，〈日治時期臺灣山地部落的集團移住與社會重建：以卑南溪流域布農族爲例〉（臺北：國立臺灣師範大學地理所碩士論文，1997），頁 29。

[77]西村高兄，〈東部臺灣の開發に就て〉，《臺灣地方行政》10（3）（昭和 12 年 10 月），頁 12。

本人或是臺灣人企業家，即是此際前後陸續進入東部。

東部對外交通不便，各項建設闕如，是阻礙資本家進入東部的第二個因素。1910 年臺灣總督府決定在東部實施官營移民政策，才開始興建重要交通建設[78]。但是，東臺灣聯外陸路交通網的構成，顯然遲至 1930 年代始建立。另一方面，殖民政府的官營移民措施，也不如原先規劃順利，實際進行時困難重重，1918 年殖民政府不得不放棄，轉而鼓勵私營移民[79]。官營移民的失敗，某種程度地重挫了總督府「內地化東臺」的計畫。攸關東部開發最重要的港灣建設，乃遲遲沒有進展。1929 年始在地方官民壓力下興建新港（今臺東成功鎮）。花蓮港則經過多年爭取，一再被日本中央政府否決，晚至 1931 年才動工。兩港興築過程中，又因中央財政困難一度停頓，港口建設完工已是 1932 年和 1939 年之後[80]。即使 1926-1928 年，由於東部鐵路（臺東至花蓮）全線通車，在民間的大聲疾呼之下，殖民政府一度試圖推行「東部開發計畫調查」，也因為財政拮据，不了了之[81]。

遲至 1929 年，時人仍認為東臺灣的政治和經濟價值並不高[82]。在

---

[78] 1910 年興建東部鐵路，1916 年開鑿蘇花公路。東部鐵路於 1926 年全通，蘇花公路 1925 年完工，汽車車道則 1931 年才完工。臺東與屏東聯絡的南迴公路，更遲至 1935 年才動工。筒井太郎，《東部臺灣案內》（1932 年原刊）成文本第 308 號，頁 210；《臺灣日日新報》，昭和 15 年 10 月 31 日，第 6 版；臺東廳，《臺東廳要覽》（1937 年原刊），成文本第 312 號，頁 70。

[79] 張素玢，《臺灣的日本農業移民（1909-1945）：以官營移民為中心》（臺北：國史館，2001），頁 138-148。

[80] 林玉茹，〈戰時經濟體制下臺灣東部水產業的統制整合〉，《臺灣史研究》6（1）（2000 年），頁 63-64；筒井太郎，《東部臺灣案內》，頁 183-184。

[81] 林玉茹，〈國策會社的邊區開發機制：戰時臺灣拓殖株式會社在東臺灣的經營系統〉，《臺灣史研究》9（1）（2002 年 6 月），頁 7-9。

[82] 赤木猛市，〈國策上より觀たる東部開發問題〉，《臺灣農事報》273 號（昭和 4 年 9 月），頁 606。1926 年《臺灣民報》也仍指稱東部「交通不便，土地不好」。（105 號，大正 15 年 5 月 16 日）

本身條件限制下，東部欲吸引日本國內，甚或是臺灣其他地區資本家來投資，並非容易之事[83]。其次，受到自然條件惡劣和其他因素的影響，同時背負東部農墾開拓事業的臺東製糖、鹽糖關係會社等東部大會社營運狀況不順利、一度有破產之虞的前車之鑑，更讓資本家卻步。1930 年代，特別是 1937 年以前，東臺灣會社的發展乃不突出。大正年間已來到東部發展的在地企業家，尤其是日本企業家反而逐漸居於主導地位，甚至發展出梅野清太系的東臺灣最大「資本閥」[84]。

這群在地企業家，在地域社會中顯然具有重要地位。如表 6-9 所示，不論是在地日本人或是臺灣人有力的企業家，同時亦擔任地方各級協議會員，或是街庄長等地方公職。在地日本企業家更掌控了東臺灣的主要言論媒體，包括 1923 年成立的「東臺灣新報社」和翌年成立的「東臺灣研究會」。在這兩個東臺灣主要發聲器中，梅野清太等重量級企業家或是擔任創立者、董監事，或是會員[85]，透過媒體，他們經常與地方廳聯手操控著地方產業發展的方向[86]，由下而上向臺灣總督府請願。1926 年和 1936 年先後兩次的東臺灣開發風潮，他們均相扮演一定的角色，而被稱為「東臺灣的開拓者」或是「東臺灣產業的開拓者」。

---

[83] 即使以東臺灣素負盛名的礦產蘊藏為例，三井、三菱、久原礦業以及藤田組原先均組織探險隊到東部調查，最後卻都不了了之。太田肥洲，《新臺灣を支配する人物と產業史》，頁 596-597；上村健堂，《臺灣事業界と中心人物》，頁 93-94。

[84] 大山綱武，〈臺灣に於ける財閥の活動〉，《臺灣經濟年報》（昭和 17 年版，東京：國際日本協會，1943），頁 383。

[85] 例如，東臺灣企業巨頭的梅野清太，既曾擔任東臺灣新報社長，也是東臺灣研究會長。東臺灣新報的董監事，亦以在地日本企業家為主。有關東臺灣研究會的組成和活動，參見：李玉芬，〈日治時代的東臺灣研究會及其叢書：兼述一個在臺日人的地方團體〉，《東臺灣研究》，創刊號（臺東，1996），頁 9-27。

[86] 例如，大園市藏編，《臺灣人事態勢と事業界》指出，吉村佐平在梅野清太過世後，接任東臺灣新報社長，「握言論界之牛耳」，亦是「實業界的巨頭」。（臺北：新時代臺灣支社，1942），頁 22-23。

總之，東部的在地日本企業家，顯然與不在地的在日資本家性質大不同，而對於區域發展充分展現其能動性。西部臺灣當然不乏在地的日本企業家，但是相對於臺灣漢人民間勢力和組織之龐大，東部在殖民政府努力塑造該地作為日本人新故鄉的特殊化政策下，居於相對優勢的在地日本企業家更明顯地「在地化」[87]，認同東部為一個移民的新社會。他們不但是產業發展的主導者，在地域社會的影響力更深。臺東製糖的重確森太，甚至被認為是「陳情狂」，為地方建設不遺餘力；定居在花蓮港的中村五久介，被選為花蓮港日本人組合長、港民會長，對於該廳「開發的斡旋，盡力不少」[88]。

（二）新興產業的重鎮：戰時企業的勃興與財閥的湧進

1931 年九一八事變之後，日本軍國主義日熾，產業逐漸朝向軍事化發展[89]。殖民地臺灣在國家政策主宰之下，產業形態亦轉型發展工業。1937 年中日戰爭爆發之後，殖民政府更不惜預算，全力投入殖民地的開拓，臺灣由經濟上的殖民地變成軍事上的後勤基地，積極進

---

[87] 在地化是指移入者對新移居地社會經濟活動空間的認同，並逐漸融入地域社會中，永遠定居。東部日本人在日本戰敗時，吉野村的居民即曾面向臺灣行政長官陳儀陳情其「永住臺灣」的決心，（福田桂二，「花蓮：臺灣開拓移民的 70 年」，1978，手稿）顯示他們已經融入東部的地域社會中。有關在地化的討論，參見：林玉茹，《清代竹塹地區的在地商人及其活動網絡》，臺北：聯經，2000。

[88] 重確森太被認為既是「臺東的重森，也是重森的臺東」。他在擔任臺東街長時期，曾請願修築卑南圳、卑南大橋、加路蘭（富岡）港等。田代豐，〈臺東の糖業と移民村〉，《臺灣時報》25（7）（昭和 17 年 7 月），頁 114；上村健堂，《臺灣事業界と中心人物》，頁 217。

[89] 高橋正雄、金津健治，《近代日本產業史》（東京：講談社，1967），頁 191-192；Michael A. Barnhart, *Japan Prepares for Total War: The Search for Economic Security, 1919-1941.* Ithaca: Cornell University Press, 1987。

表 6-9：日治時期具有東臺灣地方公職身分的企業家

職務	人名
臺東街協議會員	賴金木（1920）、飯干太加次（1926 官選）、重森確太（1926、1939）、千代田弘（1935 民選）、中馬中（1935）、林治、松井金二郎（1935）、佐佐延一郎（1935 民選）、大澤友吉（1937）
花蓮市會議員	加藤好文、高橋與六、玉井龜次郎（1940）、植田福松（1940）、江口豐次（1940）、杉本伸之（1940）、岩野仁一郎（1940）、小川慎一
花蓮港街協議會員	玉置彌四郎、鄭國賓、植田福松、古賀朝一郎（1920、1937 廳）、佐藤恆之進（1920 當選）、中村五九介（1920、1935 官選）、福井公（1922）、小川浩（1925）、吉村佐平（1926）、古藤齊助（1937 官命）、玉井龜次郎（1935 民選）、鄭根井（1935）、石田順平（1935 民選、1937）、村田守密（1935 民選）、松尾溫爾（1937）、許聰敏（1937）、江口豐次（1939）、杉本伸之（1939）
庄協議會員	鄭榮林（鳳林）、李群山（玉里庄）、宋子鼇（新港，1937）、松尾溫爾（玉里，1937）、劉振聲（壽庄，1937）
街長	梅野清太（1922）、重森確太（1929）、大熊安右衛門
庄長	松尾溫爾（玉里，1926）
保正	鄭國賓（1905）、饒永昌（1911）、賴金木（1917）、林治（1920）、鄭根井（1936）、陳妙哉
區長	鄭榮林（1913）、鄭國賓（1914）、饒永昌（1916）、植田福松、松田金二郎、江口豐次

資料來源：東臺灣新報，《東臺灣便覽》，157、172、192；谷元二，《大眾人事錄》（東京：帝國秘密探偵社，1940），頁 32、中山馨、片山清夫，《躍進高雄的全貌》，頁 132、141-150、臺灣新民報，《臺灣人士鑑》，頁 41、96、134、531、《臺灣實業名鑑》，頁 304、319；林進發，《臺灣官紳年鑑》，頁 942、鍾石若，《躍進東臺灣》，頁 116、《臺灣日日新報》，昭和 12 年 12 月 24 日，第 6 版。

行工業化[90]。位於殖民地邊區的東臺灣，也拜戰爭之賜，因國防價值和戰略價值提高，而受到殖民政府的重視[91]，東部產業政策乃產生決定性的變化。

　　1936 年，在備戰氣氛和東部開發聲浪的推動之下，臺灣總督府一反之前放任會社開發東部的態度，正式設置「東部開發調查委員

---

[90] Mark R. Peattie 著，淺野豐美譯，《植民地：帝國 50 年の興亡》（東京：讀賣新聞社，1996），頁 306；林繼文，《日本據臺末期（1930-1945）戰爭動員體系之研究》（臺北：稻鄉，1996），頁 18。

[91] 石渡達夫，〈築港後に於ける花蓮港廳產業の躍進〉，收於竹本伊一郎，《臺灣經濟叢書》8（臺北：臺灣經濟研究會，1940），頁 163。

會」，直接由總督府與地方廳共同規劃具體方案❷。同時推行以東臺灣為重心的「山地開發計畫」，並勸誘新成立的國策會社臺灣拓殖株式會社帶頭開發東臺灣，投資新興產業，以吸引其他大企業的進入❸。1937 年，更進一步擺脫領臺以來東部特殊化的地方行政制度，實施西部行之已久的「州郡制」，展現殖民政府開發東部之決心❹。

戰爭時期殖民政府積極推行東臺灣開發政策，地方基礎建設又大致完成，加上理蕃成效已著，使得前期資本家投資東部意願不高的狀態大有改進。在投資環境改善和戰時國家經濟政策支配下，1937-1942 年之間，東臺灣會社的發展明顯地呈現大躍升的現象。（圖6-1）東部會社數量不但迅速增加，資本額也顯著擴張，終於出現千萬圓資本的大企業，新設株式會社並成為主流。

日本國內大資本家，特別是新舊財閥亦於此時積極投資東部，甚至直接進入該地經營會社。他們對於東臺灣企業的發展，主導性趨強。1930 年代中葉，因應戰時軍需原料的需求，熱帶栽培業成為新興產業，臺東廳由於優越的栽培條件和擁有廣大的未墾地，促使臺拓、明治製糖、杉原產業、森永等大企業紛紛進入東部拓殖❺。1938年之後，配合「軍事主導型重化工業」的日趨重要❻，花蓮港廳由於

❷《臺灣日日新報》，昭和 11 年 1 月 15 日，4 版、2 月 5 日，5 版、3 月 26 日，12 版、4 月 11 日，3 版。

❸ 林玉茹，〈邊陲、戰爭與殖民產業〉，頁 125-129、137。

❹ 林玉茹，〈臺東縣沿革〉，林玉茹等纂，《臺東縣史地理篇》（臺東：臺東縣政府，1999），頁 31。

❺ 林玉茹，〈邊陲、戰爭與殖民產業〉，頁 12-23。臺拓和杉原產業的熱帶栽培業，甚至是以東臺灣為重心。

❻ 奈倉文二，〈資本構造〉，收於一九二〇年代史研究會編，《一九二〇年代の日本資本主義》（東京：東京大學出版會，1983），頁 158-159。葉淑貞的研究也指出，臺灣在 1930 年代中期以後，重化工業快速擴張。葉淑貞，〈臺灣工業產出結構的演變〉，頁 236。

圖 6-2：日治時期東台灣會社類型的變化

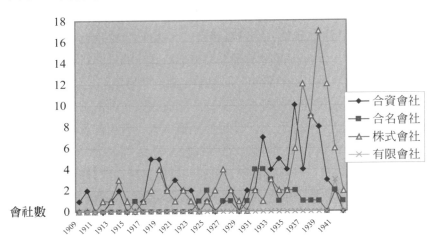

資料來源：表6-1。

築港即將完工，地下資源調查又確定該廳的豐富蘊藏，預定設立東臺灣電氣興業會社以提供電力資源，以及米崙（美崙）工業區的規劃，促使花蓮港街成為臺灣當時第二個臨港工業都市，是日本新興重化工業的重鎮。包括日本アルミ（鋁）、東邦金屬、東洋電化以及新興窒素（氮肥）等日本國內企業家直接投資經營的重工業大會社，陸續來花蓮設置會社或是工場[97]。花蓮港背後的米崙並成為東臺灣唯一的工業區，新興會社明顯地集中於花蓮港街。花蓮港廳會社數不但大幅超越臺東廳，兩廳的產業形態亦開始異途發展。臺東廳企業偏向拓殖農墾事業，花蓮港廳則工業會社大增[98]。

---

[97] 林玉茹，〈邊陲、戰爭與殖民產業〉，頁 140-154。

[98] 同上註，頁 156-157。

　　戰爭時期東臺灣企業明顯勃興，儘管會社數仍無法與臺灣島內其他地區相比，但是即使在日本帝國中都是數一、數二的新興軍需重化工業，卻於此時選擇從來是殖民地邊區、在日日資卻步的東部作爲發展重心之一[99]，頗值得玩味。東部的重化工業，無疑地主要控制在具有國家資本的臺拓[100]、三菱以及古河等財閥手中。特別是三菱財閥，除了早於 1927 年控制鹽水港製糖之外，透過合併新興窒素和日本化成會社，幾乎與臺拓並列爲此際東部企業的龍頭[101]。

　　然而，東臺灣，特別是花蓮港廳有何特殊條件，吸引這些大財閥來此發展重工業呢？花蓮港竣工和電力資源豐沛可以說是關鍵因素。戰時東臺灣重工業的發展，並非配合臺灣島內市場的需要，而是因應南進政策，發展日本軍需必要的新興重化工業，再透過花蓮港向島外的日本或南洋輸出入產品和原料[102]。其次，自第一次大戰以來逐漸勃興的日本重化工業，卻苦於國內電力資源之不足，尤其是新興的軍需

[99] 1942 年《臺灣經濟年報》所列出的 18 家首要的新興重化工業會社，工場或本社主要設在高雄和花蓮港兩地。大山綱武，〈臺灣に於ける財閥の活動〉，頁 377。

[100] 臺拓是半官半民的特殊會社，也是爲了促進戰爭需要事業而成立的超級公司（super-corporation）。朱德蘭，〈十五年戰爭と日本企業の經濟活動〉，《九州國際大學社會文化研究所紀要》第 43 號（1999 年），頁 189；George W. Barclay, *Colonial Development and Population in Taiwan*, p.30.

[101] 1930 年代中葉進入東臺灣的日本鋁、新興窒素、東邦金屬以及東臺灣電力等會社，皆有三菱財閥資本存在，甚至除了東邦金屬之外，三菱財閥均具有壓倒性的優勢。大山綱武，〈東臺灣電力興業：古河財閥と臺灣〉，《臺灣時報》26（4），昭和 18 年 4、5 月號（1943），頁 48-52。

[102] 例如日本鋁、東邦金屬以及東洋電化等會社的原料，主要來自南洋和非洲，工場或社址則設在花蓮。花蓮港的工業化即是要透過海運，將華南和南洋的低廉礦物運到東臺灣。高原逸人，〈開港と東臺灣產業の躍進〉，《臺灣時報》昭和 14 年 10 月號（1939），頁 195-196。東南亞資源和戰時臺灣重工業的關係，可以參見：陳慈玉，〈初論日本南進政策下臺灣與東南亞的經濟關係〉，*Prosea Occasional Paper*10（臺北：中央研究院，1997），頁 22-25。

重化工業，如鋁、鎳、尿素等的製鍊均需要龐大的電力資源❿。東部則因為被估計電力資源潛力無窮，東邦金屬和日本鋁等五大會社遂共同設立供應自家發電所需的東臺灣電氣會社。在這個前提之下，邊區的東部才與高雄同時成為當時臺灣新興重化工業的重鎮。

不過，1937 年以降日本國內大財閥強龍壓境之際，原來主導東部產業發展的在地企業家的處境又如何呢？以在地日本企業家而言，他們的資本和企業網絡雖然比不上類似今日跨國公司的日本國內財閥，或是在臺財閥赤司和後宮集團，且大多無緣參與軍需重工業，但憑藉其長期在東臺灣累積的企業實力，企業網絡也更為擴展。他們不僅是東臺灣中小型在地會社的中堅，在企業經營上仍佔有一定的地位，而且在地域社會的影響力更穩固。舉例而言，1919 年鹽糖關係會社的花蓮港木材會社的創社資本額中，在日日資佔 85% 壓倒性優勢的狀態；但是到了 1937 年，同系的臺灣農產工業會社成立，在臺日資卻佔近 50%，而且由在地的梅野清太擔任社長❿。1940 年，以小川浩為首，在地日資重新改組花蓮港電氣會社，成立資本額三百萬圓的東部電氣會社❿。儘管 1944 年在戰時統制會社制度下❿，東部電氣會社最

---

❿ 以鋁而言，1934 年才由日本電工國產化成功。由於其需要技術、資金、電力以及原料，日本的鋁精鍊業是生產力擴充計畫品目中最晚確立的產業。長島修，〈日本におけるアルミニウム產業政策〉，收於後藤靖，《日本帝國主義的經濟政策》（東京：柏書房，1991），頁 162、188。

❿ 附表 12。

❿ 從 1917 年花蓮港電燈會社創立以來，歷經多次整併增資，到 1940 年東部電氣的成立，主要由在地企業家，特別是在地日資主導。參見：林蘭芳，〈工業化的推手：日治時期臺灣的電力事業〉（臺北：國立政治大學歷史所博士論文，2003），頁 276-283、317。

❿ 有關戰時統制經濟政策和統制會社的研究，參見：陳慈玉，〈戰時經濟統制下的臺灣煤礦業（1937-1945）〉，《中國經濟史研究》3（北京，2001 年 9 月），頁 120-136。

後仍被臺灣電力會社所合併❿，但由東臺灣在地日資的發展過程看來，涂照彥認為在臺日資的興起，並非依賴自己的力量，而是與日本國內財閥合作的結果，顯然言過其實❿。相對照之下，臺灣資本家除了在合名會社經營仍佔有一席之地外，顯得更加微不足道。臺灣人有力的資產家，似乎始終對東部興趣不大。除了自行來到東部經商、開墾而逐漸在地化的企業家之外，來到東部投資的不在地臺灣人鮮有聲名卓著者❿。

五、結論

綜合前述，日治時期東臺灣企業的發展型態和過程，頗能展現其殖民地邊區的獨特性。與全臺相較，東臺灣的企業化程度最晚、也最低，農業會社始終佔有一定比例；會社類型、產業類別以及資本規模的發展趨勢，亦與全臺不一致。1920 年代中葉以前，東臺灣並沒有出現資本額百萬圓以上會社較多的現象，反而以中小企業為主。1937年以後才明顯地出現「株式會社熱」，大型株式會社紛紛進入，與同時期全臺會社日益彰顯的中小企業化發展方向頗有差異。再者，形成於大正年間的在地日資主導東部產業的發展，日本國內資本則在 1930年代之後才形成勢力。東臺灣的重要在地日本企業家主要出身是會社職員、自行來東經商、以及退職的地方官員。其中，尤以原賀田組幹

❿ 1943 年東部電氣會社先被日本大財閥成立的東臺灣電力興業會社合併，1944 年才再被臺灣電力合併。林蘭芳，〈工業化的推手：日治時期臺灣的電力事業〉，頁 275-276。

❿ 涂照彥著、李明峻譯，《日本帝國主義下的臺灣》，頁 16。

❿ 有關戰時統制經濟政策和統制會社的研究，參見：陳慈玉，〈戰時經濟統制下的臺灣煤礦業（1937-1945）〉，《中國經濟史研究》3（北京，2001 年 9 月），頁120-136。

部影響力最大，是東部產業開發的先驅。在地臺資，則以自行來東部經商開墾者居多。

日治時期東臺灣企業的發展，明顯地經歷兩個階段的變遷。在1930年代以前，由於原住民勢力的威脅始終存在、交通不便、自然災害頻仍以及勞力不足等條件的限制，很難吸引日本國內資本的投入。東部會社幾乎晚到大正年間才出現，明治末年至大正年間，陸續來到東部的日本人或是臺灣人則成為會社的經營者。至於日本國內資本除了糖業會社和其關係會社之外，很少涉足其間。少數由在日日資直接經營的會社，營運並不順利。這種現象亦促使在日日資的卻步，在地日資得以取得主導地位。

1930年代，特別是1937年中日戰爭爆發之後，顯然為落後的東臺灣帶來產業發展的新契機。隨著東部理蕃事業成功，海陸運網絡的初步完備，以及因應戰爭時期國家權力的積極宰制下，臺灣總督府極力推展東部產業開發政策，力勸國策會社臺拓和日本國內大會社投資東臺灣。此時東部會社數量和資本額大幅擴充，「株式會社熱」盛行，並首度引進日本重化工業到花蓮港廳，試圖打造花蓮港市成為新興臨港工業城市，該廳會社數遠大幅超越臺東廳。因應花東兩廳各自的優勢條件，臺東廳優先發展熱帶栽培業，花蓮港廳則轉向工礦事業，開始嘗試不同的發展方向。「工業花蓮」的形象，可以說是在戰爭時期全新打造出來的。

另一方面，戰爭時期日本國內會社以三菱、古河等財閥為首，亦較積極地投資東部，甚至直接經營。東臺灣重要的軍需工礦企業，幾乎均由其主導。相對地，在地日資大多無從置喙，僅能繼續掌控本地的中小企業。

透過日治時期東臺灣企業的發展軌跡及其企業家的構造，反映出過去殖民經濟史全體觀照式研究的侷限性。基本上，殖民國資本並非

均質地投入到殖民地，而具有區域的選擇性。殖民國資本也有向殖民地輸出資本和在殖民地創造資本的區隔，其在殖民地不同區域的角色和影響力亦相異。基於追求最高利潤的目標，日本國內大企業資本最初顯然沒有太大意願投資居於邊陲的區位、未充分開拓的東部，因此日本財閥壟斷資本主義蠶食西臺灣的形態在東部並不明顯。即使糖業資本的臺東製糖和鹽水港製糖，因受到先天條件的限制，又必須擔任邊區拓荒的任務，經營形態不但與西部有所差異，也不算順利。亦即東部擁有廣大土地的製糖會社，所面臨的最大挑戰可能不是「米糖相剋」，而是拓荒和勞力不足問題。

相對地，逐漸在地化的在臺日資，事實上長期是東部產業開發的要角。不過，在東部形成的在地日資，也與臺灣其他地區不盡相同。日治時期的東臺灣，由於開發較晚，殖民政府刻意的「內地化東臺」的計畫以及諸多條件的限制，促使臺灣漢人數目和勢力始終有限，無法建立巨大的社會經濟基礎，東部成為臺灣唯一日本人相對多數的移民新社會。在地的日本企業家網絡雖然大多侷限於東部，但他們也不像日本國內財閥或赤司、後宮等在臺財閥一般，以自身利益為前提，並不考慮地方的真正需要，反而相當重視地方利益，並透過地緣關係組成在地企業集團，成為對東部區域發展極具影響的中堅勢力。

然而，中日戰爭的爆發，導致總督府積極推動臺灣工業化政策，也擾動了殖民地邊區企業的發展模式。在追求戰爭資源的最高原則下，國家政策取向完全取代市場經濟取向，殖民政府極力為東部導入建設和資本，在國家與企業聯手下東部進入企業勃興期。日本國內大資本基於產業報國的時代氣氛，特別是帝國內具有分量的新興軍需重化工業進駐東臺灣，即是因日本國內電力資源不足以及花蓮港廳具備工業發展的基礎條件下出現。從戰爭發展論的觀點，臺灣在中日戰爭時期始積極進行工業化，從來是殖民地邊區的東臺灣，更因為戰爭物

資的迫切需求，終於擺脫屢次開發中挫的歷史，進入全面開拓的階段，一躍成爲戰時新興產業的中心之一。因此，一反戰前東部產業經濟微不足道的地位，戰時東臺灣的位置，才眞正浮現在日本帝國經濟的架構中。

第四部

史料與史學

白川夜舟〈臺東舊紀〉譯注
與史料價值評介

一、前言

　　國家圖書館臺灣分館所藏《臺灣經濟雜誌》❶，自 21 號至 25 號有白川夜舟的〈臺東舊紀〉一文❷。該文主要敘述自嘉慶、道光年間卑南王時代至清末清政府對臺東的統治概況，可以說是清代臺灣後山簡史。由於該文保留現存文獻闕略的部分後山資料，因此筆者不揣淺陋，將其譯出，並討論該文的史料價值。不過，由於原文的人名、地名以及年代，或是原作者記錯、或是排版錯字頗多，加上原文部分記載與現存文獻檔案也有些許出入，因此對於原文有誤或值得補註處，於註釋中說明；錯字以括號補記，〔〕內文字則為原作者所加。

　　〈臺東舊紀〉作者事蹟目前尚無法查出。原作者在〈臺東舊紀〉（一）署名為夜舟識，（二）至（三）署名為夜舟，（四）至（五）則

---

❶ 其前身為《臺灣產業雜誌》，明治 31 年（1898）發刊。

❷ 〈臺東舊紀〉全文分為五期刊出，其原來安排如下：臺東舊紀（一），《臺灣經濟雜誌》21（1900 年 6 月），頁 3-7；臺東舊紀（二），《臺灣經濟雜誌》22（1900 年 6 月），頁 7-8；臺東舊紀（三），《臺灣經濟雜誌》23（1900 年 8 月），頁 7-11；臺東舊紀（四），《臺灣經濟雜誌》24（1900 年 11 月），頁 22-25；臺東舊紀（五），《臺灣經濟雜誌》25（1900 年 12 月），頁 17-20。

署名爲白川夜舟，因此白川夜舟似乎爲他的姓名。然據宋文薰先生指出，日文「白川夜州」有開玩笑之義，顯然作者並未具眞實姓名。不過，根據序言可知，作者是位記者，在訪問臺東廳相良長綱廳長之後，才寫成此文。該文的寫作時間，大概在明治 32 年（1899）左右。

本文以下將分成兩部分：第一部分，翻譯和校注原文；第二部分，說明〈臺東舊紀〉的史料價值。

二、〈臺東舊紀〉原文譯注

臺東舊紀（一）

臺東原野，茫茫未耕者百餘里，而地屬生番界。山高聳，樹深茂，東面瀕海，危岩怪石，突兀如立屛風而列。崎嶇羊腸道路，罕通人跡。且夫住民多無智蒙昧之番人，一旦駕御失其宜，咆哮怒號，擾擾候逞反噬之慾。醉心文明之小政治家，翩翩追時流，當代之小才子，固非經營此地之器，必識略兼備，有勇氣忍耐之士，始能勝其任。記者曾穿越番地往之，至臺東，面訪廳相良長綱氏，親聽臺東之古事沿革，及歸來想起，不禁感慨，成臺東舊紀一篇，敢供大方之一粲者，亦不過爲記者平生之好奇。若幸而得以與世之寸補，寧爲望外之至幸。

臺東舊紀分成番人時代與清朝時代二綱目，爲圖方便，本紀依此區別而記之。

番人時代

卑南王

距今凡百年，當清嘉慶之末，道光之前，臺東之地，盡爲生番，尤其是卑南生番最多。眾番之中有一番極傑出，其性頗敏捷，品行亦甚方正，而處事公平，且長幻術，若有頑強不可救藥者，狼籍徘徊，以惑眾番，彼捕之，一旦一聲高叫死，此者必死，眾番見之駭然畏懼，相率拜趨彼之下，亦無一人敢起而反抗。彼乘此勢，遂風靡南自三條崙❸，北至花蓮間凡七十餘里。臺東之地殆歸彼之掌中。於是乎，聲望益揚，威望愈加，當其出入，比鄰八社之壯番，以儀仗扈從其前後左右，儼然有人君之風，眾番推稱爲卑南王，實總管七十二社。社中若殺牛宰豬，必先獻一足於卑南王，名進貢，呼爲大股須人❹，即源於此。

阿眉番

時阿眉番一族，尚傲慢不下，屢屢侵害邊境，卑南王大患，乃欲驅逐彼等於他處，每見其族，必屠戮慘殺之而不止，阿眉番終大懼，一族相率表歸順卑南王之誠意，謹請從其使役。王容之，使彼等居於窩碗❺之地。爾來卑南之地，耕種季節一至，阿眉番常輪流交替，專服其使役，其狀與奴隸無異。於是乎，漸博得卑南王之歡心。彼等苦於窩碗之地狹隘不堪居，往而向王哀求之，王立刻許之，使其移至海

---

❸三條崙，今屏東縣春日鄉三條崙。

❹大股須人應爲大股頭人之誤。大股頭人之外，尚有二股頭人、三股頭人……，其區別是依自己所管轄的番社之多少而稱之。大股頭人係指管轄所有頭人者。川上知一，〈臺東、恆春二廳轄內調查書〉，收於臺灣慣習研究會原著，臺灣省文獻委員會譯編，《臺灣慣習記事》中譯本第4卷上（臺中：臺灣省文獻委員會，1989），頁8。

❺窩碗爲今臺東市岩灣里。

邊一帶之地，阿眉番於卑南王成爲主從關係。

卑南王之經營

當此時，後山一帶之地，只種黃粟，未產禾麻菽麥，卑南王憂之，聚鹿茸（茸）、熊膽、各獸皮之類，使壯番肩之，出至前山枋寮，於此開互市，以交換有用的各種農產物之種子，攜回鄉土。唯恐不知栽培之法，遂邀枋寮鄭尚伴之返山，使其遍地觀察，更向坪（平）埔番講授耕種之法，苦心經營，始了解種禾之道❻。未及數年，卑南一帶之地，竟成禾麥繁殖之耕土。然不久，苦其無通路，再謀之於枋寮商人，傭船載運，而得以向前山各口發賣。

卑南王之系統

卑南王之名，於是乎愈現，時在枋寮有一纏足婦人慕卑南王之威風，自進求執帚，王許之，納爲妻女，生女二人，長稱寶球，次呼銀球。銀球早逝，乃爲寶球贅夫，使之上門，以襲卑南王之後，王一死，其繼之爲卑南頭人。寶球有一女，名千金，亦招夫上門，生女西老愚。寶球夫妻死，千金夫妻嗣之爲頭人，及千金夫妻死，西老愚招夫上門，復繼頭人，過去屢屢生女，此時始生一子三女，男名陳禹錫，現爲卑南通事。

---

❻〈臺東舊紀〉對後山米穀作物之引入與鄭尚之記載和陳英〈臺東誌〉略有不同。前者以卑南王主導米穀栽種之引入，後者則以「鄭尚隨番頭進山，觀看風土情形」，「見遍地無禾、麻、菽、麥，即回家帶禾、麥、芝麻各種，復進卑南，教番子播種」。陳英，〈臺東誌〉，收於胡傳，《臺東州采訪冊》（1894原刊），臺灣文獻叢刊（臺北：臺灣銀行經濟研究室，1960，以下簡稱文叢）第81種，頁81。

陳達達

上述三女中，一女嫁土人張義春，其名達達❼，為臺灣之女豪。其名聲現有口皆碑者，乃去年明治二十九年五月二十五日，王師登陸卑南的前兩日，彼率卑南番與馬菌番❽共同在雷公火❾狙擊清將劉德均❿之軍，擊破之，而使卑南之地免於兵火，王師得以輕易上陸。卑南之所以有今日，此巾幗婦人之力，參與居多，不愧為勇士卑南王之後裔。自卑南王至此，約百餘年，卑南王實開闢臺東之鼻祖。

移住交易

一旦卑南王開闢出枋寮交易之途，時臺防廳即於枋寮建一公所，以供番人宿泊，並招通番語者為通事，以當通譯之任。自是各番競相從事交易。秀姑巒番攜鹿茸（茸）、熊膽及各類獸皮，出嘉義齊集街❶❶，而由蘆港廳〔鹿港廳〕設一公所；花蓮港番亦攜鹿茸（茸）、熊膽以及各類獸皮，出宜蘭，由基隆廳於此設一公所。如此，交易日漸隆盛，以至彼此漸相親交往，往往有嘗試隨頭番深入而移住山地者。由南路者，即進住寶藏〔又書寶桑〕、成廣澳❶❷；由中路者，進住璞石閣❶❸；由北路者，進住花蓮港。據說坪埔番亦有住寶藏者，三十餘

---

❼陳達達應為漢名，在石阪莊作《臺嶋踏查實記》一書中，記為西魯牛，該書對於西魯牛本人個性以及她與日本軍隊聯合擊敗劉德杓事蹟，有更詳細的記載，可參照之。參見：石阪莊作，《臺嶋踏查實記》（大阪市，同社大阪出張所，1889年初版，1903年再版），頁105-106。

❽馬菌番應為馬蘭番之誤。

❾雷公火，在今關山鎮電光里。

❿劉德均為劉德杓之誤。劉德杓，安徽人，光緒19年（1893）管帶鎮海後軍。

❶❶嘉義齊集街，應為彰化集集街之誤。集集街，清時為彰化縣沙連堡集集街，今南投縣集集鎮。

❶❷成廣澳，今臺東縣成功鎮小港。

❶❸今花蓮縣玉里鎮。

年前，轉住大庄❹、頭人埔❺、大坡❻等地。當時的移住民，燒木葉借光明，尚未用油燈做爲夜間的照明。

移住民的戶數

同治十二年〔明治六年〕，進山的移民數，在寶藏有二十八家，在成廣澳有五、六家，在璞石閣有四十餘家，在花蓮港有三十六餘家，於是後山一帶，始爲清國政府所注意。

臺東舊紀（二）

清國政府時代的臺東（上）

清軍進入

同治十三年〔明治七年〕，臺灣道❼以生番甚跋扈，王化未洽，奏請當政者招撫之，獲准。此年五月，派袁聞折❽視察臺東。袁聞柝由海路至卑南，留四日，即回臺灣〔今之臺南〕。光緒元年〔明治八

---

❹ 大庄，今臺東縣富里鄉東里村。

❺ 頭人埔，即竹田，今臺東縣富里鄉東竹村。

❻ 大坡，即大陂，今臺東縣池上鄉大坡村。

❼ 此臺灣道，陳英〈臺東誌〉記爲夏獻綸。（胡傳，《臺東州采訪冊》，頁 82）夏獻綸，號筱濤，江西新建人，例貢，受知於左宗棠。同治 12 年（1873）4 月任臺灣兵備道。鄭喜夫，《臺灣地理及歷史》，第 3 冊，文武職列傳（臺中：臺灣省文獻委員會，1980 年），頁 99。

❽ 袁聞折爲袁聞柝之誤（本文以下皆直接改正），袁氏字警齋，江西樂平人，以五品軍功、保從九品歸部選用，同治 8 年（1869）捐升同知，同治 13 年（1874）7月署臺灣府海防兼南路理番同知，光緒 1 年（1875）任臺灣府南路撫民理番同知（卑南廳）。胡傳，《臺東州采訪冊》，頁 77；鄭喜夫，《臺灣地理及歷史》，第 1冊，文職表（臺中：臺灣省文獻委員會，1980），頁 46。

年〕一月❶，袁聞柝、吳光亮❷、羅大春❸等，兵分三路並進，袁聞柝由南路，督兵三營，由雙溪口❷過崑崙拗❸，十一月抵卑南。吳光亮由中路，亦督三營之兵，由八通關經黃祈山，十二月抵璞石閣。羅大春，由北路，督十三營兵，由蘇澳出擢其力❷，十二月達花蓮港。

官廳設備

於是在南路者，於寶藏設卑南廳，置綏靖軍一營，次設卑南撫墾局；又在中路者，於璞石閣、水尾❹駐兵；在北路者，於花蓮港駐兵。光緒六年〔明治十三年〕置南番軍，光緒七年〔明治十四年〕設卑南屯軍，光緒十三年〔明治二十年〕設水尾撫墾局，同時移水尾兵於卑南，光緒十四年〔明治二十一年〕於新開園❹、拔仔庄❹置守備兵各

---

❶〈臺東誌〉作「七月初一日」。（胡傳，《臺東州采訪冊》，頁 82）事實上，北、中、南三路並非同時進行，北路自同治 13 年（1874）8 月 25 日興工；中路是光緒 1 年（1875）1 月 9 日，吳光亮親率飛虎營自彰化縣社寮和林圮埔分兩路開闢；南路則大概在 7 月中、下旬。張永楨，〈清代臺灣後山開發之研究〉，（臺中：東海大學歷史所碩士論文，1986），頁 98-104。

❷吳光亮，號霽軒，廣東揭陽人，原任南澳鎮、福寧鎮總兵，經臺灣鎮總兵張其光與臺灣道夏獻綸推薦來臺。（羅大春，《臺灣海防並開山日記》（1874），文叢第 308 種，頁 17）光緒三年（1877）八月任臺灣鎮標中營總兵，光緒 10 年（1884）調省。鄭喜夫，《臺灣地理及歷史》，第 2 冊，武職表（臺中：臺灣省文獻委員會，1980），頁 25。

❸羅大春，福建陸路提督，同治 13 年（1874）因牡丹社事件來臺。

❹雙溪口，今屏東縣泰武鄉。

❺崑崙拗，又作崑崙坳，在今北大武山南鞍部。卓克華，〈石頭營聖蹟亭與南部古道之歷史研究〉，《高市文獻》7（3）（1995 年 3 月），頁 20。

❻擢其力應為得其黎，位於今立霧溪口。

❼水尾，今花蓮縣瑞穗鄉。

❽新開園，今池上鄉錦園村。

❾拔仔庄，今花蓮縣瑞穗鄉富源、富興、富民三村。洪敏麟，《臺灣堡圖集》（臺北：臺灣省文獻委員會，1969），頁 186。

一營，是歲改卑南廳為臺東直隸州❷⓼，並奏添設州同吏目衙門各一，而光緒十五年〔明治二十二年〕於花蓮港設州同衙門，又分水尾局為二，一置於秀姑巒，另一置於花蓮港。

卑南廳

　　光緒元年，袁聞柝始至卑南赴任，並統綏靖軍一營，又設撫墾局，招通事，翻譯番語，聘良師教化番童，備農器勸墾田。又於鳳山地方，募集職工八十名，每月給六元，以從事諸般業務，銳意於撫番之策。袁聞柝原任職臺防廳，因此兩處輪流各待半年。而其在臺防廳時，卑南廳之事務遂由卑南撫墾署長❷⓽代理之，其後三年，袁聞柝專任臺防廳，鄧原誠❸⓿接著至卑南赴任，不久，因病而亡，袁聞柝又復其任。袁聞柝再度至卑南廳赴任，即派人至四方視察番人動態，又丈量土地，徵收租稅。當時番人僅蓄積粟薯，其未耕種之地，雖為墾地卻棄之不顧，於是，報此情於督撫，而不再徵收賦稅。光緒七年袁聞柝升任臺南廳❸①，梁純夫❸②襲其後。光緒八年余修海❸③代之就任，稟命

---

❷⓼ 胡傳，《臺東采訪冊》亦記為光緒 14 年（1888）設置直隸州，但實際上是 13 年（1887）12 月正式下旨，14 年（1888）2 月為知州開缺日期。胡傳，《臺東州采訪冊》，頁 1；李文良，《臺東縣史政事篇》（臺東：臺東縣政府，2001），頁 123-125。

❷⓽ 應為卑南撫墾局長之誤，日治時期才稱為署長。

❸⓿〈臺東誌〉為鄧厚誠。（胡傳，《臺東州采訪冊》，頁 83）而其後歷任文官，又記為鄧厚誠，故鄧原誠應為鄧厚誠之誤。鄧厚誠，江西新建人，咸豐 8 年（1858）戊午正科舉人，同治 1 年壬戌恩科補行，光緒 2 年（1876）8 月到任，3 年（1877）3 月卒於任。鄭喜夫，《臺灣地理及歷史》，第 1 冊，頁 86。

❸① 臺南廳為臺南府之誤。

❸② 梁純夫，號再卿，廣東三水人，監生，光緒 7 年（1881）到任，10 年卸。

❸③〈臺東誌〉作余修海，（胡傳，《臺東州采訪冊》，頁 83）應為余修梅之誤。余修梅，光緒 10 年（1884）到任，11 年（1885）卒於任。

赴廣東，購銃器彈藥，回廳得病卒。接著，由吳本杰**㉞**傳潘儀鄉**㉟**，及歐楊駿**㊱**來任，始給番餉，月額九百三十元，通事口糧月額三百九十九元。

　　光緒十二年，歐陽駿赴水尾，看見坪埔番的水田大開，遂使人丈量之，至四月而終，乃於水尾設撫墾局，管理璞石閣、花蓮港等地，遂擁有中北二路之行政權，而完全脫離武人之手。又在水尾開大港口，以便舟楫往來，且以水尾之地，甚廣大，擬移卑南廳於此，改為直隸州，建正堂州衙於水尾，設州同衙於花蓮港，以分州與知府分治，設吏目衙門於卑南，以為右堂，具摺奏明。惜天不假此人與年，光緒十三年七月六日，歐陽駿在水尾物故，事業總歸廢絕，同年陳燦**㊲**來，為歐之後任，修璞石閣及拔仔庄之道路，其後光緒十四年，派遣秀姑巒雷委員**㊳**往坪埔，徵租稅，為臺東徵稅之嚆矢。時雷委員姦淫坪埔番婦女，且徵稅甚苛酷，番人大憤，忽起叛亂，陳燦遂撤官，導致棄其地而去之不幸。

臺東直隸州

　　其後吳本杰復來就任，繼承歐陽駿之意，改卑南廳為臺東直隸

㉞ 吳本杰，字芷獻，湖北鍾祥人，由附貢報捐知縣，指分福建。光緒 12 年（1886）以前代理。

㉟〈臺東誌〉作潘儀卿（《胡傳，臺東州采訪冊》，頁 83）潘儀鄉應為潘儀卿之誤。儀卿為字，名文鳳，安徽涇縣人，附貢，光緒 11 年（1885）到任代理，12 年（1886）卸。

㊱ 歐陽駿，廣東新會人，監生，光緒 12 年（1886）到任，13 年（1887）7 月卒於任。

㊲ 陳燦，光緒 13 年（1887）以五品銜補用知縣福建候補庫大使代理，8 月到任，光緒 14 年（1888）9 月奉旨革職，10 月卸任。

㊳ 雷委員為雷福海。胡傳，《臺東州采訪冊》，頁 69。

州，王維敍❸、高善❹、溫培華❹、宋維劉❹、呂兆瑝❹相繼任知州。呂兆瑝任知州時，李阿隆❹任職新城，私採砂金，遂依文武官之議，禁採砂金，且封之。光緒十九年，胡傳❹任知州，派卑南撫墾局姜委員❹，查丈新開墾的土地，胡傳以知州兼督軍務，治法頗平蕩，軍令亦頗嚴肅，胡傳欲採新城之砂金，稟之督撫，在任僅一年，砂金未至開辦即病死。

光緒二十一年，張振鑅❹接任，將丈量園地、以園租作爲賦課之際，本島歸我帝國版圖，遂罷任離去，時孫兆鸞任秀姑巒撫墾局，姜

---

❸王維敍，光緒 15 年（1889）4 月以開復同知銜福建試用通判奉飭暫行代理，21 日到任，15 年（1889）10 月 10 日卒於任。胡傳，《臺東州采訪冊》，頁 12；鄭喜夫，《臺灣地理及歷史》，第 1 冊，頁 75。

❹高善爲高垚之誤，湖北黃州府人（？），光緒 15 年（1889）以辦理後山北路水尾撫墾局甘肅試用同知代理，11 月 7 日到任，16 年（1890）閏 2 月卒於任。胡傳，《臺東州采訪冊》，頁 12；鄭喜夫，《臺灣地理及歷史》，第 1 冊，頁 75。

❹溫培華，廣東嘉應州人，附貢，光緒 5 年（1879）在直隸賑撫案內，報捐同知，指分福建，並捐免保舉。光緒 16 年（1890）由代理基隆同知調署，3 月到任，10 月卸任。鄭喜夫，《臺灣地理及歷史》，第 1 冊，頁 75、103。

❹宋維劉爲宋維釗之誤。宋維釗，號鑑秋，廣東花縣人，由監生捐候補通判，光緒 16 年（1890）10 月到任，17 年（1891）12 月卸任。胡傳，《臺東州采訪冊》，頁 12；鄭喜夫，《臺灣地理及歷史》，第 1 冊，頁 76。

❹呂兆瑝，候補知縣，光緒 17 年（1891）12 月到任，19 年（1893）6 月卸任。胡傳，《臺東州采訪冊〉，頁 12。

❹〈臺東誌〉作李阿龍，（胡傳，《臺東州采訪冊》，頁 85）連橫，《臺灣通史》，作李阿隆，（連橫，《臺灣通史》（臺中：臺灣省文獻會，1976），頁 352）故應爲李阿隆。

❹胡傳，字鐵花、守三，安徽省積溪人，歲貢，奏調江蘇補用知府、候補直隸州知州，光緒 19 年（1893）6 月到任代理，光緒 21 年（1895）閏 5 月內渡。胡傳，《臺東州采訪冊》，頁 13；鄭喜夫，《臺灣地理及歷史》，第 1 冊，頁 76。

❹由後文可看出姜委員應爲姜春棠。姜春棠光緒 18 年（1892）任南州吏目兼掌卑南撫墾局。

❹張振鑅爲張振鐸之誤。張振鐸，湖南郴州人，光緒 21 年（1895）到任，22 年（1896）四月向日人投降。鄭喜夫，《臺灣地理及歷史》，第 1 冊，頁 76。

春堂❹任卑南撫墾局，而袁繼安爲花蓮港撫墾局長。

行軍屯軍

　　光緒元年，置南路綏靖軍於卑南，袁聞柝在卑南廳兼攝之，至光緒三年，鄧厚誠任卑南廳，綏靖軍歸楊開友管帶❹，督隊開三條崙之道路，工訖，改稱新中營❺，由陽昭陞❺管攝之。光緒六年，置南番屯軍，分防駐屯三條崙至土水坡❺之間，名石頭營❺。其後，邱德福繼陽昭陞❺之後接任，光緒七年，設卑南屯軍，爲卑南廳的兼任官職，分防駐屯知本至溪底之間。而中路則於光緒元年分兵駐紮璞石閣與水尾，由吳光亮管帶之，北路亦於同年，以兵駐紮花蓮港，由羅大春管攝之，之後由孫開華接管。

臺東舊紀（三）

清國政府時代的臺東（中）

---

❹ 姜春堂爲姜春棠之誤。

❹〈臺東誌〉作：鄧厚誠接任卑南廳時，「綏靖軍歸羅魁管帶。未及二年，鄧軍病故，袁聞柝復來接任；而綏靖軍歸楊開友接帶」。胡傳，《臺東州采訪冊》，頁83。

❺ 胡傳，《臺東州采訪冊》，頁68作：光緒3年（1877）8月「綏靖軍裁撤；以楊副將開友領蘭字中營填紮埤南。」

❺〈臺東誌〉作湯昭陞，（胡傳，《臺東州采訪冊》，頁83）應爲湯昭陞之誤。

❺ 土水坡爲出水坡之誤。小番社，在臺東縣西南，大武溪南北兩源之間。陳正祥，《臺灣地名辭典》（臺北：南天，1993年），頁93。

❺〈臺東誌〉作：石盤營，（胡傳，《臺東州采訪冊》，頁83）實誤。卓克華認爲石頭營是光緒8年（1882）周大發所募的屯兵三營，9年（1883）裁去，10年（1884）復募二哨。卓克華，〈石頭營聖蹟亭與南部古道之歷史研究〉，頁13。

❺ 陽昭陞應爲湯昭陞之誤。年卸。

其密社番的叛亂 ⑤

光緒三年〔明治十年〕吳光亮開鑿由水尾至大港口之道路，其密社番不肯，殺總通事林東涯，八日舉反旗，吳光亮之弟吳光忠與林福喜督兵討之，而番兵頗昌獗，官軍戰之不利，遂潰走。吳光亮大怒，合孫開華、羅魁、林新吉等兵，舉璞石閣之兵伐之，其密社番竟不支，出而乞降，吳光亮乃令曰：「爾等若眞順降，明春各負白米來獻我營，以證無他志」，其密社番諾之。及期，吳光亮待生番之來集，閉門銃殺之，一百六十五人中，生還者僅五人，其是光緒四年〔明治十一年〕一月二十七日之事。

加里宛、竹窩宛番之叛亂

同月 ⑥，加里宛商民陳文禮 ⑦ 爲加里宛番人所殺，加里宛營哨官肅某，憐其死，命加里宛番，給與其遺族金錢米穀之類，加里宛番不肯，並殺害傳令兵，私通竹窩宛社，六月企圖謀反，陳得勝率新城駐兵討之，不克，吳光亮乃謀於孫開華，下令各地駐兵由吳光亮自督之，七月二十六日先討伐竹窩宛番，翌日二十七日伐加里宛番。李光、李英、張兆連則由花蓮港進擊，其他吳乾初由六合地，吳孝祿由農兵莊，劉國志由濁水營進擊，勢乃大熾，兩番終不支，敗走避難於東角山。時天候不穩，暴風暴雨突起，在山上者不得食而餓死者多也。又有更遠遁者，近向七腳川，遠至大港口、貓公社、新社、水連等地。於是乎，搏來老番伏於營門，以待罪，吳光亮赦之，且給衣

---

❺其密社番亂，胡傳作阿綿納納社之叛亂；（胡傳，《臺東州采訪冊》，頁72）陳英作光緒 2 年（1876），大港口番亂。（胡傳，《臺東州采訪冊》，頁 84）本段有關吳光亮事蹟爲〈臺東誌〉及胡志所未見。

❻吳贊誠，《吳光祿使閩奏稿》，文叢第231種，頁19作：光緒 4 年（1878）3、4月。

❼同上註，頁 19-20：將陳文禮作陳輝煌。

食，使老幼婦女歸社，始得二社乎。

爾來改加里宛社爲佳俗社，改竹窩宛爲歸化社，蓋以其能歸服於王化也。光緒四年〔明治十一年〕孫開華退職，北路之兵勇歸吳光亮兼管，翌年五年吳光亮退，陶軍門接統，六年廖軍門代之，九年張兆連又來代之，爲此間應記之事蹟。

生番觀光

張兆連爲統領時，憐生番不通事理，又思其眼界不廣，命總通事莊正國於秀姑巒撫墾局所轄之番社中，誘出附近兩番頭，帶至彰化、臺南、臺北、廈門、廣東、上海等地遊覽，番頭等驚各地人民之饒多，又其文物之燦然，回鄉，告於眾番，外國人甚多，殺之不得殄，而我生番有限，一殺絕其種，今安份守己，不要妄殺清人，據云爾來僅秀姑巒生番，比之其他各番稍稍善良。

光緒十三年〔明治二十年〕，張兆連舉水尾之兵，移至卑南，除知州親兵百名、分州親兵三十名之外，其他皆歸自己權力之下，以至總覽臺東兵馬之權。

坪埔番叛亂

光緒十四年〔明治二十一年〕六月，迪佳❺❽、馬魯令❺❾、觀音山❻⓪、大庄、萬人埔❻❶、頭人埔、李坑、石牌❻❷、公埔❻❸、里卷、新開園、里識❻❹等各地之坪埔番，憤秀姑巒撫墾局雷委員收糧之苛酷，相

---

❺❽迪佳疑爲迪街，今花蓮縣玉里鎮三民里。
❺❾馬魯令疑爲媽里隆，今花蓮縣玉里鎮松浦里麻汝部落。
❻⓪觀音山，今花蓮縣玉里鎮觀音里。
❻❶萬人埔，今花蓮縣富里鄉萬寧村。
❻❷石牌，今富里鄉石牌村。
❻❸公埔，今富里鄉富里村。
❻❹里識應爲里壠之誤，里壠爲今臺東關山鎮。

應同起反叛，秀姑巒、卑南之阿眉番亦盡附之，進而包圍卑南，其勢頗昌獗，張兆連督兵討之，臺北、臺南之兵亦來援，偶有清國軍艦巡航於近海，由海上頻頻砲擊番人，以與聲援。一夜點電燈察敵狀，番人見之大驚，相告曰，明月顯於桅檣上，非吉兆，遂解圍去之。先之，坪埔番之將反，秀姑巒、阿眉、大巴塱❻、馬太鞍❻番至花蓮港，勸誘七腳川社❼、薄薄❻等社之南勢番，以謀共舉事。南勢番陽諾之，先使彼等試一戰，於是大巴塱、馬太鞍等番，與花蓮港清兵戰而不克，敗逃至七腳川及薄薄等社，兩番與之酒，窺其醉而熟睡，刎其首凡三十有餘，隨之報於官，據云得到不少賞賜。此後，臺東兵備，添設二營，於拔仔庄、新開園各置一營❻。

　　光緒十九年一月，張兆連退職，後元福❼來接統，六月病卒，胡傳隨之以知州兼統軍務，及胡傳亡，張根鐸❼繼任知州，劉德杓代統軍務。

米崙山兵營

　　時汪準管帶花蓮營，聞我軍來襲之說，思花蓮港地方若受海軍打擊，地形上太不利，於是乎，於米崙山建設新營，八月移之，即是現時的米崙山營。光緒二十一年〔明治二十八年〕袁錫中為統領，劉德

❻大巴塱，花蓮縣光復鄉富田村。

❻馬太鞍，今花蓮縣光復鄉大馬村。

❼七腳川社，今吉安鄉太昌村。

❻薄薄社，今花蓮縣吉安鄉仁里村。

❻胡傳，《臺東州采訪冊》作：「復添募鎮海後軍前、右二營；前營以三哨駐新開園、一哨駐成廣澳、一哨分駐璞石閣、鹿寮，右營以四哨駐拔子莊、以一哨駐大巴塱。」胡傳，《臺東州采訪冊》，頁70。

❼後元福，字海吾，安徽宣城人。光緒16年（1890）管帶鎮海後軍前營，駐新開園。18年（1892）幫統鎮海後軍，19年（1893）代統鎮海後軍各營屯。胡傳，《臺東州采訪冊》，頁75。

❼〈臺東誌〉作張振鐸。同上註，頁85。

枸副之，而其兵制爲三營三屯，卑南爲中營，新開園爲前營，花蓮港爲左營，而屯軍駐紮於拔仔莊、太麻里、石頭營等地。

臺東舊紀（四）

清國政府時代的臺東（下）

觀音山坪埔番之叛亂

光緒二十二年〔明治二十九年〕一月三日，觀音山庄之坪埔番企圖叛亂，殺大庄總理采海芳❼❷及下里灣社❼❸通事朱某。拔仔庄屯軍吳協臺、花蓮港學管邸光斗合兵討之，斬首七級，餘番恐而請降，時值新開園及花蓮港糧盡，乃嚴令坪埔番，獻銀數百兩，米千餘石，坪埔番不肯，二月又反，直接包圍新開園，清兵擊破之，坪埔番不屈，又屯集於璞石閣，形成一營，殺傷兵民，吳協臺、邸光斗復率兵討之，連戰數日，漸平定，坪埔番始獻銀米。

劉德杓之遁逃

方此時，日清戰役的結果，臺灣歸我版圖，精兵越海遠來臺灣，劉德杓乃謀之於吳協臺，合拔仔莊、璞石閣、新開園之兵，掩擊我軍，出雷公火，卻遭番人反擊，後數日我軍打至新開園，劉德杓逃入高山綱綢社，我軍隨之再討綱綢社，劉兵四散潰走，劉亦遁走對岸，綱綢社乃降。

歷任文武官

爲清楚起見，以下分類表示之。

---

❼❷ 連橫，《臺灣通史》作：「宋梅芳」。頁 357。
❼❸ 張永楨，作「下羅灣社」。張永楨，〈清代臺灣後山開發之研究〉，頁 140。

卑南廳

袁聞柝　光緒元年初任❼❹　　　鄧厚誠　光緒三年接任❼❺

袁聞柝　光緒五年再任❼❻　　　梁純夫　光緒七年接任❼❼

余修海　光緒八年接任❼❽　　　吳文杰　光緒十年接任❼❾

潘　鄉　光緒十一年接任❽⓿　　歐陽駿　光緒十一年接任❽❶

陳　燦　光緒十三年接任❽❷　　吳文杰　光緒十四年再任❽❸

臺東直隸州〔後改卑南廳〕

王維敘　光緒十五年接任❽❹　　高　喜　光緒十六年接任❽❺

---

❼❹鄭喜夫《臺灣地理及歷史》，第 1 冊，文職表，以袁聞柝任期為：同治 13 年（1874）11 月 11 日以臺防同知兼（？），光緒 2 年（1876）8 月卸。頁 86

❼❺鄧厚誠任期作：光緒 2 年（1876）8 月到任，3 年（1877）3 月卒於任。同上註。

❼❻同上註，袁聞柝任期作：光緒 3 年（1877）3 月再署，7 年（1881）5 月陞署臺灣知府。

❼❼同上註，作：光緒 7 年（1881）5 月到任，10 年（1884）卸。

❼❽余修海為余修梅之誤。同上註作：光緒 10 年到任，11 年（1885）卒於任。

❼❾吳文杰為吳本杰之誤，同上註作：光緒 12 年（1886）以前在任。

❽⓿潘鄉為潘儀卿之誤。同上註作：光緒 11 年（1885）到任代理，光緒 12 年（1886）卸。

❽❶同上註，歐陽駿任期作：光緒 12 年（1886）任，光緒 13 年（1887）七月卒於任。

❽❷同上註，陳燦任期作：光緒 13 年（1887）8 月到任，14 年（1888）9 月革職，10 月卸。

❽❸同上註，吳本杰任期作：光緒 14 年（1888）署，11 月 5 日改署臺東直隸州知州。

❽❹在王維敘之前，應為吳本杰。吳本杰，光緒 14 年（1888）11 月 5 日由卑南同知改設到任，15 年（1889）4 月 21 日卸。王維敘，光緒 15 年（1889）4 月到任，15 年（1889）10 月卒於任。（鄭喜夫，《臺灣地理及歷史》，第 1 冊，頁 75；胡傳，《臺東州采訪冊》，頁 12）胡傳任期作：光緒 19 年（1893）6 月 1 日到任代理，12 月日補授，21 年（1895）閏 5 月 3 日內渡。鄭喜夫，《臺灣地理及歷史》，第 1 冊，頁 76；胡傳，《臺東州采訪冊》，頁 12。

❽❺高喜為高垚之誤，任期：光緒 15 年（1889）11 月到任，16 年（1890）閏 2 月卒於任。鄭喜夫，《臺灣地理及歷史》，第 1 冊，頁 76。

溫培華　光緒十七年接任❽❻　　　宋維夸　光緒十八年接任❽❼

呂兆璜　光緒十八年接任❽❽　　　胡　傳　光緒十九年接任❽❾

張振鐸　光緒二十一年接任❾❿

卑南撫墾局

郭秀章 光緒元年　央委員　光緒三年　陳委員　光緒七年❾❶

葉委員 光緒九年　黃　杜　光緒十二年　王茲國　光緒十四年❾❷

袁繼安 光緒十六年 姜春棠　光緒十八年　張廷玉　光緒二十一年

水尾撫墾局

高　喜　光緒十三年❾❸　　　雷委員　光緒十四年❾❹

秀姑巒撫墾局

雷委員　光緒十五年❾❺　　　劉訓導　光緒十七年

---

❽❻溫培華任期作：光緒 16 年（1890）3 月 8 日到任，10 月 29 日卸。同上註。

❽❼宋維夸為宋維釗之誤，任期為：光緒 16 年（1890)10 月 29 日到任，17 年（1891）
12 月 16 日卸。鄭喜夫，《臺灣地理及歷史》，第 1 冊，頁 76；胡傳，《臺東州采
訪冊》，頁 12。

❽❽呂兆璜任期為：光緒 17 年（1891）12 月 16 日到任，19 年（1893）6 月 1 日卸。
（同上註）鄭喜夫，《臺灣地理及歷史》，第 1 冊，在呂兆璜與胡傳之間又列管元
善，其為光緒 18 年（1892）閏 6 月由埔裡社通判陞任，（頁 76）但胡傳，《臺東
州采訪冊》並未記，鄭書應誤。

❽❾胡傳任期作：光緒 19 年（1893）6 月 1 日到任代理，12 月 3 日補授，21 年（1895）
閏 5 月 3 日內渡。鄭喜夫，《臺灣地理及歷史》，第 1 冊，頁 76；胡傳，《臺東
州采訪冊》，頁 12。

❾❿張振鐸任期為：光緒 21 年（1895）到任，22 年（1896)4 月向日人投降。同上註。

❾❶陳委員應為同知銜、候補知縣招撫委員陳昌言。胡傳，《臺東州采訪冊》，頁
47。

❾❷王茲國為王茲圍之誤。

❾❸高喜為高垚之誤。

❾❹雷委員即雷福海。

❾❺雷委員應為雷福海。

　　孫兆鸞　光緒十七年❾❻

花蓮港撫墾局

　　黃　杜　光緒十五年　　　袁繼安　光緒十八年

花蓮港州同

　　胡　傳　光緒十四年　　　雷委員　光緒十五年❾❼

　　討訓導　光緒十七年❾❽　　孫兆鸞　光緒十九年

卑南州吏目

　　王茲圃　光緒十四年　　　袁繼安　光緒十六年❾❾

　　姜春棠　光緒十八年❿⓿　　張廷玉　光緒二十一年

綏靖軍

　　袁聞柝　光緒六年❿❶　　羅　魁　光緒三年　　楊開友　光緒五年

新中營〔綏靖軍改稱〕

　　湯貽陸　光緒六年❿❷

璞石閣營

　　吳光亮　光緒元年

---

❾❻〈臺東誌〉在本文中記：光緒19年（1893）孫兆鸞調花蓮港州同，陳英任委員。胡傳，《臺東州采訪冊》，頁86。

❾❼雷委員為雷福海。

❾❽參照前文討訓導可能是劉訓導之誤。

❾❾袁繼安任期又作：光緒16年（1890）3月初3日到任，17年（1891）12月初9日卸。鄭喜夫，《臺灣地理及歷史》，第1冊，頁76；胡傳，《臺東州采訪冊》，頁13。

❿⓿在袁繼安與姜春棠之間，鄭喜夫的《臺灣地理及歷史》又列俞鵬一人，其任期為：光緒17年（1891）12月到任，19年（1893）7月16日卸。胡傳，《臺東州采訪冊》則僅記袁繼安與姜春棠二人，但光緒17年（1891）12月袁氏卸任至19年（1893）7月姜春棠到任這段時間，並未交代，鄭說應較正確。鄭喜夫，《臺灣地理及歷史》，第1冊，頁76；胡傳，《臺東州采訪冊》，頁13。

❿❶光緒6年（1880）應為1年（1875）之誤。

❿❷湯貽陸應為湯昭陸之誤。

花蓮港營

| 羅大春 | 光緒元年 | 孫開華 | 光緒二年 | 吳光亮 | 光緒四年 |
| 陶軍門 | 光緒五年 | 廖軍門 | 光緒六年 | 張兆連 | 光緒九年 |

鎮海後軍

| 張兆連 | 光緒十三年 | 後元福 | 光緒十九年 | 胡 傳 | 光緒十九年 |
| 對德杓 | 光緒二十年⑩ | 袁錫中 | 光緒二十一年 |

制度

文官制度

　　文官以知州為首，州同次之，吏員與撫墾局長又次之，其他辦政事者乃以知州的賓師史官之刑名與賓主稱之，除與知州相平行者之外，皆以書役稱之，州同、吏目以及撫墾局之辦事者亦然。而撫墾局之賓師得以刑名稱之，概云文案，州同賓師、吏目賓師亦以文案稱之，撫墾局書記以局書稱之。至其政務，不論民番，總歸知州一衙，依地勢之遠僻，分別設立州目治理之，雖吏目與撫墾局長各有專任，未嘗不聽命於知州。凡一案件，知州自能辦理者，速移之分州，或委任吏目與撫墾局長，以決裁之。

知州衙門之組織

　　知州衙門一稱正堂，以之從來稱呼知州官大多不叫知州，而叫正堂。知州置刑名、書啓、貼房、簽押、門房、傳貼、差役等職，因之組成衙門，承巡撫之命，歸布政使臺澎道之監督，以謀一州民治。刑名書啓以賓師師爺稱之，即知州之顧問官，刑名掌司法之職，裁斷有關民刑法律之案件；書啓當秘書之任，起草有關公文官書之稿案，代知州專掌政務；賬房掌會計事務；簽押書辦掌文書之寫錄發出；門房

---

⑩ 對德杓為劉德杓之誤。

及傳貼宛如服務生之職，特別是傳貼乃專爲地方紳士傳遞名片，以向知州介紹；差後則聞知州之命任奔走之事，即使役也，以上稱爲內事。相對於內事則有外事，外事有冊書、總理、總通事、散通事、地保等類，皆散在各鄉，而其職務，冊書掌租稅之徵收，總理處理地方庄民之訴訟爭論等事，總通事管理數番社之事務，並任通譯，散通事專辦一番社之事務，也任通譯。地保爲人民之擔保。又知州衙門有安撫親兵五十名，專任知州之護衛，上堂之時，列裁判審問之席，又巡迴各鄉，催收錢糧，捕拿罪人。

撫墾局

秀姑巒與花蓮港的撫墾局組織都是局官一名、局書一名、局勇二十名、伏丁一名。卑南撫墾局的組織爲局官一名、局書一名、社丁二十五名。秀姑鸞、花蓮港平時裁減局勇十六名，卑南平時裁減二十名。局勇社丁平日之事務，全憑局官之吩咐，未曾一定。

臺東舊紀（五）

州同吏目

州同吏目衙門僅有其名，並未實設。由於臺東之地租稅未多，以致經費每告欠乏，未特別派人專任州同吏目之官，吏目由卑南撫墾局長兼任之，州同則由秀姑巒撫墾局長兼任之。

武官制

武官以統領爲首，營官次之，哨官又次之。什長非官，辦理其他管務，亦以賓師稱之。統領之賓師稱大營文案，即與統領平行，其次，營官賓師以文案稱之，即與營官平行。次之幫肅，再次爲哨營賓師，即以哨肅稱之。

兵制

今臺東之兵備三營三代，總歸一統，向來一營五百五名，每營有

五哨，每哨分八隊，每隊什長一名，正勇九名，伙勇一名，長夫一名，又哨棚內哨肅一名，護兵二名，伙勇一名，長夫一名，每哨除正副哨營之外，一百一名爲行軍營制。屯軍以兩百名爲一屯，分兩哨，其隊伍數目亦同，分防駐紮以保護官商之往來，不得隨時調動也，其號令由統領出之，傳至營官，代（什）長復傳至勇丁。此外，有跑勇者以番丁充之。

跑勇

昔日調番丁以爲兵勇者，蓋因臺東道路險惡，加上生番常構事，官兵不易行軍，故調番勇跑送文件，三路之消息始得無礙，而名之跑勇。行軍每營二十名，分撥前後左右四哨，每哨五名，屯軍每防有五名，南自三條崙，北至花蓮港，沿途皆有防勇，或十里置一防，或十五、二十里置一防，凡往返之公文由各防跑勇輪流傳遞，由一防傳一房即到即行，少有停滯。知州衙門亦置跑勇，以當柴米運搬之事，若跑勇有欠員，而以他番替代之者，後者襲用前者之姓名，無論受人贊助幾次，名冊之姓名未曾改易。

俸給

* 知州衙門辦事官員[104]：

知州官 一名　養廉銀 七百兩　　刑名師爺一名 薪水銀 百五十兩

刑名師爺 一名 薪水銀 二十四兩 賬房一名　心力銀 三十兩及四十兩

簽押 一名　同上　二十兩　　門房一名　同上　　二十四兩

傳帖 一名　同上　二十四兩　肅辦二名　同每名 二十兩

差役 二名　同每名 四兩五錢

---

[104] 有關文官俸給可以參照胡傳《臺東州采訪冊》頁 11-12 的記載，兩者在組織與俸額上有差異。

以上皆自知州七百兩之內分撥，其餘概歸知州。

* 安撫親兵：

　　隊長 一名　　　　什長四名　護兵二名

　　親兵 四十名　　　伙勇四名

　　以上係臺南支應局發給，非在知州七百兩之內。

* 卑南撫墾局：

　　局長 一名　薪水與局費銀 二百元　局肅 一名 薪水費銀 十六元

　　社丁 二十五名　　口糧銀　六元　伙丁 一名同上　　五元

　　社丁在平時只用五名。

* 秀姑巒撫墾局：

　　局長 一名　薪水與局費銀 百五十元　局肅 一名 薪水費銀 十二元

　　局勇 二十名　　　口糧銀　　五元　伙丁 一名同上　　五元

　　局勇平時僅用十四名，花蓮港亦同。

* 花蓮港撫墾局

　　局官 一名　薪水與局費銀 百五十元　局肅 一名 薪水費銀 十二元

　　局勇 二十名　　　口糧銀　　五元　伙丁 一名同上　　五元

　　以上皆由局官俸給中分撥。

俸給通計

　　合卑南、秀姑巒、花蓮港，總通事、散通事共六十四名，口糧銀每月三百九十九元，正副社長共百五十三名，口糧銀每月九百三十元，以上分春夏秋冬四季，每三個月發給一次，此外，亦賞番酒食銀，合三局共二百十元，於口糧銀發給外給之。

俸給發給[105]

　　各撫墾局之餉銀，向來係由臺南支應局發給，知州具文，委人向

---

[105] 有關武官俸給部分，參照胡傳，《臺東州采訪冊》，頁 15-16。

支應局請領，然後撫墾局官具文，向知府衙門請領，以散發通事、社
長等。及呂兆璜任知州，省其複雜，令各撫墾局官直接向支應局起請
領，至胡傳接任，又復之。

* 臺東統領轄行營

鎮海後軍統領	一名	薪水與公費銀	四百兩
文案師爺	一名	薪水費金	百兩
賑房師爺	一名	同上	四十兩
貼寫師爺	二名	同上	十六兩
幫帶中營副營官	一名	同上	三十六兩
正哨官	四名	同上	二十四兩
副哨官	四名	同上	十五兩

* 新開園行營及花蓮港行營

正營官	一名	薪水與公費銀	兩百兩
文案師爺	一名	薪水費金	百兩
賑房師爺	一名	同上	四十兩
幫書師爺	二名	同上	二十四兩
幫帶副營官	一名	同上	三十六兩
正哨官	四名	同上	二十四兩
副哨官	四名	同上	十五兩

* 太麻里屯營、三條崙屯營、拔仔庄屯營

正營官	一名	薪水與公費銀	八十兩
文案師爺	一名	薪水費金	三十兩
賑房師爺	一名	同上	二十八兩
幫書師爺	一名	同上	十二兩
正哨官	二名	同上	二十四兩
副哨官	二名	同上	十五兩

上述列舉中之拔仔庄武營副哨官爲十二兩。

概括如上所述，文官制度畫然，大概爲原來清國各官廳之組織，全爲包辦事業，因長官得以隨意任免役員，極欲自家收利，如撫墾局平時裁減局勇之數，而不曾達到應有之定員。

三、白川夜舟〈臺東舊紀〉之史料價值

白川夜舟的〈臺東舊紀〉一文是自明治 33 年（1900）6 月至 12 月，分五期刊載於《臺灣經濟雜誌》。然而，戰後《臺灣經濟雜誌》與其前身《臺灣產業雜誌》，長期以來即爲研究者所忽略，因此白川氏一文也幾乎從未被研究者參考引用。

回顧過去有關日治以前後山歷史的研究，在方志的引用方面，主要是參考光緒 20 年（1894）時任臺東直隸州知州的胡傳所編的《臺東采訪冊》（以下簡稱采訪冊）一書[106]，或是該書附錄：陳英的〈臺東誌〉一文。然而，《采訪冊》據胡傳所言，由於「光緒十四年秋，群番叛亂，廳署燬，案卷無存」[107]，因此光緒 14 年以前資料大多佚失；且該志於光緒 20 年 3 月完稿[108]，胡傳又於 21 年（1895）閏 5 月 3 日去職[109]，是以光緒 20 年之後的事蹟遂未記載。換言之，《采訪冊》主要記載光緒 14 年至 19 年（1888-1893）之間後山的事蹟。光緒 20 年以後，特別是日清戰爭之後，有關日軍進入後山以及接收狀況皆付之闕如。

---

[106]《臺東州采訪冊》雖未註撰人，但經方豪考證出爲胡傳所編纂。胡傳，《臺東州采訪冊》，文叢第 81 種，〈弁言〉。

[107] 同上註，頁 13。

[108] 同上註，〈弁言〉。

[109] 鄭喜夫，《臺灣地理及歷史》，第 1 冊，頁 76。

　　至於，陳英〈臺東誌〉，是由曾迺碩先生於民國 47 年（1958）發表於《臺灣文獻》。民國 49 年（1950）臺灣銀行經濟研究室出版《采訪冊》時，將之附編於該書之後。作者陳英，光緒 19 年（1893）為秀姑巒撫墾局局長❿，於割臺之後第 2 年撰寫〈臺東誌〉，因此該志雖寥寥不及三千字，若干地方卻較胡傳《采訪冊》詳備，部分內容也可以補采訪冊之缺⓫。而由〈臺東誌〉內容來看，或許正如曾迺碩所言，陳英可能長期在臺東任職⓬，而且職階不高，應為胥吏之輩，因此對於後山事務較之胡傳知之甚詳。該文是明治 29 年（1896）8 月，由臺東撫墾署長曾根俊虎上呈臺灣總督府民政局長水野遵⓭。由此看來，〈臺東誌〉極可能是日清接收之際，臺東撫墾署要求陳英撰寫的。

　　與胡傳《采訪冊》不同的是，陳英〈臺東誌〉並非採用方志體撰寫，而採簡單的編年敘事體敘述自卑南王時代至割臺之前的後山略史。該文最有價值的部分，莫過於文章前段「卑南王」事蹟、後山與前山的移住交易，以及文末對於光緒十九年以降文武官交卸情形的敘述。其中，有關卑南王的記述，應為文獻記載之嚆矢，時常為後人研究所引用。

　　白川夜舟的〈臺東舊紀〉，全文共七千餘言，分成番人時代與清國政府時代兩部分，記事偏重於清國政府時期，幾佔全文五分之四強。作者白川夜舟，誠如前述，為雜誌記者，應是明治 33 年（1900）以前到臺東訪問當時的臺東廳長相良長綱，而草成此紀。從該文能夠

---

❿ 胡傳，《臺東州采訪冊》，頁 86。陳英任秀姑巒撫墾局局長，如前考證為光緒 19 年（1893）。

⓫ 曾迺碩，〈陳英之臺東誌〉，《臺灣文獻》9（4）（1958 年 12 月），頁 67。

⓬ 同上註。

⓭ 曾迺碩，〈陳英之臺東誌〉，頁 67。

記載光緒元年至 21 年（1875-1895）歷任文武官姓名與到任時間來
看，作者本人可能曾見到日清接收之際存留下來的檔案與冊卷。其
次，有近三分之一部分是以陳英〈臺東誌〉爲底本寫成。比較〈臺東
誌〉與〈臺東舊紀〉，敘述相似者甚多，顯然相良廳長可能曾經拿出
陳英〈臺東誌〉予白川參考。在白川夜舟之前，明治 29 年（1896）
至臺東實地踏查的石阪莊作，也曾由通事楊永德處抄得〈臺東誌〉一
文，並刊載於明治 31 年（1898）出版的《臺嶋踏查實記》一書中。
不過，該文除了前面數行敘述阿眉與卑南肇基祖的出身之外，大致上
與陳英〈臺東誌〉完全相同❶❹。

　　〈臺東舊紀〉雖然有近三分之一部分與陳英〈臺東誌〉重複，並
不掩其文的史料價值。再者，相較於日治初期對於清代後山沿革史記
載的零星與片段，〈臺東舊紀〉可能是胡傳的《釆訪冊》之後，最有
體例的一篇。爲突顯其史料價值與特色，必須與〈臺東誌〉略作比
較。

　　首先，就體例而言，〈臺東誌〉類似編年敘事體，自嘉、道年間
至光緒 21 年（1895）日清交卸，依時間順序敘述當時大事。〈臺東舊
紀〉雖然相當部分參考〈臺東誌〉，但是在記述體例上卻與之大相逕
庭。〈臺東舊紀〉並未仿〈臺東誌〉採用編年敘事體例，而是分門別
類，綱目條理井然，先依時間與統治形態差異，大別成番人時代與清
國政府時代，再分綱目敘事。舉例而言，番人時代分成卑南王、阿眉
番、卑南王之經營、卑南王之系統、陳達達、移住交易、移住民戶數
等項敘述。清國政府時代，則分成（上）、（中）、（下）三段，敘述
主題大概分成清軍的進入與統治、番亂以及文武官制度等項，其下又
再分出小條目。

---

❶❹ 石阪莊作，《臺嶋踏查實記》，頁 101-105。

其次，就內容而言，〈臺東誌〉簡而〈臺東舊紀〉繁。〈臺東舊紀〉除了忽略〈臺東誌〉中有關火燒嶼以及後山物產發賣情形的記載外，大部分內容都已包括，而且敘事更為詳盡，行文上也與〈臺東誌〉不盡相同。舉例而言，在清軍的文武官廳設制方面，〈臺東誌〉將兩者合寫，而〈臺東舊紀〉則將文武官廳分開說明。又如光緒3年（1877）其密社番亂，〈臺東誌〉僅寥寥數語：「光緒二年丙子，大港口生番反，吳光亮同孫開華督隊討平」❶❺。〈臺東舊紀〉則詳述事發原因、軍隊討伐過程，吳光亮屠殺生番之詳情。這些記載，特別是吳光亮屠殺番人事件，不但載明確切發生日期，且在官書中並未見，因此值得重視。又如，光緒14年（1888）平埔番亂，〈臺東舊紀〉亦比〈臺東誌〉來得詳細。

上述番亂或開山撫番的過程，事實上大致可以透過月摺檔、軍機檔或其他原始檔案復原史實，因此〈臺東舊紀〉更值得注意的是，作者所見的日清接收後所存留的清代文武官衙門與軍隊編制等案卷資料。與胡傳《采訪冊》與陳英〈臺東誌〉相較，〈臺東舊紀〉部分的記載有些是兩者全無的，可以視為較重要的史料。以下分述之。

1. 戰後有關卑南王事蹟的討論，大多引用陳英的〈臺東誌〉，或是幣原坦〈卑南大王〉兩篇。其中，幣原坦的〈卑南大王〉雖然是1931年才出現，卻完全未參考在其之前〈臺東舊紀〉的記載。該文大部分著重於卑南族的整體歷史，對於卑南大王其實著墨不多，不過其記載應是當時對卑南族採集的口述材料，仍有可參考性。尤其是卑南王稱號是清朝所封之說法❶❻，與〈臺東誌〉、〈臺東舊紀〉的記載不同。

---

❶❺ 胡傳，《臺東州采訪冊》，頁84。

❶❻ 幣原坦，〈卑南大王〉，《南方土俗》1（1）（1931），頁4-5。

　　〈臺東舊紀〉雖然沿襲〈臺東誌〉有關卑南王之記載，但是除了記述更詳細之外，對於卑南王本人及其經營有較多的陳述。特別是卑南王的家族系統以及其後嗣陳達達敗清軍、迎日軍之事，卻是較少見的。卑南王的系譜可能是臺東撫墾署或白川本人訪問卑南社通事陳禹錫或是迎日軍入後山的陳達達所成，可信度應較高。有關陳達達迎日軍事蹟，在石阪莊作的〈臺嶋踏查實記〉中也曾提及，不過該書將陳達達寫作西魯牛，記載較詳細，可以參照引用❼。戰後對於日軍進入後山的研究，往往忽略本段事實。

　　此外，〈臺東舊紀〉對於後山種植禾麥等農作物的起始以及鄭尚入後山的說法與〈臺東誌〉差異相當大，必須相互參引。

　　2. 對於割臺以後，日軍進入後山之際，清軍的嗣應以及撤退，〈臺東舊紀〉均有記載，這是《采訪冊》與〈臺東誌〉所闕略的。不過，有關日清後山接收這方面的記載，在日治初期的官方檔案、報紙以及戰史記錄中，記載可能更為詳細。相較之下，〈臺東舊紀〉的記載仍稍嫌簡略。

　　3. 胡傳的《采訪冊》所記載的光緒 14 年至 19 年間（1888-1893）臺東直隸州知州和州同姓名與到任時間，的確較為正確詳實，然而光緒 14 年以前和 19 年以降，文官名單卻因檔案佚失而未載。相對的，〈臺東舊紀〉雖然時間誤植頗多，但是完整紀錄光緒元年至 21 年（1875-1895）的歷任文官。過去以來官書大多未記載知州、州同以下官吏名單與到任時間，〈臺東誌〉也僅在文末簡單的交待光緒 15 年（1889）以降任職撫墾局的長官，卻不甚完整。〈臺東舊紀〉則明白載錄卑南撫墾局、水尾撫墾局、花蓮港撫墾局、秀姑巒撫墾局、花蓮港州同的姓名以及管帶後山軍隊的武官人員名單和到任時間。

---

❼ 石阪莊作，《臺嶋踏查實記》，頁 106。

4. 胡傳的《采訪冊》曾經簡單說明知州衙門的組織❶❶⑧，相較之下，〈臺東舊紀〉不但提供更詳細的文官組織概況，而且說明清朝的武官制度、兵制以及跑勇的設立。另外，更特別的是，文武官及其下級屬官、胥吏書役的俸給也一應俱全。其中，尤以武官與其屬官的制度和俸給，更見珍貴。

現存文獻資料中，連橫的《臺灣通史》雖然有「臺灣勇營月餉表」，但並未說明資料來源，而且僅分成勇營、練營以及屯兵營三類，相當籠統❶❶⑨。《采訪冊》亦曾記述鎮海後軍中營官兵的俸給，但卻遺漏各營師爺與屬吏的俸給，又以其他兩營薪俸與中營相同，未再加以說明❶❷⓪。此外，其記載與〈臺東舊紀〉略有不同。〈臺東舊紀〉詳細記載分駐於各地勇營的編制、職稱以及俸給，這是清代臺灣方志所少見的。由此也可推知，白川夜舟可能在相良廳長的引介下，看到了接收時清代的官方文書或是訪問相關人員所得。

〈臺東舊紀〉的部分記載，似乎後來也為伊能嘉矩所引用，或者是伊能也參考了同樣的資料。例如，有關加里宛與竹窩宛番亂，伊能在《大日本地名辭書續編》中，有大半篇幅與〈臺東舊紀〉大致雷同❶❷①。

綜合上述，雖然〈臺東舊紀〉有相當部分參照陳英的〈臺東誌〉，但是大體而言，《臺東舊紀》記載較為詳細，涵蓋的時間範圍也較〈臺東誌〉，甚或《采訪冊》完整。作者似乎曾見到日清接收之後的清朝官方案卷，以致於保存相當重要的記錄，這些都是〈臺東

---

❶❶⑧ 胡傳，《臺東州采訪冊》，頁 11-12。
❶❶⑨ 連橫，《臺灣通史》，頁 187-188。
❶❷⓪ 胡傳，《臺東州采訪冊》，頁 15-16。
❶❷① 伊能嘉矩，《大日本地名辭書續編》（東京：富山房，1909），「加里宛」條，頁 179-180。

誌〉與《采訪冊》所不得見的。不過，正如前述，〈臺東舊紀〉人
名、地名以及年代訛誤不少，或是漏記，或是記載與排版錯誤頗多，
因此在引用之際，仍需參照校注或其他相關文獻。

「東臺灣世界」的研究史及史料評估

一、前言

　　本文基本上以夏黎明的〈東臺灣及其生活世界的構成〉一文爲討論中心❶，因此章節的安排也依照其論述順序，逐項評估其研究史和史料概況。由於該文主題相當豐富龐雜，每一字句可能已隱含一個假設與命題，不但無法一一作詳細的討論，而且受限於本人歷史學的訓練使然，對於其他學科研究成果的評估可能有相當多的限制或是疏漏。其次，研究成果的介紹只針對東臺灣作討論，且以中文研究爲主，日文爲輔，因此難免遺漏。即使以資料的評估而言，由於本人比較熟悉歷史文獻與檔案，對於其他學科，特別是自然學科所使用的研究材料較生疏，因此只能以史料概稱。

　　儘管有上述限制，本文主要目的是以〈東臺灣及其生活世界的構成〉一文爲中心，透過扼要介紹東部研究與史料現存概況，期能達到拋磚引玉的效果，吸引更多專家學者研究東部。同時，試圖檢證該文

---

❶夏黎明，〈東臺灣及其生活世界的構成〉，《東臺灣研究》2（1997 年 12 月），頁7-16。

的種種說法是否成立。

二、研究史與史料之評估

（一）自然環境

1. 研究史

日治時期對於東部自然環境的研究已相當多，特別是地形研究，較不足的部分則是災害研究。

戰後研究以地質、海洋及地形的研究成果最為豐富[2]，但是在氣候、災害、水文、生態及自然資源等方面則缺乏較具代表性的研究成果。其中，由於東部活斷層與人文活動息息相關，因此 1980 年代以後地質學與地形學對於東部活斷層之研究，是頗值得重視的[3]。東部生態的研究也偏少，過去比較重視南邊華萊士線（生物地理界線）的討論，例如日治時期鹿野忠雄的研究。近年來生態研究則轉向民族植

---

[2] 戰後至民國 82 年（1993）間臺灣各大學有關研究東部自然環境的博碩士論文而言，地質類即佔 58.9％，海洋類佔 24.1％，地形類佔 6.3％。（李玉芬，〈國內有關臺灣東部研究之博碩士論文評介〉，夏黎明等編，《國內有關臺灣東部研究之學位論文書目》，臺東：東臺灣研究會，1994，頁 9）顯然，戰後東部地質研究成果最為豐碩。地質研究，就主題而言，以地質、岩石及礦物為多；就區域而言，則以海岸山脈地質區和中央山脈地質區較多，花東縱谷之研究相對較少。（李玉芬，同前，頁 10）不過，即使地質研究最多，卻仍有相當多問題未處理，例如中央山脈地質區南段部分（南橫公路沿線及其以南）幾乎未出現一篇博碩士論文，（李玉芬，同前，頁 11-12）僅有二、三篇相關論文。夏黎明等編，《東臺灣研究之中文期刊文獻索引》（臺東：東臺灣研究會，1994），頁 6-9。

[3] 地形學有關東部活斷層之研究，比較重要的如：石再添等，〈臺灣北部與東部活斷層的地形學研究〉，《地理研究報告》9，1983；楊貴三，〈臺灣活斷層的地形學研究：特論活斷層與地形面的關係〉（臺北：文化大學地理研究所博士論文，1986）；游明聖等自 1994 年至 1997 年也陸續發表不少相關研究，如〈臺東縱谷斷層帶中之橫移斷層特徵〉，《地質》14（1），1994；《臺東縱谷地震與斷層關係之研究》，臺北：經濟部中央地質調查所，1997。

物學,有一些調查性的研究報告❹。

其次,戰後對於東部自然環境的研究,偏重於共時性的研究取向,較少貫時性變遷之討論,例如海岸變遷、林相變遷等。因此,從長期來探究自然環境的變遷,是未來可以加強的面向。

整體而言,自日治至戰後的東部自然環境研究,雖然在各面向皆有一些成果,但是幾乎不太關照自然環境與人文活動之互動關係。日治時期曾經調查各部落所使用的資源,卻無貫時性的研究成果。

2. 史料

日治時期對東部自然環境有不少調查報告,如《臺東海岸山脈北半部地質及礦物調查報告書》、《臺東廳管內河川構造物調查書》。然而,《臺灣總督府公文類纂》中豐富的調查報告,卻不太被研究者重視。舉例而言,明治 33 年(1900)有「臺東地方森林調查書」。總督府檔案的利用應有助於東臺灣自然環境變遷的研究。戰後資料以東部自然資源的調查報告較多❺,其他則零零星星,特別是有關變遷的研究資料相當不足。

整體而言,第一手史料,除了氣候一項有上百年的完整資料之外,有關東部自然環境的資料並不太完整,可能必須採用其他方法來克服文獻不足的研究困境。

---

❹ 事實上民族植物學的研究,肇始於 1941 年鹿野忠雄的研究,例如其於 1941 年發表〈臺灣原住民族に於ける數種栽培植物と臺灣島民族史との關聯〉(《人類學雜誌》56(10))。近年研究,如潘世珍、劉炯錫,〈臺東縣大武鄉大鳥村排灣族溪流漁獵文化之調查研究〉,《東臺灣研究》創刊號,1996。

❺ 舉例而言,農林廳航空測量隊曾於 1963、1964 年對木瓜山、臺東、關山以及秀姑巒等事業區作森林資源調查(《航測隊調查報告》,14–17 期、20 期);省水產所也有不少對於東部海域漁場、生物資源之調查,如吳全橙,〈臺灣省東部海域生物資源調查〉,《省水產所報告》31,1979。

（二）海洋東亞與臺灣的歷史

1. 研究史

海洋東亞可以依賴的相關研究成果不論中外都相當多，但是鮮見直接扣緊與東臺灣關係之討論。基本上，日治時期東臺灣的相關研究較多，至於史前時代、海權時代及戰後的研究則極爲有限。儘管就全臺而言，東臺灣的史前研究不少，卻較偏重建構東部的文化系統，從海洋東亞這個面向來關照的研究成果並不多。

2. 史料

史料零零星星散在各地，外文偏多，尚無人專門收集整理。不過，有關日本擴張史的史料極爲龐大，也較集中。

整體而言，有關外部環境的研究與史料相當多，不易完全掌握，但是與東部直接相關者則較爲有限。

（三）國家

1. 研究史

以荷治時期東臺灣爲主題的研究微乎其微，最具代表性的是中村孝志的研究。特別是他於 1992 年發表的〈1655 年の臺灣東部地方集會〉一文[6]，大致釐清了 1644 年之後東部地方集會區及荷蘭對於東部的統治概況。

清治時期的國家政策，自日治至戰後以來已累積不少研究成果。比較重要的文章是 1986 年張永楨的〈清代臺灣後山開發之研究〉一文[7]。然而，過去的研究大部分使用 1960 年代左右周憲文所編的臺

[6]《南方文化》19，1992 年 11 月。
[7] 臺中：東海大學歷史研究所碩士論文，1986。

灣文獻叢刊之資料，並未利用目前現存清代和日治初期的一手史料。因此，如果能發掘更多的一手史料，應可以作更深入、細緻的研究或開展新的研究主題。例如清末勇營在東部的分佈與作用、文武官對於東部的統治等課題。

日化東臺構想的研究成果也不少，但比較偏重政策、移民村等主題。目前比較重要的研究成果，例如孟祥瀚的〈臺灣東部之拓墾與發展 1874-1945〉❽ 和 1995 年施添福的〈日治時代臺灣東部的熱帶栽培業和區域發展〉一文❾。事實上，透過更多史料的爬梳，對於原有問題的處理不但可以更細緻，而且尚能開展新的研究課題。例如，東臺灣作為一個特殊區域，也反映在臺灣總督府對東部行政區劃與理蕃政策上的特殊制度。有關這方面的討論卻仍相當缺乏❿。

戰後有關東部與國家資本或政策之間關係的研究，成果相當不足。目前僅施雅軒的〈花蓮平原於中央政策措施下的區域變遷：從清政府到國民政府 1875-1995〉一文，處理相關課題⓫。

2. 史料

過去對於荷治時期東部的討論與研究，主要使用目前已出版的《巴達維亞城日誌》或是中村孝志蕃社戶口表等相關研究，因而不易有新的突破。荷治時期的研究，仍有待全面性解讀荷蘭東印度公司檔

---

❽臺北：國立臺灣師範大學歷史研究所碩士論文，1988。

❾發表於中研院臺灣史研究所籌備處和臺大歷史系主辦之「臺灣史研究百年回顧與專題研討會」，1995。

❿目前有關理蕃政策的研究，首推日治時期伊能嘉矩之研究。其除了有名的《臺灣蕃政志》之外，尚有不少相關論文探討荷蘭時期至日治時期各政權在臺之理蕃政策。這些文章主要發表於《臺灣協會會報》、《東洋時報》、《臺灣慣習記事》。戰後則有藤井志津枝對日治理蕃政策的研究。（〈日據時期臺灣總督府的理蕃政策〉，臺北：國立臺灣師範大學歷史所博士論文，1987）不過，至目前為止並未有專文討論東部理蕃政策，或比較日治東部與西部理蕃政策之差異。

⓫臺北：國立臺灣大學地理研究所碩士論文，1995。

案有關東部之記載❶❷。

清代有關開山撫番和移民拓墾的相關史料最多，其中尤以故宮檔案❶❸、《臺東直隸州丈量八筐冊》、《臺灣私法》第一卷以及日治初期《臺灣總督府公文類纂》最著。

近來出土的《臺東直隸州丈量八筐冊》顯然值得加以重視。過去一般以為清代東部清賦資料早已銷燬，這批資料卻正是清末劉銘傳清賦之後全臺留下來最完整的全州魚鱗圖冊❶❹。其次，日治初期有關東部的調查報告也值得注意。

目前最具代表性的成果，非 1900 年田代安定完成的《臺東殖民地豫察報文》一書莫屬。此外，即使以清代淡水廳、新竹縣為主的官文書《淡新檔案》中，也有臺東直隸州清丈與勇營調派資料❶❺。

日治時期的相關史料相當豐富。透過這些史料，不但可以展開更多新課題，而且對於以往的研究主題也可以更細緻討論或進行補充與修正。這些史料除了一般常利用的廳報、府報、統計書、調查報告、方志以及期刊報紙等資料之外，規模龐大、較重要的史料至少有三：

---

❶❷ 荷蘭東印度公司檔案中有關臺灣之史料，已由曹永和和包樂史於 1984、1995、1996 三年分別編出三冊《臺灣日誌》。自 1999 年至 2007 年，江樹生已翻譯出版《熱蘭遮城日誌》三冊，由臺南市政府出版。

❶❸ 即「月摺檔」、「軍機檔」、「宮中檔」。有關東部資料可以參用莊吉發、許雪姬等編，《臺灣史檔案、文書目錄》（臺北：臺灣大學，1997）檢索。

❶❹ 此批魚鱗圖冊現藏於臺灣分館，裝訂成 15 本，包括各種地圖（直隸州圖、鄉堡圖、庄圖、區圖、丈量散圖），是目前所見清代臺灣最為完整的魚鱗圖冊。其有利於土地拓墾、族群業佃關係、清賦實態、行政區劃以及聚落、勇營、廟宇分佈等之研究。

❶❺ 例如臺東安撫軍之調派，見於《淡新檔案》13206 號全案，有關清丈問題見於 13809 號全案。

一是「臺灣總督府公文類纂」，二是「臺灣拓殖株式會社檔案」❶，三是《臺灣史料稿本》（1897–1919）。其中，值得注意的是有關理蕃政策、產業發展以及建設等資料相當豐富。然而，這些課題的研究成果卻相對不足。

　　有關戰後國家資本與東部的文獻資料極為豐富，但是並未好好整理過，因此也分散在各單位。其中，尤以東部三大地主臺糖、土地銀行❶、退輔會以及林務局等單位的資料最為重要❶。

（四）居民

1. 研究史

　　就移民模式而言，目前研究成果最多的是原住民移民史和日本人移民村。戰後比較重要的論文如：1954 年陳正祥的〈臺灣東部縱谷地帶農墾與移民可能性之研究〉❶、1988 年孟祥翰的〈臺灣東部之拓墾與發展〉❷、1992 年潘繼道的〈清代臺灣後山平埔族移民之研究〉

---

❶昭和 11 年（1936）創立的臺灣拓殖株式會社（簡稱臺拓），除了經營海外事業之外，也進行臺灣島內拓殖事業和移民事業。昭和 11 年至昭和 20 年終戰（1936–1945）曾在臺東和花蓮設置出張所和事務所。臺拓在東臺灣的主要事業為栽培和造林事業、移民事業以及投資事業。（王世慶，〈臺灣拓殖株式會社檔案及其史料價值〉，《臺灣史料國際學術研討會論文集》（臺北：國立臺灣大學歷史系，1984，頁 160–164）

❶土地銀行有關東部土地資料，不少轉移至國家土地財產局。

❶以退輔會為例，由其編纂的資料如：《試辦大同合作農場退除役官兵授田清冊》（1961）、《池上大同合作農場土地清冊》（1961）、《行政院國軍退除役官兵輔導委員會臺東農場誌》。退輔會本身亦按年度編有統計年鑑或統計提要。臺糖資料則必須參考該單位所編的《臺糖通訊》。不過，除了一般出版品之外，其檔案文件是更重要的一手史料。

❶《臺灣銀行季刊》6（4），1954。

❷臺北：國立臺灣師範大學歷史研究所碩士論文，1988。

㉑、1993 年鄭全玄的〈臺東平原的移民拓墾與聚落〉㉒。

　　大體而言，史前的移民史僅有少數成果。清代至戰後閩籍、客籍移民東部的研究則不多。其次，過去的討論主要集中於清末漢人的移入，但大多以《臺灣慣習記事》和《臺東殖民地豫察報文》為主要素材，而難有進一步突破。戰後最後一批移民─榮民和新中產階級，也是較被忽略的一群㉓。

　　即使過去幾篇日治時期日本人移民村的研究，也以移民村本身為研究主體，探討其背後的政策和管理，而較少觸及日本移民本身的生老病死，及與其他族群的互動。

　　就分類和分佈而言，除了日本人如何選擇移民村、原住民分佈與分類的研究較夥之外，此項課題罕被觸及。雖然目前大致知道東部族群的分佈狀況，但是較少專文討論其分類和分佈的背景、意義以及過程。

　　有關東部原住民之分佈，日治時期鳥居龍藏已致力於此課題之探究㉔。至於東部原住民分類研究，日治時期較重要的研究如鹿野忠雄的論點；戰後如費羅禮（R. Ferrell）的〈臺灣土著族的考古語言文化初步綜合研究〉一文，是典型早期人類學者以客觀文化特質進行族群分類的研究成果㉕。

㉑臺中：東海大學歷史研究所碩士論文，1992。

㉒該文為師大地理所碩士論文，1995 年由東臺灣研究會出版。

㉓有關榮民的研究，胡台麗的研究是目前最有代表性，其中也處理東部榮民問題。〈芋仔與蕃薯：臺灣榮民的族群關係與認同〉，《中研院民族所集刊》69，1990。

㉔例如，〈東部臺灣に於ける各蕃族及び其分佈〉，《東京人類學會雜誌》12，1897年 7 月。

㉕鹿文出處：〈臺灣土著分類的一擬案〉（1939），見宋文薰譯，《臺灣考古民族學概觀》（臺中：臺灣省文獻會，1955）；費文出處：《中研院民族所集刊》21（1966），頁 97-130。

就互動與認知而言，除了平埔族研究稍多之外，研究成果相當稀少，亟待開發。例如日治時期日本移民與其他族群之互動關係、漢番關係等。即使以原住民族群而言，大部分的研究皆將焦點擺在個別族群或是部落上，而很少探討卑南族、阿美族、布農族、泰雅族以及排灣族等不同族群之間的互動關係。特別是族群的衝突與競爭，一直少有專文深入探究。目前較重要的相關研究成果，例如 1995 年林聖欽的〈花東縱谷中段的土地開發與聚落發展〉、1996 年周業登的〈臺東泰源盆地的區域變遷：族群空間關係與生計型態的解釋〉、1997 年江美瑤的〈日治時代以來臺灣東部移民與族群關係：以關山、鹿野地區為例〉[26]。

就變遷而言，疾病的研究非常少，但是有關的文獻與口傳資料卻相當多，只是少有人對之作系統的整理與探討。其次，族群之間文化涵化、族群（或社群）與國家的關係（特別是番亂研究）等課題多是亟待關照的面向[27]。從變遷的觀點研究東臺灣居民的專文並不多，主要是人類學者對於東部小聚落或小區域進行經濟、生活、人口之變遷的研究。目前較重要的研究成果，如末成道男、王人英及阮昌銳的論著[28]。

大體而言，過去大部分的研究比較著重於族群遷移這個課題。相

---

[26] 三篇論文出處均為：臺北，國立臺灣師範大學地理學研究所碩士論文。

[27] 目前有關東部族群文化涵化的文章，例如阮昌銳〈大港口漢人的阿美化〉，《中研院民族所集刊》31（1991）討論漢人與阿美族的文化涵化；許木柱的 *Culture, Self, and Adaptation：The Psychological Anthropology of Two Malayo：Polynesian Groups in Taiwan*（Taipei：Institute of Ethnology Academia Sinica，1991）一書，以統計、問卷以及訪談方式討論阿美族與泰雅族之間的族群意象。

[28] 王人英，《臺灣高山族的人口變遷》，南港：民族所專刊，1967；末成道男，《臺灣アミ族の社會組織：變動過程にある一村落の分析》，東京：東京大學 1970 年度博士論文，1971；阮昌銳〈臺灣縱谷土著族的經濟生活變遷：泰雅布農阿美三個聚落的比較研究〉，《民族社會學報》，13，1975。

關研究成果，首推馬淵東一〈高砂族の移動および分佈〉一文。❷戰
後學者對 1930 年以前東部族群遷移之研究，大多沿襲其論點。戰後
研究較重要的論著，例如 1978 年廖守臣的〈泰雅族東賽德克群的部
落遷徙與分佈〉、施添福於 1995 年發表的〈臺灣東部的族群遷移：
自清代至日治時代〉及 1997 年李敏慧的〈日治時期臺灣山地部落的
集團移住與社會重建—以卑南溪流域布農族爲例〉❸。

2. 史料

有關史前時代移民資料，相關文獻極爲有限，必須依賴地下遺
物、傳說❸、神話、體質以及語言來作進一步的解析與重建。由於研
究有所困難，也較不易突破。

清代漢人移民史料，除了研究者常用的日治初期的調查報告之
外，最重要的是族譜、日治初期的本籍戶口調查簿、除戶簿、寄留戶
口調查簿等資料❸。但是引用這些資料，特別是有關原住民戶口資料
時，必須特別留意記載者本身極易以日本親屬和家庭結構認知來對應
原住民的家庭結構，而造成記載之失眞。

日治時期可用的移民史資料更多，其中移民村、原住民以及人口
統計的資料最多。除了上述戶口調查簿、除戶簿之外，舉凡府廳統計

---

❷轉載於《馬淵東一著作集》，第 2 卷，東京：社會思想社，1974。

❸廖文出處：《中研院民族所集刊》44、45，1977、1978；施文出處：《臺灣地區地
方考古人才培訓班（第二期）講義資料彙編》，臺北：文建會、蘭陽文教基金
會，1995；李文出處：臺北，國立臺灣師範大學地理所碩士論文，1997。

❸有關東部原住民口頭傳說資料，目前較好的仍是 1935 年移川子之藏、馬淵東一
以及宮本延人等著《臺灣高砂族系統所屬の研究》（臺北：帝國大學土俗人種學
研究室，1935）一書。

❸有關日治時期戶籍資料的特性，可以參閱：林聖欽，〈日治時期戶籍資料的內容
及其史料價值：以玉里、池上爲例〉一文。《師大地理研究報告》23，1995，頁
27-54。

書、人口統計資料❸❸、名錄❸❹、土地臺帳、報紙❸❺、雜誌❸❻。特別是對於原住民族群的研究，過去較常使用的是大正時期由臨時舊慣調查會所編的《蕃族調查報告書》、臺灣總督府殖產局所編的《山地開發現狀調查書》及日治後期臺灣總督府警務局理蕃課所編的《高砂族調查書》❸❼。近來所發現、昭和年間完成的一批重要調查報告《蕃人調查表》和《蕃人所要地調查書》則較少被引用❸❽。此外，自大正9年至昭和13年（1920-1938），總督府警務局也曾整理蕃社戶口統計資料❸❾，可以作為研究日治中、後期蕃社人口變遷之素材。

　　戰後臺灣長期處於戒嚴狀態，因此人口資料幾乎是世界一流。大

---

❸❸ 日治時期按年編纂之人口統計有三，一是《臺灣現住人口統計》，由臺灣總督府官房課所編，涵蓋時間為1905-1933年，每年一本；二是《臺灣常住戶口統計》（1935-1942年）剔除暫時居留者，僅調查該年世居該地人口；三是《臺灣人口動態統計》（1905-1942年）記錄該年度各地出生、死亡以及遷移人口現象等。其次，自1905年起舉辦全臺人口普查，1905年、1915年分別由臺灣總督府臨時戶口調查部編《臨時臺灣戶口調查集計原表》。自1920年起與日本本土同時舉辦「國勢調查」，每五年一次，稱《國勢調查結果表》（有1920、1925、1930、1935）。（孟祥瀚，〈臺灣東部之拓墾與發展1874-1945〉，頁204）此外，《臺灣總督府統計書》和地方廳統計書亦值得參考。

❸❹ 如《臺東廳人名要鑑》（1925）、《臺灣官紳年鑑》（1934）、《臺灣人士鑑》（1937）、《臺灣紳士名鑑》（1937）……。

❸❺ 與東臺灣居民研究相關的報紙，有：《臺灣日日新報》、《東臺灣新報》、《臺灣時報》、《臺灣民報》。

❸❻ 與東臺灣居民研究相關的雜誌，有：《臺灣協會會報》、《理蕃之友》、《臺灣慣習記事》、《臺灣警察協會雜誌》、《南方土俗》、《東臺灣研究叢書》等。

❸❼ 《蕃族調查報告書》有8冊。其中，1、2、4、8卷是有關東部原住民之調查。自大正2年至大正10年左右（1913-1921），臨時舊慣調查會又出版的大部頭、相關姐妹品有：《蕃族慣習調查報告書》（8冊，1915-1920）、《臺灣蕃族慣習研究》（8冊，1918-1921）、《高砂族調查書》（6冊，1936-1939）。

❸❽ 有關這兩份文書的實質內容，可參見：吳密察，〈蕃地開發調查與「蕃人調查表」、「蕃人所要地調查書」〉，《臺灣史料國際學術研討會》（臺北：國立臺灣大學歷史系，1994），頁209-262。

❸❾ 臺灣總督府民政部警察本署或臺灣總督府警務局，《蕃社戶口》，花蓮港廳、臺東廳，大正6年至昭和13年（1917-1938）。

概每隔近十年即有全臺戶口普查資料❹，省與縣每年則有《統計要覽》可參考❹。此外，近年來的研究已逐漸重視各鄉鎮戶政事務所現存戶口基本資料❹，而在研究上也有新的進展。

　　整體而言，除了有關族群互動的史料較少而造成研究困難之外，大致上其他三項課題均有豐富的史料可供深究。此外，除了檔案文獻之外，地圖❹和實地的口述訪談亦可供參考利用。

（五）網絡

1. 研究史

　　有關市場經濟以前東臺灣的對內、對外聯結，較偏重中部古道之調查與研究，因此仍存有相當大的研究空間。日治時期東臺灣的外部聯結與內部聯結的研究成果並不多，戰後則較多，但是大多屬於應用性質，缺乏代表性的作品。目前僅有東部港口與海岸山脈越嶺道有系統的研究與調查，比較重要的成果如 1990 年陳憲明的〈臺灣東部漁港的機能與區位〉、1996 年林白梅和夏黎明的〈海岸山脈越嶺道之區

---

❹ 戰後全臺戶口普查資料，有民國 45 年（1956）、55 年（1966）、69 年（1980）、79 年（1990）。

❹ 縣統計要覽自民國 35 年（1946）起，除了民國 36 年至 39 年（1947-1950）未編之外，每年出一本。

❹ 這類資料相當龐雜，除了一般《戶籍登記簿》之外，尚有《抽換戶口調查簿》、《各村里戶長索引簿》、《戶口年終統計表》。

❹ 地圖資料，清代部分除了方志之外，最重要的是《臺東直隸州丈量八筐冊》（1886）、《臺東輿圖》（1880）、《臺灣地輿全圖》（1887）。日治時期地圖相當繁雜，除了大部頭的明治 38 年（1905）二萬分之一《臺灣堡圖》、大正 14 年（1925）二萬五千分之一地形圖、昭和間五萬分之一《蕃地地形圖》之外，在各種調查報告書、專書、統計書中的地圖及藏於各地的地籍圖均可參考。值得注意的是有一張昭和年間的「臺東街市街圖」，藏於中央研究院臺灣史研究所。戰後小至村里、社區，大至全臺各單位所編地圖均相當多。

位與變遷的初步調查〉一文❹。

市場網絡的研究，僅有蔡文彩〈花東地區主要商店街機能結構之研究〉一文，可供參考❺。花蓮、臺東雙核心的研究成果稍多，尤其是花蓮市最受研究者注目。目前較重要的成果，如 1993 年張家菁的〈花蓮市街的空間演變：臺灣東部一個都市聚落的形成與演變〉一文❻。

交通與市場或區域變遷的研究也不少，特別是研究民國 69 年（1980）北迴鐵路通車後對東部資源開發與經濟發展影響的專文甚眾❼。不過，除了鐵公路之外，近十年來空中交通對於東臺灣網絡的影響與衍發的現象，卻極缺乏討論。

有關原住民社會網絡的研究頗多，特別是人類學者對於各部落社會結構、親屬結構之著力。日治時期已有一些研究成果，較具代表性的是大正年間臺灣蕃族調查會的《臺灣蕃族慣習研究》一書❽。戰後較重要成果，例如陳文德〈胆膂阿美族年齡組制度的研究與意義〉

---

❹陳文出處：《地理研究報告》16，1990；林文：《東臺灣研究》創刊號，1996。

❺《中國地理學會會刊》7，1979。

❻國立臺灣師範大學地理學碩士論文，1993。1996 年出版，書名改為：《一個城市的誕生：花蓮市街的形成與發展》，花蓮：花蓮縣文化局。

❼有關這方面的專書論文至少有 5 篇：劉潋，〈北迴鐵路的地理基礎與經濟價值〉（臺北：臺灣師大地球科學研究所碩士論文，1976）、陸信雄，〈北迴鐵路對花蓮地區人口及產業結構影響之研究〉（臺中：逢甲大學都市計劃研究所碩士論文，1982）、吳功顯，〈臺灣東部經濟發展與北迴鐵路之關係〉（《臺灣土地金融季刊》21（3），1983）、高俊峰等，〈運輸建設對都市發展與區域變遷之衝擊研究：以北迴鐵路為例〉（《運輸》13，1991）、許靜琇，〈花蓮地區北迴鐵路通車前後區域發展差異之比較研究〉（臺北：國立臺灣大學地理研究所碩士論文，1995），其他間接相關者則不勝其數。至於南迴鐵路研究，較重要的如：洪麗花、辛晚教，〈南迴鐵路對於沿線市、鄉、鎮之衝擊研究：人口、土地利用、產業、運輸影響分析〉，《法商學報》15，1980。

❽臺北：作者印行，1921。

❹。相對於原住民社會網絡研究成果之豐碩，有關漢人社會網絡和宗教信仰卻偏少❺。即使從語言社會學角度而言，大多偏重原住民語言，較少將焦點轉至東部漢人研究。

2. 史料

現存東臺灣外部聯結與內部聯結的資料相當多。在進入市場經濟以前的東臺灣研究資料主要依賴清代與日治初期的地圖、方志、文集的記載。資料雖然較日治與戰後少，但是尚未好好加以爬梳。日治時期東部的交通資料，包括港灣開築與航線、鐵公路的興建與營運，則散於前述各種雜誌、報紙、專書、官方文書檔案中。

戰後東部網絡資料也不少，除了報紙❺、統計資料、議事錄、官方政令之外，尚必須參考眾多的規劃報告書❺或應用性的調查資料。後者，特別值得注意的是，1980 年代經建會對全臺所作的生活圈與階層調查報告。其次，則必須依賴都市機能、市場服務圈以及交通狀況等相關調查性資料。

至於市場網絡的資料也有一些，特別是雙核心的資料自日治至戰後特別多。社會網絡的資料以宗教部門較多❺，其他面向則不太能掌握。

---

❹《中研院民族所集刊》68，1989。

❺夏黎明「東臺灣缺乏明顯的宗教勢力」這個命題或許是值得作進一步檢驗的，例如花蓮慈濟功德會、臺東慈惠堂以及東部長老教會均具有相當大的規模與組織，其對於東臺灣的影響力與組織能力均應作深入探究。目前慈濟功德會稍有研究，這一、二年有兩篇碩士論文：彭俊亨，《組織符號之研究》，臺北：政治大學公共行政所，1995；郭怡君，《慈濟現象三十年》，臺北：臺大新聞所，1996。

❺對於東臺灣研究而言，除了一般各大報之外，最值得參考的報紙莫過於當地發行的《更生日報》。

❺這方面資料，如臺灣省交通處公路局編，《臺十一線東部濱海公路改善計劃花蓮縣段》，1996。

❺日治時期有不少寺廟臺帳、名鑑以及神明會調查書，可以參考。

（六）日常生活及變遷

1. 研究史

史前東臺灣居民，特別是卑南文化的日常生活形態，透過地下遺址的挖掘與重建，已有一些成果[54]。

就部落社會而言，日治時期研究和調查對象主要爲「族」，當時雖然較偏向資料性的調查與記錄，但也有部分研究成果出現[55]。戰後人類學者的研究對象雖然以原住民爲主，但他們已是使用貨幣、文字、受市場經濟影響的鄉民。

就鄉民社會研究而言，戰後人類學者的研究成果不少。早期大多屬於民族誌類型之文化、制度及組織的收集與整理。1970 年代後期，趨向行爲科學與現實社會問題之探究，而著重於親族組織、經濟結構、人口變遷等課題[56]。不過人類學者主要針對原住民，尤以雅美族、阿美族、卑南族、泰雅及布農族的研究較多，較少將焦點放在東

---

[54] 透過大量石斧、石刀、石鐮、雙刃器、陶器等出土，考古學家大概重建卑南文化的石器工業、武器設備、產業形態以及社會組織等日常生活相關內容。（李玉芬，〈國內有關臺灣東部研究之博碩士論文評介〉，頁 17）有關東部史前文化研究成果相當多。戰前比較重要的如國分直一、金關丈夫、鹿野忠雄以及宮本延人等之研究成果；戰後如宋文薰、連照美、劉益昌、黃士強之研究。

[55] 日治時期對於東部原住民之研究較偏重雅美族、阿美族以及卑南族之研究，魯凱、泰雅以及排灣族之研究則相對較少。有關雅美族經濟、物質文化的研究或調查成果特別多，比較具代表性的如鹿野忠雄（有關雅美族研究至少有 25 篇）與鳥居龍藏（至少有 15 篇論文）。有關阿美族的社會組織、習俗以及宗教研究成果較多，比較重要的研究者如岡田謙與小泉鐵之研究；對於卑南族研究成果較多的則是伊能嘉矩。參考：〈日文書刊所載有關臺灣土著論文目錄〉（一），《考古人類學刊》29、30 合刊（1967 年 11 月），頁 71-106。

[56] 李玉芬，〈國內有關臺灣東部研究之博碩士論文評介〉，頁 15；陳奇祿，《臺灣土著文化研究》（臺北：聯經，1992），頁 471。

部魯凱族、排灣族及漢人身上❺⑦。其次，大部分鄉民社會的研究，並不關心鄉民本身的生活形態與結構。至於東臺灣市民的研究更少，僅有一些社會學者關注到這個課題。

整體而言，日常生活及其變遷研究是近年來較爲新穎的課題。然受限於資料不易取得，研究成果最爲不足。

2. 史料

除了日治時期留下大量前述的部落民調查資料或是零散的報紙記載之外，有關鄉民社會與市民社會生活的文獻資料甚稀，甚至無法掌握資料，而必須相當依賴田野的實地研究，研究困難度也較高。不過，東臺灣市民較關心的是如何將東臺灣建設成臺灣的後花園，因此有關觀光業的評估與規劃乃較多，甚至1997年9月在花蓮市舉辦「守望東臺灣研討會」，討論相關議題❺⑧。

三、結論

日治時期對東部的研究，基本上是基於政策導向的博物學、民族誌以及產業調查與研究，因此產生較多調查性資料與報告。戰後則以地質學研究偏多，而人類學在原住民、考古學在南島文化、近年來地理學（特別是歷史地理學者）在聚落與族群研究上有較多的成果。至

---

❺⑦ 即使戰後至今日本學者對於臺灣東部原住民的研究也以阿美族（至少56篇）、雅美族（至少41篇）及卑南族（至少29篇）最多，其他族群偏少，甚至完全沒有。（參考：笠原政治編，《日本の臺灣原住民研究文獻目錄 1945-1996》，東京：風響社，1997）有關雅美族的研究，比較重要的如劉斌雄、余光弘的研究成果。阿美族比較重要的如李亦園、阮昌銳、劉斌雄、陳文德、許木柱、黃貴潮、黃宣衛之研究成果；日本方面，如馬淵悟、末成道男、倉田勇。卑南族比較重要的如宋龍生、石磊、陳文德之研究；日本方面如末成道男之研究。泰雅族比較重要的如許木柱之研究；魯凱族如謝繼昌之研究；排灣族如吳燕和之研究。

❺⑧ 該研討會由聯合報系文教基金會主辦，於1997年9月11日至13日在花蓮市舉行。

於歷史學、政治學、社會學、經濟學、法學、動植物學等學科對於東部的研究均相當少，甚至沒有成果。海洋學對東部的研究相對於西部不但偏少，而且除了對東部海洋資源的探究有助於了解東臺灣世界之外，其他則助益不大。即使以文學藝術創作而言，除了少數雕刻、手工藝及建築作品的研究或介紹之外，地方文學與藝術的創作或研究均相對偏少。整體而言，在臺灣研究中，東臺灣世界的論述相對較少。不過，自《臺東縣史》開編以來，網羅相當多專家學者參與，而為東部研究注入新血。

其次，就目前有關「東臺灣世界的構成」中諸項課題的研究成果而言，以日常生活最少。布勞岱相當重視產業與人文活動之間的關係，或許也是值得發展的一個課題。

就史料的質與量而言，日治與戰後時期的資料最豐富，不過日治時期史料的保存與整理卻較為完善。如果與布勞岱的「地中海世界」做個簡單對照的話，布勞岱對於史料的使用可以說極為廣泛與全面性。舉凡可利用的檔案、遊記、文學作品、繪畫……，無一不是史料。特別值得注意的是，除了大量利用官方檔案資料之外，民間私人資料也是他所倚重的。相對地，過去東臺灣的諸多研究，大多以已出版和官方檔案為主，卻較少運用私人文書。或許積極找尋與保留東部民間資料，乃刻不容緩之事。

歷史學與區域研究：

以東臺灣地區的研究為例

一、前言

　　歷史學的區域史傳統自古即有，方志、鄉土志即為典型。然而，欲跳脫僅是以地理區作為描述範圍或重點的地理志、地方誌之傳統框架，而從學術研究觀點反省區域史、區域研究的內涵或意義，卻很晚才出現。究竟歷史學的區域研究是什麼？區域研究的定義和元素是什麼？區域研究在歷史學研究中，可以產生何種貢獻和啟發？區域研究可能產生的問題為何？這些都是值得討論的問題。

　　臺灣歷史學界早於 1970 年代，已經開始反省區域史研究的可能性，並嘗試提出大型的共同計畫，進行中國和臺灣地區的區域史研究。臺灣史則一出現，即被定義成區域史，成為「中國地方史」的一環。然而，隨著 1980 年代政治環境和氣氛的改變，長期受到政治因素掣肘的臺灣史研究，逐漸成為臺灣歷史學界研究的重點，臺灣區域史的研究逐漸受注意。1990 年代之後，地域史研究漸漸成為臺灣史研究的主流之一，卻不免出現了一些問題。究竟歷史學與區域研究之間，應該如何取得平衡或調和，兩者可以存在何種對話機制，也許是

必須深思的。

　　本文基本上是從歷史學與區域研究之間的關係著眼，首先反省歷史學的區域研究傳統，臺灣歷史學界對區域史研究的看法，再討論臺灣史的區域史研究方向和發展。最後，則以東臺灣地區為例，檢討戰後以來東部區域史研究的成果和發展方向。

二、歷史學的區域史研究傳統

　　歷史學自古以來即是一門龐大的學問，要全面去檢討古今中外歷史學的發展，誠然不是本文所能企及的，也非本文之重點。因此，本節僅就 20 世紀以來，較具有區域史研究傾向的幾個重要理論或學派的觀點，作一個簡單的介紹與討論。這些理論或觀點，大概包括法國年鑑學派、施堅雅（G. William Skinner）的巨區理論、1970 年代以降美國中國史學者的反省、1980 年代日本明清史學者提出的地域社會論。以下略述之。

（一）法國年鑑學派

　　法國年鑑學派最早關心地域與歷史之間關係的是第一代的費夫賀（Lucien Febvre）。他於 1922 年出版《土地與人的演進》一書，首次強調歷史學與地理學的關係❶。第二代布勞岱（Fernand Braudel）於1949 年初版，1966 年增訂再版的《菲力普二世時代的地中海和地中海世界》則開啟了另一個新視野。

　　布勞岱雖然自稱區域史學並非他所謂「整體性歷史空間」的旨趣

---

❶〈史學一生：布勞代爾訪問錄〉，收於賴建誠譯，《年鑑學派管窺》（臺北：麥田，1996），頁 155。

所在❷，但是他充分受到地理學的影響，甚至某種程度相信地理決定論。他主張歷史學家必須優先考慮空間因素，並嘗試定義出「地理的歷史」。因此，地中海世界一書的主角不是傳統歷史學關懷的政治人物菲力普二世，而是「地中海」這個空間❸。布勞岱自稱自己深受地中海所吸引❹，研究取向很明顯地更關懷地區，而擺脫以人物或國家爲主題的傳統取徑，改以地中海本身做爲論述的主體❺。這種以地理空間爲出發點的研究取向，對於歷史學的區域研究毋寧是具有啓發性的。

年鑑學派第三代的勒華拉杜裏（Emmanuel Le Roy Ladurie）對於法國農村的研究，特別是 1975 年著名的《蒙大猶》（Montaillou），受到人類學民族誌的影響，更傾向於微觀的小區域史研究。他結合「環境史」、「人口史」、「序列史」及「心態史」，採取區域整體歷史的研究取向❻，更關心人類社會的基本細胞。勒華拉杜裏與布勞岱的研究取向並不相同，地區並非他的重點，他更重視文化與社會的關係❼。不過，村落史或社區史研究，仍在勒華拉杜裏的研究中獲得啓示❽。

---

❷張隆志，〈期待臺灣研究與年鑑史學的嶄新對話〉，《東臺灣研究》2（1997 年 12月），頁 63。

❸賴建誠譯，《年鑑學派管窺》，第 1 冊，頁 70、154。

❹同上註，頁 154。

❺張隆志，〈期待臺灣研究與年鑑史學的嶄新對話〉，頁 57。

❻同上註，頁 63。

❼參見周樑楷，〈年鑑學派的史學傳統及其轉變〉，收於氏著《近代歐洲史學及史學思想》（臺北：華世，1985），頁 220-221。

❽盧建榮，〈滴水測海：樹立由口供治史的新典範〉，收於許明龍譯，埃曼紐‧勒華拉杜裏著，《蒙大猶》（臺北：麥田，2001），頁 x。

（二）施堅雅（G. William Skinner）的巨區理論[9]

美國史丹福大學人類學和歷史學家施堅雅，也是受到地理學影響甚深的研究者。他於 1964 年至 1965 年首先發表〈鄉村中國的市場體系與社會結構〉[10]，重建中國鄉村的市場體系，探討市場結構的社會經濟意義和變遷，首次強調地區的界限與地區體系文化的特色[11]。1977 年施氏出版《帝國晚期的中國城市》一書，認為 19 世紀中國並未形成全國一體化的城市體系，而將中國分成九大巨區[12]。

施堅雅的區域體系研究法（regional system approach）是將注意力轉向廣大中國的內部差異，以區域研究來界定 19 世紀中國都市化範圍，並透過都市體系的整合程度觀察中國現代化狀況。他認為區域體系分析，在時間和空間上都是動態的。不同區域由於地理環境和天然資源的差異，使得發生於自然界和歷史上的事件對於各區域有不同的影響[13]。儘管施氏理論，受到不少批評，但是他所開啟的區域分析體系模式，卻對社會科學與歷史學者有相當大的衝擊。

---

[9] 臺灣有關施堅雅巨區理論的介紹相當多，最早的是張秋寶，〈中地理論的發展與中國之研究〉，《思與言》13（1）（1975），頁 37-45、溫振華，〈施堅雅的中國市鎮研究介紹〉，《教學與研究》3（1978 年 9 月），頁 155-184、陳文德，〈史堅納對於中國社會的研究〉，《人類與文化》18（1983），頁 56-64。由此可見，其理論對於臺灣學術研究啟發之深刻。

[10] G.W. Skinner, "Marketing and Social Structure in Rural China, Part.I.II.III.," *Journal of Asian Studies*, 24（1）（1964）：3-43；24（2）（1965）：195-228；24（3）（1965）：363-399。

[11] 張秋寶，〈中地理論的發展與中國之研究〉，頁 42；陳文德，〈史堅納對於中國社會的研究〉，頁 59。

[12] G.W. Skinner, *The City in Late Imperial China*（Stanford, Calif：Stanford University Press, 1977）。李洵、趙毅，〈施堅雅教授中國城市史研究評介〉，收於王旭等譯，《中國封建社會晚期城市研究》（吉林：吉林教育出版社，1989），頁 5-6。

[13] Paul A. Cohen（柯保安）著，李榮泰等譯，《美國的中國近代史研究：回顧與前瞻》（*Discovering History in China: American Historical Writing on the Recent Chinese Past*）（臺北：聯經，1991），頁 191-193。

（三）1970 年代美國中國史學界「以中國為中心」取徑

自 1960 年代末至 1970 年代初，美國學界受到越戰反戰運動形成的反帝國主義和自我反省的影響，對於第二次世界大戰前後中國近現代史研究有相當深刻的反省❶。其中一個新的方向，即是擺脫過去「衝擊與反應」、「現代化」及「帝國主義論」的外在力量影響陰影，轉而重視內在因素，強調以中國作爲中國史中心的研究取向。

這種研究取徑，主張將中國問題置於中國本身的脈絡中，避免西方觀點的偏見。其次，認爲中國包含廣泛的區域和地方差異，因此將中國橫向地劃分爲不同的區域、省或地方。此種新研究觀點之出現，不但使區域性和地方性的歷史研究成爲可能，更提倡運用其他學科的新理論和新方法到歷史分析中❶。區域史的研究觀點，乃自 1970 年代以後，成爲中國史和世界史的主要研究趨勢❶。

（四）日本明清史學界的地域社會論

日本的地域史研究，早自 1920 年代，因天皇制國家提倡結合忠誠和鄉土愛的鄉土研究、官方提倡編輯鄉土史和地方史，以及柳田國男等人對鄉土研究的討論，已經隱然成形。至 1930 年代，地方史研

---

❶ Paul A. Cohen（柯保安）著，李榮泰等譯，《美國的中國近代史研究：回顧與前瞻》，頁 214-215。1970 年代末則有 Ramon H. Myers（馬若孟）和 T.A. Metzger（墨子刻）著，劉紀曜、溫振華譯，〈漢學的陰影：美國現代中國研究近況〉（上）（下），《食貨》10（10）（1981 年 1 月），頁 28-41；10（11）（1981 年 3 月），頁 37-51。

❶ Paul A. Cohen（柯保安）著，李榮泰等譯，《美國的中國近代史研究：回顧與前瞻》，頁 x vii、182-189。

❶ 同上註，頁 214；Ramon H. Myers（馬若孟）和 T. A. Metzger（墨子刻）著，劉紀曜、溫振華譯，〈漢學的陰影：美國現代中國研究近況〉（上），頁 451。

究更盛極一時**⓱**。二次大戰後為了編修各地方誌，以行政轄區為界的各種地域性刊物和研究團體紛紛出現**⓲**。在這種傳統之下，日本學界對於地域史的批判和檢討乃相當多。

日本的中國史學界，則受到 1960、1970 年代美國社會研究的影響，自 1970 年代亦已著手於地域的多樣性研究**⓳**。這種研究趨勢與前述著眼於中國的區域差異、施堅雅巨區理論的影響以及著重於社會經濟層面之研究有關**⓴**。1980 年代出現的地域社會論，則試圖從方法論著眼，提出理論模式。

1981 年，森正夫首度將地域社會的理論系統化，1982 年並完成〈中國前近代史研究における地域社會の視點〉一文**㉑**。此後，地域社會的研究逐漸受到重視，成為 1980 年代明清社會經濟史研究的支配潮流，一直持續到 1990 年代**㉒**。「地域社會」這個名詞的涵義，森正夫認為有兩種意義，一種是直接對應一定具體地理界限的實體概念，如省、府、縣……；另一種是體現某種特定的方法概念，如基層社會、地方社會……**㉓**。

⓱ 江村榮一，〈地域史研究小論〉，《神奈川縣史研究》2（1969 年 1 月），頁 5。

⓲ 例如日本尼崎市史編修室，1971 年已經創辦《地域史研究》。

⓳ 吳密察，〈中國近代經濟史研究的課題：訪濱下武志教授〉，《近代中國史通訊》6（1988 年 9 月），頁 113。

⓴ 岸本美緒，《明清交替と江南社會：17 世紀中國の秩序問題》（東京：東京大學出版會，1999），「序言」。

㉑ 本文相關評論見：東京大學文學部內史學會編，《1982 年の歷史學界回顧と展望》，92 編第 5 號（1983 年 5 月），頁 194；檀上寬，〈明清鄉紳論〉，收於劉俊文主編，《日本學者研究中國史論著選譯》，第二卷專論（北京：中華書局，1993），頁 476。

㉒ 東京大學文學部內史學會編，《1992 年の歷史學界回顧と展望》，102 編第 5 號（1993 年 5 月）。

㉓ 森正夫，〈中國前近代史研究における地域社會の視點〉，《名古屋大學文學部研究論集》，史學 28 號 (1982 年)，頁 204-205。

　　1998 年，山田賢在回顧地域社會論的研究現狀中，又更明確地定義地域社會是一個個體相會，發生社會關係，並進而形成社會關係網絡的場所。而權力、支配、秩序，是讓社會走向一個整體社會的統合磁力。地域社會的場所並未被限制在一個預定空間範圍中，而是動態的，是從人際關係網絡和共同認知體系中形成的框架[24]。1999 年地域社會論的健將之一岸本美緒也指出，地域社會論是要擺脫教條式的社會實體化或是必然論，而審視人們活動所交織而成的社會動態，並試圖建立理論模式[25]。

　　上述各家之外，1980 年代後期以來，濱下武志也強調地域研究的重要性[26]。他的「朝貢貿易體系」理論，則是另一套思維，提出了以中國爲中心的亞洲區域經濟體系和「地域圈」的概念[27]。這樣的思考有三個層次，包括西洋對亞洲的關係、亞洲各地域之間的關係以及地方市場層次[28]。濱下雖然認爲村落、城鎮的研究有其必要，但強調大區域研究，以區域經濟之間的相互關係爲主題[29]。

　　整體而言，除了年鑑學派的費夫賀和布勞岱之外，歷史學者選擇一個地區或區域作爲研究，基本上更關心區域差異問題或是其社會樣

[24] 山田賢著，太城祐子譯，〈中國明清時代「地域社會論」研究的現狀與課題〉，《暨南史學》2（1999 年 6 月），頁 42。

[25] 岸本美緒，《明清交替と江南社會：17 世紀中國の秩序問題》，「序言」。

[26] 1997 年以降，濱下武志教授有關地域史的討論，有《地域史とは何か》（東京：山川出版社，1997）、《支配の地域史》（東京：山川出版社，2000）、《亞洲價值、秩序與中國的未來：後國家時代之亞洲研究》（臺北：中研院東北亞區域研究，2000）

[27] 濱下武志，《近代中國の國際契機：朝貢貿易システム（體制）とアジア（亞洲）》（東京：東京大學出版會，1990），前言，頁 25-26。王慶成，「序言」，收於朱萌貴等譯，《近代中國的國際契機：朝貢貿易體系與近代亞洲經濟圈》（北京：中國社會科學出版社，1999），頁 1。

[28] 吳密察，〈中國近代經濟史研究的課題：訪濱下武志教授〉，頁 114。

[29] 同上註，頁 113。

貌。地區只是一個手段，而非關懷所在。歷史學即使在地區史研究中，也更傾向以主題爲中心，而非釐清一地區的特色爲重點。

三、臺灣歷史學界的區域史研究

1970 年代，世界史和中國史走向區域研究的同時，臺灣歷史學界也不落人後。自 1973 年起，中央研究院近代史研究所（以下簡稱中研院近史所或近史所）在國家科學委員會補助之下，正式推動區域史研究，著手集體研究計畫「中國現代化的區域研究」。該計畫自 1973 年至 1989 年，分省討論中國沿海、沿長江以及內陸等 17 個省區的政治、經濟以及社會變遷[30]，研究成果則自 1981 年陸續發表[31]。這個計畫的特色有二：一是強調中國區域差異的存在，又因爲資料龐雜所致，而以區域作爲劃分單位；一是採取科技整合的觀念和方法，進行量化分析，以尋找現代化演進法則，取得整體概念，甚而建立理論[32]。由此看來，該計畫仍然受到美國現代化理論與 1970 年代以科技整

---

[30] 當時分爲幾區說法各異，張玉法認爲 14 省，李國祁說是 10 區，張朋園認爲 17 個區域，但第一階段進行沿海沿江 10 區，第二階段進行內陸 7 區，預計 1990 年完成。又本文審查人指出近史所的區域研究分成三階段，第一階段同上，第二階段是利用 10 個省區的研究成果，綜合或進行政治、社會、經濟等主題研究，第三階段則進行內陸 7 省區研究。此外，計畫名稱，李國祁說是「中國近代化之區域研究」。見：張玉法，「開幕詞」，收於中研院近代史研究所編，《近代中國區域史研討會論文集》上冊（臺北：中研院近史所，1986），頁 1；李國祁，《中國現代化的區域研究：閩浙臺地區，1860-1916》（臺北：中研院近史所，1982），頁 3-4；張朋園〈「中國現代化的區域研究」：架構與發現〉，收於中研院近代史研究所編，《近代中國區域史研討會論文集》下冊（臺北：中研院近史所，1986），頁 849。

[31] 第一本專書是蘇雲峰，《中國現代化的區域研究：湖北省》（臺北：中研院近史所，1981）。迄今已出版 7 個省區的研究成果。

[32] 李國祁，《中國現代化的區域研究：閩浙臺地區，1860-1916》，頁 5；張朋園〈「中國現代化的區域研究」：架構與發現〉，頁 856。

合為主流的區域史研究傳統所影響。雖然此計畫因以省為劃分單位，而備受爭議，卻是臺灣歷史學界有意識地主張區域史研究之濫觴。

「中國現代化的區域研究計畫」副產品之一，是 1986 年 8 月近史所盛大召開的「近代中國區域史」研討會。該會議共提出論文 27 篇，分成臺灣地區和大陸地區兩部分。這次會議的特色，如同張玉法在開幕詞所言，區域的劃分除了自然區和行政省區之外，首度出現文化區的劃分方式。區域研究範圍則由原先沿海、沿江地區，擴張到內陸地區，成為「全國性的區域史」。此外，相當強調區域與區域之間的比較和彼此的關連，並特別注意到帝國主義對區域發展史的影響❸。

這次會議，從張玉法的開幕詞到該會的綜合討論，包括劉翠溶、Harry Lamley（藍厚理）、蔣永敬、李國祁等四位引言人以及與會學者的發言，在區域史研究的觀點和方法論、優缺點以及其可行性有諸多討論❸。其可以視作臺灣歷史學界對於區域史研究的反省。

就區域史研究的觀點和方法論而言，不少學者直指區域研究只是手段，而非目的，必須多注意通則，而非獨特性。區域研究雖然是全面觀察一個地區的政治、文化、社會經濟變遷，以表現區域的全貌和因果關係，但是最後應綜合分析所有區域，以尋找社會變遷和共同通則。區域研究的內涵雖是時間與空間的組合，卻必須擺脫地方誌格局。區域史並不是主張區域對抗，而是增加區域之間的瞭解。區域研究的分區標準亦被充分討論，劉翠溶主張區域的劃分應該以主題，而非地理區或是行政區，必須是問題導向而非區域導向。施添福也認為

❸ 張玉法，「開幕詞」，收於中研院近史所編，《近代中國區域史研討會論文集》上冊，頁 2。
❸ 以下論點，主要整理自中研院近史所編，《近代中國區域史研討會論文集》上冊、下冊，前言、下冊綜合討論、閉幕詞。頁 927-941。

必須先有問題，再作分區。

其次，綜合歸納各家所言，區域史的優點至少有四：1. 可以與其他學科交流，進行多學科的對話，發展新領域和新議題。2. 可以解決資料不足或是過於龐大等問題。3. 研究者可以採取口述訪問的方式進行研究。4. 區域研究可以展現區域之間的差異，進行比較研究。區域史的瓶頸則是：1. 所選擇區域是否具有代表性和典型性，區域的範圍在哪裡。2. 過分重視區域，而忽略整體。3. 區域研究容易造成本位主義。4. 田野研究的問題和限制。田野研究只能反映一時一地，進行普遍性論述時，必須注意時空差異。

由 1986 年區域史會議的討論可見，臺灣歷史學者基本上仍將區域視為一種權宜方法，而非主要研究的對象和最終的關懷。主題式的、尋求通則的區域研究被認為是最具有正當性的。儘管如此，臺灣歷史學的區域史研究邁入新里程碑，對於區域史的討論也具有代表性，是區域研究值得反省的。

此外，有別於以中國史為架構的區域研究，1980 年代中葉以降，由於東南亞經濟日益發展，臺商在東南亞的大舉投資以及 1993 年政府推動「南向政策」等因素之作用，東南亞研究逐漸受到臺灣學界的重視。1994 年，李遠哲接任中研院院長之後，宣稱十年內中研院將成為臺灣地區研究東南亞問題之重鎮，而推動歷史、考古、語言、政治、社會以及經濟等領域共同組成的「東南亞區域研究計畫」[35]。這

---

[35] 陳三井，〈談中央研究院的東南亞研究〉，《東南亞季刊》1（2）（1996 年 4 月），頁 64；陳鴻瑜，〈臺灣的東南亞研究：回顧與展望〉，《東南亞季刊》1（2）（1996 年 4 月），頁 71。

個計畫的推出，促使不少歷史學者投身於東南亞研究❸⑥，成爲跨出中國史中心範疇、另一種類型的區域史研究❸⑦。

四、臺灣史的區域研究傾向與發展

戰後臺灣史學界的發展，受到中國新政權之影響，毋寧是以中國史爲中心，臺灣史研究則處於尷尬的處境。儘管曾歷經數個不同政權的統治，臺灣史研究僅能依附於中國史，以地方史的面貌來展開。在這種整體臺灣史研究尚有困難的狀況之下，遑論臺灣區域史研究的存在。因此，在說明臺灣史的區域研究傾向之前，本文有必要約略介紹一下戰後以來深受政治環境影響的臺灣史研究脈絡，才能掌握臺灣區域史的研究位置與趨勢。

（一）戰後以來臺灣史研究的趨勢❸⑧

戰後以來臺灣史研究，根據斷代區分，可以分成史前、早期歷史（包括荷西與鄭氏王朝）、清代時期、日治時期以及戰後時期等幾個階段。由其研究的質、量以及時代環境特徵，大概可以分成空洞期、

---

❸⑥ 第一階段的東南亞研究計畫通過 15 個分支計畫，其中與歷史有關的有 4 個，分別是「臺灣總督府在日本南進政策中的角色」、「日本南進政策下臺灣與東南亞的貿易和資源分配」、「日治時期臺商的東南亞經貿活動」、「1950 年代東南亞華僑在美國東亞外交政策之地位」。（陳三井，〈談中央研究院的東南亞研究〉，頁 65）基本上，第一階段的東南亞歷史學研究，顯然偏向以臺灣爲中心，探討臺灣與東南亞之間的政策、貿易活動。這種研究取向與濱下武志先生的地域圈概念似乎較爲接近。

❸⑦ 1999 年中研院又增加「東北亞區域研究計畫」，之後更進一步整合成「亞太研究計畫」，並於 2003 年改爲「亞太區域研究專題中心」。

❸⑧ 本段內容參考：林玉茹、李毓中，《戰後臺灣的歷史學研究 1945-2000：臺灣史》（臺北：行政院國家科學委員會，2004），頁 379-381。

萌發期以及茁壯期等三大階段。

第一階段是 1945 年至 1970 年代中葉，是爲空洞期。此期在政治肅殺、白色恐怖的影響之下，較具學術規範的臺灣史研究數量不多，而以史蹟調查、耆老口述記錄爲中心❸，部分作品甚至只是傳抄、剪貼或翻譯日治時期學者的研究成果。研究範圍則以鄭氏王朝時期和清代臺灣史爲重點，日治時期臺灣史並不多，戰後臺灣史因年代較近、又事涉敏感，更是乏人問津。在時局影響下，研究的課題以鄭成功研究、民族起義、臺灣漢人武裝抗日運動爲焦點，大中國本位主義的意識型態幾乎貫穿所有的研究❹。1960 年代之後，雖然出現戴炎輝和曹永和等力作，但是整體而言，學院內專做臺灣史的研究者仍寥寥可數，直到 1960 年代中葉才開始出現幾篇清代臺灣史的歷史所碩士論文。

第二階段是 1970 年代末期至 1980 年代，稱作萌發期。1970 年代末期開始，學院的臺灣史研究吹起了甦醒的號角，研究成果越來越多。雖然直到 1980 年代中期之前，仍以清代臺灣史爲研究重點，但是日治時期臺灣史研究已經越來越多❹，甚至逐漸擺脫偏重政治史的桎梏，經濟和社會文化史研究逐漸出現。1980 年代中後期，學術性

---

❸ 在 1945 年至 1950 年代，因全省通志和縣志編纂之需，由各地文獻會主導地方史資料蒐集，極爲熱鬧。另外，包括《臺灣文化》、《臺灣風土》、《民俗臺灣》等等雜誌，試圖發展鄉土研究，但畢竟學術性成果有限。有關此時期臺灣史發展狀況，參見：方豪，〈臺灣史的回顧和展望〉，《史蹟勘考》4（1976 年 4 月），頁 1-13、張隆志，《族群關係與鄉村臺灣：一個清代臺灣平埔族群的重建和理解》（臺北：臺大出版委員會，臺大文史叢刊 87，1991），頁 6-9。

❹ 張隆志稱 1980 年代以前臺灣史研究爲「中國地方史研究」。見：《族群關係與鄉村臺灣》，頁 6。

❹ 以各大學碩士論文作爲參考座標，在 1982 年以前清代臺灣史佔 67.74％，日治 16.13％，戰後 5.45％。日治臺灣史的研究則自 1970 年代末期開始。詳見：李筱峰，〈近三十年來臺灣地區大學歷史所中有關臺灣史研究成果之分析〉，《臺灣風物》34（2）（1984 年 6 月），頁 91-92。

的戰後臺灣史研究也加入行列。1986 年，中央研究院「臺灣史田野研究室」的成立，即具學院有計畫參與臺灣史研究的指標意義。另一方面，隨著臺灣本土化意識日益升高，過去以大中國本位主義、漢人開發史取向的研究方式受到挑戰，社會學科參與臺灣史研究更多，研究方法更加多元化、研究課題更為豐富。最重要的是，擺脫了過去方志文獻學研究傳統，而提出臺灣史研究的新議題[42]。本期在土地拓墾史、清代商業貿易史、清代軍事史以及武裝抗日史均有出色的成果，而且迸發精彩的土著化和內地化等觀點之論爭。此外，臺灣史研究的工具書和史料在此期初試啼聲，特別是 1989 年之後，過去政治禁忌的二二八事件史料終於解禁出版，意味著臺灣史研究可以脫離政治囿限，邁向新里程碑。

第三階段是 1990 年代至 2000 年，可稱作茁壯期。此期隨著臺灣政治民主化、本土化的展開，臺灣史研究已經成為所謂的「顯學」。臺灣田野研究室蛻變成為臺灣第一個「臺灣史研究所」（中央研究院臺灣史研究所籌備處）、各大學陸續開設臺灣史課程，即是時勢所驅下之產物。另一方面，臺灣史研究成果此際大量出現[43]。從早期至戰後臺灣史研究各領域，新研究課題倍增，並出現不少優良的論著，成

---

[42] 吳密察，〈日本的臺灣史研究：若林正丈、吳密察對談〉，《當代》30（1988 年 10 月），頁 26-27。

[43] 以各大學歷史所碩士論文作為比較基礎，在 1983 年以前臺灣史論文佔全臺各大學碩士論文的 5.8%，平均 1 年 1 篇，但是 1952 年至 1965 年 14 年之間，並無 1 篇。1970 年代之後，則平均 1 年 3 篇。1990 年之前，臺灣史學位論文平均每年有 7 篇，佔全臺灣碩士論文之 14%。1990 年代以後增為 22%。（李筱峰，〈近三十年來臺灣地區大學歷史所中有關臺灣史研究成果之分析〉，頁 88；施志汶，〈臺灣史研究的反思：以近十年來國內各校歷史研究所碩士論文為中心（1983-1992）〉，《國立臺灣師範大學歷史學報》22（1994 年 6 月），頁 14。1990 年代之後，歷史研究所越設越多，臺灣史論文數量自然增加。1990 年代中葉之後，臺灣史論文每年大概有 40 篇以上，佔全部三分之一以上，幾乎是 1990 年之前 2 倍以上。見：國家圖書館，臺灣碩博士論文資料。

果更加輝煌。特別是日治殖民地史研究,終於突破戰後以來政治氣氛之圍限,人才輩出,有相當可喜的成績。其次,日治臺灣史和戰後臺灣史研究逐漸取代清代臺灣史成為研究重心。

相對地,清代臺灣史因是過去的研究重點,成果反而漸少,近幾年來學位論文更是偏重戰後臺灣史研究[44]。史料的編纂亦日益盛行,從官方到民間,包括縣市政府、鄉鎮公所以及地方文史工作室均參與史料的蒐集和整理,工具書和口述歷史紀錄也在此際大量出現。1990年代也是政治禁忌大解放時期,戰後臺灣史逐漸成為研究重點是一例,二二八事件、白色恐怖事件的研究與史料的編纂,更是盛極一時。

(二) 臺灣區域史研究的發展

早在歷史學者進行區域史研究之前,前述施堅雅中國市場結構一文於 1965 年發表之後,立即引起中國鄉村社會學者的注意。然而,因當時中國尚未開放,無法實地作田野訪查,這些學者乃轉向代表中國文化的臺灣進行調查。最典型的代表是地理學者 R.G. Knapp 在桃園中壢和人類學家 L.W. Crissman 在彰化二林的研究[45]。

1971 年至 1975 年,臺灣學者開始於中部地區進行大規模的區域研究計畫。1971 年,中研院院士張光直返臺籌劃和推動「臺灣省濁水、大肚兩溪流域自然與文化史科際研究計畫」(簡稱濁大流域人地研究計劃、濁大計劃)。次年 7 月,在中央研究院與臺灣大學考古人

---

[44] 以學位論文作為參考座標,1990 年之後,日治時期臺灣史首度超越清代史的研究。施志汶,〈臺灣史研究的反思〉,頁 25。

[45] 張秋寶,〈中地理論的發展與中國之研究〉,頁 42;陳文德,〈史堅納對於中國社會的研究〉,頁 44。

類學系共同合作之下，正式展開❹。這次計畫共分成 7 學科，卻沒有歷史學家參與。這或許是因爲戰後以來臺灣歷史學者始終以中國史爲中心，而忽視臺灣史研究使然。不過，由於計畫的結構著重於歷史變遷與資料蒐集❹，不但具有區域史研究的內涵，而且也培養出陳秋坤和林滿紅兩人的臺灣史學位論文❹。

臺灣區域史研究的正式展開，必須等到前述臺灣史研究的萌芽發展期才開始。1978 年溫振華和許雪姬的碩士論文是第一本臺灣區域史的學位論文❹。特別是溫振華碩士論文的架構，成爲後來臺灣區域社會經濟史研究之典範。但是，1970 年代末期到 1980 年代中葉，臺灣區域史明顯地是以漢人中心史觀所進行的清代臺灣開發史研究。

1980 年代後期，隨著臺灣史研究的逐漸加溫，區域史研究不但逐漸成爲重要方向❺，而且展開了跨學科的集體計畫。1986 年 8 月，中

❹ 王崧興，〈濁大流域的民族學研究〉，《中央研究院民族所集刊》36（1973），頁 1；張光直，〈社會人類學與歷史研究：序陳其南《臺灣的傳統中國社會》〉，收於陳其南，《臺灣的傳統中國社會》（臺北：允晨，1991），頁 1。

❹ 參與濁大計劃的七個學科是地形學、地質學、動物學、植物學、土壤學、考古學以及民族學。計畫的內容參見：同上註。

❹ 陳秋坤的碩士論文是〈十八世紀上半葉臺灣地區的開發〉（臺北：臺大歷史所碩士論文，1975）；林滿紅的碩士論文是〈茶、糖、樟腦與晚清臺灣的經濟社會變遷〉（臺北：臺大歷史所碩士論文，1976）陳其南，「自序」，《臺灣的傳統中國社會》，頁 8-10。

❹ 許倬雲，"I-Lan in the First Half of the 19th Century" 在《民族所集刊》33（1972）討論 19 世紀上半葉宜蘭地區的開墾、貿易以及未形成宗族的現象，可稱爲臺灣區域史研究之濫觴。不過，許氏並非以治臺灣史爲重心，又以英文稿發表，因此並未能引起廣泛注意。直到王世慶〈海山史話〉（《臺北文獻》直字 37，1976）、黃克武〈清時板橋的開發與寺廟〉（《臺北文獻》直字 45/46，1978）、溫振華，〈清代臺北盆地經濟社會的演變〉（師大歷史所碩士論文，1978）、許雪姬〈明清兩代國人對澎湖群島的認識與防戍〉（臺大歷史所碩士論文，1978）等論文出現，區域史研究才越來越重要。

❺ 以學位論文做爲參考座標，1980 年代，區域史研究佔 15％，超過政治史、經濟史。研究斷代則仍偏重清代。施志汶，〈臺灣史研究的反思〉，頁 26。

央研究院在張光直主導之下，推動「臺灣史田野研究計畫」，鼓吹跨學科的臺灣史研究。張炎憲、莊英章及施添福等三人，為了「重現濁大計劃精神」，於 1986 年 12 月展開「清代竹塹地區聚落發展與土地租佃關係」研究計劃[51]。竹塹研究之展開，最初顯然是延續濁大計畫模式，基於跨學科、區域整合的研究理念[52]，嘗試集體進行臺灣區域史研究。之後，由於《淡新檔案》、《土地申告書》以及大批土地文書的利用，竹塹地區研究乃蔚為風潮。新史料的發現，應是促使區域史研究的主要動力之一。

另外，1980 年代末葉，在臺灣本土化運動逐漸發展的時代環境下，臺灣史，特別是地方史知識的需求日益增加，各地縣市政府文化中心也開始舉辦以地域史為主題的研討會。1989 年，澎湖縣立文化中心所舉辦的《澎湖開拓史學術研討會》即為嚆矢。

1990 年代之後，臺灣本土化運動更為蓬勃。為了配合地方政府編修方志之需要，從高雄、宜蘭、臺中以及臺東，形成由學者所主導的一波波集體編纂地方史的熱潮，至今未歇。臺灣區域史研究可以說是在編修方志的情況下蔚為風氣，但是意外的收穫則是高雄和宜蘭因此而出現所謂的「高雄學」和「宜蘭學」論述，每隔幾年即舉辦一次研

---

[51] 「臺灣田野研究計畫」計畫及其分支計畫，參見《臺灣史田野研究通訊》1 期（1986 年 12 月），頁 3-5。施添福，「自序」，《清代臺灣的地域社會：竹塹地區的歷史地理研究》（新竹：新竹縣文化局，2001），頁 5。有關這個計劃的內容，參見：張炎憲，〈清代竹塹地區聚落發展與土地租佃關係〉，《臺灣史研究通訊》13(1989 年 12 月)，頁 9。

[52] 竹塹研究計畫的提出者中，張炎憲是歷史學者，莊英章是人類學者，施添福是地理學者。

討會❸。1990 年代末期，地域主義傾向越來越明顯，更加強調地域認同和地方史研究，「某某學」也成爲各地群而仿效的用語❺。2000 年，行政院文化建設委員會分別在臺灣北、中、南、東四區，各舉辦一場稱爲「北臺灣」、「中臺灣」、「南臺灣」、「東臺灣」的鄉土文化研討會❺。以地域作爲研究單位，儼然已成爲臺灣史研究的重要趨勢。

相對於臺灣區域史的發展模式，反觀東部，1994 年成立的東臺灣研究會，或許是另類的團體，扮演推動東臺灣研究的重要角色。該會是以科際整合、在地研究、區域研究爲號召，集結在地和學院研究者所產生的民間團體❻。在沒有官方作爲財力後盾和指導中心之下，另成一套的運作與發展模式。自 1996 年以來，東臺灣研究會已經多次舉辦各種類型的研討會❼。該會企圖透過一系列的研討會，逐漸釐清東臺灣這塊土地與人民的諸多現象，構築「東臺灣論述」❽。東臺灣

❸高雄研究分成兩組，高雄縣史是 1991 年 6 月，由中研院民族所林美容所主導，自 1997 年陸續出版「高雄縣文獻叢書系列」。（參見：林美容，〈「高雄縣文獻叢書」編纂緣起〉，收於楊碧川，《高雄縣簡史・人物誌》（高雄：高雄縣政府，1997））高雄研究研討會則由陳中和翁文教基金會支援，臺灣大學歷史系黃俊傑主導，自 1994 年起舉辦第一屆，至 1997 已經進行四屆。宜蘭縣史由張炎憲所主導，自 1992 年 1 月成立「宜蘭縣史館籌備處」，並進行「宜蘭縣史系列」籌纂，1996 開始陸續出版宜蘭系列叢書。（張炎憲，「宜蘭縣史序列序」，收於王崧，《宜蘭縣南島民族與語言》（宜蘭：宜蘭縣政府，1996））此計畫的副產品是宜蘭縣政府成立縣史館，並舉辦宜蘭研究研討會。1995 年出版第一屆論文集，至 2006 年已進入第六屆，出版論文集 6 本。
❺舉例而言，1998 年國史館出版《淡水學學術研討會：過去、現在、未來》。2000 年出現所謂的「雲林學」。
❺此計畫事實上是 1999 年由臺灣省文化處所提出，2000 年臺灣省文化處歸併入文建會，乃改由該會主辦。
❻夏黎明，〈發刊辭：一個在地研究構想的提出與實踐〉，《東臺灣研究》創刊號（1996 年 12 月），頁 3。
❼有關東臺灣研究會歷年來所舉辦的大小研討會活動沿革，參見：夏黎明，〈「國家與東臺灣區域發展史」研討會側記〉，《東臺灣研究》6（2001 年 12 月），頁 213。
❽同上註，頁 216。

區域史研究也在東臺灣研究會的影響下，有些變化。或許「東臺灣研究會」模式，是區域研究可以期待的研究典範之一。

五、東臺灣的區域史研究

本節基本上以東臺灣區域史研究爲例，針對 1945 年至 2001 年之間，東臺灣地區（指涉臺東和花蓮兩縣）的相關歷史研究成果，作形式上的分析，以掌握東臺灣區域史的研究趨勢和問題。至於實際研究內容、觀點以及其成就，則仍待另文作進一步的探討。

戰後以降至 2001 年，東臺灣區域史研究的相關期刊論文有 62 篇、碩士論文 4 篇以及專書 7 本。（附表 17）其中，扣除地方文史工作者和不具學術規範的論文以及學位論文出版的重複計算❺，大概僅有 35 篇。整體而言，東臺灣區域史研究成果並不多，而且大部分的研究屬於地方文獻類型的地區史性質，受限於行政空間，分論臺東和花蓮兩縣的沿革、族群、歷史事件以及發展，較少將東臺灣視爲一個整體的研究空間。東臺灣被視爲一個研究的對象，並進行區域研究方法論的討論，事實上是晚近之事。以下配合前述臺灣史研究發展脈絡，分三階段來觀察。

1945 年至 1970 年代中葉，是臺灣史研究的空洞期，東臺灣區域史研究也有相同的際遇。本階段東部研究僅有期刊 9 篇、書 1 本，研究數量不但很少，且第一位研究東臺灣的歷史學者竟是外國人。1949年，日本籍的中村孝志首先爲文探討荷蘭時代東臺灣的探金事業。該文亦是此際東臺灣研究之代表作。其次，除了陳榮波探討清代農耕形

---

❺ 2001 年，潘繼道的新書《清代臺灣後山平埔族移民之研究》，是 1992 年學位論文之出版。

態之外，主力研究者是《臺東文獻》和《花蓮文獻》的文獻工作者，學院研究則完全空白。研究主題也受到時代政治環境的影響，強調清代統治的正統性而批判日本殖民地統治，因此侷限於零星討論地方開墾、清代治績、沿革、抗日以及史料之譯述。抗日，特別是強調「山胞抗日」的文章有 3 篇，佔期刊論文的三分之一，是非常值得注意的現象。或許如何扭轉臺灣原住民聚居最多的花東兩縣的正統史觀，接受新政權，是戰後東部地方文獻的主要任務。

第二階段，1978 年至 1989 年。相對於臺灣史研究正處於論文大量出現的萌芽與發展期，東臺灣區域史的研究數量卻不升反降，僅有論文 5 篇[60]，碩士論文則有 2 篇。這種現象，一方面是因為此階段原來因應戰後縣志編纂需要的地方文獻會遭到裁撤，不再有固定的地方文史發表園地和專門撰稿者，地方史生產因而萎縮[61]。另一方面，在臺灣史研究起步階段，區域史並非重點，位於邊陲的東臺灣更不易立刻受到重視。雖然此際研究成果不多，但是學術性卻大為提高。研究者以歷史學者為主，較集中於日治和清代時期。論文研究主題，除了一篇有關蘭嶼調查史料之外，包括日本人移民、人口移動和農業成長、拓墾開發史以及教會史。其中，1985 年，鍾淑敏對於日治時期吉野村官營農業移民的討論，不但是臺灣歷史學者研究東部的第一篇論文，也是國內首度注意到殖民時期日本人官營移民的專論。即使在臺灣史研究脈絡中，這篇論文亦具有開闢新課題之意義。不同時代，各族群移民東部的過程和意義，事實上是東部區域研究中極重要和獨特的課題。然而，至目前為止，在平埔族和日本人移民雖小有成果，

---

[60] 其中史料兩篇，學術性論文兩篇。
[61] 林玉茹，〈地方知識與社會變遷：戰後臺灣方志的發展〉，《臺灣文獻》50（4）（1999 年 12 月），頁 247-250。

卻尚相當不足。

　　其次，張永楨和孟祥瀚等 2 篇碩士論文，（附表 17）是本階段的重要特色。臺灣區域史研究，通常是以拓墾開發史為先鋒，東部亦不例外。最早的兩篇學位論文，均以開發史為重點，在 1980 年代臺灣區域史學位論文比重中，東部因此居於翹楚。東部開發史受到注意，應該與清代以來「後山」意象的成立有關。後山的臺東與花蓮兩地不但地理位置獨樹一幟，又在國家權力的介入之下，開發遲緩，成為晚清開山撫番政策之重鎮。因此，在清代臺灣區域開發史中，東臺灣地區變成重點之一，是可以理解的。

　　第三階段，1991 年至 2001 年，臺灣史研究茁壯期。隨著臺灣史研究大環境的改善，地域主義的增強，1990 年代之後，東部的歷史學研究終於跨越個位數門檻，期刊論文達 47 篇，碩士論文 2 篇，專書 6 本。其中，扣除文史工作者和非具學術規範論文，期刊論文有 25 篇，書 3 本，大概仍佔二分一左右。

　　從時間分佈來看，1997 年是 1990 年代東部研究最多的一年，學術性的論文即有十篇。本年度研究的大幅增加，與東臺灣研究會所形塑出來的論述空間有相當大的關係。過去東部研究向來以東部人為主，特別是幾篇碩士論文和新議題的發展都是如此。前述地方文獻、鍾淑敏、孟祥瀚之外，1992 年潘繼道對於平埔族研究、1996 年陳鴻圖對東部開發研究史的討論，均是東部人研究東部的典型。學位論文更是明顯，東部僅有的四篇碩士論文中，除了張永楨之外，均是東部在地人，或是曾經生活於臺東地區。他們往往基於對故鄉的感情或興趣，著手東部研究。但是，1997 年，包括陳國棟、張隆志、林玉茹、李文良、陳偉智等則是直接或間接在東臺灣研究會影響下，出現的外地生力軍。由此可見，東部的歷史學研究如同過去的宜蘭研究和高雄研究，仍然需要某些組織、某些力量的推動。或許這是臺灣區域史研

究超越僅有在地人或是文史工作者研究格局的方法之一。

　　就研究斷代和主題而言，本期東部的研究成果，仍以清代時期與日治時期居多，兩者論文數量大概平分秋色。清治時期的研究主題，包括後山的平埔族、清賦、開山撫番、拓墾、經營政策、人物、漢番關係以及勇營等課題。清代開發史所佔比重仍最高，而且有朝向小區域開發史研究之傾向❻。日治時期研究，包括人口、林野政策、理蕃政策、原住民抗日、東部殖民主義的知識建構、水產業發展、漁業移民等問題。大抵而言，研究的主題較之前兩期呈現多樣化，雖仍以族群史和開發史為主軸，卻開闢了不少新課題。至於，戰後時期東部研究仍是荒蕪一片，幾無論文可讀。荷蘭時代研究，也只有中村孝志的論文可看。此階段他發表三篇文章，除再度討論探金事業外，首次論及荷蘭統治下東部的地方集會。中村孝志不但是東部荷蘭時代歷史研究之先驅，研究成果亦最受注目。(附表 17)

　　1990 年代的另一特色是通論性區域史專書的出現。彭明輝的《歷史花蓮》即是第一本。該書研究範圍雖受限於行政空間，僅以花蓮作為書寫對象，但因東臺灣地區的學術性歷史學專書偏少，仍具有意義。

　　1990 年代中葉，《臺東縣史》編纂的展開，也吸引不少學科投入東部研究，是此階段之盛事。不過，很可惜的是，歷史學者參與仍相當有限❻，人類學者是此次縣史編纂的主力，包括卑南、阿美、雅美、布農等各族群史均單獨成書，排灣和魯凱族史則合成一冊。

　　此外，東臺灣區域研究雖然沒有像竹塹地區和中部岸裡社研究一

---

❻ 例如 1997 年安後暐對新鄉（臺東縣池上、關山以及花蓮縣富裏等地）地區開發史的研究。

❻ 王世慶和吳文星雖然擔任《臺東縣史》編纂，但實際參與撰稿的歷史學者，僅有孟祥瀚、林玉茹以及李文良，並沒有其他歷史家新加入。

般，因擁有大批的檔案文獻而引發研究風潮，甚至吸引其他人文社會學科投入研究，但是由於其複雜的族群分佈和地質特色，原來即是人類學和地質學研究的重點之一[64]，深具跨學科取向的區域研究之潛力。1996 年之後，東臺灣地區的研究，透過東臺灣研究會舉行的幾次研討會，開始出現區域研究方法論的反省。舉例而言，《東臺灣研究》2 所刊載的〈從地中海到東臺灣：兩個歷史空間在方法論上的對話〉等五篇文章[65]，以及該會議的討論最具代表性。這種以跨學科為主在方法論上的探索，卻是目前為止臺灣各區域研究罕見的現象，也與前述 1987 年臺灣歷史學界的討論有所差別。

總之，過去臺灣史研究的遲緩開展，研究人力的不足，促使歷史學的東部研究明顯地展現東部人研究東部的格局。外來的歷史研究者，主要是東臺灣研究會成立之後，營造出東部研究氣氛和舞臺，才開始有進展。該會所導引出的跨學科區域研究方法論的論辯，亦開風氣之先。就研究主題而言，過去的研究傾向於散兵遊勇，沒有累積，也沒有組織，待開發的研究空間仍相當廣大，特別是社會文化史幾乎完全空白。最近，李宜憲、王學新、林玉茹及潘繼道等人，開始以個人為主進行較有計畫、主題式的研究。2001 年，中研院臺灣史研究所籌備處與東臺灣研究會合辦「國家與東臺灣區域發展史研討會」，歷史學者提出的研究論文大為增加[66]。由此起點出發，未來東部的歷

---

[64] 參見：林玉茹，〈「東臺灣世界」的研究史及其史料評估〉，《東臺灣研究》2（1997年12月），頁 17-30。

[65] 這 5 篇文章作者，分別是夏黎明、林玉茹、陳國棟、林寶安以及張隆志，其中有3 位是歷史學家。

[66] 在這次會議中，共提出 14 篇論文，其中有 8 篇論文是歷史學者出身。他們是：張隆志、林素珍、曾華璧、潘繼道、林玉茹、林蘭芳、高淑媛以及鍾淑敏。研究課題集中於產業史和族群史，特別是產業史有 4 篇。值得注意的是，非東部在地的歷史所博士班研究生首次投入東部研究，乃是此次研討會的新氣象。

史學研究成果，應是可以期待的。

六、代結語：歷史學與東臺灣的對話

歷史學展開區域史研究，最早的理由是考慮到區域差異和跨學科比較研究之需要，企求更多元和更深入的歷史觀察和解釋。臺灣區域史研究的展開，則較傾向於在地人基於地方認同所展開的地方史研究。即使 1990 年代盛行一時的方志治史集體研究，仍然不免在後面極力推動的地方政府意志之影響。這幾年來，臺灣區域史研究越來越多，但也如同前述 1980 年代區域史研討會所一直反省和討論的，研究區域界定的標準為何？是否具有代表性和典型性？區域史研究是否最後落入「見樹不見林」的困境？強調跨學科或科技整合的區域研究，究竟帶給歷史研究何種衝擊和啟示？這些問題，或許是從事區域研究必須時時留意和考慮的。

除了方法論的反省之外，歷史學對於區域研究，特別是東臺灣區域研究究竟可以發揮何種貢獻？就我個人近幾年研究經驗所得，大部分全稱性的臺灣史研究都不能檢驗東部。不論從國家或是地域社會的角度，東部邊陲性格極為明顯，自成一套。這種邊陲性格不僅是核心和邊陲相對位置的區隔，而是表現在政治、經濟以及社會文化上各方面的後進性和殊異。歷史學或許可以從歷史變遷，或是內部和外部的結構性因素，來究明東部做為一個研究區域、整體性歷史空間的正當性[67]，並提供區域研究的基礎背景和對話的根據。

---

[67] 張隆志，〈期待東臺灣研究與年鑑史學的嶄新對話〉，《東臺灣研究》2（1997 年 12 月），頁 61、63；夏黎明，〈東臺灣及其生活世界的構成〉，《東臺灣研究》2（1997 年 12 月），頁 2。

　　反之，就區域研究對於歷史學之知識建構而言，以東臺灣研究為例，區域史研究並非僅僅是從臺灣史的架構，讓人瞭解東部，或是僅作區域差異比較。區域史研究應該從更廣的視野找尋對話的對象。就東臺灣獨特的邊陲性格而言，從國家的邊陲政策、邊陲的處境和反應，及邊陲的發展和變遷等面向出發，甚至與其他區域或是國家進行比較研究，建構「邊陲論述」或許是可行的。進言之，邊陲空間可以成為一個主體論述的對象，而不僅是被視為一個地區、一個配角的存在。

　　即使以個別議題來看，東部區域研究也是饒富趣味的。以移民問題為例，東部漢人和原住民的二次移民、日治時期日本人移民以及戰後外省兵民的移入等，都是可以再深入突破和比較研究的課題。其次，東臺灣的多族群傾向，從來即是一個重要的現象。這些族群在東部的處境、互動狀況以及社會文化的建立等等，亦是未來值得深入再討論的課題。

附表

附表 1：臺東直隸州丈量八筐冊索引

州	鄉	堡	管　轄　街　庄	庄數
臺東直隸州	南鄉	卑南堡	新街、馬蘭坳街、寶桑庄、塑腳庄、南保庄、小里行庄、里溜庄、客人庄、西巴庄、小坡庄、頭人庄、大里行庄、本戀庄、薄社庄、小馬蘭庄、桃仔園庄、萬人庄、馬鞍庄、大馬蘭	19
	廣鄉	成廣澳堡	毛崗庄、溪洲庄、内庄、東涼庄、武勘庄、小通氣庄、武洛庄、鹿山庄、草林庄、阿棉社庄、花蓮庄、烏漏庄、觀音庄、里行外庄、加東東庄、東畔新庄、圍仔内庄、西山埔庄、樹林庄、溪埔庄、成廣澳庄	21
	新鄉	新開園堡	馬加祿庄、萬人埔庄、客人城庄、新庄、下灣庄、大庄、新開園庄、蘇志林庄、蛇竹窩庄、大港口庄	10
	奉鄉	璞石閣堡	沙荖庄、打麻園庄、觀音山庄、麻汝庄、烏鴉石庄、牛埔庄、璞石閣庄、城仔埔庄、貓公社庄、螺仔坑庄、針塑庄、迪街庄、新尾園庄、大吧塑庄、加納社庄	15
		水尾堡	剔牛溪庄、猴仔山庄、馬里汪庄、農兵庄、龜力埔庄、里壠庄、大坡庄、都戀社庄、馬武窟庄、加里猛狎庄、八里芒庄、三間屋庄、馬露蘭庄、石牌庄	14
		新福堡	周武洞庄、馬大鞍庄、尾埔庄、新人庄、鍋塑庄、大通氣庄、小巴塑庄、大巴塑庄、東涼庄、水母丁庄、良化社庄、北絲闖庄、武里洲庄、新福庄、石蓮埔庄、頭人埔庄、烏鴉立庄、鱉溪庄、三仙河庄、巫老曾庄、碉堡庄	21
		萬安堡	打賴庄、加走庄、城仔埔庄、麻老漏庄、膠龜伯庄、滿仔埔庄、金桃庄、籐巴祿庄、俄律社庄、茄枳萊庄、打莫庄、闆里落庄、石梯灣庄、大尖石庄、龜力埔庄、新社庄、葵扇埔庄、小本戀庄、大本戀庄、小掃北庄、石梯頂庄、烏漏庄、坪仔存庄、司管庄、奇效庄、北勢顯庄、萬安庄、大掃北庄、微沙綠庄	29
		復興堡	新港街庄、軍威庄、復興庄、公埔庄、薄薄社庄、佳樂庄、小竹湖庄、竹湖庄、大竹湖庄、澎仔存庄、都力社庄、里行庄、俄力社庄、微沙鹿庄、石涼傘庄、烏石鼻庄	16
	蓮鄉	花蓮港堡	里溜東畔庄、農兵新庄、復興東畔庄、佳樂南畔庄、復興南畔庄、薄薄南畔庄、復興西畔庄、軍威西畔庄、佳樂西畔庄、中肚庄、洞角庄、大佳樂庄、里溜内庄、新港街内庄、三仙河庄、薄薄上庄、薄薄西畔庄、薄薄下庄、薄薄北畔庄、三仙河外庄、農兵内庄、農兵外庄、薄薄東畔庄、佳樂東畔庄、軍威北畔庄、里溜外庄、復興北畔庄、復興内庄、保和内庄、保和外庄、碉堡庄、薄薄新港庄、薄薄内庄、薄薄外庄、大佳落庄、鹿山庄	36

資料來源：《臺東直隸州丈量八筐冊》。

附表 2：第一本南鄉卑南堡

庄名	土名	今地名	區數	字號	編號	甲數	土地所有者族群別	人文景觀	備註
本巒庄	北段		一	鳳字	1–62	73.15	番（？）平漢	水圳	
桃仔園庄	南畔		一	鳴字	1–31	7.427424	番平漢		
薄社庄	南畔		〃	白字	1–82	52.98752	漢、平、番	水圳	
小坡庄	東畔		〃	駒字	1–68	52.373	漢、平、番	水圳	
里溜庄	北畔	花蓮吉安鄉	〃	化字	1–22	17.0016	漢、平、番		應在蓮鄉花蓮港堡
萬人庄	南那蘭歐		〃	命字	1–12	2.8763	漢	水圳	
頭人庄	西南畔		〃	敬字	1–26	11.391536	平漢		
客人庄	西南畔		〃	力字	1–5	2.37276	漢		
馬鞍庄	加東東		〃	寶字	1–22	3.80272	番	水圳	
大里行庄	干班本巒		〃	競字	1–34	6.14	番		
小里行庄	司管		〃	盡字	1–30	3.94896	番		
大馬露庄	閩里落	卑南鄉馬蘭	〃	履字	1–7	0.5152	番平漢	水圳	
小馬露庄	南畔		〃	君字	1–30	13.52248	平漢番		
西巴庄	庄前		〃	遐字	1–29	13.690176	平漢		
塱腳庄	西畔		〃	實字	1–18	41.5592	平漢		
南保庄	南段		〃	率字	1–26	17.9416	平漢		

※臺灣分館編作第五冊。

※鄉堡圖上的新街、馬蘭坳街以及寶桑庄均無丈量資料。

附表 3：第二本廣鄉成廣澳堡

庄數：21　總甲數：156.338308 甲　共 450 筆

庄名	土名	今地名	區數	字號	編號	甲數	土地所有者族群別	人文景觀	備註
成廣澳庄	螺仔坑#	成功鎮小港	二	量	1-57	10.40432	平漢		
毛崗庄	大片田		一	染	1-30	13.36528	平漢		
樹林庄	頂埔		〃	羔	1-37	10.218848	平漢	番社	
溪洲庄	微沙露	成功鎮美沙	〃	維	1-7	5.978944	漢	番社、水圳	
西山埔庄	西山埔		〃	作	1-19	7.2218848	漢（2）番	水圳、房舍	
草林庄	東畔		二	名	1-51	20.00518	番漢（1）	番社	
烏漏庄	北勢顯	瑞穗鄉鶴崗村	一	羊	1-28	8.1968	番平（2？）漢（1）	水圳	應屬奉鄉
內庄	北畔		〃	賢	1-12	3.82872	番	水圳	
武勘庄	北畔埔		〃	表	1-24	9.47716	番	水圳、番社	
東涼庄	北山腳埔		〃	傳	1-17	6.47104	番		
鹿山庄	打莫		〃	聖	1-31	19.1428	番		
觀音庄	海漱		〃	聲	1-24	5.33776	番	水圳	
小通氣庄	毛崗	長濱鄉統鼻	〃	是	1-13	7.43568	番		
溪埔庄	莪律茄枳萊	成功鎮和平里	〃	立	1-7	5.9072	番漢		
圍仔內庄	打莫		〃	習	1-15	9.565792	番		
里行外庄	馬荖漏	成功鎮三民里？	〃	非	1-9	2.7844	番		
花蓮庄	膠龜伯		〃	聽	1-19	3.224	番		
武洛庄	北畔埔		〃	事	1-7	1.5656	番	水圳	分館有三張花蓮庄散圖裝錯
阿棉社庄	南畔		〃	與	1-9	1.3416	番漢（1）	水圳	
東畔新庄	加里猛狎南畔	東河鄉隆昌村？	〃	竭	1-25	2.25616	番		
加東東庄	東畔	同上？	〃	正	1-9	2.6092	番	水圳	

※臺灣分館編為第六冊。

#表示土名與庄名無法比對。

（）內數字表示土地筆數，（?）表示不確定。

附表 4：第三本新鄉新開園堡

庄數：10　總甲數：108.386276　689 筆

庄名	土名	今地名	區數	字號	編號	甲數	土地所有者族群別	人文景觀	備註
大庄	阿眉溪	富里鄉吳江村	四	日	1–268	28.965496	平漢	水圳、番社、民居	
大港口	阿眉溪・草林	豐濱鄉港口村	五	月	1–180	21.907852	番？平漢	水圳、民庄	應屬奉鄉水尾堡
馬加祿	內庄	富里鄉新興村	一	盈	1–12	2.6404	平漢（2）	番社	
下灣	新庄仔	玉里鎮樂合里	一		1–16	2.969568	平漢	民庄	新鄉璞石閣堡；采訪冊作奉鄉
新庄	樹林溪洲	富里鄉萬寧里	二	辰	1–55	9.02044	平漢	番社、民居	
蛇竹窩	萬人埔		二	宿	1–44	9.699024	平漢	番社	
萬人埔	樹林	富里鄉東里里	一	列	1–23	3.866076	平漢		
客人城	樹林	玉里鎮源城里	〃	張	1–32	13.84146	平漢	水圳	
新開園	舊庄	池上鄉錦園村	〃	收	1–23	7.31124	平漢		
麻志林	溪洲	玉里鎮南通里	〃	寒	1–36	8.16472	平漢	水圳	應屬奉鄉

※臺灣分館編作第十七冊。

附表 5：第四本新鄉璞石閣堡

庄數：15　　總甲數：241.637356　627 筆

庄名	土名	今地名	區數	字號	編號	甲數	土地所有者族群別	人文景觀	備註
烏鴉石	竹山樹林	長濱鄉大尖石？	一	來	1-30	8.672584	平漢	水圳	
沙荖	樹林	光復鄉南富村	二	暑	1-84	16.083256	平漢		應屬奉鄉
牛埔	牛埔		一	往	1-27	3.871424	平漢（3）		
新尾園	新尾園		二	秋	1-60	7.45058	平漢	水圳、民庄	
貓公社	舊庄	豐濱鄉豐濱村	一	冬	1-20	8.14712	平漢	水圳	應屬奉鄉
城仔埔	下城仔	長濱鄉長光村	〃	藏	1-31	4.79992	平漢	水圳	應屬廣鄉
大吧塱	吳阿再溪	光復鄉富田村	〃	官	1-7	1.924	平漢	水圳、南記作下流灣庄	應屬奉鄉
加納社	迪街	瑞穗鄉嘉蘭村	〃	呂	1-45	25.90344	平漢	水圳	應屬奉鄉
麻汝庄	蛇竹	玉里鎮松浦里	二	成	1-49	18.363388	番平漢	民居	應屬奉鄉
迪街	由行	玉里鎮三民里	一	律	1-45	34.613456	平漢	民庄	應屬奉鄉
打麻園	上庄	瑞穗鄉瑞北村	〃	餘	1-37	18.829072	漢	水圳	應屬奉鄉
螺仔坑	阿眉溪	富里鄉羅山鎮	〃	鳥	1-27	4.171232	平漢	民庄	
針塱	下庄	玉里鎮大宇里	〃	閏	1-23	10.370144	漢	房舍	應屬奉鄉
觀音山	針塱	玉里鎮新田村	〃	雲	1-24	30.01208	漢		應屬奉鄉
璞石閣	璞石閣	花蓮縣玉里鄉	三	騰	1-118	48.31694	漢	營盤、番社、隆慶新庄、璞石閣庄、沈和尚民居	少 113-118 號文量圖；采訪冊作奉鄉

※臺灣分館編為第十三冊。

附表 6：第五本奉鄉水尾堡

庄數：14

庄名	土名	今地名	區數	字號	編號	甲數	土地所有者族群別	人文景觀	備註
都巒社	都巒社	東河鄉都蘭村	六	露	1–160	52.404086	番平漢	民居、番社；民庄	應屬廣鄉
三間屋	三間屋．	長濱鄉三間屋	二	金	1–70	27.875632	平漢	民居；民庄	應屬廣鄉
龜力埔	頂城	長濱鄉立德村一帶？	二	結	1–66	28.6584	平漢	民庄	
農兵	鍋蓋山	花蓮市	一	調	1–37	10.743056	平漢	民居	應屬蓮鄉
馬露蘭	織羅	玉里鎮春日里	一	陽	1–30	11.880736	番平漢	民居	
馬里汪	蜈公山	富里鄉學田村	二	師	1–38	27.268	平漢		應屬新鄉
里壠	頭前	關山鎮中福里	一	霜	1–24	3.687988	平漢	民庄	應屬新鄉
加里猛押	奇密埔＃	東河鄉隆昌村	〃	為	1–45	13.258568	平漢	民庄	應屬廣鄉
剔牛溪	石坎	玉里鎮鐵份里？	〃	龍	1–13	9.898	平漢（？）	民庄	
大坡	大坡	池上鄉慶豐村	〃	致	1–20	6.4208	番（？）平漢	民居、番社	應屬新鄉
石牌	石牌	富里鄉石牌村	〃	雨	1–13	4.99244	平漢	民庄	應屬新鄉
馬武窟	石公溪	東河鄉東河村	〃	麗	1–9	1.97768	漢	民居	應屬廣鄉
八里芒	下灣＃	東河鄉興昌村	〃	崑	1–33	12.99944	平漢	民庄	應屬廣鄉
猴仔山	猴子山	卑南鄉富岡村	〃	岡	1–21	9.341292	平漢番	水圳、房舍	缺丈量散圖；應屬南鄉

※臺灣分館編為第四冊。

附表 7：第六本奉鄉新福堡

庄數：21　總甲數：177.12846 甲　　606 筆

庄名	土名	今地名	區數	字號	編號	甲數	土地所有者族群別	人文景觀	備註
北絲鬮	北絲鬮	卑南鄉初鹿村	一	始	1–8	10.7092	漢	民庄、水圳	應屬南鄉
三仙河	麻志林#	花蓮市	〃	水	1–15	5.483416	平漢		應屬蓮鄉
鷺溪	麻於問	富里鄉永豐村	〃	闢	1–3	1.2813	番漢	番庄	應屬新鄉
尾埔	水尾	瑞穗鄉瑞美村	〃	巨	1–21	5.78936	漢番	水圳	
周武洞	尾埔	瑞穗鄉富民村	〃	歲	1–9	2.032	番漢平	水圳	
東涼	勘武		一	夜	1–16	2.22064	番漢（1）	水圳	
新人	周武洞		二	奈	1–65	18.757548	番漢（2）	番社	
巫老曾	志高藥鞍	瑞穗鄉富源村	一	李	1–33	10.9476	番平漢	民庄	
馬大鞍	坤頭仔	光復鄉太平村	一	芥	1–13	3.47	番漢	房舍	
良化社庄	新人		二	薑	1–44	15.20384	番（1?）漢	新人庄、良化社庄、節朱芒庄、善化番社	
大巴塱	馬窟		一	河	1–9	4.194	漢番	民庄	
鍋塱	鍋塱		一	淡	1–1	16.9344	番公地	水圳、民庄	
小巴塱	東涼		一	羽	1–76	15.1388	番平（3）	民庄	應屬南鄉
新福	北新		一	火	1–57	6.23904	番平漢	番社、民庄	
烏鴉立	東庄	瑞穗鄉鶴岡村	一	人	1–31	6.9888	番平漢	番社、沙荖庄界、竹圍	
武里洲	東庄		二	皇	1–58	10.054912	番漢	民庄	
水母丁	武里洲	長濱鄉三間村	一	翔	1–62	18.18082	番平（1）漢（？）	民庄	應屬廣鄉
石蓮埔	沙佬	長濱鄉石寧埔	〃	帝	1–25	5.361136	番漢（1）	民庄	應屬廣鄉
大通氣	加禮住	長濱鄉統鼻	〃	制	1–36	10.12864	平漢		應屬廣鄉
頭人埔	西畔	富里鄉竹田村	〃	位	1–17	7.5224	平漢（2）	房舍、水圳	應屬新鄉
碉堡	碉堡		〃	潛	1–7	10.05568	漢	營盤、金順成庄	無丈量散圖

※臺灣分館編為第十四冊。

附表8：第七本奉鄉萬安堡

庄數：29

庄名	土名	今地名	區數	字號	編號	甲數	土地所有者族群別	人文景觀	備註
新社	金桃		一	草	1–61	18.73252	番平漢	民庄	
石梯灣	南畔	豐濱鄉石梯	〃	毀	1–8	5.7048	平	水圳	
麻荖漏	加走灣#	成功鎮	〃	貞	1–27	14.112896	平漢		應屬廣鄉
膠龜伯	溝槽		〃	養	1–16	5.2157	平漢	房舍2、水圳	
茄枳萊	西畔山腳	成功鎮和平里	〃	傷	1–9	3.1004	平漢	房舍、水圳	應屬廣鄉
打莫	西畔		〃	鞠	1–11	4.79824	平漢	番社	
城仔埔	庄北畔		〃	潔	1–11	5.77984	平	房舍	
藤巴祿	烏鴉石		〃	常	1–28	5.941816	番平漢	房舍	
閩里落	北畔		〃	五	1–19	8.72448	平漢（？）	民庄	
大尖石	烏鴉石	長濱鄉大尖石	〃	萬	1–19	4.51784	平漢	民庄	
俄律	葵扇埔#	卑南鄉嘉豐村	〃	身	1–18	4.25424	平漢（？）	番社	應屬南鄉
大掃北	阿眉山埔	長濱鄉掃別子	〃	髮	1–23	6.00768	番平（？）漢	水圳、房舍	應屬廣鄉
葵扇埔	八里還溪		〃	場	1–69	4.919344	番平（？）漢	番社2	
龜力埔	海邊	豐濱鄉？	〃	木	1–26	3.30552	番平漢（？）	民庄	
石梯頂	北畔	豐濱鄉港口村	〃	方	1–35	3.792096	番平漢（？）	水圳	
加走	南畔	長濱鄉長濱？	〃	才	1–21	7.0304	平漢	番社、水圳	應屬廣鄉
小掃北	大片田	長濱鄉永福	〃	良	1–30	31.62844	平漢	水圳、房舍	應屬廣鄉
滿仔埔	東畔		〃	必	1–8	1.68576	平漢	水圳	
萬安	萬安	池上鄉萬安村	〃	改	1–13	1.9108	平漢	房舍	應屬新鄉
烏漏	小竹湖#	長濱鄉永福？	〃	莫	1–12	2.404	漢	番社	
打賴	西畔		〃	忘	1–18	3.6712	平漢	番社	
坪仔存	西北畔		〃	彼	1–28	4.734104	平漢	民庄2、水圳、房舍	
大本巒	滿仔埔		〃	己	1–11	1.104	平漢（4）	番社、民庄、房舍	
小本巒	石蓮埔		〃	可	1–22	4.57512	平漢（7）	番社、房舍	應屬廣鄉
金桃	西南畔		〃	短	1–27	5.54608	平漢（6）	房舍	
司管	西畔		〃	長	1–13	1.6216	平漢（4）	房舍	
奇效	三間屋		〃	雞	1–6	3.12168	平（1）漢	水圳	應屬廣鄉
北勢頭	北山埔		〃	絲	1–12	1.74288	平（5）漢		
微沙綠	北山腳		〃	覆	1–16	3.13024	平漢		少9–16號丈量散圖；應屬廣鄉

※臺灣分館編作第十五。

附表 9：第八本奉鄉復興堡

庄數：16　總甲數：239.22888　596 筆

庄名	土名	今地名	區數	字號	編號	甲數	土地所有者族群別	人文景觀	備註
薄社	二坎	吉安鄉仁里村	一	服	1–37	12.50104	平漢	番社庄	應屬蓮鄉
烏石鼻	南畔	長濱鄉	〃	萬	1–75	13.90692	平漢	水圳	應屬廣鄉
俄力社庄	東畔		〃	推	1–21	4.68444	平漢	民庄、房舍	應屬廣鄉
澎仔存	東南畔	長濱鄉寧埔村	〃	有	1–40	11.65592	番平漢	民庄	應屬廣鄉
大竹湖	西畔	長濱鄉竹湖村	〃	周	1–29	7.43268	番平漢	水圳、民庄	應屬廣鄉
竹湖	南畔	長濱鄉竹湖村	〃	發	1–42	13.835624	番平漢	水圳、民庄	應屬廣鄉
都力社庄	馬加祿＃	東河鄉信義村	〃	虞	1–11	2.6112	平漢	番社 2	應屬廣鄉
里行	大肚	富里鄉明里村	二	坐	1–43	25.1808	平漢	水圳、民庄	應屬新鄉
新港街庄	里行尾	花蓮市	一	朝	1–19	7.43664	平漢	民庄	應屬蓮鄉
軍威	庄前	花蓮市	〃	臣	1–20	9.1072	番平漢	民庄	應屬蓮鄉
復興	石牌＃	花蓮市	三	垂	1–82	18.08552	番平漢	民庄、番社	應屬蓮鄉
石涼傘	北畔	成功鎮石雨傘	一	拱	1–19	6.011568	平漢		應屬廣鄉
公埔	西畔	富里鄉富里村	〃	育	1–43	20.010616	平漢	民庄	應屬新鄉
微沙鹿	公埔＃	成功鎮美沙	〃	愛	1–70	32.206768	番平漢		應屬廣鄉
小竹湖	馬里汪＃	長濱鄉竹湖	〃	伏	1–33	22.9352	平漢		應屬廣鄉
佳樂	鱉溪＃	花蓮市嘉新里	〃	邁	1–12	1.5312	平漢	水圳、民庄、番社	應屬蓮鄉；少 9–12 號丈量散圖

※臺灣分館編為第九冊。

＃表示土名與庄名無法比對

附表 10：第九～十六本：蓮鄉花蓮港堡

庄名	土名	今地名	區數	字號	編號	甲數	土地所有者族群別	人文景觀	備註
大佳落	七結頭	新城鄉北埔村？	七	生	1–361	59.85082	番平漢	番社	分館編為第八冊
鹿山	七結尾	同上？	十一	玉	1–462	51.296802	番平漢	番社、水圳	錯編為八、十六冊；少 251-260 號散圖
中肚	中肚		七	文	1–261	55.601824	番平	水圳、番社	編第十六冊
大佳樂	鹿山	花蓮市	六	字	1–222	37.77466	番平漢	水圳、番社2、房舍	編第十六冊
薄薄上庄	擺腰北畔	花蓮市	四	王	1–216	8.751916	番漢（2）	水圳	編為第七冊
薄薄下庄	北畔		二	重	1–111	3.855776	番漢（13）	水圳	編為第七冊
薄薄新港	新港街東畔		三	咸	1–138	5.83968	番漢（10）	水圳	編為第七冊
薄薄南畔	新港街		五	鱗	1–275	16.079163	番漢（40）	水圳	編為第七冊；缺 253-275 號散圖
薄薄東畔	新港街南畔		三	食	1–159	7.850616	番漢（16）	新港街番社、薄薄番社、水圳	編為第十冊；缺 62-68 號散圖
薄薄西畔	新港街南畔		三	竹	1–135	4.434544	番漢（15）	水圳	編為第十冊
薄薄內畔	新港西畔		八	珍	1–380	24.897792	番平漢	水圳	編為第十二冊
薄薄外庄	東南畔		五	海	1–228	8.883278	番漢（28）	水圳	編為第十二冊
里溜內庄	古寮港	吉安鄉	九	體	1–439	9.839884	番	水圳、小橋	編為第十一冊；第二、三區錯編至新港街內庄後面
里溜外庄	古寮港		三	歸	1–111	5.08188	番	水圳、民居	
新港街內庄	薄薄	花蓮市	四	菜	1–165	15.50894	番漢	民居、水圳、聖王公廟	編為第十一冊
里溜東畔庄	擺腰		五	壹	1–223	13.612228	番漢（1）	水圳、民庄	編為第十一冊
三仙河外庄	二結		三	劍	1–83	13.307432	平漢	水圳	編為第十八冊；分館庄圖編在十三冊
軍威西畔庄	西畔	花蓮市	二	稱	1–74	19.71784	番平漢	水圳	編為第十八冊
軍威北畔庄	北畔		二	果	1–85	17.875912	番平漢	水圳	編為第十八冊
保和內庄	北畔		一	號	1–22	11.3832	平漢	水圳	編為第十八冊
保和外庄	竹高灣		〃	珠	1–30	7.839092	漢	水圳	編為第十八冊
農兵外庄	農兵	花蓮市	〃	黎	1–38	19.47512	番漢（2）	水圳	編為第十八冊
農兵內庄	農兵		一	羌	1–23	9.467904	番漢		編為第十八冊
農兵新庄	十八鬮尾		二	首	1–47	11.488912	漢	水圳	編為第十八冊
薄薄北畔	擺腰北畔		五	在	1–222	19.108304	番漢	水圳、番社2	編為第十八冊；缺 213-222 號散圖

※原三十六庄，缺復興內庄、復興東畔庄、復興南畔庄、復興西畔庄、復興北畔庄、佳樂南畔庄、佳樂西畔庄、佳樂東畔庄、洞角庄、三仙河庄、碉堡庄共十一庄。

附表 11：清代後山公號所有地

鄉堡名	庄名	公號名	土地筆數	土地甲數	備註
新鄉新開園堡	客人庄	媽祖廟	1	0.26864	
新鄉璞石閣堡	璞石閣庄	隆慶新莊	2	3.0512	
	璞石閣庄	廣福和	1	0.1824	
	新尾園庄	土地會	2	0.185	
奉鄉新福堡	鍋塱庄	四社公地	1	16.9344	
奉鄉新福堡	良化社庄	忠義堂	3	2.22632	
	北絲鬮庄	新合成	4	9.762	應屬南鄉卑南堡；佔北絲鬮庄之 96.9%
奉鄉萬安堡	大尖石庄	土地公	2	0.4368	
	大掃北庄	大眾廟	1	0.0384	
	俄律社庄	大港口土地會	2	0.4368	
	藤巴祿庄	昭忠祠	1	0.2304	
蓮鄉花蓮港堡	三仙河外庄	國聖王	3	0.577408	
		福德祠	5	0.605696	
蓮鄉花蓮港堡	軍威北畔庄	葛聖王	4	1.022016	
蓮鄉花蓮港堡	農兵外庄	昭忠祠	1	0.2464	
蓮鄉花蓮港堡	農兵內庄	昭忠祠	3	4.045344	
蓮鄉花蓮港堡	農兵新莊	昭忠祠	1	0.08192	
蓮鄉花蓮港堡	新港街內庄	鄭聖王	4	0.76704	
	薄薄南畔庄	金振合	2	缺資料	
總計	17	14 種	43	42.128584	佔總甲數 2%

註：不包含花蓮港堡佚失的十一村資料。

附表 12：日治時期本社在東臺灣地區的株式會社

會社名	創立時間（年/月）	創社資本額	負責人/重要社員	營業項目	所在地及支店、出張所	資本來源、大股東	資料來源
臺東拓殖製糖	大正 1/2	750 萬	賀田金三郎、荒井泰治、楨哲	製糖、製腦、礦業、開墾、牧畜、植林	花蓮港街	1914 年消失	(R) 十六，476、十七，414
臺東製糖 大正 2 年合併新鄉製糖，8 年減資整理，12 年合併臺東開拓會社	大正 2/2	350 萬圓（F）175 萬圓（J）（G）（AF）300 萬圓	安島末喜/（F）新開園工場場長石川昌次（臺南）、里 工場場長石川昌次（I）（J）（L）（AF）董事社長石川昌次、常務董事重森確太（臺北，1931）、董事賀田以武、監事玉置仁知（臺北，臺銀）、上野熊藏	(R) 製糖：(A)(G)(I) 製糖、製腦、纖維、林業、礦業、製紙、電氣、海陸運輸、酒精蒸餾、製水、土地開墾及耕作等投資、殖民事業	(G)(A) 第一工場馬蘭（大正 3/9）、第二工場里 區（未設）(E) 卑南工場、加路蘭工場、新開園工場 (I)（J）本社臺東街北町	(A) 石川昌次、石川ツル；大正六年，內地日人 89%、在臺日人 5%、臺人 6%。	(A) 179 (B) 91 (E) 482 (E) 496 (F) 168 (G) 141 (I) 84 (J) 163 (L) 107 (N) 36；(R) 十八，414、二一，562、二二，540、二三，552 (U) 42 (AC) 21 (AF) 二二，164
臺東物產	大正 3/5	6 萬圓	林全福（臺東）/AJ 平野六郎	農產物、林產物及獸皮獸骨買賣並瓦類製造販賣	南鄉卑南街	在臺日人 8%、臺人 92%	(R) 十八，562：AJ165
臺東產業	大正 3/6	6 萬圓/10 萬圓	(U) 陳妙哉（卑南街）/社長郭腦（鹿港）、專務董事楊玉盤（鹿港）、董事賴金木（臺東）、顏泗悌（臺北）/重役林治	獸皮獸骨買賣及農產物、林產物採集賣賣等、土地開墾、農作皮革製造、番林產、海運業、運輸業、代理業（農業、皮革製造化學工業）	臺東街榮町	在臺日人 30、臺人 1170	(R) 十八，454、二一，562 (U) 38 (A) 386 (B) 300 (S) 24 (AC) 21
花蓮港製紙	大正 3/8	2.135 萬圓	梅野清太	製紙原料採取栽培、製紙販賣	花蓮港街		(H) 132
臺灣東部瓦斯	大正 4/8	2 萬		瓦斯點燈供給	花蓮港街	在臺日人 99%、臺人 1%	(Y) 二 60 (R) 十九，491
花蓮港電燈（大正 9 年被花蓮港電氣合併）	大正 6/10	2.5 萬	社長原修次郎、專務梅野清太/董事中村五九介（花蓮 1928）	電燈、電力供給及附帶事業（電力事業）	花蓮港街	內地 12%、在臺日人 74%、臺人 14%	(R) 二一，562、二二，540 (Y) 一 74，AJ133
廣鄉產業	大正 7/1	15 萬圓	歐藤	(E) 製糖、製酒、開墾、牧畜、農林產品製造販賣、海產物、運輸、礦業、土地開墾及造林（農業）	新港郡成廣澳 (E) 臺東支店：臺東街南町；出張所：加走灣、加只來、彭仔存	在臺日人 4%、臺人 90%、外國人 6%	(A) 331 (B) 413 (C) 185 (E) 482、二二，540 (U) 60
臺東木材	大正 7/9	2.5 萬圓	津野安治（臺東）	製材、碾米、林野產業經營及出租（農業）	南鄉臺東街	在臺日人 100%	(R) 二二，540 (AA) 66
臺東電燈 大正 9 年與西部會社合併為臺灣電氣合同會社	大正 8/2	20 萬圓	大熊安右衛門（臺東）	臺東廳下電燈、電扇、電力供給，並電氣器具販賣	南鄉臺東街	在臺日人 90%、臺人 10%	(R) 二三，552 (AB) 463
花蓮港興業	大正 8/8	50 萬	社長藤田久治，董事植田福松	採藤、番產及獸皮、獸骨販賣、薪炭製造	花蓮港街	內地日人 85%、在臺日人 15%	(R) 二三，552

花蓮港木材	大正8/10 (D)大正14年與東臺灣木材株式會社合併	(U)(Y) 100萬圓 (F) 25萬圓 (D)(G)(AF) 75萬圓	(U)楨哲(東京)/社長岡田幸三郎(東京)、鹽糖社長)、專務董事村田守蜜(花蓮)(F)(J)(L)代表董事楨哲(D)社長楨哲 董事古賀朝一郎、董事松原徹(花蓮)、專務董事村田守密(M)(N)(AF)社長勝又樊(鹽糖,高雄)專務董事村田守蜜、監事杉本伸之(花蓮)	山林經營、植林伐木、製材並木材販賣、一般運輸業	(U)(D)(f)花蓮港街黑金通(M)(N)C)花蓮港市入船通二九,出張所臺東販賣店	大正8年內地日人85%、在臺日人15%。鹽糖水港製糖、楨哲;(C)鹽水港製糖、村田守蜜。鹽糖的旁係會社	(A)265 (C)73 (F)246 (D)263 (G)285 (H)187 (J)251 (L)238 (M)143 (N)155、(R)二三,55 (U)52 (Y)二三,167 (AD)昭和15.10.31.6版 (AF)二二,160
玉里電燈(大正11年被花蓮電氣合併)	大正8/12	12萬		電燈、電力供給及電器器具	奉鄉玉里	在臺日人72%、臺人28%	(R)二三,552
花蓮港電氣/東部電氣 前身為花蓮港電燈,大正11年又合併玉里、鳳林電燈會社。為東臺灣電燈界之霸權。	大正9/4/25	100萬/124萬圓(1922)/(AF) 300萬	(K)董事社長梅野清太、董事古賀朝一郎、監事河原榮次郎(AF)(G)董事社長小川浩、常務董事古賀朝一郎、董事竹林永昌(饒永昌,1924)(H)社長原脩次郎、專務董事梅野清太、董事指宿、監事佐藤恆之進/董事中村五九介	(G)電氣、製冰(大11)(H)電氣電扇電動力供給、電氣工事承包、電氣器具販賣。電力、電燈供給。製冰事業(1922)1924年配股1.2分。	花蓮港廳花蓮港街黑金通	內地日人28%、在臺日人59%、臺人12%。昭和15年6月合併臺東和關山電氣事業,成立東部電氣	(F)146 (G)162 (H)84 (I)63 (J)138 (L)125 (K)114 (U)46 (Y)四104 (A)220、(B)301 (N)56 (Y)十七,112 (AD)昭15.10.31,6版 (AE)122 (AF)二二,160
高砂農林	大正9/6	10萬圓	楊玉盤		臺東廳臺東街		(A)396、(B)311
臺東開拓 大正10年由臺東製糖分出。	大正10/12/23	15萬圓/50萬	安場末喜/社長赤司初太郎、董事賀田以此、重森確太、玉置仁知(臺北,臺銀)	移民土地開墾及耕作、原料甘蔗栽培、殖民事業、水利事業、林業、鐵軌道、船舶運輸業。農業	臺東街馬蘭社/寶町	昭和12年5月與臺東製糖會社合併	(S)23 (U)60、(AC)21 (AE)105
櫻組 田賀田組改組(臺東株式會社櫻組)	大正11/12	15萬圓	(H)社長原脩次郎、董事梅野清太、總經理飯干加次、監事目宇三郎(D)董事社長梅野清太、董事松井金二郎(臺東)、飯干太加次監事三木宇三郎、賴金木(AF)(N)董事社長飯干太加次、董事松井金二郎、監事三木宇三郎	(E)製腦(E)海陸運輸業、艀船業、倉庫業、軌道營業等(AF)(G)運輸業(交通業)	臺東廳臺東街南町		(A)418(B)336 (C)190(D)339 (E)24(E)482;496 (F)303(G)350 (H)75(J)301 (L)317(K)295 (N)221(S)24 (AC)22 (AF)二二,164

朝日組獨佔花蓮港海陸運輸，昭和13年6月因另設立花蓮港荷役倉庫會社，改專營陸運。(AE)	大正11/12	25萬圓	(H)董事社長原修次郎、專務董事梅野清太、董事古賀朝一郎、監事後藤九一 (F)董事社長梅野清太專務古賀朝一郎、總經理石田順平(花蓮港)(G)董事社長古賀朝一郎、專務董事石田順平董事賀田以武／董事中村五九介	海陸運輸、倉庫業、代理店業物品販賣業、代理業、勞力承包業(運輸送商業)(AF)倉庫業	花蓮港街黑金通	(Y)內地日人50%、在臺日人50%(A)294	(A)338 (C)189 (J)301 (I)317 (K)294 (M)200 (N)220 (T)33 (U)10 (Y)十四，128 (F)302 (G)350 (H)74 (AE)122 (AF)二二，162
						(Y)內地日人50%、在臺日人1350(原彰)、500(梅野草)。1924年配1分。	
東臺灣新聞社(I)(J)(M)東臺灣新報社(U)	大正12/9	6萬圓	(U)福井公(花蓮)／董事社長梅野清太、專務董事吉村在平(花蓮,1926)(G)(K)臺東支局長城田陽夫,玉里支局長松尾溫爾(M)(AF)董事社長吉村在平,董事古賀朝一郎,監事小川浩臺東支局長石橋麒一郎(N)臺東支局長城田陽夫／監事饒永昌(1926)董事中村五九介	(F)(J)(L)新聞發行、印刷物品販賣代理業	(G)(K)(N)本社花蓮港高砂通,臺東支局寶町,玉里支局花蓮廳玉里庄	在臺日人82%、臺人18%	(A)426 (B)345 (C)198 (F)330 (D)370 (G)384 (H)207 (I)147 (J)342 (L)349 (K)211 (M)281 (N)327 (Y)十四，128 (U)30 (AF)二二，162
東臺灣木材株式會社	大正14/5	初成立100萬圓，7月與花蓮港木材合併之後，變成200萬圓		製材			
東臺灣無盡	大正15/3	15萬圓	(F)(I)(J)(L)董事社長佐藤恆之進(AF)(A)(K)代表董事古藤齊助(里、花蓮,1937)、董事佐藤恒之進、監事饒永昌(1927)(M)(N)(AD)董事吉村在平、小川浩、饒永昌、江口豐次、監事古賀朝一郎、松尾溫爾、許聽敏(花蓮)	無盡業	(N)花蓮港市黑金通、鳳林代理店.玉里代理店.臺東代理店(昭和6/1)	內地日人08、在臺日人86%、外國人0.3%、臺人13%；饒永昌、佐藤恒之進	(A)127 (B)37 (C)20 (F)132 (G)117 (H)35 (I)18 (J)115 (L)87 (K)72 (M)21 (N)18 (S)24 (Y)十四，128 (AD)昭和15.10.31.6版 (AF)二二，162
臺東商事	大正15/7	5萬		商品買賣、仲介、貸款	臺東街		(Z)十，95

三和興業	昭和2/2	6萬圓	葉登科（臺中？）	動產不動產買賣、水利、農業、漁業、養魚、製糖、製油、碾米／碾米、海產物加工賣賣／（AF）土地開墾買賣	花蓮港廳玉里郡玉里庄	臺人100%	（A）418（Y）十三，132、十四，128、十七，112（AF）二二，160
臺東燃料	昭和2/2/15/12	6萬圓／（AF）18萬	葉登科／（AF）中馬中（臺東）	薪炭製造和販賣	臺東街寶町		（B）311（AF）二二，164
花蓮港產業	昭和2/4	10萬圓	新館謹次郎（花蓮）／專務董事饒永昌（1927）、董事新館謹次郎狼、岡常太郎、森金西藏（花蓮）、許聰敏、鄭榮林（鳳林）、監事江口豐次、徐阿淡（J）專務董事岡常太郎／社長福井公（花蓮，1940）	（I）各種勞力及職工之供給，運輸交通及倉庫有關業務、拓務開墾林業、土地建物和物品賣賣．	花蓮港街福住通（H）（I）花蓮港街黑金通（J）連雀通	在臺日人53%、臺人47%	（A）409（B）327（C）182（H）190（I）122（J）257（AC）67（T）33（Y）十四，128
住田物產	昭和2/7	（C）（AF）50萬圓	住田多次郎	咖啡農場（AF）輸出入業、農產業（商業）	（C）花蓮港瑞穗庄（E）事業地：花蓮港鳳林		（AF）二二，162
昭和物產	昭和3/4	10萬		林產物採取、販賣、採藤	臺東街		（S）24（Z）十一，91
蘭花蠟燭	昭和3/6	1.2萬		蠟燭製造販賣、商品委託販賣	花蓮港街	臺人100%	（Y）十四，128、十三，132
日新產業	昭和4/4/26	5萬	代表董事張錦珍（員林永靖）、董事溫氏桔、張定，監事張林氏決	米穀、肥料、砂糖、麥粉賣賣、冰塊代理買賣、土地開拓買賣、仲介、金錢貸款業、代理業	花蓮港街稻住		（AC）67
東海自動車運輸	（C）昭和6/3	（C）80萬圓	董事社長白勢黎吉（臺北）、董事，後宮信太郎，監事赤司初太郎（F）（C）（L）（D）（K）董事社長後宮信太郎、專務董事原吉太郎（花蓮）蓮港營業所主任土生久（M）花蓮港營業所所長小林清一	汽車運輸事業並汽車運輸事業、附帶業務、勞力承包業	本社花蓮港黑金通、花蓮港營業所花蓮港驛前	（C）後宮信太郎、赤司初太郎：日本在住者2%、在臺居住者98%	（C）114（F）319（D）288（J）323（L）260（K）264（M）212（N）235：（Y）十九，118（AF）二二，162
花蓮港魚市	（J）昭和6/4	0.04萬（J）2萬圓	（J）董事社長中村豐太郎（花蓮）	（J）魚市場經營業務代行水產資金融通	（J）花蓮港街黑金通	在臺居住者100%	（J）205（Y）十九，118（Y）十七，112
共榮碾米所	昭和7/8	0.5萬	黎雙全	米穀販賣並養豬	臺東廳里		（A）419（B）338（C）191
臺東自動車運輸	昭和8/1	5萬/10萬圓	（J）代表董事佐木研一郎（臺東）（G）代表董事飯干太加次（M）董事社長飯干太加次，專務董事千代田弘／重役賴金木	（G）汽車運輸，營業者之附帶營業	臺東廳臺東街寶町		（A）401（B）316（C）171（G）326（J）323（M）213（Z）十四，106

第二花蓮港木材	（K）昭和08/02	（K）75萬	（K）董事古賀朝一郎、監事橋本貞夫（鹽警）	木材、伐木、製材販賣	（K）花蓮港街黑金通	日本8%，在臺居住者92%	（K）231、（Y）十九，118
臺陽物產	昭和8/4	5萬圓	（F）代表董事港橋研一	（F）臺灣香蕉買賣及香蕉栽培經營等	花蓮港街彌生通	日本在住者31%、在臺居住者69%	（A）396（B）311（C）168（F）277（Y）十九，118
東臺灣家畜（東臺灣畜產）	昭和09/07	3.75萬圓	董事社長宮崎嘉太郎（花蓮）、董事劉振聲（花蓮壽庄）、監事武本公一／董事鄭根井	豬牛仲介販賣、肉豬養殖委託飼養、養豬資金融通	花蓮港街黑金通	在臺居住者100%	（G）258（K）194（Y）十九，118
花蓮港乘合自動車	昭和9/9	4.2萬圓（AF）10萬	（AF）（F）（L）代表董事吉村佐平（D）董事角田佐太	汽車運輸業、相關附帶業務／一般乘客運輸	花蓮港街黑金通	在臺居住者100%	（A）409（B）327（C）182（Y）十九，118;D289（G）325（K）265（N）220（AF）二二，162
鳳產製糖	昭和10/02/10	10萬元	董事社長鎮永昌；專務董事黃石頭（G）董事社長竹林永昌（K）專務董事松村繁一郎、監事佐藤恒之進（AF）竹林正雄	砂糖製造及販賣、土地開墾、甘蔗及黃麻薄荷栽培、農產物買賣	（K）花蓮港廳鳳林區鳳林	在臺居住者100%	（D）134（F）319（G）144（K）99（Y）二三，167（AF）二二，160
瑞穗產業	昭和10/12	15萬	加藤誠治	TapiKao、水飴、澱粉製造販賣	花蓮港廳瑞穗莊	在臺居住者100%	（Y）二三，167 AF）二二，160
森茂木材	昭和11/1	12萬	社長許聰敏監事林根（花蓮）	製材並木材販賣	花蓮港街	在臺居住者100%臺資	（Y）二三，167（AI）51
花蓮港興業	昭和11/6	10萬圓（AF）（K）代表董事黃久治、董事中村吉五郎、監事福岡高市	電影經營、各種演藝、土地及家屋的經營、附帶各種有利的事業（商業）	（A）花蓮港街稻住			（A）409（B）327（C）182（D）314（K）300（AF）二二，162
花蓮港物產	昭和11/7	15萬圓	（K）（M）（N）（G）董事社長玉置彌四郎、董事古賀朝一郎、監事杉本伸之／社長中村五九介／山產物承包林根	（G）林野產物採取加工販賣、蕃地生產物之買賣、殖林事業、生產物之委託販賣	（A）花蓮港街（B）（C）花蓮港北濱（E）事業地：花蓮	在臺居住者97%，日本在住者3%	（A）409（B）327（C）182（G）205（K）235（M）92（N）97（Y）二三，167（AF）二二，162
東臺灣澱粉／東臺澱粉	昭和11/8	10萬圓	（G）（M）（N）（AF）代表董事吉村佐平、董事横山吉寬、監事林得藏／董事飯干太加次	1.土地開墾、各種澱粉製造販賣2.農產物及肥料販賣3.殖林事業4.生產物的委託販賣	臺東廳臺東郡北絲鬮（G）本社：臺東廳卑南庄，支店：花蓮港街黑金通		（A）398（B）313（C）169（E）496（G）204（M）89（N）90（AF）二二，164
臺灣ニツケル	昭和11/11	10萬圓	笹谷光一郎	鎳礦業	臺東廳關山庄		（C）177
臺東振興	昭和11/12	15萬圓	野谷真一（臺東街）	農產物、林產物的栽培加工買賣及特殊商品買賣，種苗肥料及耕作資金貸款，土地開拓利用改良，勞力供給及各種承包業，倉庫業及代理業	臺東廳關山郡關山庄里		（A）398（B）313（C）169（E）496（G）298（AF）二二，164
花蓮港家畜	昭和12/1	0.75萬		家畜買賣	花蓮港街	在臺居住者100%	（Y）二三，167
花蓮港商事	昭和12/1	4.75萬圓	小川郡治	農林經營（商業）	花蓮港街稻住		（A）409（B）327（C）182（AF）二二，162

花蓮港海陸物產問屋	（K）昭和12/01	3萬圓	（K）董事社長小川郡治、董事賴助華、監事今源末吉		（K）花蓮港街稻住116		（K）337
森茂木材	昭和12/1	12萬圓	（K）代表董事許聽敏、董事李錫鋒、監事張石好（C）（AF）安東敏明	製材及木材販賣、建築材料及一般附帶事業	花蓮港街稻住		（A）424（B）343（C）195（D）263（G）286（K）232（AF）二二，160
東臺灣咖啡產業	昭和12/3	50萬圓	董事社長柴田文次（橫濱）、專務董事伊藤道顯；臺東本社庶務主任伊東輝典	咖啡樹可可亞育成栽培、熱帶果實栽培牧畜的飼養肥料的配分、前項產品買賣	（A）臺東街寶町；事業地臺東廳關山郡日之出	橫賓木村咖啡店同社長	（A）356（C）138（B）269（AF）二二，164
臺東興發	昭和12/4	15萬圓	專務董事大澤友吉、董事押見仁（AF）渡邊晉（臺東街）（K）（M）（N）專務董事大澤友吉（臺東街）、董事飯干太加次、監事干代田弘（臺東）	土地開墾、赤糖製造、本島人人夫的募集並供給（D）高砂族人夫的募集及供給、高砂族的社會及經濟生活的指導、本島人人夫的募集並供給、內地人移民的援助及指導	（K）臺東廳臺東街榮町	500（臺東製糖）、200宛（梅野卓、押見仁、卑南水利組合）	（A）349（B）321（E）496（D）346（G）147（K）296（M）46（N）44（AF）二二，164
吉村組	昭和12/6	10萬圓	（G）（AF）代表董事橫山吉寬、董事加藤加造、監事鷲見福義（K）（M）監事橫山星道	土木建築設計及承包業；土木及建築用材料；代理業	花蓮港街入船通	日本在住者100%	（A）394（B）309（C）165（C）280（K）221（M）174（N）190（Y）二三，167 AF）二二，160
東臺灣陶器製造	昭和12/6	（A）6萬圓（B）（C）（AF）6.75萬圓	河原鑠次郎（J）董事加藤好文（花蓮）、監事松尾溢爾（玉里）（K）代表董事河原榮太郎（AF）前田廣人	陶器類及瓦類的製造販賣	花蓮港廳玉里庄玉里	臺灣在住者100%	（A）426（B）346（C）198（D）276（K）218（Y）二三，167（AF）二二，162
花蓮港礦業	昭和12/8	10萬圓	（K）（AF）代表董事鄭國寶（花蓮）、董事游阿賴、監事梁銀河／董事許聽敏（花蓮）	（K）金銀銅礦障礙物去除、土地開墾及不動產買賣（工業）	花蓮港街春日通	在臺居住者100% 全部臺資	A）409（B）327（C）182（K）156（Y）二三，167 AF）二二，160
臺東殖產	昭和12/10	15萬圓	（G）董事社長渡邊晉、董事日下四郎三郎、監事飯干加太次	（G）蓪草及其他林產物之栽培並加工買賣、土地開拓改良、產業資金款（農業）	臺東街榮町		（A）399（B）314（C）170（G）205（AF）二二，164
臺東拓殖	（M）昭和12/10/25	（M）15萬圓	（M）董事社長渡邊晉、董事目下夏四郎、監事飯干加次太	（M）蓪草及林產物農產物之栽培並加工買賣；土地開拓利用改良；產業資金貸款	臺東街		（H）239（M）91（N）93

臺灣農產工業	昭和12/11/15 合併昭和5年玉井氏創豐田澱粉會社	（M）100萬圓	社長梅野清太（M）專務董事楠田正雄常務董事玉井龜次郎監事沖光次郎（N）董事社長黑田秀博（臺南）、專務董事楠田正雄常務董事玉井龜次郎、董事小川浩、岡太良、島田昇、監事沖光次郎（臺南、東京）、古賀朝一郎、竹下彪/常董岩野仁一郎	（N）苧.黃麻、桑用植物、香料、茶樹及其他纖維原料作物栽培並加工販賣；澱粉製造加工販賣；以澱粉及澱粉粕為酒精類飴之製造販賣、養豬事業	（M）（N）本社花蓮港市筑紫橋通（A）事務所花蓮港街荳蘭（E）事業地：花蓮港鳳林、玉里、花蓮等地；澱粉工場：花蓮	日本在住者53%、臺灣在住者47%。（A）新榮產業株式會社玉井龜次郎、黑田秀博。鹽糖的旁係會社	（M）89（N）90（Y）二三，167（A）355（B）268（E）491（G）228（K）165（AD）昭和15.10.31.6版（AF）二二，160
大武物產	昭和13/4	3萬圓	木野田篤虎	蕃產品	臺東廳臺東郡大武庄		（A）399（B）314（C）170（G）230
南臺灣デリス/臺東デリス	（G）昭和13/5	（G）20萬圓	（G）專務董事地村弘/（AF）村岡政次郎（原大阪青果常重）	（G）桑用植物栽培、土地開墾、及相關附帶事業	臺東廳臺東郡卑南庄知本		（A）422（G）230（B）322（C）176（AF）二二，164
花蓮港荷役倉庫	昭和13/6	40萬圓	（A）（K）專務董事古賀朝一郎、董事廣瀨長之助（大阪商船）（B）梅野清太（M）董事社長高見三吉（花蓮）、董事古賀朝一郎、監事江口豐次（花蓮）（AF）高見三吉	倉庫業、倉庫租賃、運輸物品、船隻卸貨、港內運輸、用達、水先業、曳船業、勞力供給	花蓮港街黑金通（b）花蓮港街米崙	1700（朝日組）、1700（大阪商船）	297（b）409（G）348（K）294（M）197F（AF）二二，162
花蓮港米穀	昭和13/6	40萬圓	黃珍/（AF）清水半平（花蓮）/專重高橋與六（1942）/董事許聰敏	碾米、米穀販賣	花蓮港市藏前		（C）182（AF）二二，160
花蓮港拓殖	昭和13/6	20萬圓	鄭根井（G）（AF）董事社長岩野仁一郎（花蓮）（1938）（K）董事社長玉置彌四郎（花蓮街）、董事江口豐次、監事福田定三郎（M）（N）常務專務山田義行，監事鄭國賓	（G）勞力供給，承包業，運輸業，金錢貸款業及物品販賣業，土地開墾造林業並置賣及仲介業，土地建物委託管力並利用，農產品加工買賣，各種代理業及其他附帶事業	花蓮港街黑金通	臺灣在住者100%	（A）410（B）328（C）182（G）298（K）226（M）90（N）93（Y）二三，167（AF）二二，162（AG）35
花豐商事	昭和13/6	40萬圓	黃珍	碾米業	花蓮港街稻住	臺灣人100%	（A）410（B）328（Y）二三，167
東邦金屬製鍊	昭和13/7	1000萬圓	董事社長赤司初太郎、專務董事和田盛一（B）花蓮製鍊所所長內藤一雄（G）董事中川末吉、常任監事安部政次郎（M）專務董事小橋熙、監事山城喬六	金屬製鍊並加工販賣、原料礦石採掘並販賣、礦山事業投資、代理業運輸業、附帶事業經營投資業	花蓮港街米崙；工場花蓮港街米崙（G）花蓮港臨時建設事務所；花蓮港黑金通驛前	古河電工、藤山組、赤司	（A）203（B）117（C）49（G）164（K）117（M）78（AF）二二，160

星規那產業	昭和13/8	25萬圓	日下辰太	金雞納樹和其他藥用植物栽培事業、金雞納樹生產物的製造販賣	臺東廳臺東街北町 (C) 農場知本	臺拓、臺灣星製藥	(A) 385 (B) 299
臺灣木材	昭和13/12	18萬圓	(A) 顏世昌 (基隆, 和隆木材) (B) (C) (N) 董事社長小松吉久 (臺北) (臺北) 專務董事謝江火 臺北出張所所長兼副總務部長陳銘源	(N) 木材輸入、販賣並製材。山林之伐採。一般建築材料入販賣。拓殖事業。土地並家屋之買賣。運輸事業。	(N) 花蓮港市花蓮港街入船通、臺東出張所	臺日合資, 以臺資為主	(A) 401 (B) 315 (C) 171 (N) 155 (AF) 二二, 160
玉置商事	昭和14/1	15萬圓	玉置彌四郎 (K) 董事社長岩野仁一郎、董事比嘉一正、監事松尾末吉、營業主任尤明哲 (M) (N) 董事馬場彥太郎監事福田定三郎 (花蓮, 醫生)	(M) 1 機械金物及木材セメント並にヘイント礦油其他販賣 2 代理營業及批發業	(K) 花蓮港街黑金通		(A) 401 (B) 315 (C) 171 (G) 298 (K) 226 (M) 268 (N) 287 (AF) 二二, 162
東臺灣資源厚生	昭和14/3	3萬圓	(A) (K) 宮崎末彥 (花蓮)、監事邱傳敏 (B) 社長許聰敏 (AF) (C) 安東敏明 (K)	(K) 故鋼鐵屑及其他費品之收集、加工利用、再販賣及其附帶業務 (商業)	(A) (K) 花蓮港廳花蓮港街		(A) 426 (B) 346 (C) 198 (K) 337 (AF) 二二, 162
共榮商會	昭和14/4	5萬圓	(G) 賴金木 (AF) 東淺次郎 (基隆)	冬粉製造和林產物 (工業)	臺東街臺東北町 (E) 寶町		(A) 420 (B) 339 (G) (AF) 二二, 164
東臺灣デリス	昭和14/5	19萬圓	(G) 專務董事國田正二、董事清水半平、監事土屋卯重 (N) 常務董事西村繁三、監事中野正行 / 董事馬場弘 (1940)	(N) デリス其他有用植物栽培加工販賣	(A) (G) 花蓮港街黑金通		(A) 427 (B) 346 (C) 198 (G) 229 (N) 96 (AF) 二二, 162
東臺灣電力興業	昭和14/6	2000萬圓 / (AF) 3000萬	山下太郎 (G) 董事會長井阪孝三 (N) 董事長井阪孝董事社長山下太郎專務董事戶水昇 (臺北、花蓮) 監事和田豐一 (AF) 戶水昇	(N) (イ) 東臺灣電力之供給 1 本會社股東之事業 2 臺灣總督指定的電力事業者 3 臺灣總督府指定的重要產業或公益事業	花蓮港街舊新港街 (N) 本社花蓮港庄花蓮港街米崙		427 (C) 52 (G) 161 (N) 56 (AF) 二二, 160
東洋電化工業	昭和14/3	500萬圓	松永安左衛門、佐竹義文	燐酸 Amonia 製造	花蓮港街黑金通	昭和18年3月昭和電工考慮收買	(A) 388 (B) 302 (C) 159 (Q) 1 昭和18.3.17, 2 版 (AF) 二二, 160
東臺灣產業	昭和14/7	19.95萬圓	(A) 鏡永昌 (B) (AF) 竹林正雄	製林業、造林、製炭業 (工業)	花蓮鳳林郡鳳林庄		(A) 427 (B) 346 (AF) 二二, 160
新興窒素工業	昭和14/8/25	500萬圓	董事社長山下大郎、專務董事近又雄	尿素質肥料、各種化學工業製品及加工販賣、特殊鋼材製造加工並販賣, 前各號同類又關聯事業經營並投資	花蓮廳花蓮港街黑金通；工場花蓮港街米崙	第一生命保險相互、鐘淵紡績	(A) 204 (B) 118 (G) 167

東部水產	昭和14/8	100萬圓／（AF）110萬	（A）（B）（C）專務董事前根壽一、董事近江時五郎；花蓮出張所所長中目尚滿（N）董事關木譯一郎，監事林準二	漁業水產業農業、魚市代行業務、製冰冷藏冷凍結業、漁業移民、船舶業	花蓮港市米崙：冷凍工場臺東：魚市場花蓮港	日本水產、田村啓三、前根壽一、在藤恒之進植木憲吉	（A）371（B）289（N）140（AF）二二，160
花蓮港近海運輸	昭和14/8	18萬圓	（G）董事社長許聰敏（N）董事社長安東敏明，專務董事林桂興（花蓮街），監事張阿麟（花蓮）	運輸業，倉庫業，船舶業，林產物及蓄產物賣買，農產物加工並賣買，各種代理業，委託販賣業	花蓮港街入船通	在地臺資	（A）410（B）328（C）182（G）249（N）220（AF）二二，162
臺灣拓殖興業	昭和14/9	18.5萬圓	岡泰良／（AF）上田政良	紅糖製造業	花蓮港街入船通		（A）402（C）172（AF）二二，160
花蓮港中央卸市場	昭和14/10	10萬圓	福井公（花蓮）（C）（AF）古藤齊助（花蓮）	商業，青果物類市場、代理	花蓮港街黑金通		（A）410（AF）二二，162（B）328（C）182
千石商會	昭和14/10	10萬圓	（A）張阿麟（B）（C）（AF）長田修一（即張阿麟）	臺灣桐造林（農業）	花蓮港街千石		（A）428（AF）二二，160（B）347（C）199
瑞穗產業／瑞穗商事	昭和14/11	18萬圓	柳川昌一郎／（AF）王溪海	碾米業	花蓮港廳瑞穗庄		（A）422（B）341（C）194（AF）二二，160
東臺灣探礦／臺灣ニツケル（C）	昭和14/11	10萬圓	伊澤三男／笹谷光一郎		臺東廳關山庄		（A）427（C）177（B）346
東臺灣運送	昭和14/12	50萬圓	董事社長古賀朝一郎、專務董事太田輝次郎（基隆、原鐵道部）、常務董事江口豐次監事飯干太加次	（G）小運輸業，陸上和海上運輸業，汽車運輸業，臺東線發貨物積卸作業，倉庫業，代理業，勞力供給業	花蓮港市驛前／黑金通	昭和12年9月讓與花蓮港荷役倉庫會社合併	（B）346（G）249（N）219（Q）昭和16.9.12，2版（AF）二二，162
臺東厚生燃料	昭和14/12	6萬圓	山口唯一		臺東街寶町		（A）403
玉里米穀	昭和15/3	16萬	中村文吾	商業，米穀買賣、碾米	玉里郡		（AF）二二，162
東臺灣林產資源開發	昭和15/5	12萬圓	松尾溫爾／（AF）松尾溫森	製材、製炭及其他林產業（工業）	花蓮港廳玉里街		（B）346（C）198（AF）二二，160
タロコ商事	昭和15/5	12萬圓	社長今原末吉，常務高橋與六	食糧、專賣品、日用雜貨販賣	花蓮港市春日通	全部日資	（B）320（C）175（AF）二二，162
花蓮港海陸產業	昭和15/5	10萬圓	佐藤恒之進／（AF）中目尚滿	水產業	花蓮港市米崙	臺日合資	（B）328（C）182（AF）二二，160
東臺灣製糖興業	昭和15/5	19.8萬	芝原仟三郎（臺北，臺灣煉瓦專務、臺灣窯業社長）	紅糖製造業	花蓮港郡		（AF）二二，160
東部電氣株式會社1943年為東臺灣電力興業合併	昭和15/6	300萬	小川浩	電力事業	花蓮港	花蓮港電氣事業合併臺東及關山事業	（AD）昭和15.10.31，6版
臺灣農林殖產	昭15/6	18萬圓	梅田富次郎	農林產物之栽培	臺東街寶町		（AF）二二，164

公司名	昭和	資本額	代表人	業務	地址	資本性質	資料來源
東臺灣藥草	昭和15/7	3萬圓/(AF)12萬	鄭榮林(鳳林)	和決子栽培(農業)	花蓮港廳鳳林街上大和		(B) 346 (C) 198 (AF)二二，160
東臺灣殖產興業	昭和15/7	4.5萬圓/(AF)18萬	國田正二/(AF)楊仲鯨(花蓮)	工業，高工品製品製造和販賣	花蓮港市稻住	臺日合資	(B) 346 (C) 198 (AF)二二，160
花蓮港纖維工業	昭和15/9	12萬圓	社長今原末吉，專務大久保林二	商業，雜纖維原料買賣並加工製造	花蓮港市春日通	全部日資	(B) 328 (C) 182 (AF)二二，162
花蓮港燃料	昭和15/11	18萬圓	高橋與六(花蓮港)	薪炭製造販賣、林產物販賣(工業)	花蓮港市黑金通		(B) 328 (AF)二二，160
大化商事	昭和15/11	10萬圓	龜崎茂三郎	商業，洋服加工販賣	花蓮港市稻住	臺日合資	(B) 321 (C) 176 (AF)二二，162
東部產業	昭和16/4	18萬圓	鄭根井(花蓮港)/(AF)松川建男	土木建築承包業	花蓮港市稻住	全為臺資	(B) 304 (C) 160 (AF)二二，162
臺灣殖果	昭和16/4	15萬圓	向阪昂一(C)(AF)村田昇清	工業，babaih製造	花蓮港廳玉里郡富里庄		(B) 321 (C) 176 AF)二二，162
花蓮港自轉車商統合	昭和16/5	10萬圓	(AF)丸林查(C)丸林文旦	腳踏車及附屬品修繕加工	花蓮港市稻住通	臺日資	(B) 328 (C) 182 (AF)二二，162
南進馬車商事	昭和16/6	15萬圓	櫻井清太郎		花蓮港市稻住		(C) 180
吉村商店	昭和16/8(M) 昭和16/6	18萬圓	(C)(AF)橫山吉寬(M)董事吉村佐平(N)社長吉村佐平，專務董事橫山吉寬	(M)機械金物類販賣附帶事業	花蓮港市黑金通		(B) 309 (C) 165 (N) 289 (AF)二二，162
臺東合同商事	昭和16/12 (AF)19萬	15萬圓	丸田正輔	日用品食料雜貨販賣業	臺東街榮町(C)臺東街寶町		(AF)二二，164 (C) 178
花蓮港自動車運輸	昭和17/7/31	75萬圓	董事社長古賀朝一郎	以汽車運輸貨物、汽車用品販賣及其仲介等，及汽車運輸關係會社股票取得利用、又會社發起人	花蓮港市花蓮港黑金通		(C) 115 (AF)二二，162
口食品工業	昭和17/10	18萬圓	小林陣	食料品、油及肥料製造	臺東街寶町		(AF)二二，164
花蓮港BAsu			吉村佐平，專務林根	運輸交通	花蓮港市黑金通	臺日資，日資為主	(AI) 48

資料來源：A 昭和16年《臺灣會社年鑑》、B 昭和17年《臺灣會社年鑑》、C 昭和18年《臺灣會社年鑑》、D 昭和12年《會社銀行商工業者名鑑》、E《臺東縣史產業篇》、F 昭和10年《會社銀行商工業者名鑑》、G 昭和15年《會社銀行商工業者名鑑》、H 昭和3年《會社銀行商工業者名鑑》、I 昭和7年《會社銀行商工業者名鑑》、J 昭和9年《會社銀行商工業者名鑑》、K 昭和14年《會社銀行商工業者名鑑》、L 昭和11年《會社銀行商工業者名鑑》、M 昭和18年《會社銀行商工業者名鑑》、N 昭和17年《會社銀行商工業者名鑑》、P《臺灣山林會報》、Q《臺灣日日新報》、R《臺灣總督府統計書》、S 臺東街役場，《臺東街勢一班》，昭和8年。、T 花蓮港廳，《花蓮港廳勢》，花蓮港街，1928年、U《臺灣會社摘要》，1924年，X 臺灣物產協會，《臺灣商工名錄》，1927、Y 花蓮港廳，《花蓮港廳統計書》、Z 臺東廳，《臺東廳統計書》、AA 熊野城造，《本島會社の内容批判》，臺北：事業界と内容批判社，1930、AB 田中一二，《臺灣產業總覽》，臺北：太陽通信社臺灣支局，1919、AC 筒井太郎，《東部臺灣案内》，1932年、AD《臺灣日日新報》、AE 屋部仲榮，《臺灣地方產業報國》，昭和14年、AF 臺灣總督府殖產局商工課，《臺灣商工統計》，第一次至第二十二次，大正11年至昭和18年、AG《臺灣人士鑑》、AH 原幹洲編，《南進日本之第一線》，臺北市：拓務評論社臺灣支社，昭和11、AI《花蓮港廳下官員職員錄》、AJ《臺灣事業界と中心人物》。

附表 13：日治時期東臺灣的合資會社

會社名	創立時間	創立資本金	負責人	營業項目	所在地	資本來源／變化	資料來源
臺灣スレート	明治 42/4	5萬		工業：石板挖掘販賣、石手工品製造販賣	南鄉卑南街	大正元年已消失	(R) 十三，427
臺東拓殖	明治 43/10	300萬	社長荒井泰治、重役賀田金三郎／大熊安右衛門（臺東）	製冰、製腦、製糖、農業及牧畜	花蓮港街	大正元年與鹽糖合併	(R) 十四，434、十五，463 (AC) 22 (AH) 564
新鄉製糖	明治 43/12	3萬		製糖	新鄉里庄	大正2年被臺東製糖會社購併	(R) 十六，476; (AD) 104
里碾米	大正 2/8	0.5萬		碾米	新鄉里庄	大正5年已消失	(R) 十七，414
廣鄉產業	大正 3/4	2萬		砂糖、酒、石灰製造、販賣，養豚及林產物拂下	廣鄉成廣澳庄	大正7年改組成株式會社	(R) 十八，454
臺東タイル	大正 3/6	2萬		瓦、陶器類製造販賣，並工程承包	花蓮港街	大正8年已消失	(R) 十八，454
東臺灣興產	大正 6/9	2.5萬	井上松藏		花蓮港街	昭和5年事業休止	(Y) 十五，128 (AA) 64
花蓮港物產	大正 7/4	5萬／(U) 1.25萬	(U) 中村五九介（花蓮）／佐藤恒之進（大7）／土古都八（昭5）	藤、蓪草之採取販賣、畜產物，獸皮獸骨販賣，薪炭製造販賣（農業、皮革製造化學工業）	花蓮港街黑金通	創社在臺日人85%、臺人15%；昭和4年：內地日人92%、在臺日人6%、臺人2%	(F) 299；(R) 二十二，544 (T) 33 (U) 38 (Y) 四 104、十四，128、三，74 (AB) 455
東部興產	大正 7/6	5萬		製油及碾米	奉鄉瑞穗	在臺日人10%、臺人90%	(Y) 三 74 (R) 二十二，544、二三，555
東臺灣木材合資會社	大正 7/7 *	創社時30萬：50萬圓	勝部鍾一郎（鹽糖、花蓮）	砍伐製材、山林經營、製材、植林事業及木材買賣（農業）	花蓮港街	在臺日人100%；大正8年另成立花蓮港木材株式會社而解散	(Y) 三 74 (R) 二十二，544；臺灣山林會報 20 號，83 (AB) 443

勸耕合	大正 7/7	（U）1.06萬/5.3萬圓	（U）林明月	製油（U）製油及肥料販賣（化學工業）、澱粉製造販賣、花鹿買賣	花蓮港薄薄社	在臺日人1%、臺人99%，昭和4年結束事業；昭和9年又出現。	（R）二十二，544、二三，555（T）33（Y）四104、十四，128、三，74（U）40（AB）455
臺東海陸物產	大正 7/9	10萬	北山松之助	漁業、製糖、土地開墾、海陸物產買賣並生產（水產業）	臺東街		（AB）443
花蓮港製紙	大正 8/3	1萬/（U）2萬	（U）梅野清太/原脩次郎	製紙及原料採取販賣（纖維工業）	花蓮港舊新港街	在臺日人100%。大正13年一度營業休止；昭和4年結束事業	（R）二三，555（T）33（U）34（Y）四104、十四，128
臺東拓殖	大正 8/4	3萬圓	大熊安衛門	（L）開墾、水利、製材、製冰冷藏；（S）製冰；土地開墾及造林（農業）	臺東街寶町（L）榮町		（A）436（U）60（B）358（C）214（L）138；（S）24（R）二三，555
東部畜產	大正 8/4	0.3萬圓		養雞、豬、魚、牛（畜牧）	花蓮港街		（R）二三，557（Y）四104
丸ツ花蓮港運輸	大正 8/4	1萬	江口豐次（花蓮）	運輸及勞力承包	花蓮港街		（R）二三，557（T）33
東臺灣皮革	大正 8/6	1.3萬	（U）謝德為/（L）王懋鄉	獸皮及其他買賣（皮革製造化學工業）	（F）花蓮港黑金通	在臺日人44%、臺人56%	（R）二三，557（F）292（T）33（U）38
花蓮港產業	大正9/6/12	5萬		製酒、養豬	花蓮港廳鳳林	日本在住10%，臺灣在住者90%	（Y）五，76（Y）十七，112
東臺興業/東臺興產/昭和8年東臺灣共產	大正 9/9	2.5萬	井上松藏	漁業及開墾/昭和8年柴魚加工製造和一般漁業	花蓮港街稻住通	在臺日人100%；昭和4年結束事業	（A）433（B）355（C）211（T）3（Y）四104、十四，128（Y）十八，114

花蓮港興業	大正 10/2	1 萬圓	高查某（D）（L）高查某	（D）農產物生產加工買賣、倉庫業及生產物寄託加工買買、肥料製造買賣、農具類販賣、仲介業、其他代理合約	（D）（L）花蓮港街舊新港街		（A）441（B）362（D）201（C）218（L）278
花蓮港薻草	大正 10/7（G）昭和 11/1	0.5 萬圓（G）1 萬圓（K）	吉田虎雄（G）（K）岡常太郎	蓪草紙	花蓮港街北濱		（A）441（B）362（C）218（G）149（K）242（D）302（G）149（L）272
金榮豐商店	大正 10/9	1.5 萬圓	賴金木（臺東）		臺東街榮町		（A）446（B）368（C）224
新港運輸組	大正 11/9	1.5 萬圓	松井金太郎（臺東）	（J）海陸運輸業，代理觧船業（運輸商業）、物品販賣、代理店業	臺東廳新港		（A）449（Z）八，120（B）371（C）226（J）301（U）10
花蓮港林產物	大正 11/11	0.2 萬圓	陳鄰吉		花蓮港街朝日通		（A）441（B）362
合資會社萬安堂	大正 12/9/5	0.2 萬圓	（U）戴溪記／戴文杰（臺東）	賣藥／海產物日用雜貨販賣（雜商業）、藥種商	臺東街		（S）24（U）24（AC）22
新興產業／新港產業	大正 12/2	1 萬	（U）船橋寬一（臺北）／本庄清一／（A）庄司金之助	製材工業、物品買賣、運輸（雜工業：製材）	臺東廳大馬武窟		（U）52（Z）八，120（A）449（B）370（C）226
連華封易生堂藥房	大正 14/10	0.1 萬	連蓮增（里）	藥品製造販賣、醫療器械販賣	臺東廳里		（Z）十，95
建億商店	昭和 2/6	0.2 萬		雜貨	臺東廳新港區		（Z）十二，104
東臺灣振業	昭和 3/5	6 萬／（AF）10 萬圓	連碧榕（宜蘭街協議會員）	土地開墾、買賣及造林、農產加工（農業）	花蓮港廳玉里庄	臺人 100%	（A）433（B）355（C）211（Y）十四，128（AF）二十二，160

旭漁業組	昭和 3/9	0.6 萬		太熊安右衛門		火燒島中寮		(A) 445 (B) 367
鼎東森商行	昭和 5/5/5/9	1 萬			林產物採取、販賣	臺東街		(S) 24
丸合運輸組	昭和 5/7	0.35 萬圓 /1.4 萬圓	劉禮震 / 劉意憨		運輸業 / 海陸運輸、林產物之採取販賣、生產物買賣和委託販賣、生產物事業資金之供給	花蓮港街春日通	在臺居住者 100%	(A) 441 (C) 219 (Y) 十九，118
新港自動車商會	昭和 6/4	(K) 2.5 萬 (G) 5 萬圓 (AF) 7.5 萬	(K)(M)(N) AF) 飯干太加次 / 千代田弘（臺東）、有限社員松井金二郎、宮本勝、田中實		運輸代理業、運輸業、物品販賣業	(G)(K) 本社臺東廳新港街，支店臺東街寶町	昭和 4 年成立株式會社，6 年改組為合資會社	(A) 449 (B) 371 (C) 226 (G) 326 (K) 265 (M) 213 (N) 236 (S) 24 (Z) 十二，104 (AC) 22 (AF) 二十二，164 (AD) 昭 10.12.3，8 版
旭東共同商店	昭和 6/9	0.1 萬			金物販賣、裁縫業	臺東廳里壠區		(Z) 十二，104
順發商店	昭和 7/1	0.3 萬			食品及日常雜貨販賣	臺東廳里壠區		(Z) 十三，106
新隆和號	昭和 7/2	0.4 萬圓	城再發（臺南）			臺東街寶町		(A) 449 (B) 371
合資會社三計公司	昭和 7/3	0.3 萬圓			碾米、米穀買賣	玉里庄	在臺居住者 100%	(Y) 十九，118
萬全	昭和 7/6	1 萬圓	陳保全		日用雜貨販賣運輸、碾米業	花蓮港廳鳳林區	在臺居住者 100%	(A) 441 (B) 363 (E) 219 (Y) 十九，118
金福成號	昭和 7/9	0.6 萬	賴文騫		農林產品加工並土地開墾、物品販賣事業	臺東街寶町		(Z) 十三，106 (AF) 二十二，164
合資會社丸新運輸商會	昭和 7/10/10	1 萬圓	鄭墩 (L) 鄭墩		運輸代理業	花蓮港街春日通	在臺居住者 100%	(A) 441 (B) 363 (C) 219 (J) 300 (L) 317 (Y) 十九，118
億源商會	昭和 7/12	0.3 萬圓	羅總裘		米穀買賣及碾米業	花蓮港廳玉里庄	在臺居住者 100%	(A) 435 (Y) 十七，112 (B) 357 (C) 213

豐南興產	昭和 8/1	3 萬圓	江口豐次	(J) 土地開拓，造林事業，農產物加工製造販賣，前項附帶事業 (AF) 工業，澱粉製造栽培	花蓮港廳玉里郡大庄街公埔	在臺居住者 100%	(A) 432 (C) 210 (J) 331 (L) 138 (Y) 十九，118 (AF) 二十二，160
東義昌	昭和 8/5	0.12 萬	張加	物品販賣業	臺東街寶町		(A) 433 (B) 355 (Z) 十四，106
合資會社豐田澱粉製造所	(J) 昭和 8/10	(J) 1.266 萬元	(J) 岩野仁一郎	澱粉製造業	(J) 花蓮港廳壽區豐田村	在臺居住者 100%	(J) 279 (Y) 十九，118
新港水產	昭和 8/12	1 萬圓	毛利之俊	水產業及水產關係業務代行冷藏、及運搬水產獎勵相關設施	臺東廳新港區		(D) 210 (J) 209 (L) 198 (Z) 十五，110
新興蕃地物產	昭和 9/6	0.1 萬圓/0.4 萬圓	顏文龍	蕃產品買賣	花蓮港街稻住通	在臺居住者 100%	(A) 449 (Y) 十九，118 (B) 371 (C) 226
里自動車/關山自動車運輸	昭和 9/7	0.3 萬/1 萬 8 千圓	宋子鰲（梅田明志，新港）	汽車運輸業	臺東廳里		(A) 441 (B) 362 (C) 218 (Z) 十五，110 (AG) 41
金泰興商行	昭和 9/8	1.06 萬圓/2.5 萬圓	許尾＊輝（花蓮）	落花生油製造、肥料販賣、澱粉製造	花蓮港街春日通	在臺居住者 100%	(A) 447 (B) 368 (C) 224 (Y) 十九，118
德為	昭和 9/8	0.3 萬圓	謝德為	蕃產物製造及金銀銅買賣	花蓮港街稻住通	在臺居住者 100%	(A) 433 (Y) 十九，118
金泰興產業	昭和 9/8	2.5 萬	(A)(B)(E) 許尾輝	米穀販賣和碾米業	花蓮港街春日通	在臺居住者 100%	(A) 436 (B) 358 (C) 214 (Y) 二三，167
花蓮港興業	昭和 10/2	0.5 萬		土地開拓、買賣及造林	花蓮港街	在臺居住者 100%	(Y) 二三，167
蘇花自動車運輸	昭和 10/4	5 萬圓	松本光雄	花蓮港蘇澳及廳下汽車客貨運輸事業	花蓮港街黑金通		(A) 452 (B) 373 (AF) 二十二，162 (D) 289 (C) 228 (L) 261

金源發商行	昭和10/07	0.5 萬圓	吉田虎雄	蓪草紙的販賣製造、蓪草其他主副產品的採取加工販賣、前項之外有必要之生產物的買賣	花蓮港街新濱		（D）302（L）273（K）242
新恒益商會	昭和10/11	0.8 萬圓	黃幼英	碾米	花蓮港廳公埔	在臺居住者100%	（A）449（B）371（C）226（Y）二三，167
玉里振興	昭和11/1	0.61 萬圓	河原幾次郎		花蓮廳玉里庄		（L）273
安武組	昭和11/3	2萬圓（E）4.3 萬圓	安武稔男（E）（AF）板本健介	土木建築承包業	花蓮港市入船通	在臺居住者100%	（A）441（B）363（C）219（Y）二三，167（AF）二十二，160
榮發海陸運輸組	昭和11/3	0.6 萬圓	王亦箱	海陸貨物運輸	花蓮港街春日通	在臺居住者100% 林根	（A）444（B）366（C）222（Y）二三，167
東部製粉	昭和11/4	6 萬圓	（A）（L）（AF）王阿火（平野區）	澱粉並製簽	花蓮港街有明通（L）舊新港街	在臺居住者100% 林根	（A）433（B）355（C）211（L）163（Y）二三，167（AF）二十二，160
金榮豐商會	昭和11/4	0.8 萬圓	張琳秀		花蓮港街春日通		（A）447（B）369（C）224
鹽寮港製糖	昭和11/5	2.77 萬圓（D）2.4 萬圓	林德旺、大西萬吉（（D）石川源太（花蓮豐田）（N）林德旺	（D）（G）甘蔗的原料砂糖的製造販賣及一般農產物的加工販賣、土地的拓殖	（G）花蓮郡壽庄水璉（D）平野區荳蘭	在臺居住者100%	（A）444（B）366（D）378（G）144（（N）42（Y）二三，167
泰豐商行	昭和11/6	3.6 萬圓	林根（花蓮舊新港街）	落花生脫殼及碾米業、米穀移出買賣肥料並麻袋販賣、前項附帶之事業	花蓮港舊新港街	在臺居住者100%	（A）438（B）359（Y）二三，167（AG）447
陳尚記商店	昭和11/6	0.6 萬		吳服和洋雜貨商	花蓮港街	在臺居住者100%	（Y）二三，167
花蓮港林產物	昭和11/11	0.2 萬		蓪草採取販賣、獸皮獸骨	花蓮港街	在臺居住者100%	（Y）二三，167

名稱	設立	資本	代表者	業務	所在地	居住者	出處
瑞穗運輸	昭和11/11	3．2萬/0.96萬	馬有岳（瑞穗庄）	汽車營業、物品運輸以及旅客運輸	花蓮港廳瑞穗	在臺居住者100%	（Y）二三,167（A）448（AF）二十二,162（B）370（C）225
臺榮商行	昭和12/2	0.5萬/1萬圓	張得成（花蓮街）	海運貿易業	花蓮港街春日通	在臺居住者100%	（A）438（Y）二三,167
東臺灣運輸	昭和12/8	1．02萬/3.1萬圓/4萬圓	陳井	海陸貨物運輸	花蓮港街春日通	在臺居住者100%	（A）451、.433（B）355.372（E）227（C）211（Y）二三,167
新高商會	昭和12/8	0.75萬	張超	貨物汽車業	花蓮港市		（AF）二十二,162
東臺製糖	昭和12/9	7萬圓（C）5萬圓（M）（N）黃（G）（N）7.1萬圓	陳 傳（G）（M）（N）黃再壽（宜蘭）	紅糖製造	臺東廳新港郡都巒庄		（A）433（B）355（AF）二十二,164（C）211（G）144（M）46（N）43
豐裕商行	昭和13/1	2萬圓	林根		花蓮港街		（A）432（B）354（C）210
瑞泰碾米所	昭和13/2	1萬圓	陳茂廷	碾米	臺東街		（A）452（B）373
共榮商會	昭和13/3	1.2萬圓（K）3萬圓	（K）董事社長木野田篤、董事酒向田一、監事葉成/面吉松	（K）蕃產品取得和販賣	（B）（E）花蓮港市入船通		（A）447（B）369（C）224（K）236（AF）二十二,162
東新堂大藥房	昭和13/5	1萬圓（C）（AF）0.7125萬	宮本勝	（C）漢藥販賣	臺東街寶町		（A）433（B）355（AF）二十二,164
花蓮港畜產	昭和13/5	2萬圓	國田正二	畜產	花蓮港街黑金通		（A）441
臺灣デリス合資	（K）昭和13/05	（K）2萬圓	（K）國田正二	（K）消毒藥原料	（K）花蓮港街黑金通		（K）237
富里運輸組	昭和13/7	1萬圓	江口豐次	運輸	花蓮港廳富里		（A）433（B）355（C）211
新港拓殖	昭和13/8	15萬圓（A）14萬圓	菅宮勝太郎（新港）	土地開墾和芭蕉栽培	臺東廳新港庄	總經理宋子鰲（1940,新港）	（A）449（B）371（C）226（AF）二十二,164
東一木材商行	昭和13/11	1.75萬/（AF）6萬	李火炎（臺北）/（AF）村田幸三	木材製材並販賣商	（K）花蓮港街稻住	在臺居住者100%	（A）434（B）355（C）211（K）232（Y）二三,167（AF）二十二,162
順益商店	昭和14/3	1萬圓	謝本然		花蓮港廳吉野庄		（A）450（B）372（C）227
大化商事	昭和14/3	1萬圓	龜崎茂三郎		花蓮港街福住		（A）438（B）360（C）216

東臺青果	昭和 14/5	8.3 萬 圓 /（AF）14.9 萬圓	長尾景德（臺北，總督府法務部長）	青果物產和加工買賣（工業）	（G）本社花蓮港街千石、支店玉里郡		（A）434（B）355（C）211（AF）二十二，160（G）242
泉屋商店（合泉屋）	昭和 14/6	3 萬圓	須田晉作（花蓮港）	商業？	花蓮港街黑金通		（A）431（B）353（C）209
瑞穗糖部	昭和 14/8	8.5 萬 圓（G）（N）8.45 萬圓	（B）（E）（AF）陳萬發（N）蘇沛	赤糖製造販賣、土地買賣，土地開墾	瑞穗庄奇美		（A）448（B）370（C）225（G）143（N）43（AF）二十二，160
東亞工藝	昭和 14/9	0.9 萬圓	村田市藏	藤製品製造販賣（工業）	花蓮港街稻住		（A）434（B）355（E）211（AF）二十二，160
共運組	昭和 14/10	3.4 萬圓	張得成（花蓮）	海陸運輸貿易及代理業	花蓮港街春日通		（A）448（B）369（AF）二十二，162
恭東產業（E）泰東產業	昭和 14/11	1 萬 圓（AF）3 萬圓	陳康健（臺北？）	（E）海陸物產加工販賣（工業）	臺東街榮町		（A）448（B）369（AF）二十二，164
東臺灣纖維工業	昭和 15/3	3.1 萬圓 /（AF）2.9 萬	國田正二	山棕櫚纖維製造業	花蓮港市舊新港街		（B）372（C）227（AF）二十二，162
臺東纖維工業所	昭和 15/6	3.4 萬圓	吉村健吉	纖維加工業	臺東街寶町		（AF）二十二，164
池田商事	昭和 15/7	0.95 萬圓 /（AF）1 萬	朝日敏治	食品工業，食品、罐頭及咖啡製造	花蓮港市朝日通		（C）209（AF）二十二，160
南國實業	昭和 16/3	1.6 萬	胡輸章 / 胡益壽	金錢貸款	花蓮港市		（AF）二十二，162
花蓮港食品製粉	昭和 16/10	4.2 萬 圓 /（AF）6 萬	植田福松（花蓮港街）	穀粉製造業	花蓮港稻住		（C）218（AF）二十二，160
花蓮港運輸		1 萬	饒永昌	運輸	花蓮港		（AA）82
振文堂印刷合資會社	不詳	3.2 萬	龜崎茂三郎	活版印刷業	花蓮港市		（AF）二十二，160

說明：資料來源代號同附表 1。

附表 14：日治時期東臺灣的合名會社

會社名	創立時間（年／月）	創立資本金	負責人	營業項目	所在地及支店、出張所	資本來源	資料來源
合名會社疊商店	大正 5/3	0.06 萬元		疊製造販賣	卑南街		（R）二十，552
旭漁業組	大正 13/5	0.6 萬	大熊安右衛門（臺東）	柴魚加工製造販賣、漁業（工業）	臺東街火燒島	出資社員松井金太郎、飯干太加次	（Z）十二，104（AC）22（AF）二十二，164
東捷利商店	大正 14/9	2 萬圓	林　治（臺東）	雜貨、零售商、碾米業、土地開墾利用買賣業	臺東街寶町		（A）453（B）375（S）24（Z）九，118
金榮豐商店	大　正 14/10	1.5 萬	賴金木	油類、麥酒零售商／米穀零售業、物品販賣、土地開墾利用買賣業、仲介代理業	臺東街	由合資會社改為合名會社？	（S）24（Z）九，118
玉里殖產	昭和 2/2	1 萬	陳新任	農業土地開墾栽培	玉里郡		（AF）二十二，160
義和商會	昭和 3/4	1 萬 /1.2 萬 /（AF）2 萬	李群山（玉里）	碾米及米穀買賣／（AF）工業、製材、木材買賣	花蓮港廳玉里	在臺居住者 100%	（A）457（B）379（C）233（Y）　十九，118、十七，112（AF）二十二，160
鼎東森商行	昭和 5/5	1 萬圓	李添福（臺東）	木炭業／昭和 9 年增農林產物採取	臺東街榮町		（A）457（B）379（C）233（Z）十五，110
黃源發商店	昭和 6/4/10	1 萬	黃　本（臺東）、黃　得（臺北）	雜貨零售、海產物販賣	臺東街		（S）25（Z）十二，104（AC）22
陳記商店	昭和 6/4/1	0.3 萬	陳　意（臺北）	雜貨、罐頭、煙草雜貨零售／日用雜貨	臺東街寶町		（S）24（X）2（Z）十二，104（AC）23
日利商店	昭和 6/6	0.2 萬		物品販賣、鐘錶商	臺東廳新港區		（Z）十二，104
合名會社德興碾米所	昭和 6/10	0.54 萬圓	賴　牛（B）陳苦力（臺東街）／邱文質	碾米業	臺東街寶町		（A）453（B）375（S）25（AC）23
合名會社新陸和號	昭和 7/3/1	0.4 萬		碾米業、蔗農	臺東街		（S）25（Z）十三，106
合名會社長興碾米所	昭和 7/5	0.5 萬	莊水礁（澎湖）	碾米業、米販賣事業	臺東街		（S）25（Z）十三，106（AC）27
福成號	昭和 7/10	0.6 萬		雜貨零售	臺東街		（S）25

林成泰公司	昭和 7/10	0.5 萬	林烏文（澎湖）	米穀販賣並養豬業	臺東街		（AC）22（Z）十三，106
興農苗圃	昭和 8/7	0.6 萬圓	邱傳敏	各種果苗及品種改良	花蓮港廳平野區（研海）	在臺居住者100%	（A）456（B）378（E）232（Y）十九，118
興南商會	昭和 8/8	0.6 萬	邱傳敏	飲料、製果及殺蟲劑（工業）	花蓮港市		（AF）二十二，160
東臺灣興農園	昭和 8/9	3 萬 圓（K）1 萬圓（AF）1.5 萬圓	玉井龜次 郎（花蓮港街）	農業經營、農產物製造、加工販賣、及相關農業（AF）貸地業、代理店（商業）	花蓮港街舊新港	在臺居住者100%	（A）458（B）380（C）234（Y） 十九，118（K）236（AF）二十二，162
臺灣自轉車	昭和 9/10	0.5 萬圓		腳踏車販賣	花蓮港街	在臺居住者100%	（Y）十九，118
廣源公司	昭和 10/2	0.61 萬圓	彭阿運	土地買賣和開墾	花蓮港廳大庄區	在臺居住者100%	（A）456（B）378（E）232（Y）二三，167
大丸	昭和 10/3	0.6 萬圓	丸茂一		花蓮港廳薄薄（研海）		（A）455（B）377（C）231
泰豐商行	（K）昭和 11/06	（K）3.3 萬圓	（K）無限林根（花蓮）、有限王亦箱		花蓮港街舊新港街		（K）234
花蓮港林產物	昭 和 11/11	0.2 萬圓	（B）安藤芳男（C）（AF）根上峰吉	林產物蕃產和獸皮販賣（商業）	花蓮港街朝日通		（A）456（B）378（C）230（AF）二十二，162
本草商會	昭 和 12/11	0.5 萬圓	林永棟	物品販賣和代理業	花蓮港舊新港街	在臺居住者100%	（A）453（B）375（C）229（Y） 二三，167（AF）二十二，162
東部物產	（K）昭和 13/04	（K）3 萬圓	（K）馬場弘（臺北）		（K）花蓮港街稻住		（K）236
小川組	昭和 14/1	5 萬 圓 /（AF）10 萬	進藤友示	（K）土木建築設計及承包業、材料販賣、鐵工業及鐵構工作相關事業、勞力承包業、農業相關經營、各種事業投資、代理業	花蓮港廳花蓮街（B）（C）（K）（M）（N）花蓮港街朝日通 7	全為日資	（A）454（B）376（C）230（K）221（M）267（N）286（AF）二十二，160
小川組	昭 和 16/12	7.9 萬圓	小川浩		花蓮港廳研海庄		（C）230
花蓮港食品製粉	昭 和 16/12	1.5 萬圓	生田福松（花蓮港）		花蓮港市稻住町		（C）230
興亞共榮	昭和 17/4	10 萬圓	杉本重吉		臺東廳臺東街		（C）232

資料來源代號同附表 1。

附表 15：日治時期東臺灣的有限會社

社名	設立	出資金	代表者	產業別	所在地	碼
鹿野農場加工工場	昭和 16/3	1.67 萬圓	蔡水來（汐止？）		臺東廳鹿野庄	（A）351
小川浩商事／小川浩商店	昭和 16/10/25	19.5 萬圓	董事社長小川浩（花蓮）／社長小川慎一	物品販賣業	花蓮港市朝日通	（B）205（M）64（N）70（AF）二十二，162
小川興業／小川興產	昭和 16/11	18 萬圓	（AF）（M）（N）社長小川浩，專務董事小川慎一	（M）1 土地建物之經營 2 貸款業（金錢／建物／器物）3 代理業 4 對國策事業之投資或經營	花蓮港市朝日通	（B）205（M）162（N）179（AF）二十二，162

附表 16：日治時期本社不在東部但設立支店的株式會社

會社名	創立時間	創立資本金	負責人	營業項目	所在地及支店、出張所	大股東	資料來源
朝日新聞社	(C) 明治12/1		(C) 董事社長村山長舉	(C) 新聞紙發行、附帶事業	(C) 本社大阪市；花蓮港市通信部	(C) 村山長舉、上野精一	(C) 80
大阪朝日新聞社	(M) 明治12	(M) 1000萬圓	(M) 花蓮通信局長宗貞利登	(M) 新聞發行圖書印刷一切附帶事業	(M) 本社大阪市、花蓮港通信局花蓮港市舊新港三		(M) 329
鵬南時報社			東臺灣支局根上峰吉	新聞事業	花蓮港朝日		(AI) 60
臺灣興業			花蓮港事務所小野田太郎		花蓮港黑金通		(AI) 60
日本通運			花蓮港出張所野村庄平		花蓮港黑金通		(AI) 59
大阪每日新聞社	(M) 明治15/2	(M) 1000萬圓	(M) 花蓮港通信部主任甘谷嘉盛	(M) 新聞發行．圖書印刷一切附帶業務	(M) 本社大阪市、花蓮港通信部花蓮港市		(M) 328
大阪商船	明治17/5	120萬圓	董事社長岡田永三郎；花蓮港出張所所長濱野謙三 (M) 花蓮港出張所所長武藤照道 (N) 臺北支店長兼花蓮港出張所支店長廣瀨辰之助	船舶運送業及其代理業相關產業	本社大阪市；出張所花蓮港街黑金通 (M)(N)	12825（宮內省）、65700（大株代行會社）	(A) 316 (C) 120 (G) 330 (M) 181 (N) 197
帝國生命保險	(G) 明治21/3	(G) 100萬圓	(G)(K) 花蓮港監督所所長高宗守		(G)(K) 本社東京，監督所花蓮港		(G) 363 (K) 317
日本生命保險	明治22/07		支店長今泉浩、花蓮港事務所主任中村善吾		本社大阪市今橋、支店臺北市本町3之3、花蓮港事務所花蓮港黑金通15		(D) 348
臺灣日日新報社	(C) 明治31/5	(C) 10萬圓 (D)(G) (K) 百萬圓	(C) 總經理長谷理教、花蓮港支局長加藤誠一、臺東支局長渡邊義孝 (D) 社長河村徹、董事顧問赤石定藏、董事辜顯榮、監事林熊徵、花蓮港支局長加藤誠一 (I) 社長河村徹，花蓮港支局長中曾根茂夫	(C) 新聞發行、圖書出版販賣、各種印刷、寫真、印刷材料販賣	(C) 本社臺北市榮町、支局：花蓮港、臺東 (F)(G)(J) (L)(K) 花蓮港支局：舊新港七五 (G)(K) 臺東支局：臺東街新町		(C) 78 (F) 322 (D) 362 (G) 375 (I) 140 (J) 338 (L) 341 (K) 305 (N) 318

臺灣銀行	明治32/8 (I)(J) 明治32/6/12。大正3/4,設立臺東出張所。3/3設立花蓮港廳出張所。	500萬圓 1500萬圓 (E)2000萬圓 (G)1500萬圓	總裁水津彌吉、臺東支店長雪丸秀助、花蓮港支店長高橋庄吉 (F)臺東支店長宇敷斐夫、花蓮港支店長泉二郎 (G)臺東支店長中村進；花蓮支店長渡邊三郎 (H)臺東支店長松茂良興祥、花蓮港支店長夏本彌之助 (J)社長島田茂、臺東支店長籐本表馨、花蓮港支店長泉二吉 (L)總裁保田次郎,臺東支店長宇敷斐夫、花蓮港支店長泉二吉 (M)總裁水津彌吉、副總裁上山英三、臺東支店長雪丸秀助、花蓮港支店長岸八郎 (N)總裁水津彌吉臺東支店長雪丸秀助花蓮港支店長高橋庄吉	關於匯票、商業貼現票據、匯兌等的信託事業、他銀行業務代理等	臺北市；支店臺東、花蓮(F)(G)(H)(I)(J)(L)(M)(N)臺東寶町、花蓮港高砂通	15132(內藏頭)、2500(內藏大臣)	(B)15 (C)13 (F)115 (G)101 (H)4 (I)3 (J)91 (L)71 (M)3 (N)3； (R),二十,556
臺灣新聞社	明治34/4	20萬圓	董事社長松岡富雄、花蓮港支局長松本武、臺東支局長原田庄市 (D)臺東支局長中村義德 (G)(K)花蓮港支局長安藤芳男、臺東支局長賴茂生 (L)花蓮港支局長松本武、臺東支局長相良光彌 (N)花蓮港支局長津久井忠夫	新聞紙發行、印刷物、帳簿製本業、印刷材料販賣業	本社：臺中市明治町(G)花蓮港朝日通、臺東街寶町(K)		(F)330 (D)368 (G)379 (L)345 (K)306 (M)277 (N)323
臺灣日報(舊臺南新報)	明治36/01	10萬圓	董事社長宮本一學、董事陳鴻鳴、監事山本壽太郎、花蓮港駐在員津久井忠夫 (G)(K)花蓮港駐在員津久井忠夫、臺東註在員石橋麟一郎		本社臺南市北門町二町目、花蓮港街朝日通、臺東寶町518		(D)362 (G)383 (K)311

千代田生命保險相互會社	明治37/4	36萬圓	董事社長土井正司、臺灣支部長川津清一郎（D）支部長江森立男、出張所主任中園彪（G）（K）支部長江森立夫，花蓮港出張所所長中園彪	生命保險業	臺灣支部臺北市明石町二之六；出張所花蓮港		（B）52（C）28（D）347（G）359（K）315
明治製糖	（M）明治39/12	500萬/（C）5800萬	（M）董事會長長有馬健助、董事副會長藤野幹、臺東製糖所、經理課長井出都紀	（M）砂糖橡膠酒精及其熱帶產物的製造賣買及其原料之購入栽培肥料賣買有關事業	（M）本社臺南州曾文郡麻豆街總爺，臺東製糖所不詳		（M）37
鹽水港製糖	明治40/3	500萬圓（G）6000萬圓（H）2500萬圓（K）六千萬圓	（G）社長岡田幸三郎、專務董事黑田秀博；花蓮港山本富藏（H）董事社長慎哲、董事橋本貞夫、監事藤崎三郎助、花蓮港所長黑田秀博（I）常務董事羽鳥精一、花蓮港製糖所所長松原徹（J）（L）董事社長慎哲，花蓮港製糖所所長松原徹（K）董事社長慎哲、常務董事岡田幸三郎、監事松原徹、董事所長楠田正雄（M）董事社長田口弼一、花蓮港製糖所所長岡泰良（N）董事社長岡田幸三郎、常務董事松原徹、監事常谷川貞成、花蓮港製糖所所長岡泰良	砂糖及酒精、脫色炭製造販賣業、開墾、甘蔗、米穀其他農作採礦、牧畜、造林伐木、製腦	臺南州；製糖所花蓮港鳳林郡濤村（E）加路蘭3/7，廣鄉加路蘭社（F）製糖所：花蓮港壽村（N）本社臺南州新營郡新營花蓮港製糖所花蓮港廳壽庄	94943（新營產業）、63270（東株代行）（B）163018（新榮產業）、40070（岡田幸三郎）大正三年首先至東部設置分店	（A）174（B）89（C）34 D120（E）24（F）6、162（G）138（H）101（I）77（J）157（L）102（K）90（M）40（N）35；（R）十九，591
住友生命保險	明治40/5	40萬元/150萬（C	花蓮港事務所主任西村繁二	生命保險業	本社大阪、支店臺北市		（D）353

臺灣商工銀行	明治 43/6	100 萬圓 /(C) 500 萬圓	總裁董事山中左太郎 (G) 總裁董事屯松一造、花蓮港支店長森巍 (H) 花蓮支店長志和仁太郎 (I) 總裁古賀三千人、花蓮港支店長田中茲 (L) 總裁董事古賀三千人、花蓮港支店長福島寬 (M)(N) 總裁董事荒木正次郎、專務董事與田四郎、花蓮港支店長鈴木幹一	銀行業	臺北市大和町：花蓮港支店(大正 3/9)：花蓮港街高砂通 (F)	10180（古賀千代子）、6843（京和合資會社）	(D) 91 (F) 119 (G) 106 (H) 19 (L) 75 (M) 10 (N)10；(R) 二十，555 (B) 19 (C) 15
臺灣無盡	大正 5/11	6 萬		無盡	花蓮港街大正 6/5 設置花蓮港出張所		(R) 二十，555 (Y) 三 74
星製藥	(H) 明治 44/1		(H) 社長星一、臺東廳蕃地知本社主任香下稔、花蓮港元販賣所所長風間慶一郎		(H) 本社東京，臺東廳蕃地知本社, 花蓮港廳		(H) 250
臺灣煉瓦	大正 2/7	300 萬圓	(A) 董事社長後宮信太郎、專務董事芝原仟三郎；幹部社員花蓮港小槻敬馬；(C) 花蓮港社員淺野陸夫 (G) 董事木村泰治、花蓮港工場主任小槻數馬 (M) 董事社長後宮信太郎、專務董事芝原仟三郎、花蓮港工場主任淺野陸夫	各種煉瓦、瓦、土器、土管製造販賣及各種建築、土工用諸材料的販賣、投資、炭礦事業的投資、火災保險會社的代理店	臺北市明石町，工場花蓮港研海庄加禮	21981（後宮信太郎）、5105（芝原仟三郎）	(A) 212 (B) 125 (C) 72 (G) 274 (M) 177 (N) 195
三井生命保險	大正 3/3	50 萬元 /200 萬元 (C)	(K) 花蓮港出張所所長市丸二八	生命保險業	昭和 16 年已經不見東部支店		(G) 365 (K) 319 (C) 25
臺灣製腦	大正 8/02	1000 萬圓	(I) 董事社長赤司初太郎、花蓮港出張所所長上田覺太郎 (J) 花蓮港出張所所長一番ケ瀨牧太	樟腦採取、開墾、造林其他附帶企業	(I) 本社臺北市，出張所 (8/5)：花蓮港街黑金通 (J) 花蓮港街朝日通 (R) 成廣澳庄 (8/5)	成廣澳出張所	(H) 114 (I) 89 (J) 165； (R) 二三，562
宜蘭振拓產業	大正 8/3	60 萬		製酒	花蓮港製酒工場、玉里製酒工場		(Y) 五，76

臺灣拓殖合資會社	大正 8/6 臺東支店	10萬		開墾並煙草、苧麻、甘蔗等栽培及牧畜	臺東街		(R) 二三，562
臺灣合同電氣	大正 8/2；9/08 臺東	(K) 200萬圓	(K) 董事社長風間八左衛門、臺東營業所社員岩花政之助		(K) 臺東營業所		(K) 112 (S) 24
臺灣土地開拓	大正 8/11	(E) 150萬圓	福迫忠亮	土地開拓經營等相關事業	本社臺北州西門町、里 區雷公火		(E) 482；(U) 56
臺灣貯蓄銀行	大正 10/11	100萬圓	總裁邨松一造、董事荒目正次郎；花蓮港支店長遠藤宇吉；(C) 大貫武 (G) 董事藤田輝三	貯蓄銀行業	臺北市本町；支店花蓮港市 (G) 花蓮港黑金通	株式會社臺灣商工銀行、邨松一造)	(B) 28 (G) 110
臺灣產業	(M) 大正 14/6/8（元十本商事）	(M) 100萬圓	(M) 董事社長十本正春、監事三好正雄	(M) 炭採掘賣買、船舶代理、東部土地開拓、船舶代理業、山下汽船株式會社、日東汽船株式會社、日本製鐵株式會社、松岡汽船株式會社、柯木商事株式會社、乾汽船株式會社、石炭採掘、十平炭礦石炭卸賣業、指定卸賣業	(M) 本社基隆市、新港農場臺東廳新港郡長濱庄長濱		(M) 103
森永製品臺灣販賣	(K) 大正 14/05	(K) 30萬圓	(K) 專務董事吉川榮次郎、董事定近信一、監事野板新太郎、臺東出張所主任片山久夫		(K) 臺東出張所寶町		(K) 250
臺灣採籐	(I) 大正 15/4/28		(I) 董事社長高木拾郎	(I) 採籐及賣買	(I) 本社高雄市、臺東支店臺東廳臺東街		(I) 214 (J) 181
昭和新報社	昭和 4/3	(I) 5萬圓	(I) 董事社長徐乃庚、東臺灣支局主任楊來生	(I) 新聞紙發行，一般出版業，印刷機械販賣附帶事業	(I) 本社臺北市建成町、東臺灣支局		(I) 149

丸一組	（G）昭和6/11	（G）15萬圓	（G）專務董事本地才一郎、花蓮派出所柏原熾資平、花蓮港出張所主任羽生元雄、臺東出張所主任山本正行（N）常務董事木俣近治	海陸運送、艀船、倉庫、保險代理、附帶事業（M）1船舶運送業2陸上運送業3艀船運送業4勞務供給業5倉庫業6代理業	（G）本社：基隆，花蓮港出張所：花蓮港黑金通所增臺東出張所臺東廳臺東街榮町		（G）340（M）99（N）209
臺灣新民報社	昭和7/4 （G）昭和4/1	（F）36萬2500圓	（F）董事社長林獻堂、花蓮港支局長吳拜（G）專務董事林呈祿、花蓮港支局楊金木、臺東支局長洪寶昆（L）專務董事羅萬伸、花蓮港支局長鍾源福		（F）本社：臺北市末廣町、花蓮港支局：花蓮港街佳住通（L）花蓮港街福住通		（F）324（G）377（L）343
泰記汽船	（G）昭和8/1	（G）26萬圓（K）20萬圓	（G）（K）代表董事江口豐次	（G）海陸運送、委託業、附帶事業	（G）（K）代理店花蓮港街春日通，臺東		（G）333（K）271
日本化成工業	昭和9/8	3000萬圓	董事社長池田龜三郎		出張所花蓮港市舊新港		（C）44
臺陽汽船商事	昭和9/9/12	18萬圓	（M）（N）董事社長紀秋水、常務董事洪壽生、監事陳飛騰	（M）1海陸運送業2海陸物產委託賣買業3土地賣買並開墾業4建築用材販賣業5其他相關附帶事業	（M）（N）本社基隆市旭町花蓮港支店		（M）186（N）202
臺灣產業資源	（M）昭和9/11/2	（M）100萬圓	（M）專務董事代表森春喜、董事有川正義、花蓮港出張所所長福山榮一（N）監事真木勝太、花蓮港出張所所長長田修一	（M）1金錢貸款2金融仲介及債務保證3各種財產取得利用管理並賣買及仲介4各種代理業	（M）（N）本社臺北市本町花蓮港出張所花蓮港市稻住六四		（M）155（N）171

日本アルミニウム	昭和 10/6	1000萬圓 (G) 3000萬圓 (K) 3000萬圓	(A) 董事社長井阪孝；花蓮港工場建設事務所所長兼建設課長石川靜、副長兼事務課長河野俊雄 (B) 專務董事吉田一郎 (C) 花蓮港工場長石川靜 (G) 花蓮港建設事務所所長石川靜 (K) 副所長河野俊雄 (N) 花蓮港工廠長石川靜、副場長河野俊雄	アルミニウム及副產物製造加工並販賣代理業、運送業、附帶事業等	東京市；(C)(M) 花蓮港工場建設事務所花蓮港市米崙 (K) 花蓮港建設事務所花蓮港街黑金通	(A) 97010 (三菱礦業)、43000 (臺灣電力)(B) 108160 (三菱礦業株式會社)、43000 (臺灣電力株式會社)	(A) 181 (B) 93 (C) 41 (G) 168 (K) 116 (M) 73 (M) 79
杉原產業	昭和 11/3	500萬圓	(K) 董事社長杉原佐一、董事米田吉男、監事本地才一郎 (N) 專務董事杉原清三郎、常任監事淺野長四郎	1 製油製米粉製材製藥製紙及肥料製造業 2 油脂香料藥用纖維植物之栽培加工並畜產加工罐詰製造業 3 食料品纖維品自動車機械器具及一般物品販賣業輸移入並藥品及肥料輸移入賣買 4 商品賣買代理業並一般代理業 5 船舶 6 運送業	事業地：花蓮港玉里、鳳林、花蓮等地 (N) 本社臺北市本町. 支店花蓮港. 臺東		(G) 172 (K) 245
張東隆商事	昭和 11/9	(N) 50萬圓	(N) 代表董事張水福、專務董事張木、監事張歐園	(N) 石油類雜穀雜貨肥料自動車並部分品其他內外製品賣買	(N) 本社臺北市太平町. 臺東支店		(N) 68
和隆木材	(K) 昭和 11/09	(K) 200萬	(K) 董事社長顏欽賢、董事田中榮、監事野元純彥、花蓮港出張所所長朱阿零、臺東出張所陳銘源		(K) 花蓮港街入舟通 29、臺東街寶町		(K) 229

臺灣拓殖	昭和11/11	3000萬圓	(A)(G)社長加藤恭平;臺東街臺東出張所所長押見仁、花蓮港街黑金通出張所所長田中正穎(C)臺東出張所所長石塚正志、花蓮港出張所中村武久(K)花蓮港事務所主任田中正穎(M)花蓮港出張所所長副參事松井三省、臺東出張所所長副參事石塚正吉(N)花蓮港出張所所長技師中村武久	關於臺灣島內及南洋的拓殖、經營及拓殖資金的供給	(E)事業地:花蓮港鳳林、玉里(K)(M)(N)本社臺北市榮町、花蓮港出張所花蓮港市黑金通、臺東出張所臺東街臺東北町	300000(臺灣總督)、24500(大日本製糖)、18000(臺灣製糖)	(A)343;(C)129(E)492(G)201(K)142(N)84
臺灣棉花	昭和12/5	(C)300萬圓	(C)董事社長加藤恭平(G)代表董事加藤恭平專務董事山田拍採、董事日下辰太、監事大西一三、臺東工場主任押見仁	(C)實棉買入、繰棉及棉販賣、棉實油其他植物油製造販賣、棉花栽培並其助長獎勵	本社臺北市、工場臺東街北町	(C)57400(臺灣拓殖)	(C)134
日本運通	昭和12/10	(C)(K)3500萬圓	(C)(G)社長村上義一、花蓮港出張所所長野村庄平(K)花蓮港出張所書記秀島傳次(M)花蓮港出張所主任野村庄平(N)理事臺灣支社長野口春三、花蓮港出張所所長野村庄平	(C)小運輸業者之交易所產生的債權債務關係事業、貨物引換證整理及保證事業、助長小運輸業及關連事業	(C)(G)(K)本社東京市、出張所花蓮港市朝日通(N)花蓮港市黑金通		(C)128(G)339(K)285(M)219(N)209
臺灣畜產興業	昭和13/3	500萬圓	(C)董事社長加藤恭平(M)常務董事市島徹太郎、監事簑田靜夫、花蓮港、駐在員阿部通郎臺東駐在員西島佐十	1家畜增殖及販賣事業2畜產物加工及販賣事業3農水產物加工及販賣事業4皮革事業5飼料調製及配給事業	(M)本社臺北市表町花蓮港事務所花蓮港市稻住,臺東駐在所臺東廳臺東街寶町		(C)37(M)107

臺灣酒壜統制	（C）昭和13/11	（C）50萬圓（G）18萬圓	（C）董事社長樋口友吉（G）董事社長近藤勝次郎、專務董事岡崎亦喜、董事岡田進一、監事樋口友吉（M）專務董事稅所重雄	（B）依臺灣總督府專賣局指示，統制島內酒類空壜之需求及其價格等為主要事業	（C）（M）支店花蓮港市稻住通二三○（N）本社臺北市		（C）86（G）213（M）70（N）78
大日本航空	昭和13/12	（K）2550萬圓/1億圓（14/8）	（K）臺北支所長大西洋三郎、花蓮港出張所主事江藤新作（A）（G）總裁中川健藏；臺東出張所主任齊藤閨	（K）旅客、郵便、貨物航空輸送	東京市；出張所臺東飛行場內臺東、花蓮港內花蓮港	大藏大臣、兒玉常雄	（K）272（A）321（G）354
尾島電氣工業	（M）昭和14/9	（M）6萬8千圓	（M）董事社長德田壽吉，常務董事林慶一郎，監事扇直稅	（M）電力諸工事承包.電氣諸機械修理	（M）本社臺北市新起町、花蓮港出張所花蓮港市黑金通		（M）119（N）116
臺灣家庭必需品統制	昭和16/3	（C）50萬圓	（C）董事社長馬場彥太郎、花蓮出張所所長在藤健吉（M）董事社長河井莊太郎、常務董事宗像傅，監事玉置彌四郎	廚房用品清掃用品洗濯用品等輸出入及販賣、附帶事業	（C）（M）本社臺北市本町、出張所花蓮港市黑金通		（C）84（M）260
南邦林業	昭和16/7/25	（C）300萬圓	（C）董事社長網本淺吉	（C）公用木材特殊用木材及一般用木材其他林產物輸出、製造加工買賣並斡旋、造林、林業開發事業投資及融資	（C）本社臺北市，支店花蓮港入舟通		（C）135
臺灣電業	昭和16//9	（M）15萬圓	（M）董事社長德田壽吉，常務董事林慶二郎，監事豐田勝全	電氣材料販賣、電氣機械器具貸款、東光電氣株式會社、株式會社今泉製作所、日本電氣製造株式會社臺灣代理店	（M）（N）本社臺北市新起町花蓮港出張所黑金通		（M）113（N）117

臺灣更生物資統制	昭和16/11/26	60萬圓	(M)專務董事東淺次郎，常務董事山下末之武，監事安東敏明，顧問山本平吉	(M)島内廢品之回收及配給統制，2廢棄品之利用更生事業	(M)本社臺北市大安，花蓮港支店花蓮港市黑金通，臺東出張所臺東街榮町		(M)263
鹽寮坑製糖		不詳			事業地：花蓮港花蓮		(E)491
再製樟腦		不詳			事業地：花蓮港玉里		(E)491
亞熱帶產業					事業地：花蓮港玉里		(E)492
日本樟腦		不詳			事業地：花蓮港鳳林		(E)492
木村珈琲		不詳			臺東農場：臺東新港		(E)492
武田長兵衛商店	昭和11/11 大武	不詳		規那（金雞納樹）栽植、醫藥品販賣	大武規那園、關山規那園、臺東工場		《武田百八十年史》589-591
國際運通			(F)(L)花蓮出張所主任秀島傳次 (I)花蓮港出張所書記秀島傳次	(I)運輸業	(I)本社東京，花蓮港出張所花蓮港街黑金通		(F)293 (I)36 (L)308
日本食料工業／日本水產會社			(L)臺灣支店長柏木寬、新港工廠主任吉川藏治	(L)製冰、冷凍、魚肥、冷藏、魚糧、魚油、水產加工、大豆製品、漁港經營	本社東京，臺灣支店臺北市，新港工廠臺東廳新港區	昭和12年與共同漁業會社合併改稱日本水產會社	(L)111

附表 17：戰後歷史學的東臺灣研究書目（1945—2001）

中文學位論文			
作者	年代	論文題目	學位
吳建昇	2000	日治以前臺灣後山經營之研究	成大歷史學所碩士論文
潘繼道	1992	清代臺灣後山平埔族移民之研究	東海大學歷史所碩士論文
孟祥瀚	1988	臺灣東部之拓墾與發展	台灣師範大學歷史所碩士論文
張永楨	1986	清代臺灣後山開發之研究	東海大學歷史所碩士論文

中文期刊論文				
作者	年代	論文題目	期刊	卷期：頁數
溫國良	2001	明治 33 年以前臺東廳之宗教概況	臺東文獻	復刊 6：39-51
邱敏勇	2001	臺灣後山順安城小考	臺灣文獻	51(3)：105-111
潘繼道	2001	日據時期臺灣太魯閣族群的反抗血淚	歷史月刊	164:20-26
潘繼道	2001	清代大莊「舊人」臺灣後山發展史	臺灣風物	51(1):79-109
李宜憲	2001	晚清後山開撫議論之流變	臺灣風物	51(1)：111-140
林玉茹	2001	殖民與產業改造：日治時期東臺灣的官營漁業移民	臺灣史研究	7(2):51-93
林玉茹	2000	戰時經濟體制下臺灣東部水產業的統制整合：東臺灣水產會社的成立	臺灣史研究	6(1):59-92
潘繼道	2000	花蓮大莊「舊人」後山移民史	歷史月刊	146：126-132
潘繼道	2000	日據前臺灣太魯閣族群的發展	歷史月刊	152：14-21
李宜憲	2000	晚清後山駐軍與民莊的關聯性	臺灣風物	50(3):83-114
李宜憲	2000	晚清後山駐兵初探	臺灣風物	50(1):13-42
王學新	1999	日治時期東臺灣地區原住民的勞動力	東臺灣研究	4：35-72
吳榮發	1999	從璞石閣到玉里：一個東臺灣市鎮的早期發展	臺灣文獻	50(3)：263-283
潘繼道	1999	花蓮舊地名探源：認識「加禮宛」	歷史月刊	134：79-85
陳偉智	1998	田代安定與〈臺東殖民地豫察報文〉：殖民主義知識建構與東部臺灣的再現政治	東臺灣研究	3：103-146
潘繼道	1998	花蓮舊地名探源：被遺忘的「奇萊」民族與其故事	歷史月刊	127：4-11
趙川明	1998	臺東原住民部落遷移初探：八九六至一九六	歷史月刊	131：89-95
鍾淑敏	1998	日治時期文學中的花蓮印象	第一屆花蓮文學研討會論文集	71-82
蕭明治	1998	清季臺灣東部的漢「番」關係：以雙方勢力的衝突為例	中興史學 4	175-185
王學新	1998	公文類纂內明治時期臺東地區原住民史料之介紹（上）（下）	臺灣史料研究	10:104-116、11:87-112
吳永華	1997	日治初期臺東植物採集研究史 (1895-1904)	臺東文獻	復刊 2：41-54

黃學堂	1997	胡傳與臺東	臺東文獻	復刊 2：109-121
安後暐	1997	清代臺灣新鄉移民拓墾之研究	歷史教育	2：113-146
王學新	1997	論日治初期花蓮地區太魯閣番綏撫策略	臺灣文獻	48(4)：71-98
林玉茹	1997	由魚鱗圖冊看清末後山的清賦事業與地權分配型態	東臺灣研究	2：131-168
林玉茹	1997	「東臺灣世界」的研究史及史料評估	東臺灣研究	2：17-30
孟祥瀚	1997	由「卑南天後宮置產碑記」論清末臺東社會與經濟的發展	臺東文獻	復刊 1:6-15
孟祥瀚	1997	十七、十八世紀臺灣東部的對外接觸	臺東文獻	復刊 2:3-13
陳國棟	1997	關於東臺灣歷史定性的一些玄想	東臺灣研究	2：31-42
張隆志	1997	期待東臺灣研究與年鑑史學的嶄新對話	東臺灣研究	2：51-66
趙川明	1997	臺東縣寺廟發展簡史	臺東文獻	復刊 1:16-28
張振岳	1997	西拉雅平埔族的歷史與現況：花、東縣境內的祀壺現象初探	臺東文獻	復刊 1:34-50
李文良	1997	林野整理事業與東臺灣土地所有權之成立型態 1910-1925	東臺灣研究	2:169-195
陳鴻圖	1996	臺灣東部地區開發史研究概況：兼論地方性研究社團所扮演的角色	近代史學會通訊	4：48-56
張振岳	1996	噶瑪蘭族打那岸、打朗巷社的遷移：從花蓮潘虎豹家族說起	宜蘭文獻雜誌	21:43-52
王學新	1996	日據初期臺東地區抗日戰事中原住民族群向背之分析（一八九五至一八九六）	臺灣文獻	47(4)：129-148
林玉茹	1996	白川夜舟〈臺東舊紀〉譯註與史料價值評估	東臺灣研究	1：117-140
林玉茹	1993	二二八事件專號：東部地區訪問記錄	口述歷史	4：241-308
中村孝志 撰 許賢瑤 譯	1993	1655 年的臺灣東部地方集會	臺灣風物	43(1)：155-168
黃學堂	1993	清季對後山之經營及胡傳在臺東的政績	臺灣文獻	44(4):65-96
陳顯忠	1992	臺東天後宮的淵源	史聯雜誌	21:130-133
三田裕次 撰 鍾淑敏 譯	1992	故陸軍步兵二等卒加藤君墓誌銘：新城事件史料之一	臺灣風物	42(1)：198-200
中村孝志 撰 許賢瑤 譯	1992 原刊	荷蘭時代的探金事業補論：特別關於哆囉滿	天理臺灣研究會年報＊C	創刊號
林慶元	1992	十九世紀臺灣東部地區的開發	淡江史學	4：141-172

中村孝志 撰 許賢瑤 譯	1991 原刊	荷蘭人的探金事業再論	天理大學學報 * B	168：187-211
孟祥瀚	1991	清代臺灣東部之拓墾與發展	興大歷史學報	1：133-161
孟祥瀚	1991	日據時期臺灣東部人口增加之研究	興大文史學報	21：179-206
陳顯忠	1991	美麗的淨土：臺灣簡史	文訊月刊	25：29-32
鍾淑敏	1985	日據時期的官營移民：以吉野村為例	史聯雜誌	8
陳彩裕	1983	臺灣戰前人口移動與東部的農業成長	臺銀季刊	34(1)
吳明義	1982	阿美族的曙光：阿美族教會史略	臺灣神學論刊	4：137-162
項秋華	1980	淺談臺東縣的過去現在與未來	國教之聲	13(3)：7-12
盛清沂	1979	清代同光之際開山撫番史事編年	臺灣文獻	30(3)：1-26
洪敏麟	1978	光緒二三年臺東廳吏之蘭嶼探查史料	臺灣文獻	29(1)：1-15
鄭登園	1968	卑南抗日史話	臺灣文獻	19(3)：30-38
陳榮波	1962	清季臺灣東部之農耕型態	臺銀季刊	13(1)：324-344
陳季博 編譯	1959	臺東移住民史	臺灣文獻	10(3)：111-116
管容德	1953	日人統治花蓮	花蓮文獻	1：81-88
駱香林	1953	花蓮清時治績考	花蓮文獻	1：3-9
駱香林	1953	山胞抗日紀實	花蓮文獻	1：16-19
駱香林	1953	山胞抗日紀實續	花蓮文獻	2：32-35
曾一平	1953	漢人在奇萊的開墾	花蓮文獻	1
中村孝志撰，許粵華譯	1949 原刊	十七世紀荷蘭人在臺灣的探金事業	原刊天理大學學報 * A	1：1

中文專書及其他

作者	年代	題目	出版地：出版社
潘繼道	2001	清代臺灣後山平埔族移民之研究	臺北：稻鄉
趙川明	1999	美農高臺地區部落史	臺東：臺東師院
王學新	1998	日據時期東臺灣地區原住民史料彙編及研究	南投：臺灣省文獻會
孟祥瀚	1997	臺東縣史開拓篇	臺東：臺東縣政府
彭明輝	1995	歷史花蓮	花蓮：花蓮洄瀾文教基金會
陳顯忠 林鳳朝	1994	臺東史蹟源流第一輯	臺東：臺東縣政府
林熊祥	1958	蘭嶼入我版圖之沿革：附綠島	臺中：臺灣省文獻會

說明： ＊ A：1957 年 6 月許粵華翻譯，刊於《臺灣經濟史五集》，臺灣銀行研究叢刊。

　　　 ＊ B：譯稿刊於《臺灣風物》42（3）：85-118。

　　　 ＊ C：譯稿刊於《臺灣風物》42（4）：17-23。

參考書目

一、史料

（一）中文

《月摺檔》，現藏於故宮博物院。

《池上大同合作農場土地清冊》（1961）。

《行政院國軍退除役官兵輔導委員會臺東農場誌》。

《淡新檔案》，現藏於臺灣大學圖書館。

《淡新鳳三縣簡明總括圖冊》，臺灣文獻叢刊（臺北：臺灣銀行經濟
　　　研究室，以下簡稱文叢），第 197 種。

《試辦大同合作農場退除役官兵授田清冊》（1961）。

《臺東直隸州丈量八筐冊》，現藏於中央圖書館臺灣分館。

《臺東縣統計要覽》，1 期至 44 期，1946 年、1951 年至 1995 年。

《臺灣日日新報》漢文版。

《臺案彙錄甲集》，第 31 種。

《臺灣地輿全圖》，文叢第 185 種。

《清德宗實錄選輯》，文叢第 193 種。

《清會典臺灣事例》，文叢第 226 種。

《雍正硃批奏摺選輯》，文叢第 300 種。

內政部、聯勤總部測量署

　　1971 《中華民國臺灣區地圖集》。臺北：內政部。

王瑛曾

　　1962 《重修鳳山縣志》，（1764 年原刊）文叢第 146 種。

石再添

　　1992《臺灣省行政區劃概況地圖集》。臺中：臺灣省政府民政廳。

花松村

　　1994《臺灣鄉土全誌》。臺北：中一出版社。

江樹生譯

　　1999 《熱蘭遮城日誌》第 1 冊。臺南：臺南市政府。

沈葆禎

　　1959 《福建臺灣奏摺》（1880 原刊），文叢第 29 種。

吳贊誠

　　1966 《吳光祿使閩奏稿選錄》（1886 原刊），文叢第 231 種。

余文儀

　　1962 《續修臺灣府志》（1774 原刊），文叢第 121 種。

沈景宏

　　1994 《清宮月摺檔臺灣史料（一）》。臺北：故宮博物院。

東峰區

　　1950 《東峰區山地行政概況》，手稿本。

周鍾瑄

　　1962 《諸羅縣志》（1721 原刊），文叢第 101 種。

胡傳

　　1894 《臺東州采訪冊》（1894 原刊），文叢第 81 種。

范咸

　　1961 《重修臺灣府志》（1747 原刊），文叢第 105 種。

柯培元
　　1961《噶瑪蘭志略》（1837 原刊），文叢第 92 種。
洪敏麟
　　1969《臺灣堡圖集》。臺北：臺灣省文獻會。
夏獻綸
　　1959《臺灣輿圖》（1880 原刊），文叢第 45 種。
郭輝譯
　　1970《巴達維亞城日記》。臺北：臺灣省文獻會。
黃叔璥
　　1957《臺海使槎錄》（1722 原刊），文叢第 4 種。
陳培桂
　　1964《淡水廳志》（1871 原刊），文叢第 172 種。
陳朝龍
　　1968《新竹縣采訪冊》（1894 原刊），文叢第 145 種。
連橫
　　1976《臺灣通史》（1947 原刊）。臺中：臺灣省文獻會。
張本政
　　1993《清實錄臺灣史資料專輯》。福州：福建人民出版社。
程紹剛譯
　　2000《荷蘭人在福爾摩沙》。臺北：聯經。
經建會
　　1997《促進東部產業發展計畫》。臺北：作者印行。
臺東縣政府
　　1957《臺東縣政五年》。臺東：作者印行。
　　1986《今日臺東》。臺東：作者印行。

臺東縣文獻委員會

　　1983《臺東縣志》。成文本第 84 號。

　　1964《進步中的臺東》。臺東：作者印行。

臺東縣政府

　　1993《臺東縣概況》。臺東：臺東縣政府。

臺東縣臺東市公所

　　1976《臺東市政簡介》。臺東：作者印行。

臺東縣臺東鎮公所

　　1974《臺東縣臺東鎮申請改制為縣轄市實況報告書》。臺東：作
　　　　者印行。

臺東縣臺東鎮公所

　　1975《臺東縣臺東鎮民族里分里計劃書》。臺東：作者印行。

蔡振豐

　　1959《苑裡志》（1897 原刊），文叢第 48 種。

羅大春

　　1972《臺灣海防並開山日記》（1874 原刊），文叢第 308 種。

劉銘傳

　　1958《劉壯肅公奏議》，文叢第 27 種。

　　1969《劉銘傳撫臺前後檔案》，文叢第 276 種。

劉顏寧總纂

　　1993《重修臺灣省通志》經濟志・漁業篇。臺中：臺灣省文獻委
　　　　員會。

薛紹元

　　1960《臺灣通志》（1895 原刊），文叢第 130 種。

藍鼎元

　　1958《東征集》（1721 原刊），文叢第 12 種。

（二）日文

《戶口寄留簿》，藏於花蓮市戶政事務所。

《東洋時報》。

《東臺灣研究叢書》。

《東臺灣新報》。

《南方土俗》。

《南洋水產雜誌》。

臨時臺灣舊慣調查會，《蕃族調查報告書》，大正 2-10 年（1913-1921）。

《理蕃之友》，昭和 7-18 年（1932-1943）。

《臺灣現住人口統計》。

《臺灣日日新報》。

《臺灣水產雜誌》，1-344 號。

《臺灣地方行政》。

《臺灣協會會報》。

《臺灣時報》，第 1-228 號，大正 8 年—昭和 18 年（1919-1943）。

《臺灣農事報》。

《臺灣總督府府報》。

《臺灣慣習記事》。

《臺灣總督府公文類纂》。

《臺灣警察協會雜誌》。

《臺灣史料稿本》，明治 28 年—大正 8 年（1895-1919）。

臺東廳，《臺東廳報》，明治 38 年—昭和 18 年（1905-1943）。

臺灣拓殖株式會社，《臺灣拓殖株式會社文書》，第 132 冊、181 冊、223 冊、224 冊、415 冊、755 冊、1320 冊、1391 冊、1711 冊、

1810 冊、2434 冊、2772 冊、2823 冊。

臺灣總督府民政部文書課，《臺灣總督府統計書》，明治 36 年—昭和
　　17 年（1903-1942）。

臺灣總督府民政部警察本署或臺灣總督府警務局，《蕃社戶口》，花
　　蓮港廳和臺東廳，大正 6 年—昭和 13 年（1917-1938）。

臺灣總督府官房調查課，《臺灣人口動態統計》，明治 38 年—昭和
　　17 年（1905-1942）。

臺灣總督府官房臨時國勢調查部，《國勢調查結果表》，大正 4 年—
　　昭和 10 年（1915-1935）。

臺灣總督府殖產局商工課，《臺灣商工統計》，1923-1942。

臺灣總督府總務局，《臺灣常住戶口統計》，昭和 10-17 年
　　（1935-1942）。

臺灣總督府官房臨時戶口調查部，《臨時臺灣戶口調查集計原表》，
　　明治 40 年—大正 6 年（1907-1917）。

《臺灣總督府公文類纂》，現藏於國史館臺灣文獻館。

入澤濟
　　1925《臺東廳人名要鑑》。臺東：東臺灣宣傳協會。

三日月直之
　　1993《臺灣拓殖會社とその時代》。福岡：葦書房。

山口丈雄
　　1927《會社の組織と經營》。東京：實業之日本社。

中山馨、片山清夫
　　1940《躍進高雄と全貌》，中國方志叢書，臺灣地區，第289號。
　　　　臺北：成文出版社。以下簡稱成文本。

上村健堂
　　1919《臺灣事業界と中心人物》。臺北：新高堂書店。

大園市藏

　　1935《臺灣始政四十年史》。臺北：日本植民地批判社。

　　1942《臺灣人事態勢と事業界》。臺北：新時代臺灣支社。

大藏省管理局

　　1947《日本人の海外活動に關する歷史的調查》。東京：大藏省
　　　　管理局。

千草默仙

　　1939-42《會社銀行商工業者名鑑》。臺北：圖南協會。

井出季和太，郭輝譯

　　1977《日據下之臺政》（臺灣治績志）。臺中：臺灣省文獻委員
　　　　會。

太田肥洲

　　1940《新臺灣を支配する人物と產業史》。臺北：臺灣評論社。

毛利之俊

　　1933《東臺灣展望》。臺東：東臺灣曉聲會。

石阪莊作

　　1889《臺嶋踏查實記》。大阪市：同社大阪出張所。

田代安定

　　1900《臺東殖民地豫察報文》。臺北：臺灣總督府民政部殖產課。

白川夜舟

　　1900〈臺東舊紀（一）、（二）、（三）、（四）、（五）〉，《臺灣
　　　　經濟雜誌》21，頁 3-7、22，頁 7-8、23，頁 7-11、24，頁
　　　　22-25、25，頁 17-20。

白勢交通局總長

　　1932〈花蓮港築港に就て〉，收入東臺灣研究彙編，《東臺灣研

　　　究叢書》15 號，78 編，成文本第 307 號。

竹本伊一郎

　　1940-1944《臺灣會社年鑑》，昭和 16 年版至昭和 18 年版。臺北：
　　　　臺灣經濟研究會。

　　1940《臺灣經濟叢書》八。臺北：臺灣經濟研究會。

伊能嘉矩

　　1904《臺灣蕃政志》。臺北：南天。

　　1910《大日本地名辭書續編》。東京，富山房。

谷元二

　　1940《大眾人事錄》。東京：帝國秘密探偵社。

佐佐木武治

　　1935《臺灣の水產》。臺北：臺灣水產會。

杉野嘉助

　　1919《臺灣商工十年史》。臺南：作者印行。

林進發

　　1933《臺灣官紳年鑑》。臺北：民眾公論社。

松尾十八公子

　　1920〈東臺灣に街庄制度施行は臺灣自治制度改善の先決問題〉，
　　　　收入東臺灣研究彙編，《東臺灣研究叢書》16，成文本第
　　　　307 號。

花蓮港廳

　　1938《花蓮港廳管內概況及事務概要》13，成文本第 316 號。

花蓮港廳水產會

　　1939《花蓮港廳水產要覽》。花蓮：作者印行。

東臺灣新報社編

　　1925《東臺灣便覽》。臺東：作者印行。

神山峻

　　1942《水產經濟年報》。東京：水產經濟研究所。

根上峰吉

　　1941《花蓮港廳下官民職員錄》。花蓮：東臺灣宣傳會。

屋部仲榮

　　1939《臺灣地方產業報國》。臺北：民眾事報。

高原逸人

　　1940《東部臺灣開發論》。臺北：南方產業文化研究所。

原幹洲

　　1936《南進日本之第一線に起つ新臺灣之人物》。臺北：勤勞と
　　　　富源社，拓務評論社臺灣支社。

鳥居龍藏

　　1897〈東部臺灣に於ける各蕃族及び其分佈〉，《東京人類學會
　　　　雜誌》12。

筒井太郎

　　1932《東部臺灣案內》。成文本第 308 號。

新高新報社

　　1937《臺灣紳士名鑑》。臺北：作者印行。

新港郡役所

　　1937《新港郡要覽》。成文本第 314 號。

臨時臺灣土地調查局

　　1900《清賦一斑》。臺北：臺灣日日新報社。

臨時臺灣舊慣調查會

　　1909《臺灣私法附錄參考書》第 1 卷（上）。臺北：作者印行。

　　1910《臺灣私法》第 1 卷。神戶：金子印刷所。

　　1915-1922《蕃族慣習調查報告書》，1-8 卷。臺北：臨時臺灣舊

慣調查會。

臺北州

　　1934《臺北州便覽》。臺北：作者印行。

臺北州役所

　　1924《臺北州要覽》。成文本第 204 號。

　　1929《臺北州要覽》。成文本第 204 號。

　　1937《臺北州管內概況及事務概要》11，成文本第 203 號。

臺北州水產會

　　1935《臺北州の水產》。臺北：臺北印刷株式會社。

臺東街役場

　　1933《臺東街勢一斑》，收於成文出版社編，《臺東廳街庄概況
　　　　輯存》，成文本第 319 號。

臺東廳

　　1925-1935《臺東廳統計書》。臺東：臺東廳。

臺東廳

　　1929《臺東廳案內》。臺北：松浦屋。

臺東廳

　　1931、1934、1935《臺東廳要覽》。成文本第 312 號。

臺東廳

　　1932《臺東廳產業概況》。臺東：中村活版所。

臺東廳

　　1934-5《產業要覽》。臺東：山科商店印刷部。

臺東廳庶務課

　　1935、1936、1937《臺東廳管內概況及事務概要》。成文本第
　　　　313 號。

臺灣新民報社

　　1937《臺灣人士鑑》。臺北：作者印行。

臺灣新聞社

　　1934《臺灣實業名鑑》。臺中：作者印行。

臺灣經濟年報刊行會

　　1942《臺灣經濟年報》，昭和 17 年版。東京：國際日本協會。

臺灣銀行調查課

　　1930《臺灣水產金融》。臺北：作者印行。

臺灣總督府

　　1910《臺灣總督府事務成績提要》（23），第 16 編，成文本第
　　　　196 號。

　　1920《臺灣之水產》。臺北：臺南新報社臺北支局印刷部。

臺灣總督府

　　1945《臺灣統治概要》。東京：原書房。

臺灣總督府交通局高雄築港出張所

　　1932《新港漁港》。臺北：臺灣日日新報社。

臺灣總督府殖產局

　　1919《臺灣總督府官營移民事業報告書》。臺北：作者印行。

　　1939《臺灣漁業移民移住案內》。臺北：作者印行。

臺灣總督府殖產局水產課

　　1928-1941《臺灣水產統計》。臺北：臺灣總督府殖產局水產課。

　　1930《臺灣の水產》。臺北：山科商店印刷部。

　　1940《臺灣水產要覽》。臺北：小塚本店印刷工場。

臺灣總督府警務局理蕃課

　　1936-1939《高砂族調查書》，1-6 輯。臺北：臺灣總督府警務局
　　　　理蕃課。

臺灣總督府警察本署

    1918《理蕃誌稿》第一卷。臺北：臺灣日日新報社。

幣原坦

    1931〈卑南大王〉,《南方土俗》1（1）。

橋本良平

    1924《會社の組織及設立と經營》。東京：文雅堂。

橋本白水

    1922《東臺灣》。臺北：南國出版協會。

    1930《臺灣統治と其功勞者》。臺北：南國出版協會。

熊野城造

    1930《本島會社の內容批判》。臺北：事業界と內容批判社。

興南新聞社

    1943《臺灣人士鑑》。臺北：作者印行。

鍾石若

    1938《躍進東臺灣》。成文本第 309 號。

蘇澳水產株式會社

    1935《蘇澳漁港》。臺北：作者印行。

鷹取田一郎

    1916《臺灣列紳傳》。臺北：臺灣總督府。

二、專書

（一）中文

又吉盛清著、魏廷朝譯

　　1997《日本殖民下的臺灣與沖繩》。臺北：前衛。

王人英

　　1967《臺灣高山族的人口變遷》。臺北：中研院民族所。

中研院近代史研究所編

　　1986《近代中國區域史研討會論文集》上下冊。臺北：中研院近
　　　　史所。

吳文星

　　1992《日據時期臺灣社會領導階層之研究》。臺北：正中。

李文良等

　　2001《臺東縣史政事篇》。臺東：臺東縣政府。

李國祁

　　1982《中國現代化的區域研究：閩浙臺地區，1860-1916》。臺北：
　　　　中研院近史所。

周宗賢主編

　　1999《淡水學學術研討會：過去·現在·未來論文集》。臺北：
　　　　國史館。

林玉茹

　　2000《清代竹塹地區的在地商人及其活動網絡》。臺北：聯經。

林玉茹、李毓中

　　2004《戰後臺灣的歷史學研究 1945-2000：臺灣史》。臺北：行政
　　　　院國家科學委員會。

孟祥瀚

　　1997《臺東縣史開拓篇》。臺東：臺東縣政府。

林繼文

　　1996《日本據臺末期戰爭動員體系之研究》。臺北：稻鄉。

周樑楷

　　1985《近代歐洲史學及史學思想》。臺北：華世。

柯志明

　　2003《米糖相剋：日本殖民主義下臺灣的發展與從屬》。臺北：
　　　　群學。

郭海鳴、王世慶

　　1957《臺灣省通志稿》，卷三，政事志行政篇。臺北：臺灣省文
　　　　獻會。

施添福

　　2001《清代臺灣的地域社會：竹塹地區的歷史地理研究》。新竹：
　　　　新竹縣文化局。

張宗漢

　　1980《光復前臺灣之工業化》。臺北：聯經。

張素玢

　　2001《臺灣的日本農業移民（1909-1945）：以官營移民為中心》。
　　　　臺北：國史館。

張隆志

　　1991《族群關係與鄉村臺灣：一個清代臺灣平埔族群史的重建和
　　　　理解》臺大文史叢刊 87。臺北：臺大出版委員會。

張漢裕

　　1978《西洋經濟發展史》。臺北：作者印行。

康培德

　　1999《殖民接觸與帝國邊陲：花蓮地區原住民十七至十九世紀的歷史變遷》。臺北：稻鄉。

陳正祥

　　1993《臺灣地名辭典》。臺北：南天。

　　1961《臺灣地誌》。臺北：敷明產業研究所。

陳其南

　　1991《臺灣的傳統中國社會》。臺北：允晨。

陳奇祿

　　1992《臺灣土著文化研究》。臺北：聯經。

游明聖

　　1997《臺東縱谷地震與斷層關係之研究》。臺北：經濟部中央地質調查所。

夏黎明

　　1994《臺灣文獻書目解題》，地圖類（二）。臺北：中央圖書館臺灣分館。

　　1996 《清代臺灣地圖演變史》。臺北：知書房。

夏黎明等編

　　1994《東臺灣研究之中文期刊文獻索引》。臺東：東臺灣研究會。

莊吉發、許雪姬等編

　　1997《臺灣史檔案、文書目錄》。臺北：國立臺灣大學。

唐兆基

　　1991《明代賦役制度史》。北京：中國社會科學出版社。

涂照彥著；李明峻譯

　　1993《日本帝國主義下的臺灣》（1975 年原刊）。臺北：人間出版社。

湯錦臺

　　2001《大航海時代的臺灣》。臺北：貓頭鷹。

楊彥杰

　　1992《荷據時代臺灣史》。南昌：江西人民出版社。

臺灣銀行經濟研究室

　　1974《臺灣漁業之研究》，第一冊，臺灣研究叢刊第112種。臺
　　　　北：臺灣銀行經濟研究室。

鄭全玄

　　1995《臺東平原的移民拓墾與聚落》。臺東：東臺灣研究會。

鄭喜夫編

　　1980《臺灣地理及歷史》，卷九，第三冊，文武職列傳。臺中：
　　　　臺灣省文獻委員會。

賴建誠譯

　　1996《年鑑學派管窺》。臺北：麥田。

蘇雲峰

　　1981《中國現代化的區域研究：湖北省》。臺北：中央研究院近
　　　　代史研究所。

Cohen, Paul A.（柯保安）著，李榮泰等譯

　　1991《美國的中國近代史研究：回顧與前瞻》（*Discovering
　　　　History in China: American Historical Writing on the Recent
　　　　Chinese Past*）。臺北：聯經。

（二）日文

小林英夫

　　1994《殖民地への企業進出：朝鮮會社令の分析》。東京：柏書
　　　　房。

1995《「日本株式會社」の昭和史：官僚支配の構造》。大阪：創元社。

山本有造

1992《日本植民地經濟史研究》。名古屋：名古屋大學出版會。

中川敬一郎等編

1979《近代日本經營史の基礎知識》。東京都：有斐閣。

中村孝志

1922〈1655 年の臺灣東部地方集會〉,《南方文化》,第 19 輯。

久保文克

1997《植民地企業經營史論:「準國策會社」の實證研究》。東京：日本經濟評論社。

片岡千賀之

1991《南洋の日本人漁業》。東京：同文館出版株式會社。

岸本美緒

1999《明清交替と江南社會：17 世紀中國の秩序問題》。東京：東京大學出版會。

若槻泰雄、鈴木讓二

1975《海外移住政策史論》。東京：福村出版株式會社。

高村直助

1996《會社の誕生》。東京：吉川弘文館。

高橋正雄、金津健治

1967《近代日本產業史》。東京：講談社。

笠原政治

1997《日本の臺灣原住民研究文獻目錄 1945-1996》。東京：風響社。

鹿野忠雄

　　1939〈臺灣土著分類的一擬案〉，收入鹿野中雄著，宋文勳譯（1955），《臺灣考古學民族學概觀》。臺中：臺灣省文獻會。

　　1941〈臺灣原住民族に於ける數種栽培植物と臺灣島民族史との關聯〉，《人類學雜誌》56（10）。

移川子之藏、馬淵東一、宮本延人等著

　　1935《臺灣高砂族系統所屬の研究》。臺北：帝國大學土俗人種學研究室。

移民研究會

　　1994《日本の移民研究》。東京：日外アソシエーツ株式會社。

淺田喬二

　　1968《日本帝國主義と舊殖民地地主制》。東京：御茶の水書房。

濱下武志

　　1990《近代中國の國際契機：朝貢貿易システムとアジア》。東京：東京大學出版會。

　　2000《亞洲價值、秩序與中國的未來後國家時代之亞洲研究》。臺北：中央研究院東北亞區域研究。

濱下武志、辛島昇編

　　1997《地域史とは何か》。東京都：山川出版社。

濱下武志、川北稔編

　　2000《支配の地域史か》。東京都：山川出版社。

東京大學文學部內史學會編

　　1983《1982 年の歷史學界回顧と展望》，92 編第 5 號。

　　1993《1992 年の歷史學界回顧と展望》，102 編第 5 號。

藤井志津枝

　　1997《日本治理臺灣的計策：理蕃》。臺北：文英堂。

Peattie, Mark R. 著，淺野豐美譯

　　1996《植民地：帝國 50 年の興亡》。東京：讀賣新聞社。

（三）英文

Barclay, George W.

　　1954 *Colonial Development and Population in Taiwan.* New Jersey: Princeton University.

Skinner, G. William

　　1977 *The City in Late Imperial China.* Stanford, Calif.: Stanford University Press.

Hsu, Mu-chu

　　1987 *Culture, Self, and Adaptation : the Psychological Anthropology of Two Malayo-Polynesian Groups in Taiwan.* Taipei : Institute of Ethnology, Academia Sinica.

Barnhart, Michael A.

　　1987 *Japan Prepares for Total War: The Search for Economic Security, 1919-1941.* Ithaca: Cornell University Press.

Myers, Ramon H. and Peattie, Mark R.（ed.）

　　1984 *The Japanese Colonial Empire*, 1895-1945.Princeton: Princeton University Press.

三、期刊論文

（一）中文

山田賢著，太城祐子譯

　　1999〈中國明清時代「地域社會論」研究的現狀與課題〉，《暨南史學》2，頁 39-57。

王世慶

　　1976〈海山史話（上）：三峽及樹林鎮〉，《臺北文獻直字》37，頁 49-132。

　　1984〈臺灣拓殖株式會社檔案及其史料價值〉，收入《臺灣史料國際學術研討會論文集》。臺北：臺灣大學歷史系。

　　1993〈日據時期臺灣各縣廳、州、市報概說〉，《臺灣文獻書目解題・公報類一》。臺北：國立中央圖書館臺灣分館。

王慶成

　　1999「序言」，收於朱萌貴等譯，《近代中國的國際契機：朝貢貿易體系與近代亞洲經濟圈》。北京：中國社會科學出版社。

中村孝志著，吳密察、許賢瑤譯

　　1994〈荷蘭時代的臺灣番社戶口表〉，《臺灣風物》44（1），頁 234-197。

石再添等

　　1983〈臺灣北部與東部活斷層的地形學研究〉，《地理研究報告》9，頁 20-72。

王崧興

　　1973〈濁大流域的民族學研究〉，《中央研究院民族所集刊》36，頁 1-10。

王泰升

　1997〈臺灣企業組織法之初探與省思：以合股之變遷爲中心〉，
　　　收入氏著，《臺灣法律史的建立》，臺灣大學法學叢書107，
　　　頁281-342。臺北：作者印行。

方豪

　1976〈臺灣史的回顧和展望〉，《史蹟勘考》4，頁1-13。

江美瑤

　1997〈日治時代以來臺灣東部移民與族群關係：以關山、鹿野地
　　　區爲例〉，臺北：國立臺灣師範大學地理研究所碩士論文。

阮昌銳

　1975〈臺灣縱谷土著族的經濟生活變遷：泰雅布農阿美三個聚落
　　　的比較研究〉，《民族社會學報》13。

　1991〈大港口漢人的阿美化〉，《中研院民族所集刊》31，頁
　　　47-64。

吳功顯

　1983〈臺灣東部經濟發展與北迴鐵路之關係〉，《臺灣土地金融
　　　季刊》，21（3），頁1-55。

吳全橙

　1979〈臺灣省東部海域生物資源調查〉，《省水產所報告》31。

吳密察

　1988〈中國近代經濟史研究的課題：訪濱下武志教授〉，《近代
　　　中國史通訊》6，頁109-119。

　1988〈日本的臺灣史研究：若林正丈、吳密察對談〉，《當代》
　　　30，頁24-39。

　1990〈福澤諭吉的臺灣論〉，《臺灣近代史研究》，頁69-108。臺
　　　北：稻鄉出版社。

1994〈蕃地開發調查與「蕃人調查表」、「蕃人所要地調查書」〉，《臺灣史料國際學術研討會》，頁 209-262。臺北：國立臺灣大學歷史系。

吳聰敏

1995〈臺灣長期總產出之變動與經濟結構變遷〉，收入臺灣省文獻委員會編，《臺灣光復五十週年：臺灣近代史研討會》，頁 1-28。南投：臺灣省文獻委員會。

李文良

1997〈林野整理事業與東臺灣土地所有權之成立型態（1910-1925）〉，《東臺灣研究》2，頁 169-195。

李玉芬

1994〈國內有關臺灣東部研究之博碩士論文評介〉，收入夏黎明等編，《國內有關臺灣東部研究之學位論文書目》。臺東：東臺灣研究會。

1996〈日治時代的東臺灣研究會及其叢書：兼述一個在臺日人的地方團體〉，《東臺灣研究》創刊號，頁 9-27。

李洵、趙毅

1989〈施堅雅教授中國城市史研究評介〉，收於王旭等譯《中國封建社會晚期城市研究》，頁 1-13。吉林：吉林教育出版社。

李敏慧

1997〈日治時期臺灣山地部落的集團移住與社會重建：以卑南溪流域布農族爲例〉，臺北：國立臺灣師範大學地理研究所碩士論文。

李筱峰

1984〈近三十年來臺灣地區大學歷史所中有關臺灣史研究成果之

分析〉，《臺灣風物》34（2），頁 84-97。

李燦然、許君復

1974〈臺灣之近海漁業〉，收於臺灣銀行經濟研究室編，《臺灣漁業之研究》，第一冊，臺灣研究叢刊第 112 種，頁 67-124。臺北：臺灣銀行經濟研究室。

周業登

1996〈臺東泰源盆地的區域變遷：族群空間關係與生計型態的解釋〉，臺北：國立臺灣師範大學地理研究所碩士論文。

孟祥瀚

1988〈臺灣東部之拓墾與發展 1874-1945〉，臺北：國立臺灣師範大學歷史研究所碩士論文。

林玉茹

1996〈白川夜州「臺東舊記」譯注與史料價值評介〉，《東臺灣研究》創刊號，頁 117-140。

1997〈「東臺灣世界」的研究史及其史料評估〉，《東臺灣研究》2，頁 17-30。

1997〈由魚鱗圖冊看清末後山的清賦事業與地權分配形態〉，《東臺灣研究》2，頁 131-168。

1999〈地方知識與社會變遷：戰後臺灣方志的發展〉，《臺灣文獻》50（4），頁 235-290。

1999〈臺東縣沿革〉，林玉茹等纂，《臺東縣史地理篇》，頁 11-52。臺東：臺東縣政府。

2000〈戰時經濟體制下東部水產業的統制整合：東臺灣水產會社的成立〉，《臺灣史研究》6（1），頁 59-92。

2001〈殖民與產業改造：日治時期東臺灣的官營漁業移民〉，《臺灣史研究》7（2），頁 51-93。

2002 〈國策會社的邊區開發機制：戰時臺灣拓殖株式會社在東臺灣的經營系統〉，《臺灣史研究》9（1），頁 1-54。

2003 〈國家與企業同構下的殖民地邊區開發：戰時「臺拓」在東臺灣的農林栽培業〉，《臺灣史研究》10（1），頁 85-139。

2004 〈戰爭、邊陲與殖民產業：戰時臺灣拓殖株式會社在東臺灣投資事業的佈局〉，《中央研究院近代史研究所集刊》43，頁 117-172。

林白梅、夏黎明

1996 〈海岸山脈越嶺道之區位與變遷的初步調查〉，《東臺灣研究》創刊號，頁 47-66。

林美容

1997 〈「高雄縣文獻叢書」編纂緣起〉，收入楊碧川，《高雄縣簡史·人物誌》。高雄：高雄縣政府。

林聖欽

1995 〈花東縱谷中段的土地開發與聚落發展（1800-1945）〉，臺北：國立臺灣師範大學地理研究所碩士論文。

1995 〈日治時期戶籍資料的內容及其史料價值：以玉里、池上為例〉，《師大地理研究報告》23，頁 27-54。

林蘭芳

2003 〈工業化的推手：日治時期臺灣的電力事業〉，臺北：國立政治大學歷史所博士論文。

胡台麗

1990 〈芋仔與蕃薯：臺灣榮民的族群關係與認同〉，《中研院民族所集刊》69，頁 107-131。

卓克華

　　1995〈石頭營聖蹟亭與南部古道之歷史研究〉,《高市文獻》7
　　　　（3）,頁 1-54。

洪麗花、辛晚教

　　1980〈南迴鐵路對於沿線市、鄉、鎮之衝擊研究：人口、土地利
　　　　用、產業、運輸影響分析〉,《法商學報》15,頁 13-71。

高俊峰等

　　1991〈運輸建設對都市發展與區域變遷之衝擊研究：以北迴鐵路
　　　　爲例〉,《運輸》13,頁 41-75

高淑媛

　　2002〈1912 年禁止臺民使用公司制度之政策分析〉,《臺灣風物》
　　　　52（4）,頁 147-201。

康培德

　　2000〈一六四○至五○年代花東縱谷中北段村落區域勢力的變
　　　　遷〉,《臺灣史研究》5（2）,頁 1-34。

　　2004〈清代「後山」地理空間的論述與想像〉,《臺大文史哲學報》
　　　　61,頁 301-318。

郭怡君

　　1996〈慈濟現象三十年〉,臺北：國立臺灣大學新聞研究所碩士
　　　　論文。

施志汶

　　1994〈臺灣史研究的反思：以近十年來國內各校歷史研究所碩士
　　　　論文爲中心（1983-1992）〉,《國立臺灣師範大學歷史學報》
　　　　22,頁 413-446。

施添福

　　1995〈臺灣東部的族群遷移：自清代至日治時代〉,《臺灣地區

地方考古人才培訓班（第二期）講義資料彙編》。臺北：文建會、蘭陽文教基金會。

1995〈日治時代臺灣東部的熱帶栽培業和區域發展〉，發表於中研院臺灣史研究所籌備處和臺大歷史系主辦之「臺灣史研究百年回顧與專題研討會」。

1999〈開山與築路：晚清臺灣東西部越嶺道路的歷史地理考察〉，《師大地理研究報告》30，頁 65-100。

2003〈日本殖民主義下的東部臺灣：第二臺灣的論述〉，發表於中央研究院臺灣史研究所籌備處主辦「臺灣社會經濟史國際學術研討會」，頁 1-47。

施雅軒

1995〈花蓮平原於中央政策措施下的區域變遷：從清政府到國民政府 1875-1995〉，臺北：國立臺灣大學地理研究所碩士論文。

夏黎明

1996〈發刊辭：一個在地研究構想的提出與實踐〉，《東臺灣研究》創刊號，頁 1-7。

1997〈東臺灣及其生活世界的構成〉，《東臺灣研究》2，頁 7-16。

1999〈池上平原文化景觀的空間過程：土地、社群與國家的論述〉，《東臺灣研究》4，頁 159-192。

2001〈「國家與東臺灣區域發展史」研討會側記〉，《東臺灣研究》6，頁 213-222。

陳三井

1996〈談中央研究院的東南亞研究〉，《東南亞季刊》1（2），頁 61-65。

陳文德

　　1983〈史堅納對於中國社會的研究〉,《人類與文化》18,頁
　　　　56-64。

　　1989〈阿美族年齡組制度的研究與意義〉,《中研院民族所集刊》
　　　　68,頁 105-143。

陳正祥

　　1965〈臺灣東部縱谷地帶農墾與移民可能性之研究〉,《臺灣銀
　　　　行季刊》6（4）,頁 125-144。

陳慈玉

　　1997〈初論日本南進政策下臺灣與東南亞的經濟關係〉,*Prosea
　　　　Occasional Paper*10,頁 1-28。

　　2001〈戰時經濟統制下的臺灣煤礦業（1937-1945）〉,《中國經濟
　　　　史研究》3（北京）,頁 120-136。

陳國棟

　　1997〈關於東臺灣歷史定性的一些玄想〉,《東臺灣研究》2,頁
　　　　31-41。

陳憲明

　　1990〈臺灣東部漁港的機能與區位〉,《地理研究報告》16,頁
　　　　91-114。

　　2000〈日本串木野之鮪釣漁業發展〉,《地理研究報告》32,頁
　　　　1-22。

陳鴻瑜

　　1996〈臺灣的東南亞研究：回顧與展望〉,《東南亞季刊》1（2）,
　　　　頁 66-74。

陸信雄

　　1982〈北迴鐵路對花蓮地區人口及產業結構影響之研究〉,臺中：

逢甲大學都市計劃研究所碩士論文。

國立臺灣大學考古人類學系

　1967〈日文書刊所載有關臺灣土著論文目錄〉（一），《國立臺灣大學考古人類學刊》29/30，頁71-206。

張光直

　1991〈社會人類學與歷史研究：序陳其南《臺灣的傳統中國社會》〉，收於陳其南，《臺灣的傳統中國社會》，頁1-6。臺北：允晨。

張永楨

　1986〈清代臺灣後山開發之研究〉，臺中：東海大學歷史研究所碩士論文。

張炎憲

　1989〈清代竹塹地區聚落發展與土地租佃關係〉，《臺灣史田野研究通訊》13，頁9。

　1996「宜蘭縣史序列序」，收於李壬癸，《宜蘭縣南島民族與語言》。宜蘭：宜蘭縣政府。

張秋寶

　1975〈中地理論的發展與中國之研究〉，《思與言》13（1），頁37-45。

張隆志

　1997〈期待臺灣研究與年鑑史學的嶄新對話〉，《東臺灣研究》2，頁51-66。

張家菁

　1993〈花蓮市街的空間演變：臺灣東部一個都市聚落的形成與演變〉，臺北：國立臺灣師範大學地理研究所碩士論文。

　1996《一個城市的誕生：花蓮市街的形成與發展》。花蓮：花蓮

　　　縣立文中心。

張朋園

　　1986〈「中國現代化的區域研究」：架構與發現〉，收於中研院近
　　　代史研究所編，《近代中國區域史研討會論文集》下冊，頁
　　　849-941。臺北：中研院近史所。

許雪姬

　　1978〈明清兩代國人對澎湖群島的認識與防戍〉，臺北：國立臺
　　　灣大學歷史研究所碩士論文。

許靜琇

　　1995〈花蓮地區北迴鐵路通車前後區域發展差異之比較研究〉，
　　　臺北：國立臺灣大學地理研究所碩士論文。

費羅禮（R.Ferrell）

　　1966〈臺灣土著族的考古語言文化初步綜合研究〉，《中央研究院
　　　民族所研究集刊》21，頁 97-130。

游明聖

　　1994〈臺東縱谷斷層帶中之橫移斷層特徵〉，《地質》14（1），
　　　頁 121-147。

彭俊亨

　　1994〈組織符號之研究〉，臺北：國立政治大學公共行政研究所
　　　碩士論文。

曾迺碩

　　1958〈陳英之臺東誌〉，《臺灣文獻》9（4），頁 67。

黃克武

　　1978〈清時板橋的開發與寺廟〉，《臺北文獻》直字 46/47，頁
　　　387-410。

黃富三

　　1975〈臺灣史上第一次土地改革〉,《中華文化復興月刊》8(12),
　　　　頁 29-39。

黃紹恆

　　1998〈日治初期在臺日資的生成與積累〉,《臺灣社會研究季刊》
　　　　32,頁 165-214。

葉淑貞

　　1996〈臺灣工業產出結構的演變〉,《經濟論文叢刊》24（2）,
　　　　頁 227-274。

楊貴三

　　1986〈臺灣活斷層的地形學研究:特論活斷層與地形面的關係〉,
　　　　臺北:文化大學地理研究所博士論文。

溫振華

　　1978〈清代臺北盆地經濟社會的演變〉,臺北:國立臺灣師範大
　　　　學歷史研究所碩士論文。

　　1978〈施堅雅的中國市鎮研究介紹〉,《教學與研究》3,頁
　　　　155-184。

廖守臣

　　1977、1978〈泰雅族東賽德克群的部落遷徙與分佈〉,《中研院
　　　　　　民族所集刊》44、45,頁 61-206。

臺灣史田野研究室

　　1986〈研究計畫〉,《臺灣史田野研究室通訊》1,頁 2-4。

臺灣慣習研究會

　　1984〈臺東移民史〉,收入臺灣省文獻委員會編,《臺灣慣習記
　　　　事》第四輯上。臺中:臺灣省文獻委員會。

臺東縣文獻委員會

　　1952〈臺東縣地理概況〉,《臺東文獻》創刊號。

　　1952〈臺東縣各鄉鎮命名釋義暨沿革〉,《臺東文獻》創刊號。

　　1952〈縣治沿革〉,《臺東文獻》創刊號。

蔡文彩

　　1979〈花東地區主要商店街機能結構之研究〉,《中國地理學會
　　　　會刊》7。

潘世珍、劉炯錫

　　1996〈臺東縣大武鄉大鳥村排灣族溪流漁獵文化之調查研究〉,
　　　　《東臺灣研究》創刊號,頁 105-116。

潘繼道

　　1992〈清代臺灣後山平埔族移民之研究〉,臺中:東海大學歷史
　　　　研究所碩士論文。

盧建榮

　　2001〈滴水測海:樹立由口供治史的新典範〉,收於許明龍譯,
　　　　埃曼紐・勒華拉杜裏著,《蒙大猶》。臺北:麥田。

檀上寬

　　1993〈明清鄉紳論〉,收於劉俊文主編,《日本學者研究中國史
　　　　論著選譯》,第二卷專論。北京:中華書局。

藤井志津枝

　　1987〈日據時期臺灣總督府的理蕃政策〉,臺北:國立臺灣師範
　　　　大學歷史研究所博士論文。

劉澂

　　1976〈北迴鐵路的地理基礎與經濟價值〉,臺北:國立臺灣師範
　　　　大學地球科學研究所碩士論文。

鍾淑敏

　　2004〈政商關係與日治時期的東臺灣：以賀田金三郎爲中心的考
　　　　察〉,《臺灣史研究》11（1）；頁 79-118。

Myers, Ramon H.（馬若孟）和 Metzger, T. A.（墨子刻）著，劉紀曜、
溫振華譯

　　1981〈漢學的陰影：美國現代中國研究近況〉（上）（下）,《食貨》
　　　　10（10），頁 28-41、10（11），頁 37-51。

（二）日文

水田憲志

　　1998〈沖繩縣から臺灣への移住：第 2 次世界大戰前における八
　　　　重山郡出身者を中心として〉，收入關西大學文學文學部地
　　　　理學教室編,《地理學の諸相：實證の地平》。東京：關西
　　　　大學文學部地理學教室。

末成道男

　　1971《臺灣アミ族の社會組織：變動過程にある一村落の分析》,
　　　　東京：東京大學博士論文。

江村榮一

　　1969〈地域史研究小論〉,《神奈川縣史研究》2，頁 4-12。

西村一之

　　1998〈臺灣東部漁民社會における集團形成關する文化人類學研
　　　　究〉，富士ゼロクス小林節太郎紀念基金小林フエロ：シッ
　　　　プ 1996 年度助成論文，頁 1-33。東京：富士ゼロクス小林
　　　　節太郎紀念基金。

　　1999〈臺灣東部港鎭形成小史：近海漁業的開展以及日本漁業移
　　　　民的角色〉,《臺灣漁業史學術研討會》，頁 1-9。臺北：中

研院歷史語言研究所。

朱德蘭

　　1999〈十五年戰爭と日本企業の經濟活動〉，《九州國際大學社
　　　　會文化研究所紀要》43。

奈倉文二

　　1983〈資本構造〉，收於一九二〇年代史研究會編，《一九二〇
　　　　年代の日本資本主義》。東京：東京大學出版會。

波形昭一

　　1989〈殖民地（臺灣）財閥〉，收於澀谷隆一編，《地方財閥の
　　　　展開と銀行》，頁 654-658。東京：日本評論社。

長島修

　　1991〈日本におけるアルミニウム產業政策〉，收於後藤靖，《日
　　　　本帝國主義的經濟政策》。東京：柏書房。

後藤乾一

　　1993〈漁業、南進、沖繩〉，收於《岩波講座　近代日本と植民
　　　　地 3：植民地化と產業化》，頁 153-182。東京：岩波書店。

馬淵東一

　　1974〈高砂族の移動および分佈〉，《馬淵東一著作集》，第二
　　　　卷。東京：社會思想社。

森正夫

　　1982〈中國前近代史研究における地域社會の視點〉，《名古屋
　　　　大學文學部研究論集》史學 28 號，頁 204-205。

（三）英文

Chang, Han-yu and Myers, Ramon H.

1963 "Japanese Colonial Development Policy in Taiwan, 1895-1906: A Case of Bureaucratic Entrepreneurship," *Journal of Asian Studies*, 22（4）: 433-450.

Ferrell, Raleigh

1966 "The Formosan Tribes : a Preliminary Linguistic, Archaeological and Cultural Synthesis," *Bulletin of the Institute of Ethnology Academia Sinica*, 16:97-130.

Hsu, Cho Yun

1972 "I-Lan in the First Half of the 19th Century," *Bulletin of the Institute of Ethnology Academia Sinica*, 33:51-72.

Skinner, G.W.

1964、1965 "Marketing and Social Structure in Rural China, Part I.II. III, " *Journal of Asian Studies*, 24（1）（1964）:3-43；24（2）（1965）:195-228；24（3）（1965）:363-399.

殖民地臺灣的近代學校 V4902
許佩賢◎著　定價◎ 380 元

　　我們現在習以為常的學校，是日本統治臺灣以後，隨著殖民地統治被引進來的西方式近代學校。日本殖民政府透過學校教育塑造兵士型及產業型的新人種，其特徵是順從、勤勞、規律、且能有效生產。另一方面，對當時的臺灣人來說，近代學校是一個充滿魅力、新鮮的媒體樂園。這個樂園的入口雖然吸引人，裡面卻有二重、三重的迷宮。向學心旺盛的臺灣人，被吸引進入後，卻在迷宮中嘗到挫折，甚至引起認同危機。本書透過殖民地時代的教育，思考「教育」與「國家」、「社會」之間的關係，也思考殖民地教育下臺灣人的心性。

臺灣的山海經驗 V4903
陳國棟◎著　定價◎ 450 元

　　臺灣四面被海包圍，幾乎所有居民的先人都曾渡海而來；臺灣平地面積不大，半數以上的土地都是丘陵與山地。然而亙古以來，直到百餘年前，居民對山與海的親近卻不算多。雖然不多，臺灣的歷史卻又與臺灣人的山海經驗有著糾纏不清的關係。探索這種關係，有助於深層理解臺灣的歷史。

　　作者陳國棟的主要研究領域為經濟史與海洋史，但因機緣所致，也時而觸及臺灣的歷史研究，而這些研究所處裡的問題也湊巧和山及海密切相關。本書收錄其以往二十餘多年間，針對臺灣歷史所發表的十八篇作品，分為「總論」、「臺灣交通」、「淡水」、「十七世紀」、「清代臺灣」五大區塊。內容涉及對臺灣史的深入分析與通論性的看法。作者自認為臺灣史研究非其專精，但亦因非其專精，故能別出心裁。書中所收文章，分別在議題、論點及資料的發掘與應用上，有其創新的看法，期能為臺灣史研究注入另類的思惟。

東亞海域一千年（增訂新版）V4914
陳國棟◎著　定價◎ 500 元

　　亞洲海域的周邊孕育著幾個世界上最古老的文明。藉諸大海的聯繫，千百年來，沿海的居民斷斷續續地進行著種種形式的交往。作者陳國棟的研究，在議題上側重於經濟與貿易；在時間軸上先以清代前期的十七、八世紀為重心，再往上、下延伸，嘗試在較寬廣的時空架構下，尋找中國人參與海事活動的軌跡。

　　本書共收錄論文十五篇，內容依時間先後排序。有考證，有分析；在經濟、貿易之外，更擴及人員的互訪與文化的交流。有些議題，如鄭和下西洋，讀者可能早已耳熟能詳；另一些議題，如清代海洋貿易政策的形成與貿易所衍生的問題，則稍微需要費點精神才能掌握。翻開目錄，打開書頁，將可窺知過去一千年間發生在東亞海域的大小故事。增訂新版將原本收錄於初版的三篇英文文章全數改寫為中文，其他各篇則作了些微訂正。

財團法人曹永和文教基金會◆策劃
遠流出版公司◆出版

福爾摩沙如何變成臺灣府？ V4905
歐陽泰（Tonio Andrade）◎著 定價◎ 480 元

十七世紀伊始，臺灣是個海盜出沒，獵首者橫行的島嶼。約百年之後，此地成為大清帝國所管轄的一個府，數以萬計的漢人移民以此為家。是什麼因素造成了這樣的變化？

《福爾摩沙如何變成臺灣府？》這本書，帶領我們追尋一六二三年起到一六六二年止，這段臺灣歷史上的關鍵時代——西班牙、荷蘭人治理時期的史事。我們瞭解了海盜如何對荷蘭殖民體系見縫插針、胡攪蠻纏的故事；日本武士又如何帶領原住民赴日，企圖說服幕府將軍發兵攻擊荷蘭人；原住民殺退漢人獵戶的經過；哭嚎著「殺！殺！殺！殺死紅毛狗」的草地農民；還有關於國姓爺，也是海商鄭成功率軍掃除荷蘭人，建立漢人王國等等事蹟。

荷據時期的臺灣人事物，就在這裡，讓我們回溯彼時的福爾摩沙歷史。

殖民地的邊區 V4906
林玉茹◎著 定價 400 元

臺灣東部在自然環境、族群，以及歷史經驗上，與西部有相當大的差異，邊陲性格顯著。這種特質也使得國家的政策與治理型態，對東臺灣的政治和經濟發展具有強大的支配性。

本書即透過國家對東臺灣行政空間的規劃、賦稅制度的施行、漁業移民的移入，以及近代化企業的改造等實例進行研究，論證不同型態的國家治理對於東臺灣政治、經濟發展上的影響。特別著力於日本殖民統治時期，殖民帝國如何面對殖民地的邊區，亦即如何制訂定位於政治、經濟版圖邊緣的東臺灣的發展策略及其演變。

台灣人的抵抗與認同：一九二○～一九五○ V4907
陳翠蓮◎著 定價 480 元

台灣這塊土地上的人們，何時出現全台灣為規模的集體意識？何時開始以「台灣人」自我命名？又如何思考群體的處境與未來？以近代國家的概念來看，即是國族主義與國族認同問題，這在任何國家的政治史上都是最核心的議題之一。

一九二○年代日治中期以來，知識份子以「台灣是台灣人的台灣」為號召，對抗日本殖民帝國統治；二次大戰結束，迎來了祖國政府，卻在短短時間內爆發全面性抵抗，台灣人國族認同受到劇烈衝擊。從一九二○年代至一九五○年代，是台灣政治史上國族主義初始形成的重要階段，本書從政治與文化、情感與理性兩大主軸，分析此期間台灣人的國族主義與認同傾向，並探討菁英與群眾的、平時與戰時的、正式與非正式的反殖民抵抗行動。

臺灣史與海洋史 05

殖民地的邊區：東臺灣的政治經濟發展

作　　　者／林玉茹
策　　　劃／曹永和文教基金會
執 行 編 輯／翁淑靜
校　　　對／陳錦輝、蔡宜璇、林玉茹
主　　　編／周惠玲
封 面 設 計／翁翁
內 文 排 版／中原造像股份有限公司

合 作 出 版／曹永和文教基金會
　　　　　　臺北市 106 羅斯福路三段 283 巷 19 弄 6 號 1 樓 (02)2363-9720
　　　　　　遠流出版事業股份有限公司
　　　　　　臺北市 100 南昌路 2 段 81 號 6 樓

發 行 人／王榮文
發 行 單 位／遠流出版事業股份有限公司
地　　　址／臺北市 100 南昌路 2 段 81 號 6 樓
電　　　話／ (02)2392-6899　傳真：(02)2392-6658　劃撥帳號：0189456-1
著作權顧問／蕭雄淋律師
法 律 顧 問／董安丹律師

一 版 一 刷 ／ 2007 年 11 月 15 日
一 版 二 刷 ／ 2013 年 12 月 10 日

行政院新聞局局版臺業字第 1295 號

定價：新台幣 400 元

若有缺頁破損，請寄回更換
版權所有，未經許可禁止翻印或轉載　　　　　　　　　　Printed in Taiwan

ISBN：978-957-32-6127-8（精裝）
YLib 遠流博識網
http：//www.ylib.com　E-mail：ylib@ ylib.com

國家圖書館出版品預行編目資料

殖民地的邊區：東臺灣的政治經濟發展／林玉茹
著 ． -- 一版 ． -- 臺北市：遠流， 2007.11
　　面； 公分 ． --（台灣史與海洋史；5）
　參考書目：面
　ISBN 978-957-32-6127-8（平裝）

　1. 臺灣經濟 2. 臺灣政治 3. 臺灣史
552.339　　　　　　　　　　　　　96013516